Neuropsychology of Art
Neurological, Cognitive and Evolutionary Perspectives

신경심리학과 예술

신경, 인지, 진화론적 관점

Dahlia W. Zaidel 저

김홍근 감수
최은영 · 백용운 · 공마리아 · 김자령 공역

학지사

▣ 역자 서문

우리는 언어 표현을 통해 의사소통한다. 또한 우리는 비언어적인 예술적 표현을 통해서도 의사소통한다. 즉, 우리는 예술을 통해 우리의 생각, 감정, 대인관계 등을 표현한다. 이 책의 전반에서 제시하고 있는 내용을 살펴볼 때, 뇌 손상을 입은 예술가들의 사례에서 확인된 신경심리학적인 증거에 따르면 이들이 언어 표현 능력에 심각한 손상을 입었다 하더라도 예술 표현 능력은 미미한 손상을 입었거나 심지어 전혀 손상을 받지 않은 것을 볼 수 있다. 뿐만 아니라 자폐증을 갖고 있는 서번트 증후군 예술가나 치매를 앓고 있는 환자들의 경우, 언어적인 면에서는 많은 제약을 받지만 예술작품을 통한 표현에서는 손상이 없을 뿐만 아니라 오히려 더 많은 것을 생생하게 표현함으로써 우리에게 많은 것을 이야기해 주고 있다. 이러한 실례들을 통해서 인간의 대뇌와 예술 표현의 관계를 살펴보는 것은 의미 있는 작업이라고 생각된다.

최근에는 뇌과학의 발달과 함께 이를 이해하기 위한 신경심리학적 접근이 활발히 이루어지고 있다. 그러나 아직까지는 예술의 본질과 고유의 특징을 측정하는 신경심리 평가법을 찾아보기 어렵고, 예술과 뇌의 관계를 규명해 보는 작업은 현재 걸음마 단계에 놓여 있다. 따라서 예술과 뇌에 대해 아직은 잘 정리되지 않은 현재 상황에서, 역자들은 예술과 뇌에 관한 차별화된 내용을 담고 있는 이 책을 발견하여 독자에게 소개하고자 번역을 시작하게 되었다.

각 장의 내용을 살펴보면, 1장에서는 예술에 대한 신경심리학적 접근을 설명하고 있다. 2~4장에서는 시각예술에 대해 다루었는데, 2장에서는 시각 예술가의 뇌손상이 예술적 활동에 미치는 영향, 3장에서는 색 지각 손상이 시각 예술가에게 미치는 영향, 4장에서는 특별한 재능을 지닌 시각 예술가의 창작적 예술작품에 대한 신경학적 특성에 대해 기술하였다. 5~6장은 음악가들의 사례를 통해 음악과 뇌손상의 관계에 대해 설명하고 있다. 7~9장은 예술작품 감상자가 경험하는 예술지각, 언어, 정서적 측면을 신경심리학적 의도로 설명하고 있다. 그리고 10장에서는 예술의 상징적 표현에 대한 진화론적 관점을 제시하면서, 11장과 12장에서는 예술과 신경심리학에 대한 논의 및 미래의 방향에 대해 제시하고 있다.

특히 이 책은 신경학적 사례를 통해 설명하고 있다는 점에서 의미가 있다고 본다. 이 책이 예술적 표현을 신경심리학적 측면에서 이해하고자 하는 모든 독자에게 도움이 되기를 바란다. 마지막으로 이 책의 출간을 허락해 주신 학지사 김진환 사장님과 꼼꼼한 교정과 편집에 애써 주신 편집부 하시나 선생님께 감사드린다.

2015년 5월
역자 일동

⊞ 저자 서문

　예술가의 작업실은 위치와 역사적 시기에 관계없이 신경심리학과 신경과학의 자연스러운 실험실이다. 과학 실험실에서 연구자들은 행동과 심리에 관한 모형을 도출하기 위하여 의도적으로 이론을 기반으로 한 자극들을 만들어 내는 반면, 예술가들은 작품을 즉흥적으로 만들어 내고, 이들의 창작물은 자연스러운 환경에서 작용하는 뇌 속 사고를 반영한다. 사람에게 예술 표현은 대체로 독특한 정서를 일으키며, 잠재적으로 무한한 조합이 기본적으로 가능하여 다양한 의사소통 형태로 나타난다는 점에서 언어 표현과 다르지 않다. 동시에 뇌손상을 입은 예술가들의 사례에서 확인한 신경심리학적 증거에 따르면, 예술 표현과 언어 표현은 반드시 서로 관련 있는 것은 아니기 때문에 어떤 뇌손상을 입은 예술가가 언어 표현 능력을 심각하게 잃게 되더라도 예술 표현 능력은 매우 미미하게 손상되거나 전혀 영향을 받지 않을 수 있다. 따라서 인간의 뇌가 근대적으로 진화되었던 시기에 언어와 예술이 서로 밀접한 관련성이 없었을 가능성이 제기된다. 이러한 가능성을 반증하는 화석이나 고고학적 증거는 없지만, 언어와 예술의 관련성은 여전히 정확한 답을 찾을 수 없는 문제이며, 앞으로도 풀기 어려운 과제로 남을 것이다. 뇌의 진화에 있어 예술성은 언어 능력보다 먼저 발생했을 수 있는데, 이것은 예술의 비언어적 형태 때문이 아니라 상징적·추상적·의사소통적 가치 때문이며, 이것이 아니라면 예술성과 언어 능력은 뇌 진화 과정에서 서서히 그리고 병행하여 동시에 나타났을 수도 있다. 예술과 언어의 두 가지 방식의 의사소통 능력은 아마도 수백만 년의 진화 과정을 거친 추상적 인지 능력에 의해 뒷받침되는 기존의 생물학적 기전과 신경해부학적 방식에 의존하여 출현하였을 가능성이 크다.

이 책은 신경심리학자, 신경과학자, 신경학자, 심리학자, 인류학자, 고고학자, 예술가를 비롯하여 해당 분야의 대학원생, 임상의, 연구자 등 인간의 뇌, 뇌손상, 그리고 예술과 뇌의 관계와 관련된 일을 하는 사람이나 이 분야에 관심을 갖고 있는 모든 사람을 위해 만들어졌다. 그리고 이 책에서는 시각예술과 음악에 대한 논의도 모두 이루어질 것이다.

예술의 본질과 고유의 특징을 측정하는 특정한 신경심리 검사는 존재하지 않는 반면, 언어와 다른 인지 유형의 신경학적 요소와 뇌의 전문화를 측정하는 검사는 많이 있다. 예술에 있어 언어의 '단어'나 '문법'과 같은 기능을 하는 것은 매우 적지만, 예술의 어휘나 통사론적 구조를 이해하지 않고도 우리는 예술작품으로부터 의미를 유추해 낼 수 있다. 예를 들어, 시각예술에서 어휘에 해당하는 것은 각도, 원근선, 융합점, 소실점, 겹침, 명암, 깊이감, 고유 시점, 끼워 넣기, 질감, 용액, 색상, 음영, 테두리 등으로 나타난 형태, 모양, 문양이다. 이러한 사례들은 시각예술의 아주 기초적인 부분에서 극히 일부만을 언급한 것이다. 또한 기존 신경심리학적 도구 및 모형에서 이러한 것들이 갖는 의미가 미리 정해지지 않은 경우도 많다. 예술과 뇌의 상관관계를 규명하는 것은 매우 지적인 호기심을 불러일으키는 주제임에도 불구하고 신경과학 연구의 최우선 과제는 아니었다. 그리고 현재 연구 수준은 아직 걸음마 단계에 지나지 않는다. 게다가 전체적인 예술작품의 의미는 그 작품이 만들어지고 경험되는 문화적(그리고 생태학적, 환경적) 맥락에서 어떻게 해석하느냐에 달려 있다. 따라서 예술의 신경심리학에 대한 다른 학문 분야와의 통섭적인 접근 방식이 필수적이다.

신경심리학의 핵심은 국부 뇌손상 신경과 환자들의 조사를 통하여 구축되어 왔다. 그러나 뇌 병변이 있는 예술가들에 대한 신경심리학과 신경학 연구 보고서는 드물고, 보고된 경우도 실증적이지 못하며, 비예술가가 보고한 경우가 보통이다. 보고된 사례들 중 대다수의 경우 뇌손상 직후부터 수개월에 대한 정보를 거의 제공하고 있지 않으며, 관찰에만 주로 의존하고 있고 실증적인 데이터는 매우 찾아보기 힘들다. 잘 알려진 예술가들이 뇌손상 후 특히 많은 시간이 흘러도 예술적 능력을 보존하고 있을 때는 그들의 초기 예술작품에 대한 자료를 가지고 있지 않아도 되는 이점이 있다. 뇌손상 직후 초기 작품들을 연구 자료로 수집하는 것은 뇌에서 뇌손상에 대한 즉각적인 신경생리학적 반응이 복합적인 경우라도 신경심리학에 있어 매우 유용하고 시사하는 바가 크다. 신경생리학자들이 할 수 있는 최선의 일은 알려져 있는 일반적 인식과 인지의 구성 요소들을 이용하여 (비예술가들의 사례를 통해 유추되고 수립된) 기존의 신경심리학적 원칙에 따라 이러한 데이터를 분석하는 것이다. 후천적 신경성 뇌질환을 앓고 있는 유명한 예술가들이나, 선천성 뇌질환을 가진 예술가들, 그리고 감각장애를 가진 예술가들이 했던 작품 활동을 탐구하는 것은 예술과 뇌의 관계를 폭넓게 밝히는 데 도움이 된다. 그리고 이 책에서는 이 모든 연구가 시도되었다.

신경심리학자들은 감각장애를 뇌손상에 따른 주요 장애와 전통적으로 분리하여 왔는데, 이것은 행동 변화가 감각 손상이 아닌 뇌손상에 의한 것이라는 확신을 얻기 위해서였다. 규명되지 않은 감각 문제들은 신경심리학적 연구의 명확성을 저해한다. 이 때문에 예술가들의 감각장애에 대해 규명하는 것은 신경심리학과 뇌 그리고 예술의 상관관계를 밝히는 데 정보를 제공한다. 특히 시각과 청각 장애는 아직 많은 부분이 밝혀지지 않은 만큼 무시하지 않는 것이 중요하다. 예를 들어, 시각예술을 주로 통제하는 뇌 영역을 평가하기 위해서는 눈의 건강 상태에 대한 부분을 명확히 설명하거나 아니면 완전히 배제하는 방식으로 고려해야 한다. 이 책에서 언급한 것처럼, 수십만 년 전 초기 예술에서 시작하여 그 발전과 다양한 형태를 통해 예술의 본질을 탐구하는 것은 예술의 신경 기질neural substrates에 대한 잠재적 통찰력을 강화시키고 의미 있는 유형을 추출하는 작업을 촉진시킨다. 예술의 신경심리학적 이해를 위해서는 다른 학문 분야와 제휴하는 접근 방식이 요구된다. 신경심리학, 신경학, 심리학을 예술 역사, 인류학, 고고학, 진화론 및 생물학 이론과 연계시키는 것은 이러한 분야들의 기본적인 요소에 대한 논의를 하고 독자를 위한 지식을 창출해 내는 것을 의미한다. 게다가 예술작품이 만들어질 당시 사회적 선입관과 기대에 대한 이해는 예술을 보는 분별 있는 시각을 갖추기 위해 매우 필요하다. 근대 인류로 진화가 시작되던 시기의 주거지, 기후 조건, 지형, 포식자, 음식의 원천 등은 모두 당시 만들어지는 예술 작품에 영향을 미쳤을 것이다.

이 책에서 문학과 글로 된 예술은 깊게 다루지 않았는데, 이것은 문학가 중에서는 신경학적 사례가 이례적으로 드물기 때문이다. 문학가들은 좌뇌에 손상을 입은 후에는 문예 창작 활동을 중단하였고, 내가 아는 한 학계에 보고된 우뇌 손상 문학가의 사례는 아직 없다. 시각예술 및 음악과는 달리, 문학 창작의 경우에 문학가들은 좌뇌의 활동에 크게(아마도 주로) 의존한다. 문학 활동에 있어 우뇌의 역할에 대해서는 거의 연구된 바가 없으며 명확히 밝혀지지 않았는데, 이것은 그만큼 관련 신경학적 사례가 희박하기 때문이다. 우뇌가 기여하는 언어의 구성 요소(예: 농담이나 유머 등)에 관하여 지속적인 논의가 이루어지고 있지만, 언어 기능에 대하여는 정상적인 뇌에서나 손상을 받은 뇌에서 주로 좌뇌에 전문화되어 있다는 견해에 대체로 동의하고 있다(1장 말미의 실어증aphasia과 편측성에 관한 논의 참조). 따라서 현재로서는 뇌손상이 문학 창작의 요소들과 전체적 인지 및 창조적 사고에 어떤 방식으로 영향을 미치는지에 대하여 의미 있는 탐구를 하는 것이 아직 어렵다.

시각예술과 음악에 대한 연구는 모두 이루어졌지만 시각예술에 대한 논의에 지면을 더 많이 할애하였다. 예술가의 예술적 창작에 필요한 요소들과 감상자들의 반응은 중요하다. 예술의 신경학적 특질(신경 구성 요소들)에 대한 질문들은 다양하고 폭넓은 학문적 그리고 과학적 분야에 있어 깊은 매력을 느끼게 하는 근간이다. 뇌손상을 입은 예술가들의 사례는 상대적으로 드물지만, 이를 살펴봄으로써 얻는 신경학적 증거는 매우 중요하다. 뇌손상으로 인해 변화된 행동이 예술가의 뇌와 인지를 밝히는 데 궁극적으로 도움이 되기 때문이다. 그러나 뇌손상 후 예술적 활동에는 일관성이 없기 때문에, 이러한 행동으로부터 변인들을 추출하고 집약하여 하나의 예술의 신경심리학 이론을 만들어 내는 것은 어려울 수 있다.

잘 알려진 예술가들의 뇌손상이 그들의 예술 창작활동에 미치는 영향뿐만 아니라 초기 인류의 시작과 생물학적 기원 그리고 예술 행위의 의미의 배경에 비추어 시각예술과 음악을 논의하고자 한다. 또한 자폐증이 있는 시각예술 분야 서번트들과 치매 환자들과 같은 특수 집단에 대한 사례를 다루고자 한다. 예술과 관련하여 뇌의 기능적 분화, 뇌 반구의 전문화, 어느 한쪽 손을 잘 쓰는 것, 시각 건강 상태, 신경인지 능력과 뇌, 장기기억으로 저장된 개념과 경험, 정서, 영화(시네마), 색상, 재능, 창조성, 미, 예술 역사, 연관된 신경심리학적 쟁점들에 대해 살펴보도록 한다. 이 책에서 제시된 증거에 비추어 볼 때, 예술 창작에 있어 전제되는 것은 감추어져 있고 정의하기 힘든 특징인 재능이 뇌에서 분산적으로 나타날 수 있다는 점이고, 따라서 신경학적 뇌손상에도 불구하고 예술적 기술과 창조성은 보전될 수 있다는 설명이다.

신경심리학에서 주요한 뇌 및 행동 제어 원칙 중 하나는 뇌 반구 전문화다. 두 개의 뇌 반구 사이에 인지 및 사고 처리 방식에 대하여 서로 구분되는 특징이 있다는 견해는 학계에서 널리 수용되고 있으며 실증적인 연구가 이를 뒷받침한다. 즉, 좌뇌는 주로 언어에 전문화되어 있으며, 세밀하고 주의 집중을 요하거나, 단편적이고, 분석적이며, 논리적인 사고 처리 방식에 역할을 하는 반면, 우뇌는 전반적, 전체적 또는 게슈탈트적 방식으로 사고하는 데에 전문화되어 있다는 것이다. 그러나 우뇌가 좌뇌보다 예술(창작 또는 감상)과 창조성, 음악 부문에 전문화되어 있다는 초기 이론을 뒷받침하는 강한 근거는 발견되지 못하였다. 사실 우뇌가 창조성과 예술성을 담당한다는 오래된 견해는 좌뇌-우뇌 반구 연구에서 가설로서 만들어졌던 것일 뿐이다. 이러한 초기 가설은 시간이 지나도 옳다는 것이 입증되지 못했다. 오히려 예술성, 창조성, 그리고 정서의 복합적인 요소들을 포함한 기능적 분화와 보완을 통해 양뇌가 모두 인간의 인식과 표현을 조절하는 데 기능할 가능성이 매우 크다.

더욱이 2장 및 5장을 통해 밝혀지겠지만, 뇌손상은 편측성이거나 광범위하거나 관계없이 완전히 새로운 예술적 스타일의 탄생으로 이어지지는 않지만 행동 또는 감각에는 변화를 초래한다(2장 도입부의 예술적 스타일의 정의 참조). 현실적 구상성이 빠진 예술적 방식을 가진 추상표현주의에 몰두했던 예술가는 뇌손상을 입은 후에도 구상적 형태를 묘사하지 않는다. 뇌질환 발생 전의 전문화된 뇌의 특성은 뇌손상을 입은 후 정반대로 바뀌지는 않는 것이다. 뇌손상의 편측성이나 원인과 상관없이, 예술적 재능과 기술은 뇌손상에도 불구하고 보전되었다.

1장은 책의 개략적 설명이다. 1장에서는 예술의 신경심리학을 논의하는 데 고려되어야 할 주요 쟁점들을 소개하며, 이어지는 장에서 논의될 부분의 배경을 포함하고 있다. 2장에서는 편측성 뇌졸중으로 인하여 후천적 뇌손상을 입은 잘 알려진 특정 전문 시각 예술가들과 양뇌의 기능에 장애를 일으키는 지발성 신경변성 질환 예술가들에 대한 사례를 다룬다. 뇌손상 후 예술 창작에 도움을 주는 기능적 보상과 신경성 특질의 재편성, 그리고 이러한 뇌의 재구성 쟁점들이 다루어진다. 3장에서는 뇌뿐만 아니라 눈의 차원에서 시각과 색의 인식에 대하여 논의하고 시각의 감각장애가 있는 경우 예술에 미치는 영향과 뇌의 시각 처리 영역의 손상에 대하여 논의한다. 또한 3장에서는 특정 분야에서 잘 알려진 예술가들의 안과 질환과 그에 따른 문제에 대해 논의한다. 4장에는 자폐증 서번트와 전두-측두 치매fronto-temporal dementia 환자들에 대한 논의가 함께 나온다. 언어와 예술의 두 가지 의사소통 방식 간에 뇌의 기능적 분리를 보여 주는 고도의 기술을 지닌 자폐증 서번트 시각예술가의 사례를 살펴보고, 이들의 예술작품에 무엇이 결여되었는지(또는 무엇이 심각하게 제한되어 있는지)를 살펴봄으로써 뇌와 예술을 이해한다. 기능적 보상, 신경학적 재구성, 병변의 영향이라는 관점에서 비예술가였던 치매 환자들이 갑자기 예술적 창작활동을 하는 사례에 대해 논의한다. 5장과 6장은 음악을 다루었다. 5장은 국소적 뇌손상이나 신경변성 질환을 가진, 잘 알려진 작곡가들에게 초점을 맞추고 있다. 시각 예술가들의 사례처럼 이러한 사례는 극히 드물다. 매독 그리고 다른 원인으로 인해 신경성 뇌질환을 겪게 된 잘 알려진 작곡가들에 대한 설명과 탐구 또한 이루어질 것이다. 6장은 논의의 범위를 음악 연주자와 음치 환자들에게까지 넓히고, 음악 청취의 피질 전문화를 감별하는 기능적 자기공명영상(fMRI)과 기타 뇌영상 실험의 최근 연구 보고에 대해 알아본다. 7장은 비예술가들의 시각예술 창작과 예술 감상을 여러 해에 걸쳐 수집하여, 잘 알려진 인식과 인지의 신경심리학적 개념을 강조한다. 그림과 사진의 공간 지각에서 우뇌의 역할은 예술의 신경심리학에 대한 이해에 있어 필수적인 부분이다. 결과적으로, 서구 예술의 역사에서 깊이$_{depth}$에 대한 환각적 묘사가 어떻게 발전했는지 알아본다. 8장은 다양한 병인에 따른 뇌손상을 입은 환자들의 그림에 초점을 두고 편측무시와 동시실인증$_{simultanagnosia}$을 설명한다. 9장은 미와 시각적 예술(영화를 포함한)에서 미의 묘사, 예술의 즐거움, 예술과 관련된 정서에 대한 토론이다. 이러한 세 분야에서의 뇌 활동에 관한 실증 연구가 극히 드물기는 하지만 소개하고자 하였다. 그리고 즐거움과 관련된 보상체계에 대한 논의를 진행하였다. 10장에서는 인간 뇌의 진화, 예술의 초기 출현, 고고학적 발견, 그리고 시각예술 및 음악의 생물학적 쟁점들을 점검함으로써 이전 장들에서 이루어진 논의를 심화시키고 확장하였다. 배우자 선택 전략과 관련된 동물의 과시 행위는 행동 관찰을 논의에 포함시키면서 인간 예술의 과시와 목적을 함께 살펴볼 수 있다. 글과 사진에 있어 상징적 표현의 초기 등장에 대해서도 논의하였다. 11장에서는 몇 가지 중요한 창의성과 재능에 관련된 신경심리학적 쟁점과 함께 특수 예술가들(자폐증 서번트와 치매 환자)로부터 재능의 근원을 살펴보았다. 그리고 11장 말미에는 잘 알려진 예술가들의 예술작품으로부터 추론할 수 있는 중요한 점을 제시하였다. 12장에서는 결론을 내리고 예술과 신경심리학 분야에서의 미래 연구 방향을 제시하였다.

　나는 신경심리학적 실험에 있어서 예술작품을 연구에 포함시킨 이후로 예술가들의 심리와 그 신경해부학적 기초에 매료되었다(Zaidel, 1990a). 실험실에서 이론에 기초를 두어 행동을 탐구하기 위한 검사를 만드는 것은 과학적 규칙과 관습에 의해 크게 통제받는데, 이는 가치 있고, 신뢰할 만하며, 반복 이용이 가능한 데이터를 얻기 위해서다. 벨기에의 초현실주의 화가 르네 마그리트$_{René\ Magritte}$는 나의 연구에서 사용한 그림과 유사한 작품을 그렸는데, 양자 간에 차이가 있다면 그의 작품이 보다 상상적이며 실제 세상의 물리적·논리적 법칙을 더 과감히 위반하고 있다는 점이다. 당시 나는 연구에 현실과 괴리된 이러한 그림을 이용하였다. 나는 더 많은 통찰력을 얻고 연구를 풍성하게 하고자 이러한 그림을 보조적으로 이용하였으며, 이후 연구에서는 이러한 그림들을 통하여 예술과 뇌 반구의 역할에 대해 연구하였다(Zaidel & Kasher, 1989). 예술가는 아니지만 예술을 사랑하며 과학에 대한 이러한 접근 방법을 사용함으로써, 나는 과학적 연구를 하는 입장에서 예술을 보다 즐기고 예술에 흥미를 갖게 되었다.

삽화의 일부를 준비해 준 정하나, 전반적인 보조 역할을 해 준 크리스티나 카일Christina Kyle, 색채와 시각에 대한 논의를 함께 나눈 심리학과 스탠리 샤인Stanley Schein과 짐 토머스Jim Thomas, 책을 만드는 과정에서 많은 조언을 해 준 로스 레빈Ross Levine, 심도 있는 논의와 논평, 제안을 준 안드레아 코스타Andrea Kosta, 그리고 이 책과 관련하여 정말 값진 피드백을 제공해 준 크리스 코드Chris Code에게 감사의 말씀을 전한다.

캘리포니아 대학(로스앤젤레스)에서

Dahlia W. Zaidel

차 례

CHAPTER 1 예술의 신경심리학 접근 / 19

CHAPTER 5 **음악과 뇌손상 I:**
잘 알려진 작곡가들의 사례 / 141

CHAPTER 6 **음악과 뇌손상 II:**
음악 연주와 청취 / 171

CHAPTER
01

예술의 신경심리학 접근

개 요

19세기 초, 좌뇌 영역과 언어 기능의 상관관계를 규명하는 연구가 시작된 이래로 신경심리학계에서는 특정 인지 능력을 뇌의 특정 영역과 연관 짓기 시작하였다. 이는 뇌손상을 입은 신경과 환자들의 이상 행동 연구를 통해 주로 이루어졌다. 뇌손상 부위와 그로 인해 나타나는 이상 행동은 언어와 인지, 기억, 운동 기술, 성격, 그리고 소위 상위인지 기능으로 알려진 능력을 뇌와 연관시키는 시발점이 되었다. 이렇게 연관을 짓기 위해서는 행동의 요소를 먼저 정의하여야 한다. 그러나 예술의 경우, 예술의 구성 요소를 규명하기 어렵기 때문에 예술과 뇌 사이의 연관성은 찾기 어려운 것으로 알려져 왔다. 미켈란젤로$_{Michelangelo}$가 시스티나 성당 천장화를 그릴 때나 〈모세$_{Moses}$〉, 〈피에타상$_{Pietà}$〉을 조각할 때 그의 마음$_{mind}$에서 어떤 능력이 작용한 것일까? 모네$_{Monet}$가 〈수련$_{Nymphéas}$〉을 그릴 때 작용한 그의 마음은 대체 무엇이었고, 고갱의 어떤 마음이 〈테하마나의 선조Ancestors of Tehamana〉를 탄생시켰으며, 고대 화가들은 어떤 마음으로 라스코나 알타미라의 동굴벽화를 그리게 되었을까? 마찬가지로 베르디Verdi의 마음의 어떠한 요소들이 그로 하여금 〈아이다Aida〉를 탄생하게 만들었을까? 사람들의 관심과 흥미를 계속 받는 위대한 연극, 시, 문학, 발레를 만드는 과정에 뇌의 어떤 기전이 작동되는 것일까? 이러한 질문에 대한 답은 신경심리학적 관점으로 접근해 찾아볼 수 있다.

대부분의 사회 구성원은 어린 시절 언어를 구사하고 이해하는 법을 배우지만, 소수만이 수세기 혹은 수천 년간 사람들에게 즐거움을 주고 높은 평가를 받을 수 있는 예술작품을 창조할 수 있는 능력을 지니고 있다. 이러한 예술가들은 다른 사람들과는 다른 특별한 능력을 갖고 있는데, 이들 대뇌의 생물학적 기본 구성이 어떻게 이루어졌는지 아는 것은 아직도 도전 과제로 남아 있다. 신경심리학적 방법으로는 예술과 관련된 '뇌-지도neuro-map'의 부분적인 측면만을 살펴볼 수 있다. 더 나아가 보다 많은 정보와 이해를 얻고자 한다면 초기 인간의 삶과 인간 뇌의 진화와 고고학, 생물학, 배우자 선택 전략, 인류학, 화석 기록 및 고대 예술과 같은 다양한 분야에서 나타난 증거와 아울러 이 분야에서 이루어지고 있는 여러 가지 논의를 고려해야 한다. 3만 5,000년에서 4만 5,000년 사이에 서유럽 지역에 많은 예술품이 등장하였다(Bahn, 1998). 고대 예술품의 발전과 함께 이루어진 인간 대뇌 형태학 변화와 다양한 인지 능력의 생물학적 발전은 현존하는 고대 판화, 그림, 조각상 및 작은 조각상, 특히 구석기 시대에 만들어진 작품들은 사람의 마음과 뇌에서 이러한 것들이 어느 날 갑자기 나타난 표현 방식이 아니라는 점을 시사한다. 이러한 작품들은 인간의 근원적인 신경구조와 신경생리가 구석기 시대 훨씬 이전부터 이미 천천히 진화되기 시작하였음을 보여 주며, 이러한 신경구조 및 신경생리가 초기 예술작품 탄생의 뒷받침이 되었다는 사실을 시사한다 (McBrearty & Brooks, 2000). [그림 1-1]에는 3만 년 전 서유럽에서 그린 동굴벽화 그림(Valladas et al., 2001)이, [그림 1-2]에는 그보다 더 거슬러 올라간 시기에 아프

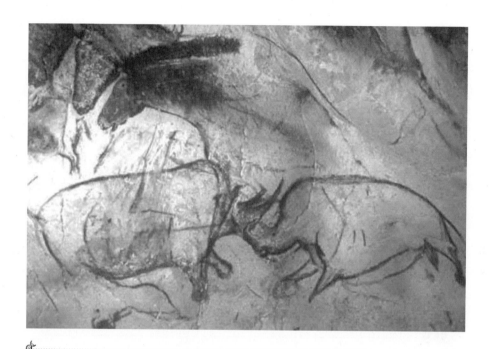

[그림 1-1] 선사시대 서유럽의 동굴벽화(Valladas et al., 2001)

이 그림은 프랑스 아르데슈 지방의 발롱 퐁 다크에 위치한 쇼베 동굴에 그려진 작품으로 방사성 탄소 연대 측정에 의하면 약 3만 년 전에 만들어진 것으로 추정된다. 상단 좌측에는 말을 여러 마리 볼 수 있으며 중앙에는 코뿔소를 최소한 한 마리는 볼 수 있다. 이는 서유럽의 오리냐크 문화기 작품이다. 1만 2,000년에서 1만 7,000년 전에 그려진 것으로 추정되는 알타미라나 라스코 동굴벽화가 이 동굴벽화보다 더 잘 알려져 있으나, 이 동굴벽화가 훨씬 이전에 그려졌다. 이 동굴 벽화는 막달레니안기에 만들어졌다. (Nature Publishing의 동의하에 인용)

리카에서 그린 그림이 제시되어 있다(McBrearty & Brooks, 2000).

　여러 분야의 예술가들 가운데 신경학적 장애는 주로 시각 예술가와 음악 예술가의 경우에 나타나는 것으로 알려져 있다. 그러나 창조적 글쓰기와 관련된 예술가의 신경기질neural substrate에 대해서는 거의 알려진 바가 없다. 작가 중에서 국소적 대뇌피질 손상을 입은 경우를 찾아보기도 힘들거니와 좌뇌에 손상을 입을 경우(우뇌 손상을 입은 작가는 필자가 현재까지 알지 못한다) 언어 능력이 심각하게

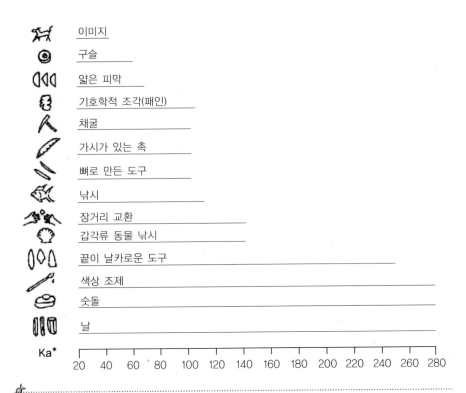

이미지
구슬
얇은 피막
기호학적 조각(패인)
채굴
가시가 있는 촉
뼈로 만든 도구
낚시
장거리 교환
갑각류 동물 낚시
끝이 날카로운 도구
색상 조제
숫돌
날

Ka*   20   40   60   80   100   120   140   160   180   200   220   240   260   280

[그림 1-2] 아프리카의 예술 형태의 탄생을 요약한 그림(McBrearty & Brooks, 2000). (*Journal of Human Evolution*의 동의하에 재인용)

* 역자 주: Ka는 Kiloannus의 약자로 1,000(103)년의 단위다. 이 용어는 율리우스년(Julian year)에서 사용하는 시간의 단위로, 1율리우스년은 365.25일(31,557,600초)에 해당한다. 여기에서 '일'이라 함은 86,400초로, 태양일이나 역일과는 다르다. 단위는 a 또는 Jy를 사용한다. 1ka는 1,000율리우스년, 즉 1율리우스밀레니엄 또는 1율리우스천년기라고 한다.

영향을 받아 글을 쓴다는 인식 자체를 부정하기 때문이다(Alajouanine, 1948). 따라서 시각 및 음악 예술가들의 신경학적 손상 사례만을 집중적으로 살펴보고자 한다.

예술과 뇌의 관계에 대해 기록하며 정립해 갈 필요가 있다. 유명한 예술가들 중 뇌손상을 입은 사례를 본 다음 결손이 나타나는 부분을 살펴봄으로써 예술과 뇌의 관계에 대한 이해를 넓힐 수 있다. 뇌손상을 입은 작가들의 예술작품에 나타난 특징을 탐색하여 기록으로 남기는 작업은 예술과 뇌의 상관관계를 규명하는 데 도움이 되는데, 이를 통해 해부학적·기능적 측면을 살펴보고 작품에 나타난 특성을 고찰하면서 어떠한 의문점들이 생기는지 볼 수 있다.

예술의 정의와 목적

예술이란 무엇일까? 예술은 그림, 조각, 도자기, 보석, 소묘, 음악, 춤, 연극, 창조적 글쓰기, 건축, 영화, 사진을 비롯한 여러 분야를 포괄한다. 이러한 것들은 일부 예시일 뿐이며 예술의 범위는 훨씬 넓다. 대부분의 사람들은 예술이 직접적인 실용성은 없지만 아이디어나 개념, 의미, 감정을 전달하는 사회적 지주 역할을 하고, 재능, 실력, 창의력을 나타내며, 미학적인 반응을 끌어냄으로써 즐거움을 느끼게 해 주는 것으로 여긴다. 이뿐만 아니라 전 세계 무수한 예술작품의 예를 통해 우리는 예술이 인간 창조물의 한 범주로서 명확하고 정확하며 논리적으로 표현되기는 힘들다는 사실을 알 수 있다.

인류학자 엘렌 디사나야케(Ellen Dissanayake, 1998)는 예술을 표현하는 인간 활동의 범주를 다음과 같이 묘사하였다.

원시사회에서 가장 두드러지는 예술의 특징은 그것이 일상생활과 분리될 수 없다는 점이다. 예술은 항상 인간이 행하는 의식 절차에 눈에 띄는 형태로 등장한다. 예술은 사람들의 일상생활(사냥, 가축 키우기, 낚시, 농사)이나 인간이 행하는 여러 의식(집단적으로 함께 행하는 새로운 모험에서 성공을 거두기 위해 치르는 의식이나 집단 간 갈등이 발생한 경우 재화합을 도모하기 위한 의식, 통과의례, 계절 변화에 따른 의식, 무언가를 기념하기 위한 의식, 개인 혹은 집단으로 행하는 의식)만큼이나 다양하다. 이 모든 의식에는 주로 노래, 춤,

북 치기, 즉흥시, 낭송, 흉내 내기, 다양한 악기 연주 혹은 특정 단어를 사용한 호소나 주문이 동반된다. 장식품으로는 가면, 딸랑이, 춤출 때 사용하는 막대, 의식용 칼이나 막대, 토템폴, 의상, 의식용 항아리, 우두머리임을 나타내는 상징물, 인간 두개골이 있으며, 사용 도구로는 머리 받침대, 의자, 주걱 모양의 도구, 망태기, 통, 창 발사기, 조롱박, 바구니, 천과 의복, 깔개, 도자기, 장난감, 카누, 무기, 방패가 있으며, 이 외에도 외부 · 내부용 운반 수단을 비롯한 가축, 카사바 케이크, 참마, 집의 벽, 문, 창틀이 있다. 법적 분쟁을 해결하기 위해, 또는 전사들에게 용기를 북돋아 주기 위한 방법으로 노래를 부르기도 하였고, 자장가를 부르고 고귀한 영을 기리기 위해 노래를 불렀다. 개회식이나 장례식을 지내기 위해 큰 터를 재정비하고 형태를 갖추었으며, 수시간 혹은 수일간 연극을 하기도 하였다. 다양한 표면(땅바닥이나 바위, 나무, 옷)에 그림을 그리는 경우도 있었고, 돌이나 구이나 장식용으로 사용된 돼지고기를 쌓아 올리기도 하였으며, 텃밭에서 난 작물들을 사용하거나 몸을 장식(문신, 오일 바르기, 그림 그리기)하기도 하였다. 이러한 다양한 예술적 행위 중 많은 것이 현 시대에까지 이어지고 있다(Dissanayake, 1988, pp. 44-45).

이 내용을 통해 알 수 있듯이 예술은 다양한 형태를 띠고 있다. 서구사회에서는 예술을 박물관이나 극장, 콘서트홀, 책에 나오는 것으로만 주로 생각한다. 그러나 디사나야케가 위에 나열한 예술 목록을 살펴볼 때 인간의 예술적 표현에는 한계가 없으며, 이러한 예술적 표현이 나오기 위한 동기motive, 욕구need, 충동drive 능력에는 어떠한 것들이 있는지 알 수 있다. 인간 사고의 기본적인 예로 언어를 들 수 있는데, 언어란 단어와 문장을 통해 의미 단위를 만들어 낼 수 있는 결합 능력과 무한한 능력을 지니고 있다. 이러한 맥락에서 예술과 언어는 동일한 인지적 요소를 갖고 있다. 예술 또한 무한한 결합을 통해 이루어질 수 있다. 따라서 많은 인간 사회에서 예술이 창조나 그 능력이 거의 무한하다는 점은 놀랄 만한 일이 아니다.

예술의 다양한 요소와 잘 알려진 예술가들의 뇌손상

우리는 이 모든 예술적 표현의 신경해부학적 그리고 신경생리학적 근거를 어떻게 이해해야 하는가? 하나의 행동 표현은 복잡한 복합 단위의 결과물로 나타나는데, 이는 각 단위의 합 이상을 의미하며 행동 표현 과정은 뇌의 여러 영역이 동시에 작동하여야 이루어진다. 이는 예술작품에만 국한된 것이 아니다. 심리 현상에 대한 단순한 관찰이나 이론만으로는 복잡한 행동, 능력 및 재능의 구성 요소를 알아내는 데 충분치 않다. 또한 다른 행동과 마찬가지로 예술 창작 능력은 뇌손상을 입은 후에 상실되거나 일부 손실되기 쉽다는 점에서 예술 창작 능력과 대뇌 기능의 일부를 밝혀낼 수 있음을 알 수 있다. 이와 유사하게, 예술가들의 감각장애, 특히 시각장애와 청각장애는 최종 예술작품이 만들어지는 과정에서 더 많은 점을 밝혀낼 수 있는 관점이 될 수 있다. 예를 들면, 빈센트 반 고흐Vincent van Gogh의 작품은 하나의 작품이지만 이 그림을 만드는 데에는 시지각, 색채 지각, 창의성, 정교한 손가락 운동, 운동 통제, 눈-손 협응, 개념 이해, 공간 지각, 문제 해결, 인지, 기억과 같은 다양한 기능적 능력의 이행이 필요하다. 그리고 이는 설명하기 힘든 재능 및 훈련 그리고 전문성(그림의 구성과 색채와 선과 기울임 정도와 각도 등을 결정하는 유일한 판단장치)이 융합된 결과로 이를 이해한 후에야 신경해부학적 기초를 이해할 수 있다. 현재까지 알려진 자료를 근거로 판단해 볼 때 예술은 뇌의 한 영역이 아닌 여러 영역이 작동한 결과로 나타나는 기능적 결과물이다.

예술 창작이라는 복잡한 과정의 신경구조에 대한 보다 유용한 정보를 얻기 위해서는 그 작품이 대중에 의해 전시, 감상, 연구, 판매, 토론, 기억되고 또한 칭송을 받은 잘 알려진 전문 예술가들의 경우를 살펴봐야 하며, 이들이 뇌손상을 입은 후에 어떠한 증상을 보이는지에 대해 연구해야 한다. 이 예술가들이 예술적 재능, 창의성 그리고 기술을 갖고 있음은 분명한 사실이다. 뇌손상 영역이 특정 부위에 한정될수록 이를 기반으로 도출할 수 있는 결론이 지니게 되는 가치는 더욱 높아진다. 뇌손상 후 실제로 변화가 생기는지, 또 만약 어떠한 변화가 생긴다면 그 원인이 무엇인지가 신경심리학적 관점에서 가장 주목되는 부분이다. 뇌손상을 입은 예술가의 작품이 어떻게 만들어지는지에 대한 정보는 많지 않은데, 가장 큰 원인은 유명한 예술가들이 특정 부위에 뇌손상을 입은 경우가 드물다는 것이다. 뇌손상을 입지 않은 일반인들을 대상으로 예술 관련 실험 연구를 하는 것조차 사실 상당히 복잡하며 이런 실험으로는 예술적 재능, 실력 그리고 창의성을 설명할 수 없다.

뇌손상 후 작가의 예술에 대한 이해와 그가 작품을 만드는 과정은 건강한 신체조직과 손상된 신체 조직의 복합 활동의 결과물이라는 사실을 잊지 말아야 한다. 다른 시각에서 보자면, 예술 행위는 중립 변칙neutral irregularity에 대한 뇌 작용의 반증이다(Calabresi, Centonze, Pisani, Cupini, & Bernardi, 2003; Duffau et al., 2003; Kapur, 1996; Ovsiew, 1997; Rossini, 2001). 현재 뇌손상 이후 발생하는 뇌의 기능적 재편성 형태에 대한 연구는 뇌영상 기법을 통해 정밀히 이루어지고 있는데, 특히 언어와 관련된 연구가 활발히 이루어지고 있다(Duffau et al., 2003). 예술과 관련된 신경학적 연구에 있어서 뇌의 기능적 재편성은 반드시 살펴봐야 할 주제다(이에 대한 논의는 4장의 마지막 부분을 참조).

예술이 경험, 개념 및 기억 체계, 재능, 실력, 창의성의 복합적 표출 방법이라는 이 책의 핵심 주제는 시각 및 청각 문제를 앓고 있는 예술가를 통해 강조된다. 가령 질병으로 인해 심각한 시각장애를 앓고 있는 예술가들은 그림을 계속 그릴 수 있으며(3장 참조), 심각한 청각장애를 앓고 있는 음악가들도 작곡 활동을 계속할 수 있다(5장 참조). 리사 피티팔디Lisa FittiPaldi라는 시각장애를 지닌 화가는 시각장애를 입기 전에 정식 미술 교육을 받지 않았음에도 유능한 색채 미술가가 되었다. 파킨슨병이 진행됨에 따라 신체가 점점 약해지는 예술가들도 붓을 쥐고 조절할 수 있었다. 이 질병을 앓는 예술가들과 이들이 겪는 다양한 상황에 대해서는 2장에서 더 논의하도록 하겠다.

시각예술, 지각과 신경심리학

　좌뇌나 우뇌에 손상을 입은 신경과 환자들에게는 임상실험실이나 일반 실험실에서 종종 그림을 해석, 조작, 정리, 배열, 대조, 맞추기 등을 하도록 요구한다. 실제로, 신경심리학 실험에서 그림을 사용하는 것은 널리 사용되는 연구방법이기도 하다. 위의 실험 결과로 나타나는 행동이나 유추된 반응은 시각예술의 신경 구조를 탐색하는 데 유용하게 활용된다. 피험자에게 실제적 사물이나 단순한 기하학적 형태를 그림으로 제시하기도 한다. 양측 반구에 손상을 입은 사람이라고 해서 이들 모두가 어떤 종류의 그림을 본 다음 이로부터 의미를 도출할 수 있는 능력을 상실했다는 의미는 아니다. 행동장애는 부여된 과제의 성향에 따라 나타나기도 한다. 이와 같은 맥락에서, 양측 반구 중 한 부분에 손상을 입었다고 해서 기본적이고 일반적인 시각적 인지물을 그릴 수 있는 능력을 완전히 상실한 것은 아니다. 그러나 손상된 부위가 좌뇌인지 우뇌인지에 따라서 그림의 특징이나 그 깊이를 묘사하는 능력에는 영향을 미칠 수 있다.

　예술작품을 만들기 위해서는 뇌의 여러 영역의 활동과 기능이 선택되어야 한다. 이 중에는 계획, 운동 조절, 눈-손 협응, 해마형성, 기억, 장기기억, 개념, 세상에 대한 의미 지식, 감정 회로, 두정엽parietal lobe, 의미와 공간의 조절, 전체적·세부적 지각, 탈고정 전략, 지속적 주의, 신경망, 광범위한 신경세포 네트워크가 있다. 달리 말해, 예술은 어떤 신경심리가 활성화되는지를 반증한다. 예를 들어, 풍경, 정물, 동물, 인간의 형태, 얼굴을 사실적으로 묘사하기 위해서는 공간적 인지력이 요구되는데, 이러한 형상은 추상적으로도 묘사될 수 있다. 시각예술 창작에는 우뇌 영역과 상세하고 분석적이며 지속적 주의를 요하는 좌뇌의 활동이 동시에 이루어져야 한다. 시각예술의 경우에 기울임, 각도, 크기, 모양, 형태, 높이, 깊이의 상대적인 관계가 그림의 주제를 구성한다. 드문 경우이기는 하나 특수 추적 장치로 그림을 그리는 과정에서 눈과 손의 움직임을 관찰한 결과,

험프리 오션_{Humphrey Ocean}이라는 작가는 시각적 모델의 전체적인 윤곽을 그리는 대신에(이는 우뇌와 그것의 인지 양식과 관련되어 있다) 거의 매번 한 가지 구체적인 부분을 그리기 시작했는데, 그림을 안쪽에서 시작해서 바깥쪽으로 그리는 방식을 취했다(Miall & Tchalenko, 2001). 세부적 부분에 대한 집중은 좌뇌와 관련된 인지 양식이다. 실물을 묘사하는 데 뛰어난 도식 능력을 가진 자폐성 서번트 예술가인 나디아_{Nadia}와 EC의 그림 그리기 접근법의 경우에도 비슷한 결과가 관찰됐다(4장 참조). 이 둘은 그림을 그릴 때 전체 그림 중 세부적인 부분에서 시작해 전체적 윤곽을 완성했다(Mottron & Belleville, 1995; Mottron, Limoges, & Jelenic, 2003). 이와 같은 전략은 양측 반구가 동시에 작동하며, 시각예술 창작에 큰 역할을 한다는 사실을 보여 준다.

특정 효과를 얻기 위해 예술가들은 때로는 자연 물리 공간의 법칙을 깨기도 한다. 좌뇌는 현실의 부조화를 처리하는 역할을 담당한다(Zaidel, 1988a; Zaidel & Kasher, 1989). 실제 사물이나 사물의 일부를 조화롭지 않게 나열하여 현실의 물리적 법칙을 깨는 것으로 잘 알려진 작가는 바로 르네 마그리트_{René Magritte}를 비롯한 초현실주의 작가들이다. 초현실주의 이전에 마네_{Manet}와 세잔_{Cézanne}이 기존의 공간적 개념을 벗어나 새로운 실험을 했다. [그림 1-3]은 마그리트의 작품이다. 아시아와 고대 이집트 예술에서는 그림을 삼차원으로 그리지 않은 경우를 많이 찾아볼 수 있다. 그림을 관람하는 사람들은 이런 그림이 조화롭지 못하고 자연 물리 법칙을 따르지 않음에도 불구하고 이를 기분 좋게 감상한다. 고대 이집트인들은 선형도 없고 여러 선이 함께 만나지도 않는 평평한 형태의 세상을 그림으로 표현하지만, 입체와 공간적 지각 능력이 뛰어나야 가능한 장엄한 삼각형의 건축물을 짓기도 했다. 이와 같은 맥락으로 추상적 예술을 감상하는 사람들은 추상적 작품들을 좋은 기분으로 의미 있게 감상한다. 따라서 예술의 경우에는 상상의 깊이를 공간의 물리적 법칙 관계와 굳이 일치시키지 않아도 된다.

(a)

(b)

[그림 1-3] 르네 마그리트(1898~1967)의 그림

마그리트는 벨기에 출신의 초현실주의 예술가다. 그는 매우 체계적이며 의도적으로 현실에서 일탈한 그림을 그렸다(Gablik, 1985). 마그리트가 그린 형태와 사물과 모양에는 모두 깊이가 있고 그림은 평평하게 그려지지 않았다. 모두 현실적으로 표현됐고 어떤 측면에서는 마치 사진을 보는 것과도 같다고 할 수 있다. 이 그림이 신체나 풍경의 일부인 경우에도 마찬가지다. 그의 그림 전체를 구성하는 각각의 부분은 여타 작가들보다도 더 현실적이다. 또한 우리가 물리적인 세계에서 보듯 하나의 불빛에 의해 만들어진 그림자가 늘 등장한다. 마그리트의 그림에서는 각각의 형태가 자연의 물리적·논리적 법칙을 따르는 것 같지만 작가는 사물 간의 관계를 변형시켰다. 진정한 창조성은 그가 전체에서 각각의 세부 요소를 나란히 배열한 것이다. 기존의 자연 물리적 법칙을 넘어서기 위해서는 뛰어난 지적 능력이 필요하다. (a) 〈강간(The Rape)〉(1934), (b) 〈개인적 가치(Personal Values)〉(1952). © 2003 C. Hercovici, Brussels/Artists Rights Society (ARS), New York.

색채, 예술과 신경심리학

시각예술의 큰 부분은 흑백으로 구성되어 있다. 렘브란트Rembrandt, 레오나르도 다 빈치Leonardo da Vinci, 미켈란젤로의 스케치나 판화, 에칭etchings, 석판화, 삽화, 펠리니Fellini와 베르히만Bergman의 영화, 베르니니Bernini와 미켈란젤로의 도자

기와 대리석 조각, 프랭크 로이드 라이트Frank Lloyd Wright의 건축물이나 고대 이
집트의 피라미드, 타지마할 등을 떠올려 보면 이 사실을 알 수 있다. 그리고 색맹
예술가들이 언제나 존재했다는 사실과 잘 알려진 예술가 중에도 거의 시력을 잃
은 사람도 있다는 점을 고려해 봐도 이러한 사실을 알 수 있다(3장 참조). 뇌에서
예술이 처리되는 과정을 고려할 때 예술이라고 해서 굳이 색채가 수반되어야 한
다고 생각할 필요는 없다. 색채는 인간의 지각이나 감상, 존재를 환기시키는 효
과를 만들어 낸다. 또한 그 색채는 그 자체로 많은 의미를 지니고 있다. 색채가
입혀지면 최종 작품이 더 복합적·추상적으로 변하며 미적인 부분이 더해진다
는 점은 의심할 여지가 없는 사실이다. 색채는 작가의 예술적 재능을 보여 주기
도 한다. 작가가 무엇을 의미하고자 하는지를 전달하는 추가적인 요소가 된다.
나디아와 EC와 같은 자폐성 서번트의 경우 작품에 색채를 거의 사용하지 않는
데, 이는 예술작품에 색채를 사용하기 위해서는 특수한 예술적 인지 능력이 필요
하다는 점을 시사한다(4장 참조).

시각적인 요소들을 일관적으로 배치하는 작업은 우리의 눈보다는 마음에서
이루어진다. 그러나 안구의 건강 상태가 이에 전반적으로 영향을 미칠 수 있다.
선의 각도, 기울임, 모서리, 경계선이나 대비와 같은 것들은 시각적 요소를 구성
한다. 이 요소들은 외피 조절을 통해 유의한 단위로 결합된다. 일반적인 지각 능
력을 갖춘 사람의 경우에는 어린 시절부터 쌓아 온 경험이나 정식 교육을 거치며
축적해 온 장기기억을 바탕으로 일정한 형태로부터 의미를 도출해 낼 수 있다.
이처럼 장기기억을 바탕으로 새로운 인지가 이루어지고 지속적이고 활동적인
방법에서 기존에 알고 있는 것과 같은 형태를 찾아내고자 하는 기전에 의해 새로
운 인지가 이루어진다(Zaidel, 1994). 대다수의 인지심리학자는 현실은 지각하는
사람의 마음에서 만들어지는 것이라고 이야기할 것이다(Kalat, 2002).

후천성 뇌손상을 입은 경우 인지 과정이나 시각 인지로부터 의미를 추출할 수
있는 능력이 손상될 수 있다. 이로 인해 시각실인증visual agnosia, 즉 기존에 알고
있던 지식이 손상됨으로 인해 이것이 의미하는 바를 상실할 수 있는데, 시각실인

중 환자들은 세상에 대해 이해하는 방식이 불규칙하다(Farah, 1990). 그러나 지각 능력이 항상 실인증적인 장애_{agnotic disorder}에 의해서만 손상되는 것은 아니며 개인에 따라 다를 수 있다. 지각 기전의 변이 혹은 대상물을 이해하는 능력이 없어 그런 현상이 나타날 수도 있다. 예술가들의 창작물은 그들이 세상에 대해 갖는 독특한 지각을 반영하지만 정작 비예술가인 관람객들은 그러한 창작물을 이해하거나 감상하거나 또는 자신과 연관시키지 못하는 경우가 종종 발생한다. 어쩌면 예술가들만이 갖고 있는 인지와 연상의미 기전의 특수한 신경구조 배열, 그리고 재능이 사람들의 마음을 사로잡고 사람들에게 영감을 주는 아름다운 작품의 탄생을 가능하게 하는지도 모른다.

음악과 뇌

음악은 인간이 만든 기기나 음악을 기록하기 위해 사용되는 악보에 기록되지 않으면 공중에서 사라지고 만다. 고대 인간이 만든 음악이나 언어적 소리는 기록으로 남겨지지 않았기 때문에 음향예술과 뇌의 진화의 발달 간 상관관계를 추적하기가 쉽지 않다. 그러나 고대 음악과 관련된 증거는 지금도 존재한다. 슬로베니아와 프랑스의 고고학자들이 피리와 같은 고대 음향기기를 땅속에서 발굴하였는데 이 피리는 3만 년에서 5만 3,000년 전에 만들어진 것으로 추정된다(Gray, Krause, Atema, Payne, Krumhansl, & Baptista, 2001; Tramo, 2001). 현재 유럽 인류에 앞서 유럽 일대에 살았던 네안데르탈인은 소와 사슴 뼈로 피리를 만들었다(10장 참조). 반면, 시각예술의 경우에는 선사시대 작품에서부터 현재까지 만들어진 작품들을 많이 찾아볼 수 있다.

뇌와 음악에 대한 증거를 수집한 결과 음악가나 음악가가 아닌 사람 모두 음악에 대해 뇌 반응을 보였는데, 이로써 음악이 뇌의 광범위한 영역을 활성화한다는 사실을 알 수 있다(5장과 6장에서 더 자세히 설명함). 따라서 음악과 관련해서는 특정 뇌 반구나 전문화 영역이 존재한다는 강한 주장이 없다. 뇌손상을 입은 작곡가들의 사례를 살펴본 결과 양측 반구가 모두 활성화되었다. 음악가가 아닌 이들의 경우 박자나 리듬을 인지할 때 좌뇌가 최대로 관여되고 우뇌는 음의 고저나 음색을 인지할 때 활성화된다. 음악과 관련한 뇌영상 기법은 현재 진행되고 있는 연구를 통해 조금씩 발전되고 있다(Popescu, Otsuka, & Ioannides, 2004).

예술, 창의성 그리고 뇌

창의적 과정은 전통적으로 예술가들과 연관되지만 사실 과학자에게도 창의성이 필요하다. 그리고 환자를 정확하게 진단하고 치료하는 의사, 이론과 해법을 만드는 경제학자와 수학자, 다루기 힘든 학생들을 가르치고 명석한 학생들에게 동기부여를 하는 교사, 해결책을 찾고 선거에서 승리를 거두고 전쟁을 피하거나 종결하고 국민의 삶을 향상시키는 정치인, 이익을 확대하는 비즈니스맨에게도 창의성이 요구된다. 창의성이 다른 분야보다 예술에서 두드러지기에 우리는 이 둘을 연관 짓는 데 보다 익숙하다. 그러나 예술적 창의성의 신경해부학적 근거나 신경생리학적 근거는 여타 인간의 활동에서 요하는 창작 능력과 완전히 다른 것은 아니다.

재능이 있는 경우라면 뇌의 신경화학적 기전이 예술적 표현에 영향을 준다. 창의적인 예술작품을 만들어 내는 신경전달물질의 역할은 새로 처방된 의약품에 의해 예술적 기질이 나타난 특수한 신경과 환자의 사례를 통해 고찰할 수 있다. 11장에 이와 관련하여 파킨슨병을 앓고 있는 환자의 사례를 제시하였다. 또한 심한 우울증을 앓고 있는 사람의 경우 신경전달물질인 세로토닌의 수치가 낮은데 이 경우에는 창의적이거나 생산적인 일의 진행이 불가능하다는 점도 고려해야 한다. 창의성은 우울증에서 벗어나거나 우울증에 빠지기 이전에 발현된다. 그러나 그 이전에 예술적 재능과 소질을 다양한 형태로 갖추고 있어야 한다. 신경전달물질의 균형 차이는 예술적 혹은 창의적 표현의 전제조건이 되지 못한다. 격변하거나 불안정한 예술가들의 기분은 애착과 관련된 기전에서 유래될 수 있는데 작품 완성에 따른 심리적 상실감이 신경물질의 불균형과 이로 인한 기분의 변화로 이어진다.

예술가들은 창의성이 매우 뛰어나 때로 공식적인 과학적 발견이 일어나기도 전에 이미 이를 표현하기도 한다(Shlain, 1991). 실제로, 과학자들은 시각 예술가들에게 영감을 얻어 연구 프로젝트를 새로운 시각으로 보는 경우도 종종 있다. 성공적인 예술가들은 엄격하게 제한된 실증적 연구에서 벗어나 자유로운 사고를 하며, 이것에 재능과 지능이 겸해졌을 때 매우 창조적인 작품이 탄생하게 된다. 최종적으로 어느 형태의 예술이든(문학, 시, 음악, 그림, 영화, 조각, 춤, 연극 혹은 사진) 이는 그 창조자의 마음을 반영한다. 예술을 창작한 사람이 평범한 뇌를 가졌든, 서번트의 뇌를 가졌든, 전두-측두엽 치매fronto-temporal dementia를 앓고 있든, 편측성 뇌졸중unilateral stroke을 앓고 있든, 혹은 피카소와 같이 뛰어난 예술가를 통해서든, 예술은 다양한 형태로 나타난다. 예술가의 작업실은 어떤 형태로 어디에 있든, 창조적 사고가 지속적으로 실험되는 곳이다. 신경심리학의 시각에서 예술을 이해함으로써 얻는 혜택은 외국어, 물리, 생물, 신경과학, 의학, 수학, 금융 투자를 이해함으로써 얻는 혜택과도 동일하다. 특히 뇌손상이나 여러 가지 감각 손상을 입은 노련한 예술가들을 연구함으로써 규명하기 어려운 예술적 재능과 예술이 뇌에서 어떻게 발현되는지를 보다 잘 이해할 수 있다(11장 참조).

예술은 단순히 재능이나 기술, 창의성의 표현이 아니다. 예술은 유전적·생물학적 요인에 의해 제한되고 속박되는데, 이러한 요인에 의해 뇌가 창조적인 작업을 수행하는 과정에서 영향을 받으며 예술가의 문화적 배경, 교육, 훈련, 사회 적응도에 따라 창조적 작업을 할 때에 영향을 받는다. 다른 조건이 동일하다는 전제하에, 정상적인 뇌를 소유한 예술가의 작품에는 그 예술가가 속한 시대와 사회에서 중요하게 생각되고, 회자되고, 논의되고, 믿고, 알려진 사실들이 표현된다. 반(Bahn, 1998)이 지적하고 디사나야케(1998)가 이에 동의한 바와 같이 서구사회에서 예술이라고 분류하는 것은 다른 많은 문화에서는 그저 문화적·종교적·경험적 사건의 연장선으로 간주되기도 한다. 그 예로 호주 원주민이 바위와 집을 그린 그림, 조각품, 바구니, 깔개나 다른 비슷한 생산품에 대해 보이는 태도로 알 수 있다. 또한 많은 아메리카 원주민의 경우에서도 이러한 예를 찾아볼 수 있다. 고대나 선사 시대 예술작품에서 얻을 수 있는 가장 큰 가르침은 작품이 전달하고자 하는 본래 의도는 잘 알 수 없지만 그 작품의 미학적인 부분은 그대로 감상할 수 있다는 사실이다. 이는 예술적 의미와 미학은 분리되어 있으며, 미학적인 부분이 본래 의도한 의미에 비해 더 강한 생물학적 근거가 있다는 점을 시사한다.

인간 예술의 시초

신경심리학적으로 예술을 이해하기 위해서는 인간의 진화 과정 초기에 예술적 표현이 어떻게 이루어졌는지 살펴봐야 한다(10장 참조). 초기 예술적 형태는 더 많은 이해를 주는 창구 역할을 한다. 초기 예술의 경우 인지적 추상화의 기반이 되는 생물학적 기전이 있었다는 점을 전제로 한다. 예술이나 언어는 추상적인 표현에 의존하는 의사소통 형태다. 그러나 추상적 예술 표현 능력이 있다고 언어적 표현력 또한 뛰어나다고 단언할 수는 없다. 추상적인 개념이 소통되기 위해서는 예술가와 감상자가 동일한 신경기질을 공유해야 한다. 일부 고대 작품의 경우에는 어딘가에 새겨진 선이 몇 개 모여 하나의 단순한 패턴을 만드는가 하면 또 복잡하고 구체적으로 표현되는 경우도 있다. 또 일부 작품의 경우에는 색채를 사용하지만 그렇지 않은 경우도 있다. 일부 고대 작품들은 현재까지도 강한 미적 반응을 불러일으킨다. 선사시대 작품 중 오늘날까지 현존하는 작품의 경우는 어떤 풍경을 통해 이야기를 전달하기보다 동물, 얼굴, 손, 동그란 점 하나, 작은 조각상이나 기하학 형상과 같이 각각의 사물을 강조했다. 어쩌면 이러한 개별 사물을 크게 하나로 그리는 것이 그 작품을 만드는 사람에게는 어떤 제한된 의미가 있었을 수도 있다. 현대 사람들은 이러한 작품을 보면서 아주 작은 부분에도 주의를 기울여 이를 해석하고 설명하고자 한다. 이들의 해석은 옳을 수도 있고 틀릴 수도 있을 것이다. 이런 해석의 시도 자체가 놀라운 열의를 보여 주는 것인데 이에 대한 명확한 신경심리학적 설명은 아직 없다. 이러한 불확실성 속에서 예술은 인간에 의해 소비되고 그 그림을 보는 사람들에 의해 이해되고 해석되는데, 이 감상자들의 마음은 그 마음을 수용하는 뇌에서 동일하게 형성되어 있다.

　예술이라는 행위가 모든 인간 사회에 존재한다는 사실은 우리가 모두 호모 사피엔스에서 유래되었음을 보여 주며, 동일한 뇌와 인지적 발달 기전을 공유한다는 사실을 명백히 보여 준다. 예술은 만들어지는 장소나 감상 대상과 상관없이 즐거움을 선사하며, 많은 사회에서 삶의 모든 면과 밀접하게 연관되어 있다. 20세기 초반의 유럽 예술가들은 폴리네시아와 아프리카 예술에 큰 영향을 받았다. 비서구 사회에서 창작된 예술이라는 점과 그 작품을 통해 그들 고유의 형태와 디자인을 만들어 내고 그 결과로 그들만의 고유한 예술적 표현 방법이 생성되었다는 점에서 예술은 전 세계적 소통의 가치를 보여 준다. 언어를 이해하기 위해서는 사전 학습이 선행되어야 하지만, 이와는 달리 재능 있는 개인의 예술작품은 사전 훈련을 받지 않은 사람들의 반응을 이끌어 낼 수 있다. 언어와 예술적 표현의 상징적 부분은 인간에게만 존재하는 공통된 인지 형태에 의한 것일 수 있다. 비록 언어와 예술작품에 의해 나타나는 결과와 소통의 효과가 다르지만 바우어새(복잡하고 화려한 둥지를 만드는 조류)의 경우를 제외하고는 예술을 창작할 수 있는 능력은 인간에게만 있다고 단언할 수 있다. 정밀한 구문 구조와 풍부한 어휘를 다양한 언어로 구사하는 것도 오직 인간만 가능하기 때문에, 예술이 지닌 소통의 본질은 언어와 유사한 신경해부학적 근거를 가지고 있을 뿐 아니라 공통 인지적 지지 기전을 가지고 있다고 가정하는 것이 타당할 것이다. 현재로서는 이러한 주장에 대한 근거를 아직 찾지 못했다.

　널리 이루어지는 예술 활동의 놀라운 면 중 하나는 지리적으로 서로 멀리 떨어진 곳에서 만들어지는 예술작품이다. 두 지역은 워낙 지리적 거리가 멀어 서로 직접적인 영향을 주었다거나 같은 조상의 영향을 받았다는 것은 거의 불가능해 보인다. 그 예로 이집트의 피라미드와 마야와 아즈텍의 피라미드를 비교해 볼 수 있다. 이것은 과연 우연의 일치일까? 마야와 아즈텍인들은 이집트 피라미드의 존재에 대해 아시아계 조상들로부터 내려온 전설을 통해 알게 되었을까? 혹은 동북 아프리카 조상으로부터 전해 내려오는 설화를 통해 알게 되었을까? 그 어떤 가능성도 배제할 수 없다. 그런데 만약 피라미드를 만든 이유가 같다고 생각해 보자. 상징적이고 종교적인 의미를 지니며, 사람들을 놀라게 하고 힘과 권력을 상징하는 거대한 건축물이 필요했다고 생각해 보자(피라미드 안에 인간의 무덤을 만들었다는 사실은 논외로 하자). 그처럼 거대한 석조건물을 계획하고 짓는 데 필요한 인지 정보 처리는 그 사람이 사는 지역과는 관계없이 유전적 통제, 선택적 기전, 발달, 뇌의 성장에 의해 발생되는 자연적인 생물학적 진화의 정신적 산물이다. 널리 퍼져 있는 인간의 건축물들은 뇌의 신경해부학적인 공유뿐 아니라 공통 인지 과정을 공유했다는 증거가 된다.

인간이나 동물은 생리적인 여건이 허락되지 않으면 그 무엇도 만들 수 없다. 인간의 뇌와 신체의 발달도 이루어지지 않았을 것이다. 해부학적 관점에서의 현생 인류가 약 10만 년 전(일부 견해에 따르면 그 이전에 나타났을 수 있다, Mithen & Reed, 2002 참조) 아프리카에서 나타난 이후, 신경 흐름도를 바탕으로 뇌의 발달 과정이 예측되었다. 그러나 실제 예술(상징적, 표상적, 비기능적)은 약 3만 5,000년에서 4만 5,000년 전 서유럽에서 상당히 많이 나타났다. 순수하게 생물학적인 관점에서, 해부학적으로 현생 인류의 예술은 살아남지 못한 반면, 호모 사피엔스의 예술은 살아남았다. 그러나 호모 사피엔스의 뇌에 갑자기 새로운 신경전달물질이 생겨나고 광범위한 새로운 신경경로와 새로운 정보 전달 부위나 투사섬유가 생겨났다고 가정하기에는 무리가 있다. 이보다는 뇌 발달이 점차적으로 이루어져 예술의 추상적 상징성이 가능한 인지적 능력으로까지 발달되었다고 가정하는 것이 더 합리적일 것이다.

예술이 갑작스럽게 등장한 원인에 대한 다양한 주장이 있다. 풍부한 예술이 등장하게 된 이유는 초기 인간의 뇌에 급작스러운 변화가 일어나서가 아니라 그들이 살고 있던 환경적 현실이 변화되었기 때문이라는 주장도 있다. 일부 환경학자는 뇌의 생화학적 발전에 도움이 되는 특정 음식을 구하고 섭취하기가 더 수월했던 결과라고 주장하면서(Mirnikjoo, Brown, Kims, Marangell, Sweatt, & Weeber, 2001) 환경적 요인에 무게를 싣는다. 아마도 네안데르탈인(초기 인간의 또 다른 부류인데 많은 이들은 호모 사피엔스와 직접적으로 연관되어 있지 않다고 주장한다)의 등장은, 그 방법이 아직 알려지지 않았으나 직접적인 형태로는 아니더라도 상징적 이미지를 구축하는 발달 과정에 중추적 역할을 했을 것으로 생각된다(Conard, Grootes, & Smith, 2004). 그러나 다른 모든 것이 다 동일하다는 전제하에 현대 인간의 뇌는 한번 형성되고 난 후에는 일정한 발달 과정과 변화를 거쳤을 것이며 현재까지도 진화 중일 가능성이 크다. 모든 인류는 그들이 살고 있는 지리적 위치와는 상관없이 언어를 구사한다. 언어 기능을 담당하는 뇌는 예술 창조 기능을 담당하기도 한다. 따라서 어디에나 비슷한 주제를 다루는 예술이 존재하고 거대한 바다나 큰 산이 지리적으로 갈라놓고 있다 하더라도 어디를 가든 비슷한 건축물이 존재하고 예술에 대한 반응 또한 모든 사람이 갖고 있다는 사실이 놀랄 만한 일은 아니다(10장 참조).

　앞에서 언급했듯 서유럽의 현생 인류가 3만 5,000년에서 4만 5,000년 전부터 많은 예술을 창작했으나 그 이전에도 예술이 존재했다는 증거가 존재한다. 약 22만 년 전, 인간이 만든 소형 화산암 조각이 이스라엘 골란고원에서 발견됐다. 이 작은 조각상을 면밀히 분석한 결과, 이는 상징적 예술품으로 추정된다(d'Erico & Nowell, 2000; Marchack, 1997). 그보다 13만 년에서 18만 년 이전에 만들어진 300여 개의 색채 및 색채를 만드는 데 사용되는 분쇄 도구도 발견됐다. 이는 신체 장식으로 사용된 것으로 추정되며 잠비아, 루사카 인근 쌍둥이강 일대 동굴에서 발견됐다. 초기 인류는 동물과 식물, 세상과 변화무쌍한 하늘의 색채에 과연 감명을 받았을까? 권력을 얻고 민첩하게 움직이는 데 용이하고자, 상대의 사기를 꺾거나 순수한 미학적 즐거움을 얻기 위해서, 혹은 다른 이유로 이들은 몸을 색칠했을까? 인간과 인류의 조상은 글이 발달하기 훨씬 이전부터 예술작품을 만들고 자신들의 생각을 표현하기 위해 색채를 사용하였다.

예술 속의 미(美)와 뇌 진화

인간을 제외한 영장류나 다른 동물이 자발적으로 그림을 그렸다는 확정적 증거는 없다. 그러나 조류의 경우에는 의도된, 삼차원 예술작품을 만든 증거들이 존재한다. 이런 맥락에서 가장 잘 알려진 조류는 바로 바우어새이며, 바우어새는 암컷을 유혹해 짝짓기를 하기 위한 목적으로 이런 창조물을 만든다(10장 참조). 수컷이 만든 작품을 본 암컷이 어떠한 미적인 부분에 끌렸다거나 혹은 다른 것에 실제로 끌렸는지 판단하기는 어렵다. 미(美)에 대한 반응은 어쩌면 인간에게만 있는 것이 아닐지도 모른다. 그림, 조각, 도자기, 영화나 건축물은 그것이 지닌 아름다움으로 인해 사람들의 반응을 끌어낸다. 예술의 미적인 부분은 우리의 마음을 끄는 역할을 하며, 우리는 이런 이유로 예술품으로 집을 꾸미거나, 그 작품에 대하여 듣고, 박물관이나 갤러리에 가서 감상하고, 우리의 시대와 문화의 상징으로 생각하며 동시에 즐거움을 느낀다. 장식이 없는 단순 건축물도 우리에게서 미적 반응을 이끌어 낼 수 있다. 예술은 그 미적인 부분과는 독립적으로 어떠한 의미를 전달하는데, 이 의미가 우리의 마음을 끄는 중요한 역할을 하는 것일지도 모른다(9장 참조).

초기 인간은 자연과 동물의 아름다움에서 영감을 받거나 추상적 상징을 통해 언어적으로나 비언어적으로 서로가 의사소통하고자 했던 진화기에 아름다움에 (실제 이의 위험성과는 관계없이) 지속적으로 노출되고 이로 인해 즐거움을 느꼈을 수 있다. 동물의 색과 모양을 보고 아름다움을 느끼고 이에 영감을 받아 신체 장식이 시작되었을 가능성이 있다. 회화는 아마 그 이후에 나타난 것일지 모른다. 예술 창작의 시초는 순수하게 상징적이었을 수 있다. 이때 의도적으로 예술적인 요소를 첨가한 것이 아니라 미적 요소가 창발 현상_{emergent property}으로 나타난 것일지 모른다. 지금도 미적 요소는 예술가가 의도적으로 첨가하는 것이 아니라 예술의 창발성 때문에 생기는 것일지 모른다.

　선사시대 서유럽 동굴벽화에 동물을 그린 진정한 이유가 무엇이었든 간에 당시 그 동굴에서 살고 있던 사람들은 우리가 그 작품을 현재 감상할 때 느끼는 미적 즐거움과 동일한 감정을 느꼈을 수 있다. 그런 그림을 그리게 된 것이 사회적·상징적 이유 때문일 수 있지만, 상징적 대상을 감상하며 즐거움을 느끼는 감정은 동굴에 살던 그 사람도 동일하게 느꼈을 수 있다. 예술적 표현은 언어만큼이나 광범위하고 무한하지만 인간 뇌의 인지 정보 처리의 한 형태다. 예술에 대한 미적 반응은 인간이 사는 전 시대와 문화, 수단, 예술 양식에서 모두 나타난다.

언어 편재화와 언어장애(실어증)

　150년간의 실증 및 임상 연구를 통해 말하기, 이해, 쓰기, 읽기라는 주요 언어 기능은 대부분의 경우 뇌의 좌반구에 전문화되어 있다는 사실이 반복적으로 밝혀졌다(Saffran, 2000). 뇌의 좌반구 손상은 일반적으로 다양한 언어장애(실어증 aphasia)로 이어졌다. 실어증 환자를 기준으로 만든 고전적인 기능적 뇌 지도에는 좌뇌 후전두엽 하측영역에 있는 브로카 영역_{Broca's area}에서 담당하는 구어 산출과 좌뇌 상측두회 후측영역에 있는 베르니케 영역_{Wernicke's area}에서 담당하는 언어 이해로 구별되어 있다([그림 1-4] 참조). 그러나 1970년대 중반부터 만든 뇌 지도는 뇌영상 기법과 그 이후의 실험으로 더욱 확장되었다(Whitaker, 1996). 현재까지는 전반적인 언어 과정에 피질 및 피질하 영역도 추가되었다(Lieberman, 2002; Wallesch, Johannsen-Horbach, Bartels, & Herrmann, 1997). 일부는 비록 제한적이기는 하나 우뇌 활동이 나타났으며(특히 언어 이해의 경우)(Code, 1987, 1997; Zaidel,

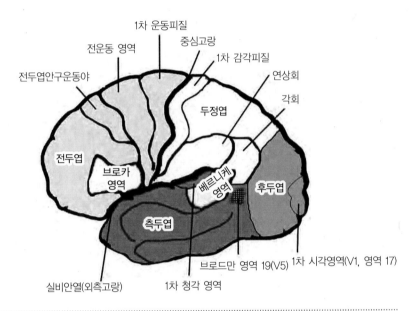

[그림 1-4] 대뇌 좌뇌 측면상

전두엽, 측두엽, 두정엽 및 후두엽을 볼 수 있다. 우뇌에도 동일한 엽(lobes), 열구(sulci), 뇌회(gyri)가 있으나 주요 언어 담당 기관은 좌뇌에 위치하고 있다. 브로카 영역은 말하기(speech production)를, 베르니케 영역은 언어 이해를 담당한다. 좌뇌는 뇌의 주요 언어 시스템을 관장하는데, 표현, 이해, 말하기, 쓰기, 읽기도 여기에 포함되어 있다. 좌측 전두엽의 후방 부위(posterio region of the left frontal lobe)가 손상될 경우 브로카 실어증(Broca's aphasia)이 발생하는데, 이로 인해 말이 유창하지 않고 끊기고 불완전하고 온전한 구문론을 사용하지 못한다. 후측 좌뇌 상측측두이랑(posterio left superior temporal gyrus)이 손상될 경우 베르니케 실어증(Wernike's aphasia)이 발생하는데, 말은 유창하나 무의미한 언어를 생성해 내고 말을 이해하지 못한다. 좌뇌의 기타 영역이 손상될 경우에는 다른 언어장애가 발생한다.

1988b), 반구간백질장애intra-hemispheric white matter lesion로 인한 변화를 추적하고 있다(Groot et al., 2000). 이뿐 아니라 현재까지 알려진 실어증과 그 신경구조와 관련된 지식의 범위와 깊이가 확장되었다(Caplan, 1987; Whitaker & Kahn, 1994). 이와 더불어 뇌영상 기법과 지난 몇 년간의 생리반응 기록(Boatman, 2004; Teismann, Soros, Manemann, Ross, Pantev, & Knecht, 2004) 및 신경해부학적 연구(Hutsler &

Galuske, 2003)에서는 언어적 표현과 이해를 위한 결합이 좌뇌에서 이루어진다는 사실을 확인하였다(인간 언어 발현의 진화 시나리오는 10장 참조).

현재는 실비안열 주위 영역의 대부분을 차지하는 좌측 신경세포망([그림 1-5] 참조)이 핵심 언어처리 영역을 구성한다는 생각이 지배적이다(Scott, Blank, Rosen, & Wise, 2000). 여기에는 말하기, 이해, 글쓰기, 읽기도 포함된다. 신경해부학적으로 개인 간의 다양성을 관찰한 것에 따르면(Whitaker & Selnes, 1976), 브로카 영역과 베르니케 영역의 정확한 범위는 재평가되고 확장되었다(Blank, Scott, Murphy, Warburton, & Wise, 2002). 따라서 브로카 영역복합Broca's area complex과 베르니케 영역복합Wernicke's area complex으로 생각하는 것이 타당할 것이다. 이 네트워크 안에 추가 영역 또한 발견되었다. 조음 조절orchestration of speech articulation은 뇌의 좌측 중심전회 하부precentral gyrus, 상첨superior tip, 전두엽과 측두엽 아래에 있는

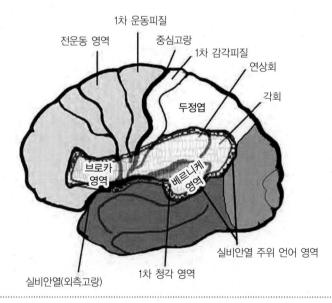

[그림 1-5] 왼쪽 피질 측면상

뇌 반구의 실비안열 주위 언어 영역(peri-Sylvian language area)을 볼 수 있다. 실비안열 내부 안쪽(deep inside the Sylvian fissure)에 뇌섬이 숨겨져 있는데 이 또한 언어에 중요한 부위다.

전뇌섬anterior insular(실비안열 내부 안쪽에 위치)에 있는 각각의 영역에서 조절된다 (Dronkers, 1996). 그러나 조음장애는 뇌섬insula에 손상을 입지 않고 좌후 전두이 랑 하부inferior frontal gyrus에서 혈류가 감소된 환자의 경우에도 나타날 수 있다 (Hillis, Work, Barker, Jacobs, Breese, & Maurer, 2004). 힐리스Hillis 및 그와 주장을 같 이하는 학자들은 복잡한 운동 기능인 조음 조절이 브로카 영역복합뿐 아니라 얼 굴과 입에 관계하는 대뇌피질(중심앞이랑precentral gyrus과 중심뒤이랑postcentral gyrus에 위치)의 대뇌 영역에서도 상당 부분 이루어진다고 주장하였다. 다시 말하 면, 좌뇌에 상호 연결된 영역 망이 구음과 관련된다는 것이다. 베르니케 영역복 합 크기의 큰 가변성에 대한 논의 또한 제기되었으며(Bogen & Bogen, 1976), 이 영역 안에서 여러 신경성 세부 체계가 발견되었다(Wise, Scott, Blank, Mummery, Murphy, & Warburton, 2001).

우뇌의 언어 이해를 위한 신경망 체계에 대한 체계적 연구도 진행되었다 (Friederici & Alter, 2004; Gernsbacher & Kaschak, 2003; Ullman, 2001; E. Zaidel, 1976, 1978, 1979). 실어증과 이와 관련된 중요한 세부 요소들과 진단과 관련된 구체적 인 내용도 찾아볼 수 있다(Saffran, 2000 참조). 이러한 발견과 관련된 엄청난 학문 적 내용은 이 책에서 모두 다루기에는 무리가 있다(좌뇌의 편측 손상에 따른 기능적 재구성과 관련된 내용은 4장 후반부에서 다루어짐).

예술, 언어 및 반구의 전문화

예술 표현은 언어와 병행하여 진화되었을 가능성이 있는데, 인간의 진화와 더 불어 예술적 표상이 발달하였을 수 있다. 그러나 예술적 표상이 필연적으로 언 어적 의사소통 이전에 나타났다고 볼 수는 없다(10장의 언어 기원 이론 참조). 다 시 말하면, 예술의 비언어적 · 비구어적 현상이 필연적으로 언어 이전에 생겨났 다는 것이 아니라는 사실이다. 예술은 언어와 동일하게 마음을 나타내며 이 둘의 언어 기능은 같은 신경구조를 지녔을 수 있다. 그리고 이는 모두 약 35만 년 에서 40만 년 전 아프리카 고대 인류에서부터 생겨난 것일 수 있다. 초기 언어 등장의 가시적인 증거물은 장식이나 위장을 목적으로 사용한 색채에서 유래된 것일 수 있다(9장, 10장에 추가 논의). 좌뇌의 주요 언어 영역은 [그림 1-4]에 제시 되어 있다.

　비록 좌뇌에 글쓰기나 구어 능력이 따로 전문화되어 있지만, 글쓰기와 그림 간 에는 연결성이 있다. 글쓰기는 아마도 사실적인 회화를 재현하면서 시작되어 형 식적 기록 시스템으로 진화된 것으로 추정된다. 1066년 영국 헤이스팅스전투를 그린 바이외 태피스트리Bayeux Tapestry가 만들어졌을 때, 비언어적 의사소통 중 회화적 표현 방법은 1,000년 전부터 선호되던 방법으로 보인다. 바이외 태피스 트리는 인간, 동물, 식물, 사물, 건물을 다양한 색채로 수를 놓아 헤이스팅스 전 투를 그린 직물 공예품으로 70개 이상의 패널을 장식하고 있는 큰 작품이다. 어 떤 경우에는 언어보다 그림이 메시지 전달에 더 효과적일 수 있다. 거리나 도로 에 수없이 많은 거대 광고 전광판을 예로 보더라도 그림이 천 마디 말보다 유용 하다는 사실을 알 수 있다. 동시실인증simultanagnosia(그림을 보고 주제를 이끌어 낼 수 있는 능력을 상실하게 됨)은 좌뇌의 측두엽 후방에 국소적 손상이 가해짐으로써 발생하는데, 이 현상은 복잡한 장면의 그림을 해석하기 위한 신경구조에 대한 정 보를 제공한다.

　언어 이해, 말하기, 글쓰기, 읽기를 하는 데 뇌의 국소화가 있다는 사실은 이미 알려져 있는데, 이와는 달리 예술작품을 만들 때에는 어떠한 편재가 있거나 특정 반구에서 조절된다는 신경 네트워크의 위치는 알려지지 않았다. 예술을 감상하 거나 비판하기 위한 뇌의 국소화 또한 체계적으로 연구된 바 없다. 예술은 우뇌 에서 관장한다고 많이 알려져 있는데 이는 사실 확실한 과학적 근거가 없는 주장 이다. 이는 초기에 만들어진 이론의 첫 가설로 나온 것인데 여전히 많은 연구가 이루어져야 하는 부분이다. 현재까지의 증거를 바탕으로 비추어 볼 때 이와는 다 른 결과가 나온다. 이후 이 책에서 제시된 사례연구나 논의는 예술이란 '전체 뇌의 생산물이라는 것을 보여 준다.

예술은 의사소통의 한 형태이며 이러한 맥락에서 이는 비록 비언어적 형태이지만 '언어'의 표상이라고 볼 수 있다. 바위, 동굴, 절벽 거주지, 캔버스, 영화, 음악 멜로디, 신체에 그림을 그리는 것은 특정 아이디어나 개념을 전달하기 위함이다. 이는 추상화할 수 있는 능력을 나타내는 것이다. 무엇을 전달하고자 하는지에 대한 견해는 다를 수 있지만 우리는 추상적인 것을 해석할 수 있는 능력을 갖추고 있기에 아마 공통적인 합의점에 이를 것이다.

예술의 신경심리학적 단서가 되는 재능 및 감각 손상

예술적 재능이 내재된 생물학적 능력을 나타내는 것인지 아니면 재능과 함께 지도, 훈련, 연습의 복합 효과로 나타나는 것인지에 대한 논란이 있다(11장의 논의 참조). 선천적인지 후천적인지와는 관계없이 다양한 분야의 재능에 대한 일반적 논의는 하우 등(Howe, Davidson, & Sloboda, 1998)에 의해 검토 및 논의되었다. 그러나 예술적 재능은 그 기원이나 분야를 막론하고 누구나 다 타고나는 것은 아니다. 세상 그 어느 사회에서도 일부만이 뛰어난 예술적 재능을 갖고 있다. 이것은 아마도 그 재능이 태어날 때부터 전문화된 신경계 구조에 기반되어 있다는 점을 의미할 것이다. 올리버 삭스Oliver Sacks 등이 숙련된 서번트 예술가들의 사례를 면밀히 살펴본 결과, 특정 예술 유형의 경우에는 전문화된 신경계가 존재하거나 특정한 신경해부학적 뇌 영역이 존재하였다. 일부 자폐증 집단은 뇌 기능이 심각하게 손상되었음에 뛰어난 그림을 그린다. 이런 예술가들의 이전 작품에서 찾을 수 없는 것을 주목하면 예술가의 뇌에 대한 단서를 찾을 수 있을지 모른다(4장 참조).

예술가의 감각기관 상태는 예술 분야에 대한 매우 유용한 단서를 제공해 줄 수 있다(3장 참조). 예를 들어, 시각예술의 경우 예술가의 시력이 색채나 그림의 명확성을 판단하는 데 중요하고, 조각가의 경우에는 팔 근육의 상태가 중요하다. 예술가의 경험, 재능, 숙련도, 창의성과 관계없이 완성된 그림, 페인팅, 에칭, 조각, 영화에는 눈의 작용이 중요하게 반영된다. 마찬가지로 음악의 경우, 작곡가의 청력 정도를 고려하는 것이 중요하다. 시각이나 청각의 변화는 노화와 함께 발생하거나 질병의 형태로 비정상적으로 나타날 수 있는데, 예술작품을 만든 나이는 근본적인 뇌활동 과정을 이해하는 데 매우 유용하다.

예술의 신경 요소를 탐색하는 과정에서 우리는 다음 사항을 고려해야 한다. 예술 작가의 감각 상태와 이것이 예술 창작에 미치는 영향, 예술적 재능과 유전적 요소가 최종 작품에 미치는 영향, 심각한 혹은 가벼운 뇌손상이나 뇌 상태의 변화가 급성 혹은 만성적 진행 형태에 미치는 영향, 그리고 초기 인류 진화 과정과 예술의 생물학적 뿌리를 포함한 예술 창작 시기의 문화적·교육적·지적 환경이 예술 창작에 미치는 영향 또한 고려해야 한다.

요 약

예술의 요소가 전부 정의되지 않았기 때문에 예술과 뇌 간의 관계는 명확하지 않다. 예술이란 인간이 사고하면서 이루어지는 복합 활동의 표현이라는 사실을 고려해 볼 때, 예술작품은 뇌의 다양한 영역이 작용함으로써 이루어진다고 생각하는 것이 타당할 것이다. 이러한 뇌 영역과 그 구조를 이해하는 데 뇌손상을 입은 잘 알려진 예술가와 특정 감각장애를 지닌 예술가가 최적의 증거를 보여 줄수 있다. 음악이나 시각예술 분야의 경우에는 위와 같은 뇌손상을 입은 작가들이 존재한다. 그리고 뇌손상을 입거나 감각장애를 지닌 경우라도 예술적 소질은 그대로 유지되는 경우도 고려해야 한다. 예술에서 재능은 매우 핵심적인 문제다. 뇌손상이 천천히 진행되는 예술가 혹은 자폐성 서번트는 예술적 재능과 신경심리가 연결되어 있는 뇌를 이해함에 있어 모두 중요한 사례가 된다. 앞서 언급한 문제와 예술과 뇌에 대한 새로운 시각을 갖기 위해서는 고대 예술의 기원을 살펴보는 것 또한 매우 중요할 것이다. 현생 인류가 나타나기 훨씬 이전의 호모 사피엔스가 예술 활동을 하였다는 증거들이 존재한다. 당시 사회적 필요에 의해서나 상호 간 의사소통을 위해서 예술 활동이 이루어졌을 수 있는데, 이는 예술이 전 세계 곳곳에서 만들어진 이유에 대한 설명이 될 수 있다.

읽을거리

Blumenfeld, H. (2002). *Neuroanatomy through clinical cases.* Sunderland, UK: Sinauer Associates.

Bonner, J. T. (1983). *The evolution of culture in animals.* Princeton, NJ: Princeton University Press.

Brown, D. E. (1991). *Human universals.* New York: McGraw-Hill.

Buss, D. M. (1998). *Evolutionary psychology: The new science of the mind.* Upper Saddle River, NJ: Allyn & Bacon.

Caplan, D. (1987) *Neurolinguistics and linguistic aphasiology: An introduction.* Cambridge: Cambridge University Press.

Cartwright, J. (2000). *Evolution and human behavior.* Cambridge, MA: MIT Press.

Code, C. (1987). *Language, aphasia and the right hemisphere.* Chichester: John Wiley.

De Waal, F. B. M. (2002). *Tree of origin: What primate behavior can tell us about human social evolution.* Cambridge, MA: Harvard University Press.

Falk, D. (2004). *Braindance: New discoveries about human origins and brain evolution.* Gainesville, FL: University Press of Florida.

Falk, D., & Gibson, K. R. (2001). *Evolutionary anatomy of the primate cerebral cortex.* Cambridge: Cambridge University Press.

Feraud, G., York, D., Hall, C. M., Goren, N., & Schwarcz, H. P. (1983). 40Ar/39AR age limit for an Acheulian site in Israel. *Nature, 304,* 263-265.

Finger, S. (2000). *Minds behind the brain: A history of the pioneers and their discoveries.* New York: Oxford University Press.

Finger, S. (2001). *Origins of neuroscience: A history of explorations into brain function.* Oxford: Oxford University Press.

Geary, D. C. (2004). *The origin of the mind: Evolution of brain, cognition, and general intelligence.* Washington, DC: American Psychological Association.

Goldberg, E. (2001). *The executive brain: Frontal lobes and the civilized mind.* Oxford: Oxford University Press.

Gortais, B. (2003). Abstraction and art. *Philosophical Transactions of the Royal Society London, B, 358,* 1241–1249.

Hersey, G. L. (1996). *The evolution of allure: Sexual selection from the Medici Venus to the Incredible Hulk.* Cambridge, MA: MIT Press.

Hutsler, J., & Galuske, R. A. (2003). Hemispheric asymmetries in cerebral cortical networks. *Trends in Neuroscience, 26,* 429–435.

Mesulam, M.-M. (2000). *Principles of behavioral and cognitive neurology.* Oxford: Oxford University Press.

Ornstein, R. (1998). *The right mind: Making sense of the hemispheres.* Fort Washington, PA: Harvest Books.

Richerson, P. J., & Boyd, R. (2004). *Not by genes alone: How culture transformed human evolution.* Chincago: University of Chicago Press.

Swanson, L. W. (2002). *Brain architecture: Understanding the basic plan.* Oxford: Oxford University Press.

Tattersall, I. (1997). *The fossil trail: How we know what we think we know about human evolution.* Oxford: Oxford University Press.

유명 시각 예술가들의 뇌손상의 영향

개 요

뇌손상으로 고통을 받은 것으로 알려진 전문 예술가들의 신경학적 사례들은 예술의 구성 요소와 기초 신경해부학을 이해하기 위한 풍부한 정보 공급원이다. 신경심리학에서 잘 정리된 신경 및 기능 모형 체계들을 이용할 수 있지만, 예술–뇌 모형을 정립하는 데 필요한 기초 단계들은 매우 부족하다. 뇌졸중과 같은 급격한 국소적 뇌손상을 겪은 예술가들을 통해 예술 활동이 뇌의 조절을 받는다는 것을 잘 알 수 있다. 마찬가지로 파킨슨병, 알츠하이머병, 루이소체 치매, 진행성 뇌위축, 피질기저핵변성증과 같은 점진적이나 치유 불능의 뇌질환에 걸린 전문 예술가들의 사례를 살펴보는 일 또한 심층적인 이해를 위해 매우 중요하다. 이러한 전문 예술가들의 사례는 극히 드물다. 이런 사례 중 대부분은 시각 예술가들의 사례다. 기존에 발표된 정보를 종합하는 작업은 여러 가지 요인으로 인해 지체되고 있다. 첫째, 초기 보고서들 중 일부는 뇌영상법이 나오기 이전에 출간된 것들이다. 둘째, 일부 출간물에서는 예술가들의 작품을 사례로 쓰는 것을 일반적으로 제한하고 있거나 금지하고 있다. 셋째, 대부분의 경우 뇌손상이 발생한 직후부터 수개월간의 '원시적' 뇌의 반응이 있던 기간에 대해서는 거의 밝히고 있지 않다. 넷째, 기존 보고들은 예술 창작과 감상에 있어 결핍 요소를 평가하기 위해 특별히 고안된 신경심리학적 방식이 없다는 사실을 보여 준다. 지금까지 구체적인 예술 용어들이 완전하게 정의되지 않았다는 점을 고려한다면 놀라운 사실이 아니다. 끝으로, 모든 보고가 표준화된 신경심리학적 검사를 적용했던 것은 아니라는 점이다. 특히 실어증aphagia과 같은 경우, 전 영역의 행동 증상이 항상 나타나는 것도 아니다. 예술 신경심리학을 규명하는 데 있어 성취 가능한 최상의 방법은 뇌손상 후 예술작품을 신경심리학적 영향으로 알려진 증상들과 비교하는 것이다.

초기 시각 예술가들의 수는 많으며 그들 작품의 기호학적 의미는 아직 완벽히 탐색되거나 말로 설명되지 않았다(Gortais, 2003). 이러한 예술작품은 여러 가지 방식으로 특징을 구분 지을 수 있으나 정확한 평가 점수로 수량화할 수 없다. 가장 큰 문제는 예술의 세밀한 부분들이 전체적인 의미를 결정짓는 요소이며, 이러한 세밀한 부분들의 의미는 전체적인 맥락에서 이해되어야 한다는 점에 있다. 예를 들어, 붓놀림은 궤적과 특정한 곡선을 만들어 내며 굵고 얇음이 있다. 그리고 화지의 질감, 물감의 흐름, 물감의 흡수 정도, 붓 자체의 외형, 붓의 크기에 영향을 받는다. 또한 처음부터 끝까지 수차례 거듭된 밑그림과 붓 터치의 궤적들이 서로 합쳐져 하나의 작품을 만들어 낸다. 그림의 어떤 지점에서부터 시작할지 결정하는 것은 비례, 어림, 문맥을 형성하는 예술적 조예의 깊이를 반영하며 단순한 방식으로 측정될 수 없다. 따라서 다음에서 묘사되는 예술가들에 관한 중요한 질문들은 기술의 보유 정도, 예술품을 만들어 내는 능력, 새로운 표현 기술의 발현, 변화를 주는 특성에 관련된 것들이며, 만약 있다면 편측성 뇌손상과 정신분열, 국부적 기능의 발현이 어떤 관련이 있는지, 언어 손상과 예술적 창작 능력이 어떤 관련이 있는지에 관한 것들이다.

 예술적 기술과 재능 보유 문제에 더하여, 예술에 대한 뇌손상 후 영향은 손상된 조직뿐 아니라 건강한 조직의 기능에 대한 영향 또한 반영한다. 두 조직은 예술작품을 창작하는 과정에서 상호작용한다. 현재 뇌손상 후 행동에 관한 연구가 뇌영상 기법 및 언어를 중심으로 이루어지고 있다(Knecht, 2004; Knecht et al., 2000). 행동의 모든 유형에 대하여, 뇌손상이 기능적인 네트워크를 국소적으로 재구성하는 결과로 이어진다는 것이 일반적인 견해다(Duffau et al., 2003). (4장에서 기능적인 재구성과 느린 뇌 변화의 영향에 관한 논의가 이어진다.)

 이 책에서 예술 양식, 기법, 예술적 정수가 무엇을 의미하는지 정의하는 일은 중요하다. 여기에서 예술 양식이란 '개인적 예술 양식'을 의미한다. 개인적 예술 양식이란 예술가가 기용한 독특한 표상(장르) 방식이며 뇌손상 이전에 수년간 사용해 온 것이다. 표상이란 현실주의, 인상주의, 이상주의, 큐비즘, 추상주의 등과 같은 장르 유형을 의미한다. 예를 들어, 이 책에서는 뇌손상을 입은 예술가들에 관해 논의하였는데, 뇌손상 후의 개인적 예술 양식은 뇌손상 전의 양식과 일관성이 있다. 만약 뇌손상 후에 어떤 변화가 있다면, 해당 예술가가 묘사하고 표상하며 표현하는 수단인 예술적 기법에 있는 것이다. 기법은 매우 많은 요소의 복합에 의해 구성되며(앞서 기술한 '초기 시각 예술가들'의 예를 참조), 예술가마다 크게 다르기 때문에 이러한 점에서 예술적 '기법'을 정의하는 일은 표상 방식을 정의하는 일보다 훨씬 어렵다. 일반적으로, 기법은 예술작품을 구성시키는 수단이다. 변함없이 지속되는 어떤 예술가의 작품의 질을 여기에서는 '예술적 정수the artistic essence'라고 일컫는다.

좌뇌 손상 후의 예술 창작활동

✿ 예술 전공 우등생

1937년, 실어증aphasia 환자를 포함한 좌뇌 손상 환자들을 기술한 신경학 보고서가 발간되었다(Kennedy & Wolf, 1936). 여기에서 소개된 예술가들의 사례 중 하나는 19세의 예술 전공 우등생(예술학교에서)에 관한 것으로, 그녀는 좌측 전두두정엽 부위에 급작스러운 손상을 겪었고, 그 결과 사흘간 오른손이 다소 약해지게 되었다(손상의 원인은 기술되지 않았다). 뚜렷한 실어증 증세도 없었고 표현언어의 장애나 수용언어의 장애도 없었다. 그러나 회화 표현에 장애가 발생하였다. 손상 후 2주가 지난 뒤, 그녀에게 얼굴을 그려 보도록 하였다. 그녀가 할 수 있는 것이라고는 원 안에 두 점을 그려 넣어 눈을 표현하고, 수직선을 그어 코를 표현하고, 하나의 수평선을 그어 입을 표현하는 것뿐이었다([그림 2-1]의 (a) 참조). 또한 그녀에게 미국 정치인 알렉산더 해밀턴Alexander Hamilton을 그려 보게 하였다(그녀에게 사진을 주었는지 아니면 기억을 더듬어 그리게 하였는지는 보고서에서 명확히 하고 있지 않다). 그녀는 단지 옆모습의 윤곽만을 그려 냈다. 그녀는 보다 구체적인 모습을 그려 낼 때까지 매일 이 옆모습을 그렸다. 흥미롭게도, 가장 눈에 띄는 '실수'는 불균형적으로 거대한 머리였다. 어떤 시점이 되자, 그녀는 확연히 호전되었고 정상적으로 보이는 알렉산더 해밀턴의 옆모습을 매우 훌륭하게 그려 낼 수 있었다. 6개월 후, 그녀는 다른 인물화에 대한 표현 역시 정상적인 예술적 수준으로 회복하였다. 그녀가 뇌손상을 입은 후 회복되는 동안 놀랍게 발전한 그녀의 작품들은 [그림 2-1]의 (a)~(g)에 제시되어 있다. 이 그림들을 종합해 보면, 이 단일 뇌손상이 그녀의 예술 능력 발현을 간섭하였지만 일시적으로만 간섭하였음을 알 수 있다. 중요한 점은 이 사례가 좌뇌 손상이 있는 경우라도 언어와 예술 창작 부문이 분리되는 경우를 설명해 준다는 것이다.

뒤이어, 1948년 알라주아닌Alajouanine은 최초의 영문 신경학 보고서를 발표하

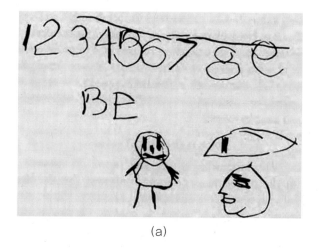

(a)

(b)

(c)   (d)

(e)   (f)

(g)

[그림 2-1] 좌측 전두 두정엽 부위 뇌손상 환자의 그림

전두 두정엽 부위의 좌뇌 손상을 입은 예술 전공 학생이자 전문 예술가였던 19세 여학생이 사고 (이로 인해 함몰성 두개골 골절이 생겼다)와 수술 이후 6주 동안 예술적 표현 기능이 호전되는 과 정을 보여 준다. 실어증이나 언어적 결핍이 아니라, 단지 사흘간 오른손이 약해지는 초기 증상이 있었을 뿐이다. 2주 후에 이 학생에게 얼굴을 그리도록 하였다. (a)는 그 그림을 보여 준다. (숫자 9는 반대로 썼지만) 그림을 그리는 것보다 숫자를 쓰는 것이 더 나았다는 점에 주목하길 바란다. (b)는 사흘 후 알렉산더 해밀턴의 사진을 보고 종이에 그린 것이다. 그림은 스케치 수준에 지나지 않지만, 숫자 쓰기와 그림 그리는 기능이 모두 향상되었다. 머리 뒤편에 관련 없는 원도 하나 그려 넣었다. 그림의 선은 각이 지게 그린 반면 숫자들은 자연스러운 곡선으로 썼다. (c), (d), (e), (f)는 모두 알렉산더 해밀턴을 그리는 능력이 꾸준하게 향상된 것을 보여 준다. (이 학생이 그림을 그릴 때마다 해밀턴의 사진이 바뀌었는지는 보고서에서 밝히고 있지 않다.) 이 모든 기간에 그녀는 실 어증, 실독증(alexia), 실서증(agraphia)을 겪지 않았다. 케네디(Kennedy)는 이 예술가의 사례에 서 그녀가 표현장애는 겪었지만 언어의 본질에는 장애가 없었던 점을 지적하고 있다. (g) 그림에 서 이 여학생은 결국 사람의 머리를 그려 내는 데 성공했다(Kenneday & Wolf, 1936).(Lippincott Williams & Wilkins, Medical Research의 동의하에 그림 인용)

였다. 이 보고서는 여러 유명 예술가에게 나타난 뇌손상의 영향에만 집중하였다 (Alajouanine, 1948). 이 보고는 좌뇌의 손상이 있고, 언어 능력에 심각한 영향을 받은 서로 각기 다른 예술 분야(시각예술, 음악 그리고 문학)의 세 예술가를 사례로 다루었다. 그들의 예술적 표현 기능의 변화는 크게 달랐다.

❋ 알라주아닌이 보고한 시각 예술가

알라주아닌이 발표한 시각 예술가 사례 중 하나는 52세의 성공한 화가(그의 신원은 밝혀지지 않았다)로 좌반구에 뇌졸중이 생긴 경우다. 이로 인해 그는 베르니케 실어증(달변 실어증으로도 알려져 있다)을 겪게 되었다. 우측 편마비는 없었는데, 이것은 좌측 전두엽의 운동피질에는 영향이 없다는 것을 의미했다. 베르니케 실어증을 겪게 되면, 흔히 말은 유창하게 하지만 앞뒤가 맞지 않고, 뜻을 알 수 없는 말만 하며, 언어 이해력이 현저히 떨어지거나 이해할 수 없는 수준이 된다. 이러한 환자들은 말하기와 듣기처럼 쓰기와 읽기 능력 전반에 걸쳐 영향을 받게 된다. 그러나 이런 경우 언어 이해력은 심하게 영향을 받지 않는다. 이 예술가는 두 번의 뇌졸중을 겪었으며(얼마 동안의 시차를 두고 뇌졸중이 발생했는지는 밝히고 있지 않았다), 언어장애가 나타났다. 그는 중증의 명칭실어증anomia(단어를 찾는 데 어려움을 겪는 것)과 착어적 실수paraphasic error(어휘 저장고에서 나오는 단어들을 사용하지 못하여 대체하는 단어들)를 보이지만, 예상보다 언어 이해력이 괜찮았다. 그는 작문 능력과 독해력에 있어 큰 장애를 겪었다. 독해력에 문제가 발생했다는 것은 후부 측두엽과 후두엽에 영향을 받았다는 것을 암시한다. 그러나 이 증상들을 미루어 볼 때, 뇌졸중으로 인한 손상 정도는 광범위하지 않았으며, 베르니케 실어증과 관련된 부위에는 영향을 미쳤지만 그 주변부까지 영향을 미치지는 않았을 가능성이 있었다. 그렇지 않다면, 뇌손상은 알라주아닌이 이 예술가를 만나기 훨씬 전에 발생하였고, 베르니케 실어증의 증상이 그 사이에 크게 경감되었던 것일 수도 있다. 그러나 알라주아닌은 이 예술가의 예술적 기법은 큰 변화가 없었다는 점을 확인하였다.

이 화가는 실어증에도 불구하고 예술적 표현은 예전과 다름없이 완벽했다. 예술품 전문 감정가들에 따르면 어쩌면 보다 강렬하고 통렬한 표현력이 가미되었다. 그가 언어장애를 겪은 후 만든 작품을 형식적 측면에서 이전의 작품과 비교해 보면, 그는 변함없이 시적인 강렬함과 함께 주제적 특성에 강조를 두고 있으며, 그가 질환을 겪은 이후의 작품에는 오히려 강렬함과 예리함이 더하여졌다. 게다가 그의 활동과 창작은 둔화되지 않았고, 예전과 다름없는 속도로 작업을 진행하는 것 같았다. 새로운 신체적 영향 때문에 그는 보다 더 불규칙적으로 일하게 된 것 같다……. 하지만 예전의 모델이나 버렸던 스케치 습관에 더욱 의존하여 활동하였다(Alajouanine, 1948, p. 235).

알라주아닌의 마지막 논평은, 이 예술가가 뇌손상을 겪은 후 새로운 디자인을 창조하기보다는 과거의 구성법을 변형하여 사용했다는 점에서 창조성의 변화가 생겼다는 점을 잘 드러내고 있다.

❈ 패션 디자이너

영국인 신경학자 맥도널드 크리츨리Macdonald Critchley는 다국어를 구사하는 패션디자이너이자 존경받고 성공적인 예술가의 사례를 살폈다(Critchley, 1953). 이 예술가는 좌측 측두 두정엽에 뇌졸중이 발생한 후, 영어, 독일어, 프랑스어에 대한 혼합성 실어증을 겪고 단기적으로 우측 무력증(오른편이 약해짐)을 겪었다. 예상대로, 그는 말하는 것뿐 아니라 말을 이해하는 데에도 어려움을 겪었다. 크리츨리는 이 예술가의 언어 손상에 대한 구체적인 증세까지는 자세히 묘사하지 않았다. 다만 뇌손상을 입기 전 그의 작품은 수많은 붓 터치와 크로스 해칭 기법으로 정교하고 세밀하며 섬세한 화법의 특징을 보여 주었고, 이것은 정밀한 표현으로 나타났다. 그러나 뇌졸중 후 그의 예술 기법은 변하였는데(예술적 스타일의 정의는 2장의 '개요' 참조), 섬세한 붓 터치가 줄어들고, 인물 표현이 강한 외곽선에 의해 이뤄졌다. 이것은 손상받지 않은 우뇌가 전체적이고 전반적인 구성을 하는 것에는 관여했지만, 좌뇌의 중요 부위는 손상을 받음으로써 외곽선 안의 섬세하고 정교한 선을 그려 내는 데 기여하지 못했다는 것으로 해석할 수 있었다. 믹피와 쟁윌(McFie & Zangwill, 1960)의 작품은 이러한 해석을 명확하게 뒷받침한다. 그러나 앞에서 다른 예술가들의 사례에서도 언급하였듯이 그림을 그리고 묘사하는 능력은 뇌손상에 의해 완전히 없어진 것은 아니었다. 급격히 변화된 것은 묘사하는 방식이었다.

❀ 즐라티오 보야드지에브

불가리아 화가 즐라티오 보야드지에브_{Zlatio Boyadjiev}(신경심리학 논문에서는 종종 ZB로 인용된다)는 1951년, 48세 되던 해에 좌뇌에 뇌졸중이 발생한 후, 오른손에 중증 마비가 오고 혼합성 실어증이 생겼다(Zaimov, Kitov, & Kolev, 1969). 브로카 실어증과 베르니케 실어증이 생긴 후 수년 동안 실독증과 실서증까지 동반되었다. 뇌졸중을 겪은 지 수년이 흐르고, 그가 그림을 약간 그리기는 하였으나, 이때의 그의 작품에 대해서는 알려진 바가 별로 없다. 1956년경부터 그의 새로운 작품들이 등장하였고 박물관에 전시되었다. 그가 그림을 그리기 위해 왼손을 사용하는 법을 터득한 것이다(오른손은 마비되었다). 그는 계속하여 그림을 그렸고, 사실주의적으로 그리는 능력에는 큰 변화가 없었다. 새로운 작품은 순조롭게 진행되었고, 매우 심미적이면서 높게 평가받았다. 그러나 뇌손상 전의 예술적 기법들과 비교할 때 몇 가지 흥미로운 변화가 있었다. 색상에서 활기가 빠졌고, 다채로움이 덜해졌으며, 기존보다 대상의 수가 줄어들었다. 그리고 이제는 한 작품에서 상상과 현실의 주제를 혼합하였고, 뇌졸중 이전보다 수렴적 원근법을 적게 사용하였다. 실제로 많은 대상을 전통적인 중국 회화 작품들과 달리 수직 평면상에 겹쳐 넣으면서 원근의 깊이를 완전히 잃어버린 것 같았다. 단지 좌뇌 손상만 의심되는 상태(CT 스캔이나 MRI는 촬영된 바 없는 것으로 알려졌다)였으므로 이 자체로 매우 놀라운 일이다. 어떤 이들은 수렴하는 선형 원근감이 사라지는 것이 우뇌와 관련되어 있을 것으로 생각했기 때문이다. 또한 그의 작품에서는 이전에는 없었던 일종의 좌-우 거울면대칭$_{mirror\ symmetry}$의 균형성이 나타났다. 이 새로운 대칭성은 그가 오른손잡이였지만 마비된 후 이제 왼손을 사용하게 된 사실을 반영하는 것일 수 있다. 이 거울면대칭으로 개별 대상은 종종 매우 구상적이었지만, 전체 그림의 '추상적' 외관에 기여하였다. 이러한 균형 잡힌 거울면대칭성은 규칙성과 안정성을 느끼게 하였다. 새로운 그림들은 고도의 기술과 심미성을 띠었지만, 뇌졸중 이전 작품들의 수렴적 원근성과 깊이의 표현에 비하여 다소 '평면적'으로 보였다. 그럼에도 불구하고 그의 뇌졸중 이후의 작품들은 불가리아 박물관 여러 곳에 전시되어 있다.

✽ 두정엽 암

좌측 두정엽에 빠르게 자라는 교모세포종$_{glioblastoma}$으로 고통받던 72세 전문 예술가의 사례는 매우 흥미롭다(Marsh & Philwin, 1987). 종양 제거 수술 전 5개월간 그는 혼합성 실어증을 겪었으며, 이름을 쓰거나 그림을 그리거나 그림을 복제할 수 없었다. 오른팔을 접고 펴는 데 이상이 있었으며, 좌뇌, 그중에서도 특히 측두엽 부분의 뇌파(EEG)에 이상이 있었다. 이 종양이 제거된 후, 이전에 비해 실어증은 호전되는 모습을 보였다. 불행히도, 그는 수술 두 달 후 사망하였고, 그가 죽기 직전에 그림을 그렸는지 여부는 공식적으로 보고된 바가 없다. 연구자들은 두 가지 그림을 비교하였는데, 하나는 종양이 발생하기 4년 전쯤 그린 것이고, 다른 하나는 종양이 발견될 즈음에 그린 것으로 추정된다. 그들은 두 번째 그림이 오른쪽에 비해 왼쪽을 훨씬 더 정교하게 강조함으로써 작품이 왼쪽에 치중되어 만들어졌다는 점을 발견하였다. 하지만 우측 두정엽 손상을 입은 환자들에게서 나타나는 왼쪽 부분의 불완전성 유형처럼, (오른쪽 공간을 무시하거나 소홀히 여기는 등) 캔버스의 오른쪽 반을 완전히 또는 일부분이라도 무시하고 그렸다는 것은 아니다(8장 참조). 흥미로운 부분은 왼쪽 상단 구석뿐만 아니라 그림의 오른쪽에 정교함이 없다는 점이다. 저자들은 그림이 전체적으로 선과 색채로 가득 채워져 있음을 강조했다. 세밀한 인물 그림들은 전체 그림의 3/4 아래 부분에만 그려져 있었다. 따라서 이 사례는 손상받지 않은 뇌 반구에 의해 관장되는 시각적 영역으로 예술가의 집중이 바뀌었음을 시사한다. 이 예술가의 경우, 좌측 두정엽의 손상으로 그림 기술에는 대체로 영향을 받지 않은 반면, 전체적인 구성은 변화되었다.

❊ 폴란드 미술 교수

폴란드 예술가 RL은 전문 예술가이자 루블린 대학교_{University of Lublin} 미술학과의 교수였다(Kaczmarek, 1991). 그는 51세 되던 해에 좌측 전두엽에 뇌졸중을 겪었다. 이로 인해 그는 실어증이 생겼고, 오른팔이 마비되었다. 이로부터 얼마 지나지 않아 겪게 된 두 번째 뇌졸중으로 인해 그의 오른다리도 마비되었다. 신경심리 검사를 통해 그가 그림의 주제를 설명하는 능력을 잃게 되었고(동시실인증이 있음을 암시), 대화의 주제에서 벗어나며, 이야기 줄거리를 잘 기억하지 못하게 되었으며, 어휘력이 제한되고, 계획을 세우는 데 장애를 겪으며, 감정적 불안정을 겪고 있다는 것이 확인되었다. 그의 예술적 기능은 유지되었지만 그의 예술활동의 주제는 바뀌었다. 구체적으로, 그가 뇌졸중을 겪기 전에는 구상적이고 상징적인 주제들에 초점을 맞춘 반면, 뇌졸중을 겪은 후에는 그러한 주제로 작품을 만들어 내지 못했다. 하지만 뒤이어 언어 능력이 향상됨에 따라 예술적 생산성 또한 향상되었다(Kaczmarek, 2003). 즐라티오 보야드지에브와는 달리 그는 양호한 원근법과 깊이를 보여 주는 풍경화들을 그렸으나, 그의 작품에서는 좌우 대칭성을 보이는 뚜렷한 조직적 전략 기법은 찾아볼 수 없었다. 그가 뇌졸중을 겪은 후 만든 예술작품은 매우 심미적이었고, 잘 팔렸으며, 그의 기술과 재능은 분명히 손상되지 않았다. 그리고 지속적인 예술 활동과 인지치료 덕분에 그는 결국 상징주의적인 예술작품을 만들어 내는 능력을 되찾았다.

❊ 제이슨 브라운이 보고한 예술가 사례

실어증이 예술작품 창작에 미치는 선별적인 효과가 있을까? 제이슨 브라운

(Jason Brown, 1997)은 또 다른 전문 예술가에 대한 다음의 짧은 설명을 제공하고 있다.

> 73세의 나이 든 전문 여성 예술가는 가족력에도 왼손잡이가 없는 집안에 서 태어난 강한 오른손잡이였다. 그녀는 우뇌에 뇌졸중과 좌반신 불완전 마비(즉, 교차 실어증)를 겪게 되었고, 음소(전도) 실어증의 특징을 보였다. 이 예술가의 스케치를 살펴본 초기 연구들은 비록 즉흥적이고 묘사적으로 이루어지기는 했지만, 그 예술적 능력에 어떤 뚜렷한 변화도 없었음을 보여 준다 (Brown, 1977, p. 168).

우뇌 손상 후의 예술 창작활동

✤ 영화감독

페데리코 펠리니Federico Fellini는 높게 평가받는 영화감독이자 대본 작가였을 뿐 아니라 전문 만화가이자 화가였다. 그는 1990년 마지막 영화 〈달의 목소리The Voice of the Moon〉를 제작하였다. 〈길La Strada〉(1990), 〈카비리아의 밤The Nights of Cabiria〉(1957), 〈달콤한 인생La Dolce Vita〉(1960), 〈8과 1/2〉(1963), 〈영혼의 줄리에타Juliet of the Spirits〉(1965), 〈사티리콘Satyricon〉(1969)을 포함하여 그의 많은 작품은 높게 평가되어 수많은 수상을 하였고, 그 가운데에는 널리 알려진 오스카상도 포함되어 있다. 그는 73세 되던 해(1993년 8월 3일)에 우측 측두-두정 접합부에 뇌졸중이 발생하였고, 이로 인해 좌측 1/2 공간에 대한 무시 증상과 좌반신에 운동 및 감각 장애를 겪게 되었다(Cantagallo & Della Salla, 1998). 이 무시는 임상학적으로 무시 난독증neglect dyslexia(편측무시hemi-neglect로 인해 좌측에 쓰인 단어를 완전히 인식하지 못하는 증상; 8장 참조)으로 알려진 읽기장애로까지 이어졌다. 하지만 무시 실서증neglect agraphia은 없었다. 즉, 그는 온전한 문장을 쓸 수 있었다. 그는 자신의 왼손의 운동장애와 무시 결함neglect deficit에 대해 알고 있었다. 그러나 자신의 증세에 대해 알았다고는 하지만 무시 결함을 극복할 수는 없었다. 다만 언어 손상 또는 전반적인 인지력 감소는 없었다. 그리고 유머 감각도 이전과 같이 유지하였다. 이 경우 우측 두정엽에 손상이 있는 경우 발생하는 지인의 얼굴을 알아보지 못하는 얼굴인식불능증prosopagnosia도 없었고(De Renzi, 1999; Landis, Cummings, Christen, Bogen, & Imhof, 1986), 기억력 결함도 없었다. 좌측 1/2 공간에 대한 무시 증상이 있었지만, 특히 즉석에서 그려 내는 만화에 담아 내는 유머 감각을 포함한 그림 실력에는 변함이 없었다. 펠리니가 그린 선들은 탄탄했고 자신감이 넘쳤으며, 특징은 예전과 다름없었으며, 유머러스한 장면도 적절하게 그려졌다. 그는 이등분한 글을 읽는 테스트에서 좌측 절반을 인식하지 못했지만, 놀랍게도 오른쪽 페이지에 그려 낸 만화들은 온전하게 완성하였다(왼쪽에 빠진 부분이 있다면, 단순히 만화 구성상 계획적으로 했던 것으로 볼 수 있다). 사람들은 만화의 왼쪽 부분에 빠진 부분이 많을 것으로 기대했지만 펠리니의 경우는 달랐다. 하지만 기억에 의존하여 그림을 그려 볼 것을 요청하자 왼쪽 부분을 불완전하게 그렸는데, 좀 더 숙고를 하더니 이내 수정하여 완성하였다. 자연적으로 그의 그림에서는 편측무시를 찾아볼 수 없었다. 펠리니의 사례에서 확인할 수 있었던 것은, 뇌손상이 그의 그림 실력이나, 만화가로서의 유머 감각이나, 그림 선과 스트로크의 명확함에 영향을 미치지 못했고, 전반적인 예술적 스타일이나 기법에 있어서 별다른 변화가 발생하지 않았다는 점이다. 펠리니는 뇌졸중을 겪은 지 오래 지나지 않은 1993년 10월 31일 사망하였다.

✼ 조각가 톰 그린쉴즈

화가이자 조각가로 잘 알려진 영국인 예술가 톰 그린쉴즈Tom Greenshields는 75세가 되던 1989년 8월 우뇌에 뇌졸중을 겪게 되었다(Halligan & Marshall, 1997). 이 뇌졸중으로 인하여 그는 좌측 공간에 대한 시각적 편측무시 증상을 겪게 되었고, 왼쪽 팔과 다리가 경미하게 약화되었으며, 3사분면 시야 실명이 생겼다. 이 모든 증상은 우측 두정엽 손상뿐 아니라 우측 전두엽 후부의 손상을 암시하는 것이었으며, 우측 후두엽의 손상 가능성까지 있었으나, 뇌영상 또는 신경학적 진찰 소견으로 얻은 손상 위치에 관한 정보는 해당 논문에서 기술하고 있지 않다(Halligan & Marshall, 1997). 그는 원래 오른손잡이였지만, 뇌졸중을 겪기 8년 전 다른 사고로 인하여 오른손을 다치는 바람에 이미 왼손잡이가 되어 있었다. 왼손잡이가 되었지만 자신의 작품을 만들어 세계에 판매하는 데 전혀 지장이 없었다. 하지만 1989년 뇌졸중 이후 그린쉴즈는 유일하게 작품 활동을 할 수 있던 왼손마저도 감각 및 운동 장애를 겪게 된다. 뇌졸중을 겪은 후 수개월이 지나자 그는 그림이나 조각 모두 오른편에만 치중하여 작품 활동을 하게 된다. 작품에서 일부 공간 왜곡과 기형이 보고되었고, 그중 대부분은 명확히 작품의 왼쪽에서 발생된 것들이었다. 이러한 장애는 1년이 지나는 동안 차츰 정도가 약화되었지만 이후에도 여전히 특히 그림 부분에서 발견되었다(조각 작품들에서는 이러한 초기 장애 증상이 나타나지 않았던 것으로 추정된다). 뇌졸중을 겪은 뒤 죽음에 이르기까지 5년 동안 그의 예술적 기술은 그의 그림 선의 특징과 일관된 모습으로 판단해 보건대, 어떤 시각에서 보든 간에 변함없이 잘 유지되었다. 그의 경우도 역시 우뇌 손상에도 불구하고 예술적 기능이 잘 유지되었음을 시사하고 있으며, 가장 중요한 것은 재능과 평생 동안의 훈련으로 유지되었다는 점이다.

❋ 색상 무시증 예술가

　좌측 편측무시(8장 편측무시에 관한 논의 참조)는 색상 무시까지 이어질 수 있으며, 시공간 자체보다 색상에서 더 뚜렷하게 나타날 수 있다. 이러한 드문 사례를 한 예술가에 대한 보고에서 찾아볼 수 있다(Blanke, Ortigue, & Landis, 2003b). 71세 고령의 한 전문 화가는 우측 후부 두정엽에 뇌졸중을 겪고 3사분면 시야 실명과 가벼운 좌측 편측무시가 생겼다. 좌반신에 감각-운동 상실은 나타나지 않았다. 그의 그림의 왼쪽은 다소 불완전해진 반면 오른쪽은 보다 정교해졌다. 하지만 뇌 손상 후 작품에서 발견된 가장 흥미로운 점은 그림의 좌측에서 색상 무시가 과도

하게 나타났다는 점이다. 따라서 왼쪽에 그림의 윤곽선들은 만들어졌지만, 채색
은 거의 이루어지지 않았다. 이러한 색상 무시는 뇌졸중을 겪은 후 단지 6주간만
지속되었다. 이후 색상무시증은 사라졌다. 예술적 기법에서 어떠한 변화도 지속
되지 않았다. 이 사례에서 알 수 있는 중요한 사실은 예술작품을 만들어 내는 데
있어 윤곽선을 그리는 것과 채색을 하는 것은 별도의 주의 기전에 의해 이루어진
다는 점이다. (이러한 맥락에서 4장에서 논의될 여러 명의 자폐증 예술가가 고도의 시
각예술 작품들에서 색상을 많이 사용하지 않았고, 사용된 색상들도 상상력을 가공하는
방식으로는 사용하지 않았으며 윤곽선을 엄격하게 지켜서 사용하였다는 점은 흥미로운
사실이다.)

❋ 스위스 예술가

54세의 한 스위스인은 자신이 사는 지역에서 잘 알려진 예술가였는데 6일 간
격으로 우측 뇌졸중을 두 차례 겪게 되었고, 이로 인하여 우측 두정-측두-후두
연결지점에 광범위한 손상을 입었다(Schnider, Regard, Benso, & Landis, 1993). 이
손상으로 좌반신 마비, 좌측 편측무시, 환시, 망상, 감정 변화가 생겼다. 익숙한
얼굴과 환경의 소리를 인지하고, 얼굴에 감정을 나타내고, 색을 인지하는 데는
장애가 없었다. 또한 언어 및 비언어 기억 기능 또한 어떠한 장애도 없었다. 그
의 증상 중 일부를 이해하기 위해서는, 뇌졸중을 겪기 15년 전 그가 복용한 환각
제인 LSD_{Lysergic acid Diethylamide}의 영향으로 환시가 있었다는 사실에 주목해야
한다. 뇌졸중을 갖게 된 지 1년여 후, 그는 주로 목탄과 연필로 그림을 그렸다.
두 번째 뇌졸중을 겪은 지 며칠이 지난 후에는 그는 주로 종이의 오른편에 치중
하여 그림을 그렸지만, 적어도 공개된 그의 그림들에 비추어 판단하건대, 모든
작품은 왼편도 마무리가 잘 되었다. 따라서 좌우 모두 온전해 보였다. 그의 새
작품에서 놀라운 점은 주제와 묘사가 잘 어우러졌다는 점이다. 그의 작품에서
이러한 조화는 짧은 기간(4주) 지속되었지만, 뇌졸중 이전에는 없었던 말을 장황
하게 하는 증세를 보였다. 뇌졸중 이후 그의 그림 작품의 정밀도는 뇌졸중 이전

과 다름없었다.

　그러나 흥미롭게도 공간 무시는 종이의 왼편에서 나타난 것이 아니라 오른편에 그린 대상의 왼쪽에서 나타났다. 따라서 우뇌 손상으로 인한 불완전성이라는 '구멍'이 나타났지만 이것이 작품의 오른편에서 나타나게 된 것이다. 이러한 표현의 형태는 한 작품을 그려 내는 모든 요소가 단일 인지 과정에 의해 관할되는 것이 아니며, 단일한 구상이 캔버스 위에 구현되는 것도 아님을 시사한다. 어떤 구상은 전체 작품의 이미지로서 구성될 수 있겠지만 이러한 구상을 실현하는 데에는(작품 내의 여러 삽화들, 전체의 윤곽들, 전체의 외형들로 구성된) 별개의 요소들에 대한 관심의 전환이 필요한 것이다.

　이 예술가의 경우, 어떠한 뚜렷한 재능이나 기술 또는 창작성의 손실도 발견되지 않았다. 또한 예술적 스타일이나 관심 주제에도 큰 변화가 없었다. 그는 유화 작품을 중단하지 않았다. 변화는 좌측 편측무시였으며, 이것이 두드러지게 나타나지 않았다. 그는 감정 변화가 생겼고 흥분을 하게 되어, 자신의 개별 작품들에 더 많은 공을 들이지는 못하였다. "작품을 통해 나타난 윤곽선과 명암의 특징들, 기본 구성, 그리고 그의 재능과 자신을 표현하려는 욕구는 변함이 없었다." (Schnider et al., 1993, p. 254)

❋ 프랑스 화가

　또 다른 사례로 66세 되던 해(1973년 4월 15일) 우뇌에 뇌졸중이 생긴 잘 알려진 프랑스의 전문 화가의 경우, 뇌졸중으로 인해 좌반신 마비와 좌측 편측무시를 겪게 되었다(Vigouroux, Bonnefoi, & Khalil, 1990). 그는 유화와 목탄화로 유명했다(구체적 신원은 밝히고 있지 않았다). 뇌졸중 이후 겪게 된 우울증이 사라지자, 그는 다시 그림을 그리기 시작하였고 방대한 양을 그려 냈다. 예상대로 뇌손상 후 초기 증상으로 시각 편측무시를 겪게 되었다. 그의 작품 구성의 공간 조직은 매우 뛰어난 것으로 알려졌으며, 관심 주제가 예전과 다름없었을 뿐만 아니라 전반적인 예술적 스타일 또한 변함이 없었다. 형태, 윤곽선들의 특징과 자신감, 비율 감각은 대체로 변함이 없었다.

✽ 안톤 레더샤이트와 오토 딕스

1974년 독일 신경학자 리하르트 융Richard Jung은 우뇌 손상을 입어 좌측 편측 무시를 겪은 여러 명의 예술가의 사례를 담은 신경학 보고서를 발간하였다. 편측 무시의 정도는 경도에서 중등도였다. 융(1974)은 이들의 사례를 검토하고, 숙고 하고, 논의를 거친 후 우뇌 손상이 예술가들의 창작활동을 저해하지 않았고 관심 주제에 변화를 주지도 않았다는 점을 확인하였다. 한 화가는 잘 알려진 독일의

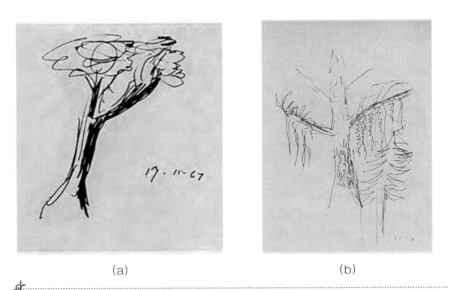

(a)   (b)

[그림 2-2] (a), (b), (c), (d)는 잘 알려진 독일의 예술가 오토 딕스(1891~1969)가 뇌졸중 이후 그린 그림들

오토 딕스의 뇌졸중 이전 작품들은 출판되었고 인터넷에서 볼 수 있다(http://www.artcyclopedia. com/artists/dix_otto.html). 그는 1967년 11월 우뇌에 뇌졸중이 생겼고(Jung, 1974), 이후 알려진 그 의 작품은 몇 개에 지나지 않는다. 당시 그의 나이는 75세였다. 초기 증상으로 그는 왼손 마비와 좌 측 1/2 공간에 대한 편측무시가 생겼다. 시간이 지남에 따라 두 개의 증상 모두 사라져 갔다. (a)에 서 우리는 나무의 그림이 오른쪽에 치우쳐 그려진 것을 볼 수 있다. 뒤따른 (b)에서 나무 그림의 오 른편이 보다 정교하게 그려졌지만, 왼쪽 부분도 어느 정도 완성되어 있는 것을 볼 수 있다. (H. H. Wieck(1974)의 동의하에 그림 인용함. Psychopathologie musischer Gestaltungen, Stuttgart and

표현주의 화가 안톤 레더샤이트Anton Raderscheidt로, 1967년 우측 두정엽의 뇌졸
중을 겪었음에도 몇 년 후 생을 마감할 때까지 그림 그리는 것을 멈추지 않았다.
뇌졸중 이후 그의 작품에서 드러난 변화를 정의하기는 어렵지만, 이 작품들 역시
기술적으로 뛰어났다는 점은 분명하다(Gardner, 1974). 또 다른 화가는 오토 딕스
Otto Dix로, 역시 독일에서 널리 알려진 표현주의 화가였다. [그림 2-2]는 뇌졸중
이후 그가 그린 몇 개의 작품이다.

(c)   (d)

New York: Schattauer, p. 69) (c)는 1년 후인 1968년 그의 자화상으로, 어떤 편측무시 현상도 찾아
볼 수 없다. 그는 뇌졸중 후에도 계속하여 그림을 그렸다. (ⓒ 2004 Artists Rights Society [ARS],
New York/VG Bild-Kunst, Bonn) 뇌손상에도 불구하고 그의 재능, 기술, 창작성과 아이디어는 모
두 분명하게 유지되었다. (Artists Rights Society의 동의하에 그림 인용함) 뇌졸중 이후에도 몇 개의
컬러 석판화뿐 아니라 그림도 그렸다. (색상의) 범위는 단조로워졌으며 사용할 때에도 색을 혼합하
지 않고 거의 그대로 사용하였다. 딕스는 죽기 며칠 전 이제부터는 자신의 만족을 위해 덜 복잡한
구조와 적은 수의 색상을 이용할 것이고 정확한 묘사보다는 대비를 강조하겠다고 말했다. "새로운
통찰력과 자신의 건강상의 이유 때문에, 그리고 여전히 더 많은 구상을 빠르게 구현하고자 하는 그
의 욕구는 예술 양식(기법)을 바꾸는 역할을 하였다." (Loeffler, 1982, p.134) (d)는 딕스가 뇌졸중을
겪기 6년 전인 1961년에 그린 요세프 헤겐바르트(Josef Hegenbarth)의 초상이다. (ⓒ 2004 Artists
Rights Society(ARS), New York/VG Bild-Kunst, Bonn)

❋ 로비스 코린트

융(1974)이 사례로 든 또 다른 예술가인 로비스 코린트_{Lovis Corinth}(1858~1925)는 혁신적이고 기술이 뛰어난 독일의 잘 알려진 예술가다. 1911년 12월 그는 우뇌에 뇌졸중이 생겼고, 이로 인해 오래 지속되지는 않았지만 좌측 편측무시를 겪게 되었고 좌반신 쇠약이 생겼다. 뇌졸중 이후에도 그의 그림 실력은 여전히 뛰어났으며, 그림 선의 특징과 전체적인 비율 감각, 정밀한 묘사와 공간후퇴법의 사용 등 모든 것이 그의 기술이 변함없음을 보여 주었다. 1912년 2월경 그린 그의 자화상에서는 어떠한 왜곡이나 이상한 과장도 없었으며, 오히려 그는 자신의 얼굴 표정을 매우 정확하게 잘 그려 냈다. 하지만 캔버스의 좌측에서 경미한 무시 현상을 볼 수 있었다. 또한 배경에서는 오른쪽에서 왼쪽으로 매우 섬세한 대각선 방향의 해칭 기법의 체계가 사용되었다(Butt, 1996). 이 해칭 기법 체계는 새로 고안한 것처럼 보였다. 수개월 후, 1912년 여름을 그린 풍경화에서 그는 섬세하고 정교한 해칭 기법 체계를 사용하였고, 광선을 표현하는 해칭 직선들을 이용하여 장면의 오른쪽으로부터 비추어 들어오는 빛을 표현하였다. 그는 우측 두정엽에 뇌졸중을 겪었지만 관찰력에는 어떤 영향도 받지 않았다. 예를 들어, 왼쪽눈이 오른쪽 눈보다 더 컸는데, 뇌졸중을 겪은 후에도 자화상을 그릴 때 이러한 자신의 눈의 비대칭성을 잘 묘사하였다. 그의 작품의 공간 구성의 특징 또한 변함이 없었는데, 이것은 비록 원근감의 깊이는 다소 덜해졌지만 논리적 균형 감각과 공간후퇴법에서 잘 드러났기 때문이다. 변화는 유화와 수채 그림에서 분명하게 나타났는데, 구체적으로 붓의 스트로크는 더 커지고, 채색 단위도 더 커졌으며, 흰 색상의 붓 터치가 훨씬 넓게 사용되었다. 이러한 변화까지도 종합해 볼 때, 그의 작품은 응집력이 있었고, 예술을 잘 모르는 관람자라도 어딘가 이상한 점을 찾아보기 힘들 정도였다.

❋ 양손잡이 폴란드 예술가

양손잡이 폴란드 현대 예술가의 사례가 보고된 바 있다(Pachalska, 2003). 그림

을 그리는 데 있어서 양손잡이라고 하면, 왼손으로는 윤곽을 그리고 오른손으로
는 정교하게 그림을 그리는 것을 의미한다. 일상생활을 할 때 그는 (왼손으로도 글
을 잘 쓸 수 있었지만) 주로 오른손을 사용하였고 왼손은 주로 식사할 때 사용하였
다. 이 예술가의 이름은 크리스티나 하부라Krystyna Habura로, 61세가 되던 해에 우
뇌의 광범위한 부위에 뇌졸중이 오게 되었다. CT 스캔 확인 결과 전두엽, 측두
엽, 두정엽에 걸친 뇌손상이 확인되었다. 이후 경도의 운동성 실어증과 좌반신
불완전마비를 겪었다. 이 실어증은 경도의 명칭실어증과 말하기의 둔화, 그리고
발화 개시 장애로 구성되었다. 처음에는 이 예술가가 구상이 떠오르지 않는다고
불평했다. 사실 신경심리 검사 결과 공간 정향성spatial orientation, 쓰기와 그리기
능력에 손상이 있었다. 뇌졸중 직후 이 예술가는 그리지도 채색을 하지도 못했
다. 8주간 수차례에 걸친 예술치료 시간을 가진 후 그는 다시 그림을 그리고 채
색을 하게 되었다. 예술치료를 받은 후 이 예술가는 같은 표면에 그림과 글쓰기
를 결합한 새로운 주제의 예술품을 개발하였다. 이 작품들은 '페인티드 레터스
painted letters'라고 불렸다. 우뇌 손상에도 불구하고 그의 작품에서 비례 축소나
공간 오류는 찾아볼 수 없었다. 하지만 뇌졸중 전에 그린 아인슈타인의 초상은
실사와 흡사하였지만, 뇌졸중 후에 다시 그린 아인슈타인의 초상은 실사와는 거
리가 멀었다. 그는 왕성하게 작품을 만드는 활동적인 예술가가 되었다. 그의 그
림 실력은 변함이 없었고 뇌졸중 후의 작품들로 전시회와 판매를 성공적으로 이
끌었다. 따라서 파찰스카Pachalska는 이 예술가의 사례를 다음과 같이 요약 정리
하였다.

이 예술가가 왕성한 예술 활동을 다시 할 수 있었다는 사실은 뇌에서 예술
창작활동에 본질적인 영역이 파괴되었다는 주장에 대한 설득력 있는 반박의
증거였다. 하부라의 경우, 예술에 미친 뇌졸중의 영향이 일시적이고 회복 가
능한 것이었음은 굳이 말할 필요도 없다. 뇌졸중 후 재활을 받은 후 그의 작
품들은 달랐다. 기술적으로는 예전 실력을 대부분 되찾았지만 일부는 그렇지

못했다. 뇌졸중 후 작품에서 그림 선은 보다 약화되었고 덜 뚜렷하였으며, 묘사도 예전처럼 정밀하지 못했다. 뇌졸중 이전의 관심 주제들을 여전히 일부 다루었지만 재활 후 사회정치적 논평이 주제적 특징을 이루던 초기 작품들과 같은 작품은 사라지고, 고통과 절망에 대해 훨씬 큰 관심을 갖고 주제 변화를 시도하였다(Pachalska, 2003, p. 54).

지발성 뇌질환_{slow brain disease}

파킨슨병

✽ 호르스트 아쉐르만

호르스트 아쉐르만_{Horst Aschermann}은 1932년 독일 튀링겐에서 태어난, 조각, 장식 미술, 도자기, 화병을 전문으로 하는 잘 알려진 예술가다. 파킨슨 진전_{tremor}이 시작된 것은 1965년의 일로, 특히 오른손에서 뚜렷했다. 1970년 그는 엘 도파_{L-Dopa} 검사를 받기 시작했다. 1975년 운동과다증과 근육긴장이상(비정상적이고 고통스러운 자세를 취하게 만드는 근육 수축)이 심해지면서 상태가 악화되기 시작했지만, 치매 증상은 나타나지 않았다. 1999년부터 오른손 진전이 중증으로 발전하였고, 그의 말은 이해할 수 없게 되었으며, 근육긴장이상은 악화되었다. 이 질병으로 인하여 그는 해머와 끌을 사용할 수 없게 되었다. 그래서 흙미장을 이용하기 시작하였는데, 획기적인 방법으로 사용하였다. 수년간 파킨슨병을 앓으면서도 그는 계속하여 예술작품을 만들었으며 그의 조각과 그림은 높은 평가를 받았다. 운동 기능은 약화되었지만 그의 활동량은 줄지 않았다. 파킨슨병 진전 후 20년간, 그는 두 개의 청동 부조 작품을 포함한 총 27개의 예술작품을 만들어 냈다.

✽ 파킨슨병을 앓은 예술가들

파킨슨병을 앓은 26명의 전문 예술가(8명의 여성, 18명의 남성)의 작품들에 대한 평가가 락케(Lakke, 1999)에 의해 이루어졌다. 그는 파킨슨병이 시작되기 전과 후의 그들의 작품들을 비교 분석한 결과를 보고서로 발간하였다. 치매는 흔히 파킨슨병과 동반되어 발병하는 질환이지만 이들 중 어느 누구도 치매가 있지는 않았다. 이 예술가들은 예술 활동으로 생계를 이어 가거나 예술 활동이 생업이었던 사람들이었다. 이들 중 일부는 정규 예술 훈련을 받지 않은 경우도 있었다. 그들의 작품은 유화, 수채화, 견화, 선화, 조각, 만화, 그래픽 디자인, 스테인드 글라스 조각, 섬유 디자인 그리고 건축 설계와 같은 것들이었다. 『플레이보이』잡지에 만화를 게재하였던 예술가의 사례를 살펴보자. 그는 파킨슨병이 발병한 후에도 유머 감각을 잃지 않았으며 예술적 양식 또한 변함이 없었다. 다른 예술가들의 경우 해칭 기법의 방향 전환, 진전 자체를 이용한 기법 이용(진전을 통해 특별한 효과를 만들어 냈다), 다소 편향성을 가미한 작품 활동 등 기술적인 변화가 눈에 띄었다. 이러한 편향성은 수직 중심을 유지하기 어려웠기 때문으로, 그리는 대상을 다소 기울인다거나 캔버스의 다른 한쪽보다 특정한 쪽에 비대칭적 강조를 하는 방법(하지만 편측무시 경우의 사례와는 다르다) 등을 사용하였다. 일부 예술가는 자신들이 그림을 그리면서도 편향성이 나타나고 있다는 점을 알아차리지 못했다. 락케가 그들의 사례를 살펴보며 강조했던 점은 파킨슨병이 진전되는 가운데에서도 그들의 예술은 지속적으로 성숙하고 진화하였으며, 그들 역시 예술가로서 발전하였다는 사실이다.

치 매

✽ 상업 예술가 MH

광범위하게 연구된 사례로 상업 예술가 MH의 경우를 들 수 있다(Franklin, Sommers, & Howard, 1992). 그녀는 77세의 나이에 한 신경학자의 검진을 받고 광범위한 피질위축이 있다는 것을 발견하였는데, 특히 좌측 외측고랑lateral sulcus ([그림 1-4] 참조) 부분에 증상이 현저하게 나타났다. 이것은 경도의 뇌졸중을 포함하여(진행성이 아닌) 혈관성 원인에 의하여 발생하였던 것으로 추정된다. 신경심리학자들이 일련의 평가를 한 결과, 그녀는 명칭실어증(명칭을 찾는 데 장애를 갖는 것)과 심각한 언어장애 및 그림이해장애를 겪게 되었음을 확인하였다. 반면, 그녀는 말을 유창하게 하였으며, 단순한 모형(돼지, 빗, 오렌지 등)을 똑같이 그리거나 실생활의 대상물들을 그리는 경우 아무런 장애가 없었다. 게다가 그러한 대상물을 그리는 경우 숙련된 예술가들의 작품과 마찬가지로 명암까지 조절하여 잘 그려 냈다. 그녀의 예술적 재능은 보티첼리Botticelli의 〈Portrait of an Unknown Man with a Medal〉의 복제화에서 더욱 잘 드러났다. 이 그림을 펜화로 복제하는 작업은 수주간에 걸쳐서 이루어졌다. 복제화는 원본과 매우 흡사하였다. 하지만 (빗, 안경, 의자, 연필 등) 사물의 이름만을 알려 주고 기억에만 의존하여 그림을 그려 보도록 요청하자, 같은 또는 비슷한 대상물을 실제로 보면서 그릴 때 이용하던 훌륭한 예술적 명암 조절 기법은 나타나지 않았고, 윤곽선으로만 된 스케치 수준의 작품을 그려 냈다. 일부는 원근법과 농도 조절도 잘 이루어지지 않았다. 특히 버스, 책, 여행 가방, 성냥갑, 파이프, 안경을 그릴 때 이러한 증상이 뚜렷하게 나타났다. 스푼, 사과, 양동이, 탁자, 의자를 그릴 때는 공간 연출이 잘 이루어지지 않았다. 우측 두정부parietal region가 이차원 공간의 깊이 연출을 관장한다는 점에 비추어 볼 때 이것은 매우 흥미로운 발견이었다. MH의 피질위축은 양측성이었다(물론 좌뇌의 언어를 관장하는 국부에 광범위한 위축이 있었기 때문에 가장 두드러진 증상이 언어 부분이었지만 말이다). 그러나 뇌손상에도 불구하고 그는 여전히 상업 예술작품을 만들어 낼 수 있었다.

이 사례 연구에서 가장 의미 있는 발견은 예술적 창작 결과물은 연구실에서 이루어지는 가상의 심리검사와는 연관이 없다는 사실이다. 이 사례는 예술적 전문성과 재능은 광범위한 신경 네트워크망에 의해 이루어지는 생애에 걸친 숙련으로 뇌에서 다양하게 표출된다는 점을 시사한다. 예술의 구성 요소를 정확하게 지적해 줄 수 있는 신경심리학적 검사는 없을지도 모른다. 이 예술가의 활동에 있어서 나타난 모든 흥미로운 정신의학적 증상들은 그녀의 예술적 능력이 잘 유지된 원인을 설명하지 못한다.

피질기저 퇴화 Corticobasal degeneration

❋ 도서 삽화가 그리고 화가

68세의 한 전문 삽화가이자 초상화 화가가 급작스러운 신경학적 증상들을 보였다. 그는 비정상적인 행동을 하였고(전두엽 손상과 관련 있음), 익숙한 환경에서 길을 찾지 못하게 되었으며(우측 두정엽 손상과 관련 있음), 개인 소지품을 어디에 두었는지 찾지 못하게 되었고(기억력 손상), 스스로 옷을 입는 데 장애를 겪었으며(착의실행증 dressing apraxia, 우측 두정엽 손상과 관련 있음), 감정 폭발을 겪게 되었다. 성격의 변화도 감지되었다. 무관심과 짜증 반응을 보였으며, 자신의 상태에 대해 알지 못했다(Kleiner-Fisman, Black, & Lang, 2003). 이후 3년이 지나자 또 다른 증상들이 나타났다. 지능이 감퇴하기 시작하였고, 공간에 대한 좌측 편측무시가 있었으며, 공간-시각 결손이 발생하였고, 왼팔과 왼다리의 감각을 상실하였고, 좌측 이상 반사 작용을 겪었다. 뚜렷한 언어장애는 없었다. 뇌 MRI 촬영 결과, 전반적인 뇌 위축이 발견되었고, 특히 우측 뇌간 brainstem을 포함한 우뇌에서 더 뚜렷하게 발견되었다. 또 다른 이미지 촬영법인 단일광자방출전산화단층촬영술(SPECT)에 의한 촬영 결과, 우뇌와 좌뇌 전두 부분 frontal region에 현저한 위축이 발견되었다. 의학적 진단은 피질기저 퇴화였다. 그의 그림 그리는 능력은 질환을 앓는 동안 본질적인 부분은 그대로였지만, 몇 가지 변화가 있었다. 구체적으로, 얼굴이 왜곡되었고, 얼굴 특징들이 잘못 표현되었으며, 붓의 스트로크가 더 커졌고, 특정 부분에 필요한 정도보다 훨씬 많은 양의 물감을 사용하였으며, 색상의 사용이 변화하였고, 묘사의 구체성은 현저하게 사라졌다. 사용하는 색상은 질환을 앓기 전보다 더 밝아졌다. 또한 그림은 실제보다 정밀한 묘사가 많이 부족했으며 인체의 크기 비례가 왜곡되었다. 그는 자신의 그림에서 일어난 변화에 대해 알게 되었지만, 자신이 인식한 결점을 보완하려는 시도는 성공하지 못했다. 보고된 바에 따르면, 그는 자신의 작품에 만족하지 못하고 좌절을 느낀 나머지 결국에는 그림을 그리는 것을 완전히 포기하게 되었다.

알츠하이머병

✳ 윌렘 드 쿠닝

윌렘 드 쿠닝Willem de Kooning(1904~1997)은 추상표현주의 예술 운동가이며 20세기의 중요한 예술가들 중 하나로 손꼽힌다. 그는 말년의 25년간 치매로 고통을 겪은 것으로 알려져 있다(Espinel, 1996). 뇌의 급격한 변화와 대비하여 점진적인 변화에 대해서는 4장에서 논의하였다. 치매와 수반되는 뇌손상은 여러 가지 신경학적 원인에서 비롯된 것일 수 있다. 이러한 신경학적 원인으로는 중증 알코올 중독증, 동맥경화증, 갑상선기능저하증, 영양 결핍, 처방약의 영향 등이 있다. 1970년대 중반 무렵 그의 치매 증상이 발견되었을 때, 친구들과 지인들의 보고에 따르면 점진적 기억력 쇠퇴와 신체 기능 퇴화가 눈에 띌 만큼 진행되고 있었다. 당시 그는 70대 초반으로 알츠하이머병을 비롯한 치매가 시작되어도 이상할 것이 없는 나이였다. 일부 알츠하이머병의 경우 뇌 반구의 비대칭성이 발견된다. 드 쿠닝의 사례에서는 이러한 가능성을 발견할 만한 정보는 찾아볼 수 없다. 1970년대 중반 그의 작품 활동은 줄어들기 시작하였는데, 이것은 운동 조절과 인지 능력이 저하되었기 때문으로 추정된다. 그러나 후에 전처와 친구들의 도움을 받은 결과 1981년에서 1986년 사이에 생산성이 높아져 254개의 추상적 작품(그가 평생 추구해 온)을 만든 것으로 알려졌다. 이 시기의 작품에는 굴곡과 이전보다 부드러운 선을 그렸다(그러나 예술 역사학자들 사이에는 도움과 관련하여 반대되는 의견이 없다는 점을 강조할 필요가 있다). 254개의 작품 중 40개만이 전시되었는데 대다수가 긍정적인 평가를 받았다.

드 쿠닝이 다른 이들의 도움을 받아 많은 작품을 만든 5년이라는 기간에 이미 그는 알츠하이머병을 앓고 있었을 것으로 추정된다(필자가 알기로는 뇌조직 검사는 하지 않았다). 예술 기법의 변화(직선이나 각도와는 반대로 굴곡이 있고 반복적인 선을 그린 기법)는 1981년부터 1986년까지 나타났는데, 이는 이미 1970년대 초반에 나타난 기법일 가능성도 있다. 정확히 언제 그리고 왜 물결 모양 곡선이 그의 작품에 나타났는지에 대해서는 여러 논의가 있다. 또한 과거와 비교하여 보았을 때 1980년대에 드 쿠닝의 색 선정은 크게 달랐다. 마지막에는 그림에 나타나는 요소나 색채가 이전보다 줄어들었다. 그는 캔버스의 많은 부분을 채색하지 않았다. 과거의 공백이 없던 작품과는 달랐다. 또 과거에는 채색을 두껍게 한 반면, 1980년대에는 얇게 하였다. 알츠하이머병을 앓는 경우 여러 색의 인지, 특히 파란색과 초록색의 변별이 특히 어려워진다는 점(Wijk, Berg, Sivik, & Steen, 1999a)을 고려하면 드 쿠닝의 색 사용이 과거와 달라진 점은 놀랄 만한 일이 아니다. 또한 노화라는 한 가지 측면만 보더라도 그의 시력이 영향을 받았다는 사실을 알 수 있다(3장 참조). 노화가 진행됨에 따라 대조에 대한 민감도가 줄어든다(Jackson & Owsley, 2003). 드 쿠닝의 경우 노화로 인해 붓놀림에 곡선이 더 많이 나타나고 공백이 커지고 부드러워졌는데, 시력이 좋았던 젊은 시절 더 빽빽한 양식의 그림을 그렸던 것과는 차이가 있다. 그러나 드 쿠닝은 유명하고 창조적이고 혁신적이며 촉망받는 화가였다. 1970년 이전에 그린 그의 그림은 전 세계적으로 전시되었다. 드 쿠닝은 삶의 마지막 7년간 악화된 병세와 싸워야 했기 때문에 작품을 많이 그리지 못했다. 초기에 질병이 나타났을 때에는 작품을 만드는 것이 가능했다.

드 쿠닝의 추상적 작품 기법이 그의 인생 후반에 바뀌었는데, 이는 그의 예술적 삶 전반에 비추어 보았을 때 어떻게 평가될 수 있을까? 드 쿠닝은 불협화음의, 부조화 곡선을 그려 역동적이고 표현적인 메시지를 전달하는 추상적 표현주의자였다. 그의 그림은 고전의 비유적 양식과는 정반대였다. 그는 뇌 질환을 심각하게 앓게 되자 비유적 그림을 더 이상 그리지 않고 추상적 그림을 계속 그렸다. 병상에서도 추상적 그림을 그린 것을 보면 그가 인생 전반에 걸쳐 비유적 예술이 아닌 다른 양식에 더 큰 관심을 두었다는 점을 알 수 있다.

✵ 초상화가

윌리엄 어터몰렌William Utermohlen(1933년생)은 영국에 거주하는 유명한 화가다. 그는 어린 시절부터 그림에 관심을 두었다. 어터몰렌은 57세 즈음에 기억력과 글쓰기 기능이 퇴화되는 것을 느끼기 시작했다. 61세에 그는 신경심리학 실험을 통해 전반적인 인지 손상(예: 언어적 기억, 수학 연산, 시각 공간적, 시각 인지적 능력의 손상)을 앓고 있다는 사실을 알게 되었으며, MRI를 통해 비대칭이 아닌 전반적 피질 위축이 일어났다는 사실을 알게 되었다(Crutch, Isaacs, & Rosso, 2001). 손상의 특징을 살펴본 결과 알츠하이머병으로 판정되었다. 그러나 안면기억장애는 없는 것으로 나타났다. 61세 이후에 알츠하이머병이 진행되면서 여러 양식의 변화가 있었다. 과거에는 사실적이고 균형적이었던 그림이 점점 더 추상적으로 변하였다. 또한 안면 기형이 그림에 나타나기 시작했다. 특정 시각이나 깊이는 대체적으로 사라졌으며 형태나 색은 그대로 표현되었다. 그러나 일부 사례를 근거로 판단하여 보았을 때 넓은 붓으로 그려지고 여러 가지 색채가 혼합되지 않아 색이 구분되어 보였다. 어터몰렌은 이런 상태였지만 드 쿠닝과 유사한 그림은 그리지 않았다. 어터몰렌의 작품은 과거에 그가 갖고 있던 예술적 느낌을 지속적으로 유지하였다. 65세 즈음에 그는 연필로 그림을 그리기 시작하였다. 65세에 또다시 MRI를 찍고 신경심리학 검사를 한 결과 알츠하이머병을 앓고 있다는 진단을 받는다.

이 두 경우 모두 예술작품이 특정 질병 초기나 중기 단계에도 만들어질 수 있다는 사실을 보여 준다. 화법이 바뀌는 것은 질병이 진행됨과 동시에 인지적 변화가 생긴다는 표시인데 운동 기능과 시력의 퇴화도 이런 변화를 초래하는 원인 중 하나다(Rizzo, Anderson, Dawson, & Nawrot, 2000; Wijk et al., 1999a). 인지적 변화는 기억력 감퇴, 시공간 능력 감퇴를 비롯하여 언어적 손상과 함께 동반된다(Koss, 1994). 시공간 능력 감퇴는 이미 다양한 사례를 통해 알려졌다(Henderson,

Mack, & Williams, 1989). 질병의 후기 단계에서는 예술 활동이 줄어들고 더 이상 작품 활동이 불가능한 것으로 보인다. 이는 아마도 운동 기능, 동기부여의 상실과 심각한 인지 능력 감퇴, 그리고 전두엽 기능 감퇴가 가장 큰 영향을 미치기 때문일 것이다.

❊ 상업 예술가

세 번째 사례는 독일 예술가 카롤루스 호른Carolus Horn(Maurer & Prvulovic, 2004)으로, 그는 상업광고의 삽화와 그림을 그리는 일을 생업으로 삼고 있었다. 제2차 세계대전 동안 그는 러시아 전투부대에 포로로 수감되면서 당시의 상황을 그림으로 그렸고, 그렇게 함으로써 그 시기를 버텨 나갈 수 있었다고 한다. 61세 되던 해에 그는 알츠하이머병의 증세를 보이기 시작했다. 당시 심장발작으로 우회수술을 했고, 심장 상태로 인해 알츠하이머병의 초기 증세가 왔던 것으로 보인다. 알츠하이머병이 진전되면서 기억력 감퇴와 언어장애 및 공간-시각장애가 나타났다. 그는 눈에 띄게 기술 변화와 작품 표현법이 바뀌긴 하였지만 계속하여 그림을 그렸다.

그의 작품에서 가장 눈에 띄는 알츠하이머병의 영향은 얼굴 특징들의 왜곡 가운데 장면의 공간 구성에 있어서 경미한 공간-시각 왜곡에서 엿볼 수 있다. 그러나 알츠하이머병이 진전되면서 색채가 변화하였다. 캔버스 전체에 걸쳐 보다 강력하고 보다 밝게 변화하였다. 질병 초기 작품들은 색상들을 몇 개 쓰지 않았으며 부드러운 톤을 사용하였다. 알츠하이머병의 영향으로 파장이 중간 또는 긴 색상, 즉 노란색과 붉은색을 선호하였다. 게다가 알츠하이머병을 앓기 이전에는 다소간의 현실주의적 그래픽 정밀 묘사가 존재하였지만, 이후에는 대체로 사라지게 되었다. 대신 알츠하이머병이 진전되면서 그의 구상적인 스타일에 기반을 둔 그림 기법이 나타나기 시작했다. 질병을 앓기 이전과 마찬가지로 붓 스트로크와 조심스러운 대칭형 구상은 유지되었지만, 이제 윤곽선과 형태는 강한 검정색 선으로 그렸다. 이것은 그의 망막을 포함한 시각 체계에서 대조 감각이 퇴화되는 변화가 있었음을 암시한다. 강한 검정색으로 윤곽을 그려야 자신이 그리고 있는 그림을 볼 수 있었던 것이다. 대체로 새로운 작품들은 특정한 틀에 박힌 사람의 형상과 사물을 그린 것들이었고, 얼굴은 매우 다채로운 색상으로 그렸지만 개성은 없었다. 그림에 장식이 가미되고, 좌우 거울 대칭성을 사용하면서 점차 사실주의적 경향이 줄어들었음에도 불구하고 추상주의적으로 변하지는 않았다. 드쿠닝과 마찬가지로 카롤루스 호른도 자신의 예술적 스타일과 정반대의 스타일로 바뀌지는 않았던 것이다. 또한 질병을 앓기 전과 마찬가지로 그의 작품들은 여전히 심리학적으로 만족감을 느끼게 해 주었다. 다음 보고서는 호른의 마지막을 요약해 주고 있다.

중증 알츠하이머병을 앓는 단계에서 카롤루스 호른의 작품은 시각 대조 감각 장애로 인해 두 번째 변화를 겪게 된다. 이 감각은 사람이 밝고 어두운 경계를 인식하는 최소한의 시각 대조를 위해 필요한 것이었다. 알츠하이머병을 앓는 환자들은 고주파 공간정보보다 저주파 공간정보가 더 손상되는 것으로 알려졌다(Cronin-Golomb et al., 2000; Cronin-Golomb, Rizzo, Corkin, & Growdon, 1991). 얼굴을 식별하는 데에는 저주파 공간정보가 더 중요하기 때문에, 이것은 카롤루스 호른이 경험한 물체 및 안면 인식장애를 설명해 준다. 이로 인해 그는 자신의 아내를 보고도 즉각적으로 인지할 수 없게 되어 아내를 비롯한 다른 사람들과의 관계에서 심각한 문제를 초래하였다. 그의 이러한 감각장애는 그의 작품에서 드러난다. 카롤루스 호른이 후기 작품에서 대상물과 사람의 크기를 작게 그렸던 것은 저주파의 대조 감각 장애로 인한 것으로 추측된다(Maurer & Prvulovic, 2004, pp. 243-244).

말년에 이르러서는 그의 기법이 더욱 바뀌게 되었지만 그림을 그리는 능력은 매우 급격히 악화되었다. 말년에 그는 (전체 장면이 아닌) 단순한 개별 사물, 단순한 선들, 기하학적 형태들, 그리고 낙서 같은 것들만을 그릴 수 있는 수준이었다.

그러나 그러한 그림조차도 '예술적인 수준'이었다.

전두-측두엽 치매증으로 인한 진행성 실어증

✽ 미술 교사

멜, 하워드와 밀러(Mell, Howard, & Miller, 2003)는 잘 알려진 지역 예술가이자 고등학교 미술 교사의 사례를 통해 치매가 창작에 미치는 영향을 조사하였다. 57세 되던 해, 이 예술가는 점진성 실어증으로 진단을 받게 되었는데, 이것은 언어 관련 치매의 한 유형이었다. 저자들은 이 예술가가 전두-측두엽 치매증(FTD)에 걸렸음을 언급하고 있다. 이 실어증의 증상은 그가 교직에서 퇴직하기로 결정하기 10년 전부터 발병하였다. 이 미술 교사는 사회적 탈억제 증상을 보였으며, 이것은 전두엽 위축에 따른 것이었다. 그는 말하기가 유창하지 않았으며, 많은 노력을 해야 말을 할 수 있었다. 언어 이해력은 오직 간단한 말만 이해하는 정도였다. 형태를 복제하여 그리는 것은 가능했다. 하지만 전두엽 기능을 측정하는 과제는 실패하였다. MRI 촬영 결과 양측 전두엽에서 중등도의 위축이 발생하였고, 특히 좌측 전두엽에서 위축이 두드러지게 나타났다. 또한 좌측 측두엽에 경미한 위축이 나타났다. 예술적으로 그는 이 질병이 진행되는 7년 동안에도 이례적으로 많은 작품을 만들어 냈다. 언어 및 사회의 탈억제 증상과 함께 예술적 표현에도 변화가 있었다. 그 상황은 악화되었고, 캔버스에 크고 밝은 색상으로 채색하였으며, 그림은 보다 덜 현실주의적인 스케치가 되었다(그러나 추상적이지는 않았다). 그리고 발간된 사례들로부터 판단해 보면 얼굴과 대상들이 일관적이지 않은 방식으로 서로 뒤섞였다. 그러나 그 작품에서 색상의 제한이 있었지만 구상적인 표현을 하고자 했음을 알 수 있다. 어두운 윤곽선의 외곽 형태들을 이용하게 되었는데, 이것은 그의 시각에 이상이 있었음을 암시한다. 즉, 제대로 보기 위해서 강한 대조가 필요했던 것이다(카롤루스 호른의 사례에서 논의된 바와 같이 대조감각과 관련한 것이었다). 우리가 예술을 표현의 일환으로 본다면, 그의 언어적 표현이 악화되면서 예술적 표현도 악화되어야 할 것이다. 그녀의 예술 표현은 모호해졌지만 추상적으로 변하지는 않았다. 그러나 중요한 것은 정신이 분명히 악화되어 갔음에도 불구하고 그가 계속하여 작품 활동을 해 나갔다는 점이다.

　모든 치매 증상이 동일한 예술적 결과로 이어지지는 않는다. 다른 피질 상태의 사례들을 살펴보아야 한다. 알라주아닌이 제시한 사례들에서는 환자들이 기법의 변화 없이 계속하여 그림을 그렸던 것으로 알려져 있다. 전두-측두엽 치매증(FTD) 환자의 예술은 뇌 손상이 광범위하고, 시각장애를 포함하고 있기 때문에 광범위한 기법 변화를 나타낸다.

루이소체 치매

✤ 머빈 피크

　영국인 예술가 머빈 피크Mervyn Peake(1911~1968)는 시, 삽화, 소설, 연극으로 잘 알려져 있었다. 그는 매우 왕성하게 활동하였고 매우 높게 평가받았다. 미술학교에서 공부하였고 1931년 첫 번째 전시회를 열었으며, 제2차 세계대전 동안 수십만 명의 무고한 사람들이 희생되었던 베르겐벨젠Bergen-Belsen 포로수용소의 생존자 삽화로 유명하다. 또한 고멘가스트Gormenghast 소설로 매우 잘 알려져 있는데, 이것은 1940년대 초반에 쓴 작품이었다. 1950년대 중반, 그는 파킨슨 증후군 증상을 보이기 시작하고 진행성 인지장애를 겪게 된다. 45세가 될 무렵, 양손에 진전이 나타났고 이것은 다리에까지 퍼졌다. 그는 파킨슨병 환자들의 특징인 웅크린 자세와 표정을 보였다. 파킨슨 증후군 증상이 나타날 즈음 그는 환시를 경험하기 시작한다. 그러나 한 시간 이내에 많은 삽화를 그리는 데에 집중할 수 있었고, 갑자기 멈추어 조용히 앉아 있곤 했다. 그는 글을 쓰거나 집중하고 인지하는 데 장애를 겪었다. 특히 인지 및 집중 활동의 기복과 시각-구성적 문제들이 더욱 두드러졌다. 그러한 일련의 증상은 치매 과정에서 나타나기는 했지만, 알츠하이머병에 걸린 환자들에게서 보이는 것은 아니었다. 그의 신경변성 질환의 본질은 당시 많은 논란의 대상이었는데, 살라스(Sahlas, 2003)의 통찰력 있는 논문이 나오기까지 계속되었다.

살라스는 피크가 겪었던 고통스러운 증상을 근거로 루이소체 치매로 진단할 것을 제안하였고, 신경변성 질환은 현재 알츠하이머병의 변형된 형태로 간주되고 있다. 그 증상으로는 파킨슨 증후군, 환시, (인지적, 공간적, 그리고 구성적) 시지각 장애를 포함한다. 피질 및 피질하 부분을 포함한 뇌의 여러 영역이 위축된다. 신경변성 질환의 현저한 특징은 질병의 과정을 특징짓는 세포질 내 연결 소체인 루이소체의 뉴런 내에 있는 것으로, 어떻게 이 병을 발병시키는지는 알려지지 않았다.

피크의 삽화와 시는 그가 환각과 정신이상의 상태에서 과대망상에 빠져 있을 때 겪은 경험을 반영한다. 그러나 대체적으로 치매가 진행됨에 따라 그의 글쓰기 방식은 붕괴되기 시작했다. 결국 (전혀 효과가 없었지만) 신경이완제와 항경련 충격 요법을 받게 되었다. (당시 그의 작품들이 발간되지 않아 발병 이전 작품들과 비교할 수는 없지만) 그 모든 예술작품이 악화되었음은 의심할 여지가 없다. 그는 57세의 나이에 사망하였다.

특정 손상 후 나타나는 예술 행위 특징을 밝혀내는 데에는 예측 모델보다는 초기 신경심리학이 더 유용하다. 예측 모델의 경우, 관찰 후 결론을 도출해 내기 위한 관련 사례가 드물고 피험자의 예술 행위로 판단하는 것이 아닌 주관적인 비수치에 근거한(예술 결과물에 근거한 관찰이 아닌) 관찰을 하므로 적절한 일반화를 도출해 낼 수 없다. 예술 결과물의 경우, 예술가들은 자신만의 방법으로 손상 후 상황에 적응한다(4장의 기능적 재구성 참조). 다양한 연구 결과를 통해 얻은 증거와 여러 신경학적 병인은 19세기 이후부터 신경심리학 이론이 만들어지고 형성되는 데 기여하였다. 어떤 과학적 이론이든 이런 방식으로 탄력을 받는다. 여기에서 중요한 것은 기술의 보전, 미적 느낌 전달, 창의성, 재능, 그리고 예술작품을 만들고자 하는 갈망이라는 주요한 예술적 특징이 꾸준히 나타났다는 점이다(3, 4, 5, 6, 11, 12장 참조).

요 약

이 장에 제시된 시각 예술가들은 병인과 관계없이, 심각한 신경학적 질환을 앓고 있음에도 불구하고 예술적 표현력을 유지하였다. 또 중요한 사실은 손상을 입은 뇌가 어느 쪽이든 창의력이나 작품 생산에 방해받지 않았다는 점이다. 이 장 도입부에 설명된 바와 같이, 잘 알려진 예술가들이 뇌손상을 입기 전에 완성하고 개발한 예술적 스타일은 손상을 입은 후에도 대부분 유지된다. 이러한 기능의 보전은 일반적으로 여러 신경회로에 기인한 것이며, 예술가들의 기능이 중복된 것으로 생각되고 있다. 현재 뇌손상 후 해부학적 재구성에 대한 연구는 언어 기능 회복에 집중하고 있다. 예술적 실체(손상을 입은 후에도 유지되는 예술가의 기질)는 뇌손상 후에도 유지되나 예술적 특징이 유지되도록 하는 신경기질은 아직 밝혀지지 않았다. 구상, 재현 예술가들은 손상을 입은 후 갑자기 추상적 그림을 그리지는 않는다. 이러한 양식의 고수는 과거 반복적으로 연습했던 솜씨가 그대로 보전됨을 보여 준다. 예술가의 솜씨나 재능의 보전은 아마도 손상된 신체 조직과 건강한 신체 조직이 함께 어떻게 반응하는지를 보여 주는 현상일 것이다. 이 두 기전은 함께 상호작용하여 예술을 만든다.

좌뇌 혹은 우뇌가 손상된 후 예술적 접근법이나 기법의 변화는 두드러진 형태로 나타난다. 이러한 변화의 정확한 원인은 아직 예술의 요소가 얼마나 있는지, 그리고 그 요소가 무엇인지에 대한 명확한 정의가 없기 때문에 논의와 해석이 필요한 부분이다. 잘 알려진 화가들은 언어적 표현과는 별개로 표현 능력이나 표현에 대한 동기를 나타낸다. 이는 언어 표현과 예술적 표현의 비연관성을 보여 주는 것이지만 특정 반구의 전문화와는 관련이 있다고 할 수는 없다. 한 가지 표현 방법이 다른 표현 방법을 방해하거나 배제할 필요는 없으며, 이 두 표현 방법이 굳이 상충된다고 볼 필요도 없다. 시각예술을 하기 위해서는 정상적인 시각, 공간 지각 및 인지 능력이 필요하지만 이러한 능력이 없어졌거나 퇴화되었다고 해서 미적이고 창의적이며 전문화된 예술작품 생산이 차단되는 것은 아니다.

읽을거리

Caplan, D. (1987) *Neuroliguistics and linguistic aphasiology: An introduction.* Cambridge: Cambridge University Press.

Chollet, F., & Weiller, C. (1994). Imaging recovery of function following brain injury. *Current Opinion in Neurobiology, 4,* 226-230.

De Leeuw, R. (Ed.). (1998). *The letters of Vincent van Gogh.* New York: Penguin.

Gardner, H. (1974). *The shattered mind.* New York: Vintage.

Heilman, K. M., & Valenstein, E. (Eds.). (2003). *Clinical neuropsychology.* Oxford: Oxford University Press.

Hughes, F. (2003). *Goya.* New York: Alfred A. Knopf.

Kalbfleisch, M. L. (2004). Functional neural anatomy of talent. *Anatomical Record, 277B,* 21-36.

Kertesz, A., & Poole, E. (2004). The aphasia quotient: The taxonomic approach to measurement of aphasic disability. *Canadian Journal of Neurological Science, 31,* 175-184.

McCarthy, R. A., & Warrington, E. K. (1990). *Cognitive neuropsychology: A clinical introduction.* San Diego, CA: Academic Press.

Mohr, J. P. (1976). *Broca's area and Broca's aphasia, Vol. 1.* New York: Academic Press.

Pizzamiglio, L., Galati, G., & Committeri, G. (2001). The contribution of functional neuroimaging to recovery after brain damage: A review. *Cortex, 37,* 11-31.

Weiller, C, (1998). Imaging recovery from stroke. *Experimental Brain Research, 123,* 13-17.

Zeki, S. (1999). *Inner vision: An exploration of art and the brain.* London: Oxford University Press.

CHAPTER
03

예술가와 감상자의 눈과 뇌
시력과 색 지각의 손상

개 요

전통적으로 신경심리학에서는 행동의 피질 통제와 관련하여 결론을 내리기 전에 감각장애를 먼저 해석한다. 예술에 어떤 것들이 중점적으로 영향을 미치는 지 알아내기 위해 주변적 영향, 즉 감각장애로부터 발생되는 현상을 설명하고 살펴보아야 한다. 예술가나 작품을 감상하는 사람에게 시력이나 색 인지 기능의 변화는 시력장애로 인해 발생할 수 있으며, 형태나 색채가 전달되는 방식을 간섭할 수 있다. 이러한 변화에 기인한 결과는 예술의 다른 신경심리학적 현상과도 함께 고려해 보아야 한다. 건강한 한 개인은 나이가 들어 감에 따라 점진적 시력 저하 가 발생한다. 정상적으로 나이가 들어 가는 성인에게 일어나는 가장 흔한 변화로 는 노안을 들 수 있는데, 안구 수정체가 탄력을 잃으면서 가까이에 있는 사물이 흐리게 보이게 된다(Jackson & Owsley, 2003). 따라서 나이가 든 예술가들이 이런 현상에 영향을 받지 않았다고 판단할 논리적 근거가 전혀 존재하지 않는다([그림 3-1]의 안구 그림 참조). 색채 손상color impairment은 안구 자체에서 시작되거나 질병에 의해 초래될 수 있다. 특별한 안구 관련 질병이 없이도 단순한 노화로 인해 중추신경계에서 색 처리 과정에 영향을 미칠 수 있다(Wijk, Berg, Sivik, & Steen, 1999b). 이 장에서 보다 자세히 다루겠지만 예술의 창의적, 예술적 혹은 표현적 능력의 상실까지는 아니더라도 안구의 다양한 상태가 어떠한 형태를 지각하거

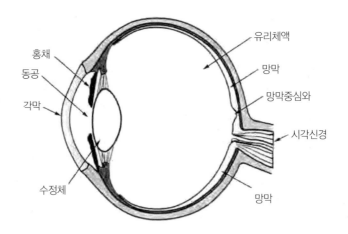

[그림 3-1] 각막과 수정체의 해부학적 구조

각막과 수정체는 이미지에 초점을 맞추어서 보는 데 매우 중요한 역할을 한다. 이 두 구조는 외부의 이미지를 안구의 뒤에 있는 망막에 투영한다. 수정체의 탄력성은 근거리, 장거리에 시각을 맞추도록 해 준다. 유아기부터 수정체는 점진적 변화를 겪으며 이로 인해 투명성, 결과적으로는 색 시각에 영향을 준다. 이러한 변화 중 하나가 수정체의 황색화다. 나이가 들어 감에 따라 황색화 현상으로 인해 망막이 단파장을 수용하는 것을 막으며 투명성이 낮아져 햇빛을 받을 때 채광 효과가 발생한다. 또한 노화가 됨에 따라 색 시각 기능에 변화가 생기는데 특히 파란색(단파장)과 초록색(중간파장)의 경우가 가장 두드러진다. 중심와(fovea)에도 변화가 생기는데(광수용기의 상실 혹은 퇴화), 구체적인 것들을 볼 때 어려움을 겪게 된다. 따라서 시각 상태에 따라 화가들이 캔버스에 시각 세상을 표현하는 데에도 변화가 생길 것을 예상할 수 있다. 인상주의 화가의 경우에는 야외에서 작업을 많이 했다. 빛에 대한 이 화가들의 열정은 이들의 시각 상태에 영향을 미쳐 흐릿한 모양의 화법이 탄생되는 데 기여했을지도 모른다.

나 색 감각 과정에 영향을 미치게 된다.

또 시력장애는 표면 굴절에 의해 조명이나 밝기 정도, 주위의 상황에 따라 생겨나는 그림자나 회색의 강도 차이를 변별하는 데 영향을 미칠 수 있다. 여러 가지가 혼합된 배경으로부터 특정 의미를 지닌 형태를 구분하는 데 색이 도움이 된다. 색채 결함color deficient을 가진 사람들도 평범한 삶을 살 수 있는데 이들은 단색의 신호를 이용할 수 있다. 인간의 색채 시각에 대한 진화론적 설명은 최초 인류에게 유용한 지리적, 환경적, 그리고 음식 자원에서 찾아볼 수 있다(Dominy & Lucas, 2004). 초록색 배경을 형성하는 잎사귀 사이에서 식용 가능한 과일을 발견해 내는 것은 최초 인류의 삼원색 발달에 크게 기여한 적응 능력으로 여겨지고 있다. 전문화된 색 감각 수용기관이 초기에 빛에 노출되면 레틴알데히드retinaldehydes(비타민 A에서 나오는)로 알려진 화학적 반응에서 전기적 뇌세포 신호를 뇌로 발송한다(이후의 설명 참조). 모든 색 감각기관이 동시에 진화된 것은 아니다. 예컨대, 파란색에 반응하는 수용기관은 훨씬 후에 진화된 것으로 알려졌다. 파란색과 관련된 유전적 기질(Deeb, 2004), 질병에 대한 취약성, 인간 시각의 기능은 예술에 나타나는 파란색의 사용에 대한 설명을 일부 제공할 수 있을 것이다(Ball, 2001 참조).

시각예술에서 형태와 색채는 단일 구성 요소로 주로 혼합되어 사용된다. 색은 시각 세상에서 보고 탐색함에 있어 핵심적인 요소이며 예술 시각에 필수불가결한 요소다. 그러나 그렇다고 해서 색이 예술 자체를 구성하는 것은 아니다. 시각예술의 큰 부분을 색이 차지하는 것은 아니며 색맹 예술가들도 색채를 사용하든 사용하지 않든 이와는 관계없이 예술 창작 활동이 가능하다. 16세기 베니스에서는 때로 화가들이 후원자들에게 초기 아이디어를 단색화로 제시하기도 하였다(Gage, 1993). 이 예술가들이 사용한 기법은 그리자일grisaille로 알려진 회색단색화법었다. 1950년대 초 뉴욕의 표현주의 작가들은 흰색 바탕에 검정색 물감을 사용해 그림을 그렸는데 그 예로는 잭슨 폴록Jackson Pollock, 로버트 마더웰Robert Motherwell, 아돌프 고틀리에프Adolph Gottlieb, 윌렘 드 쿠닝Willem de Kooning이 있다. 시각 세계의 사물과 모양 그리고 형태는 모두 색과 관련되어 있는데, 이것이 모두 색을 '소유'하고 있기 때문이 아니라 신경 부호를 통해 인간 뇌에서 색을 지각하도록 유도하며 동시에 뇌가 빛의 파장을 계산하기 때문이다. 초기 현생 인류는 고대 동굴 무덤에 상징적으로 색을 사용하기 시작한 것으로 알려졌다(Hovers, Ilani, Bar-Yosef, & Vandermeersch, 2003). 안구를 통해 들어오는 색을 해석하는 신경 부호는 빛이 망막에 닿는 순간 작동하기 시작한다. 눈에 보이는 사물과 그로부터 인지되는 색채 간의 연상이 그 색채에 의미나 뜻을 부여한다. 예술가가 사용하는 색채는 그 예술가가 지닌 지능, 재능, 숙련도, 시력 상태에 대한 정보를 제공한다.

이 장에서는 감각기관과 관계없는 색 지각 손상color perception impairment 원인에 대해 더 논의하고자 한다. 색 인지 조절 및 처리를 담당하는 뇌 영역은 19세기부터 신경학자 및 신경심리학자들의 관심을 끌었다. 국소적 뇌 병소를 지닌 신경과 환자에 대한 연구는 색 인식 장애와 관련하여 여러 실마리를 제공해 주었다. 뇌 후부에 위치한 편측 국소 손상은 색 지각이나 변별 능력을 상실시키지 않는다(Cole, Heywood, Kentridge, Fairholm, & Cowey, 2003; Heywood & Kentridge, 2003). 색채 손상color impairment의 본질을 변별하기 위해 여러 실험이 진행되었다. 그러나 색채 결함color deficits이 발생한 신경과 사례는 매우 드물다. 그럼에도 불구하고 색 지각과 색이 전달하는 의미를 아는 것, 주관적 색 지식과 빛 파장의 변별, 색에 대한 기억과 색을 가지고 있는 어떤 형태, 색과 관련된 언어 관련 지식과 다른 지식, 혹은 이러한 기능의 여러 조합이 서로 분리된 것이 아니라는 사실을 신경심리학 연구를 통해 알아냈다(Davidoff, 1991). 색 처리와 관련된 뇌와 눈의 역할은 시각예술과 관련하여 이 장에서 더 언급되며 잘 알려진 예술가들의 시각 체계와 시각장애도 언급된다.

색 처리의 국소화: 뇌손상이 미치는 영향

뇌에서의 색

색에 대한 언어가 이해하기 힘들거나 과중한 언어 구성 요소를 지니고 있지 않는 경우가 아닐 때 각 뇌 반구에서 색 처리가 가능하다. 각 반구의 시각 영역은 [그림 3-2]에 제시되어 있다. 게슈빈트와 푸실로(Geschwind & Fusillo, 1966)는 좌후두엽left occipital lobe과 팽대splenium(뇌량corpus callosum의 뒤쪽 1/3)의 손상을 입은 환자의 사례를 들었다. 이 환자는 색의 이름을 말하지는 못했으나(일반적으로 좌뇌 손상에 의한 결과로 생각), 여러 가지 색 조각을 변별할 수 있었다. 로저 스페리 Roger Sperry의 정신생물학 연구소에서 콜윈 트레바텐(Colwyn Trevarthen, 1974)은 보겐-포겔 시리즈Bogen-Vogel series(칼텍 시리즈Caltech series로도 알려짐; Sperry, 1968, 1974)에 나오는 완전 경계절개술complete commissurotomy 환자(뇌량, 전교련 anterior commissure, 해마교련hippocampal commissure의 중앙을 절개한 수술)에 대해 연구한 결과, 언어로 말하지는 못하더라도 좌측, 우측 반시야에 보여 준 색을 재인하고 변별할 수 있었다(Bogen & Vogel, 1962 참조).

뇌의 색지각 영역에 대해서는 19세기부터 토론 및 논의되고 기술되어 왔다. 1970년대와 1980년대 제키Zeki가 원숭이의 제4 시각령(V4)에서 색 담당 영역에 대한 구체적 연구를 발표했는데(뇌의 단일 세포 기록 기법 사용), 과거 신경학자들이 환자들을 진료하면서 살펴본 내용보다 더 구체적인 내용을 확인했다(Damasio & Geschwind, 1985). 후천적 색 인식에 국한된 장애acquired isolated color deficit의 신경학적 사례는 19세기에도 흔치 않았고 현재에도 매우 드물게 나타난다. 그러나 초기 연구들은 설회lingual gyrus와 방추형이랑fusiform gyrus 영역이 후두엽과 측두엽의 연결 부위에 있음을 대부분 명확하게 발견하였다(Mackay & Dunlop, 1899). 쥘 다비도프(Jules Davidoff, 1991)의 색 인식에 대한 저서에 이런 초기 연구들이 기술

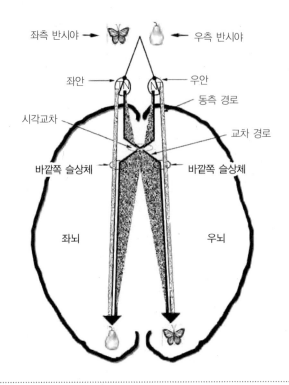

[그림 3-2] 두 반시야와 시각 경로를 내려다보는 각도에서 표현한 그림

두 눈이 하나의 지점에 초점이 맞춰진 상태에서 목표물 좌측에 나타난 시각 정보는 좌측 반시야 (LVF)에 나타나며 우측에 나타난 정보는 우측 반시야(RVF)에 나타난다. 두 반시야 중 하나에 나타 난 구체적인, 집중된 이미지는 교차 경로를 통해 후두엽, 즉 뇌 후방부로 전달된다(N으로 표시된 각 눈의 비강에서 시작됨). 상세하지 않은 전반적 정보는 동측성 경로(T로 표시된 눈의 측두측 반 쪽)를 통해 전달된다. 이와 같은 시각 경로의 배열을 바탕으로 반쪽 사용면 기법을 사용하여 일반 인들의 좌뇌 및 우뇌의 능력을 실험해 볼 수 있게 되었다. 후두엽의 일차 시각피질(primary visual cortex)에 도달하기 전에 대부분의 축색돌기는 시상의 바깥쪽 슬상체(lateral geniculate body: LGN)에 투시되었다. 망막의 축색돌기가 망막을 벗어난 후에 이루어지는 첫 시냅스 접촉이 바로 LGN에서 이루어진다. 기타 신경경로 정보 처리와 신경 처리는 망막의 시각적 수신 정보에 의해 이 루어진다. 이 연결 지점에서 양쪽 안구에서 수신하는 정보는 잘 혼합되어 이루어지지 않는다. 각 안구의 축색돌기는 LGN의 서로 다른 층위로 가게 된다. 교차를 지나는 축색돌기라고 해서 모두 LGN으로 가는 것은 아니다. 일부는 상구(superior colliculus)로 가게 된다. 이 경로로 전달되는 정 보는 안구와 LGN으로 전달된 것만큼 상세하지 못하다. 망막 슬선조 시각경로(geniculostriate visual pathway)는 일차 시각 경로로도 알려져 있는데 LGN 신경세포에서 후두엽의 일차 시각피질(V1, Area 17)로 신호를 전달한다.

되었는데 대부분 독일어로 출판되었다. 당시 인정받는 영어권 신경학자들은 뇌의 색 처리 기관에 대해 받아들일 준비가 되어 있지 않았고, 이들은 망막 손상이나 시력 저하 사례의 경우 1차 시력 손상(즉, 안구 자체나 시신경, 시각 경로 손상)과 뇌손상 자체를 변별하는 것은 어려운 일이라고 주장했다. 이들의 주장과는 반대되는 증거가 있음에도 불구하고 이러한 생각은 반세기 이상 지속되어 왔다. 메도스(Meadows, 1974)가 쓴 국소적 뇌손상에 의한 색 지각 결함에 대한 글이 발표된 이후에야 후부 피질 영역에 색을 담당하는 영역이 존재한다는 사실을 다시 생각하게 되었다. 메도스(1974)는 기존에 알려진 14건의 완전색맹achromatopsia 사례와 세 건의 사후 뇌 연구 결과를 검토한 후 대뇌 색맹(뇌손상 후 색조 변별 능력의 손상)이 뇌 일부 영역과 관련되어 있다고 기술하였다. 그가 내린 결론에 따르면 위의 사례에서 본 색채 손상은 후두엽과 측두엽의 아래쪽 연결 지점 손상에 의해 발생되었는데, 보다 구체적으로는 설회와 방추형이랑 영역 손상에 의한 것이며 이 영역들은 색 변별을 하는 핵심 영역이다([그림 3-3] 참조). 현재 우리는 이 영역들을 원숭이의 V4의 색 지각 신경세포(Zeki, 1993)나 인간의 V8 시각 영역과 연관 짓는다(Cowey & Heywood, 1995; Tootell & Hadjikhani, 2001).

신경의학 및 신경심리 연구 중 색 지각에 대한 전통 연구는 버치(Birch, 2001)의 저서에 기술되어 있으며, 드 렌지(De Renzi, 1999)가 저술한 책의 색 지각과 인지의 신경심리학적 측면의 언급에서도 찾아볼 수 있다. 19세기 홀름그렌Holmgren의 실타래 실험Wool Test이 초기 연구 중 하나였다. 색 지각과 관련된 많은 신경학 논문이 위의 실험을 이용하였다. 피험자들은 작은 실타래를 특정 범주의 색과 색조에 맞게 모으라는 주문을 받는다. 실험자가 한 번에 한 가지 색을 말하면 피험자는 다양한 색(회색 배경으로 한) 중 호명된 색에 대응되는 것을 골라야 했다. 색을 대응시키는 것 외에도 실험자는 피험자에게 샘플을 보여 준 다음 여러 색을 제시한 후 처음 제시된 색과 비슷하거나 똑같은 색을 모두 고르게 했다. 그러나 비슷한 색에 범주화하는 것이 단순한 지각 이상을 요하는 일일 수 있다는 사실이 알려진 후로는 이 실험 방법은 거의 사용되지 않고 있다(De Renzi, 1999). 오늘날에

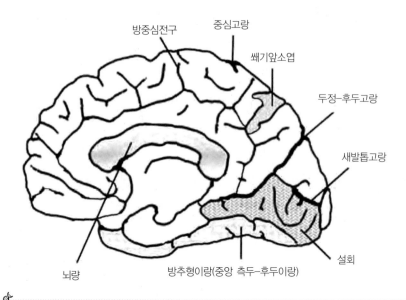

방중심전구 중심고랑 쐐기앞소엽 두정–후두고랑 새발톱고랑 설회 방추형이랑(중앙 측두–후두이랑) 뇌량

[그림 3-3] 뇌피질의 내측면

설회, 방추형이랑, 쐐기앞소엽의 위치를 표시한 뇌 피질의 내측면

는 판스워스–문셀 색조검사Farnsworth–Munsell Hue Test(28, 40 혹은 100) 등의 검사가 활용되는데, 색을 맞추는 과정을 통해 색 지각 결함을 더 정확하게 구분할 수 있게 되었다(자세한 사항은 Birch, 2001 참조).

완전색맹과 반시야색맹: 색조 변별 손상

대뇌 완전색맹은 지각 손상으로 시력은 손상되지 않는다. 대체적으로 이런 상태는 후두엽의 앞쪽 기저부anterior basal portion에 편측 혹은 양측으로 손상이 생길 경우 발생한다. 반시야색맹hemiachromatopsia의 경우, 한쪽 시야의 1/2 또는 모두가 손상되며, 결정적인 손상은 상사분면에서 발생한다. 하사분면에서도 색채 결함color defect이 발생할 수 있으나, 방추형이랑과 설회가 관련된 손상이 있을 때 상사분면에서 나타난다. 메도스(1974)의 색맹 관련 사례 요약집에는 하사분면의 색맹 사례는 찾아볼 수 없었다. 흥미로운 사실은 이 영역에 양측 손상이 있었다고 해서 색맹의 형태가 두 배로 심각하게 나타나지 않는다는 사실이다. 반시야색맹 사례는 뇌의 색 처리 기전을 이해하는 데 특히나 중요한 역할을 하는데, 반시야색맹 환자들은 색 일부의 손상을 겪고 있기 때문이다. 완전색맹 환자의 경우에는 세상이 회색빛에 어둡고 색이 흐릿해 보인다고 설명하는데, 이 경우 색을 맞추는 데 큰 어려움을 겪는다. 일상생활을 할 때 특정 사물의 경우 색이 해당 사물 파악에 중요한 역할을 하는데 이런 경우 완전색맹 환자들은 후각, 촉각, 청각에 의존한다.

완전색맹 사례에서 가장 중요한 특징은 이 환자들의 시각 세계에서 다른 부분은 손상되지 않았다는 점이다. 그래서 보이는 것에 대한 시력이나 공간 지각력, 공간 형태, 사물 인식, 읽기, 안면 인식, 그 밖의 다른 인지 능력은 모두 보존되어 있다. 이 환자들은 기억에서 나온 색의 이름, 익은 과일, 채소의 특징적인 색, 흐린 날의 하늘의 색을 말하는 것에도 어려움이 없다. 이 환자들의 문제는 색의 대응, 변별, 분류, 나열에 있으며 마음속의 대상에 대한 색을 실제로 상상해 낼 수 없다는 것이다(Levine, Warach, & Farah, 1985). 색과 관련된 행동 결핍과 동반되는 국소적 뇌병변은 뇌의 기능적 전문화라는 개념을 뒷받침해 준다.

앨버트와 동료 학자들(Albert, Reches, & Silverberg, 1975)은 좌측 반시야색맹에 대한 중요한 연구를 발표하였다. 이는 59세 남성이 우뇌 후방에 뇌손상을 겪은 사례였다. 이 사람에게서 좌측 반시야의 색을 맞출 수 없는 것이 가장 두드러지는 색채 결함으로 나타났다. 그럼에도 그는 기억에 의존하여 여러 사물의 색을 기억해 냈고(예: 토마토의 색), 우측 반시야로 보이는 색은 맞추었으며, 양쪽 반시야에 제시된 사물은 모두 파악하였다. 색 변별과 형태 변별은 서로 불가분의 기능을 갖고 있는데, 이 사례에서는 피험자가 형태를 처리하는 시각 영역에 손상을 입지 않았던 것이다.

다마시오Damasio 등은 뇌의 생리유발 시각반응이 이색형dichromatic 흑백처리의 경우에는 문제없이 이루어지나 적색과 녹색의 경우에는 제대로 처리하지 못하는 반시야색맹의 신경학적 사례를 제시하였다(Damasio, Yamada, Damasio, & McKee, 1980). 앞의 환자의 경우 색 변별 손상이 좌측 반시야에 발생했으며, 우뇌 후방에 가장 큰 손상을 입었다. 더 구체적인 해부학적 손상 영역은 설회와 방추형이랑에 발생하였고, 새발톱 고랑 영역calcarine fissure region은 손상을 입지 않았다([그림 3-3] 참조). 해당 논문은 철저한 행동 실험을 통해 해부학적 영역을 강조한 중요한 논문이었다. 헤이우드, 윌슨과 코웨이(Heywood, Wilson, & Cowey, 1987)가 발표한 완전색맹 사례가 특히 인상적이었는데, 이 연구 팀은 근본적인 장애를 찾는 데 한발 앞서간 접근법을 사용하였다. 이들은 색맹 환자들이 세상을 무색으로 보기는 하나 다양한 회색 명도를 대응시킬 수 있다는 사실을 증명해 냈다. 사례 CB는 28세 남성의 경우로 심각한 교통사고 후 우측 전두-측두 영역의 혈병을 제거하는 뇌수술을 받았는데 좌뇌에도 손상을 입었을 가능성도 있었다. 뇌영상 기법을 통해서는 후두엽에 손상이 드러나지 않았다. 그러나 색 대응 실험을 하였을 때 이 환자는 녹색, 노란색, 빨간색과 파란색을 대응하는 데 큰 어려움을 보였으나 다양한 회색 명도는 이보다 수월하게 대응시켰다. 그러나 일반 피험자들과 비교해 보았을 때는 회색 명도를 대응시키는 과정이 느렸으며 정확도가 떨어졌다. 이 사례는 이색형 명도를 처리하는 뇌세포는 손실되지 않았으나 삼원색을 처리하는 뇌세포의 선택적 손실이 발생했다는 사실과 함께 색 처리의 다양한 부분과 관련된 뇌 해부학적 손상이 있었다는 사실을 보여 준다. 그림이나 일상에서 보는 회색이나 검정색 명도는 일반 색과는 다른 뇌 해부학 영역에서 처리된다.

색 지각과 관련된 뇌 영역에 대해 더 알고자 68세 여성의 사례를 연구하였다. 뇌영상 기법을 사용해 좌뇌에 발생한 뇌졸중으로 인해 반시야색맹 현상을 겪고 있는 여성이었다(Short & Graff-Radford, 2001). 이 경우 색에 대한 문제는 우측 반시야 상사분면의 실험을 통해 드러났다. 해당 부분으로 본 색은 모두 회색빛으로 보였으나 좌측 반시야로는 색 지각에 어려움을 겪지 않았다. 회색 명도 변별은 따로 실험되지 않았다. MRI 촬영 결과 설회와 방추형이랑이 포함된 좌 후두엽과 측두엽의 내측 연결 지점에 손상이 있었으나 새발톱 피질calcarine cortex(후두엽 내)은 손상되지 않았다. 위 환자의 경우 좌뇌 손상은 해마 영역을 포함한 측두엽에까지 영향을 미쳤으나 색 변별 결함은 대부분 후두엽과 측두엽의 하부 연결 지점에 있는 설회와 방추형이랑의 손상으로 인한 것이라 판단되었다.

후천성 중추 색각이상

시각을 통해 보는 주관적인 색은 신경해부적 근거를 가지고 있다. 색각이상 dyschromatopsia은 좋은 시력을 지녔음에도 불구하고 색 변별을 부분적으로 할 수 없는 상태다(Kennard, Lawden, Morland, & Ruddock, 1995). 메도스(1974)는 후천적 색각이상의 사례를 다음과 같이 기술하였다.

> 기타 장애가 간혹 일어나기도 하는데 색이 기존과는 달라 보이거나 좋지 않게 보이거나 극도로 밝게 보이거나 때때로 그 강도가 달라져 보이기도 한다. 필자가 연구한 좌우 한 쌍의 후대뇌동맥 허혈증이 있었던 환자는······ 시력이 일부 손상되었으나 일상생활에서 보는 사물을 인지하는 데 일반적으로 방해가 되지 않을 정도였는데, 이 환자는 색채나 사람들의 안면이 불편하게 느껴지며 색은 과도하게 밝아 보인다고 말했다. 화창한 날에는 그 밝기에 눈이 부실 정도였다고 한다. 색 지각 장애는 때에 따라 다른 강도로 나타났으나 늘 어느 정도는 나타났다. 때로는 색에 반복 시 반응visual perseveration이 나타나기도 했는데 가령 붉은색의 런던 버스를 보고 나면 30분간 주변이 다 붉은색으로 보이는 현상을 겪었다(Meadows, 1974, p. 628).

후두엽의 전방 부위에 발생한 일부 손상은 가령 금색이나 붉은색과 같이 한 가지 색으로 지속적으로 보이게 되는 색각이상을 초래할 수 있다. 이와 관련된 두 가지 사례가 있다(Critchley, 1965; Rondot, Tzavaras, & Garcin, 1967). 케너드Kennard

등이 발표한 1995년 사례의 경우, 색 처리 기관의 일부 손상에 대한 내용이었다. 그러나 이 사례의 환자는 특정 조명에서는 일부 색을 변별할 수 있었으나 다른 여건에서는 변별하지 못하였다.

미술과 교수의 사례

미술과 교수이자 색 전문가인 KG는 양측 반구의 후방 부위에 뇌졸중을 겪었는데 이는 매우 드문 사례로 기능적 자기공명영상을 이용하여 연구된 바 있다(Beauchamp, Haxby, Rosen, & DeYoe, 2000). 복내측 후두-측두엽 영역에 손상을 입었는데 설회와 방추형이랑 영역까지 손상되었다. 그러나 완전색맹이 될 정도로 심각한 손상은 아니었다. 아직 손상되지 않은 색 변별 능력을 통해 해당 환자가 색각이상을 겪고 있음을 알 수 있었다. 양측 반구가 모두 손상된 상황에서 이는 예상하지 못한 결과였다. 기능적 자기공명영상에 의하며 좌측 색 피질 일부 영역은 손상되지 않았는데 일부 색 처리 능력이 기능하였고 이 때문에 완전색맹 상태에 이르지 않았다. 이 사례에서 신경심리학에 도움이 되는 흥미로운 사실은 좌측 색 피질이 양쪽 반시야에서 오는 색 정보를 모두 처리하였다는 사실이다! 일반적으로 좌측 반시야에서 오는 정보는 우뇌에서 처리되고 그 반대는 좌뇌에서 처리된다. KG의 경우에는 좌측 반시야에서 들어오는 정보는 뇌량섬유를 교차하였거나 동측성 경로로 들어왔을 것이다. 이 논문의 연구자들은 기존에는 외부 세상에 대한 전반적 정보를 약하게 전달하는 역할을 한 이 동측성 경로가 손상을 입은 후에 그런 기능을 하게 되었을 것이라 제언하였다. 또 다른 설명으로는 이 사례의 경우, 색에 대한 감각이 매우 뛰어난 전문가(또한 미술학 학자이기도 하며 KG는 과거에 페인트 제조업에 종사하였다)가 손상을 입은 경우이기 때문에 색 담당 피질이 기능·해부학적으로 일반인과는 다르게 재조정되었다는 주장이 있다. KG의 경우에는 좌 피질이 가장 크게 재구성되었을 것이라 추측되는데 어쩌면 손상을 입기 전에 이미 그렇게 되었을 가능성도 있다. 좌뇌보다 우뇌에 더 광범위한 손상을 입었으므로 비슷한 형태로 우뇌에도 손상 전에 이미 그런 기능이 재구성되었으리라는 사실은 확신할 수 없다.

색채실인증을 겪은 화가의 사례

색채실인증color agnosia은 색과 관련된 지식이나 색에 대한 의미를 잃는 현상이다. 잘 알려진 신경학자 고든 홈즈Gordon Holmes(1945)는 뇌 후방 손상으로 인해 색채실인증을 겪게 된 화가의 사례를 기술하였다.

> 유능한 화가인 남성도 한 명 있었다. 그러나 뇌졸중을 겪은 이후 색을 사용할 수 없게 되었고 그에게 색은 자연적인 의미가 없어졌다고 말했다. 이 화가는 색맹이 아니었다. 그는 대부분의 색을 맞추었고 색을 불러 주면 해당 색을 선별할 수 있었다. 그러나 홀름그렌의 실타래 실험에서 그는 색을 배열할 수 없었는데 그 예로 붉은색과 초록색의 다양한 색조를 선별하지 못하였다. 또한 색을 익숙한 사물과 연관시키지도 못하였다. 하늘이나 풀, 장미의 색을 물어보았을 때 정답을 맞히는 경우는 언어적 연관을 통해서일 뿐 사물과 색을 연관 짓지는 못하였다. 색은 그에게 이제 더 이상 사물의 특징이 아니었다. 이런 색채실인증은 시각피질 근처에 있는 좌측 후두엽 측면에 대한 손상의 결과로 나타난다(Holmes, 1945, p. 359).

색채실인증은 색 의미 저장 능력이 손상되거나 색 의미 저장 영역에 대한 접근, 특히 시각적 양식에서 전달되는 과정에 어려움이 생겨 발생한다. 현재까지 축적된 정보에 따르면 후두–측두엽 연결 지점에 있는 후부 피질 영역이 색 의미를 담당하는 기관이다. 색채실인증은 색의 개념과 해당 사물 간의 분리다. 사물과 색 의미를 담당하는 영역들 간 분리에 의해 아마 색에 대한 의미를 상실하는 것으로 보인다. 색채실인증 사례는 색맹 사례보다 더 드물지만 색채실인증이 있다는 자체로 색과 의미의 관계(색과 사물 간의 의미)를 보여 준다. 이 경우 색을 변별하고 대응시킬 수 있지만 색과 시각적 사물 간의 연관을 짓는 기능을 잃게 되는 것이다. 언어장애만으로는 색채실인증을 설명할 수 없다. 전방추형영역을 포함한 후두-측두엽 좌측 연결 지점은 우측의 동일 지점보다 더 자주 사용되는데 사례 연구 대상이 된 피험자의 경우뿐 아니라 다른 많은 집단의 사례에서도 이를 확인할 수 있었다(Basso, Faglioni, & Spinnler, 1976; De Renzi, 1999; De Renzi & Spinnler, 1967; De Renzi, Faglioni, Scotti, & Spinnler, 1972; Goldenberg & Artner, 1991; Hecaen, 1969; Hecaen & Albert, 1978; Holmes, 1945; Lewandowsky, 1908; Meadows, 1974).

단순한 지각 문제와 인지언어적 그리고 비언어적 손상을 변별하는 것은 쉬운 일이 아니다. 신경학자들은 오랜 기간 색 장애의 본질을 구분해 내는 데 실패하였다. 레완도우스키Lewandowsky는 사물과 해당 사물의 색 간의 관계를 정리하는 데 적절하고 타당성 있는 실험을 함으로써 색의 의미를 설명하여 인정을 받은 바 있다(Lewandowsky, 1908; Davidoff, 1996; De Renzi & Spinnler, 1967 참조). 그는 후두엽 영역이 포함된 좌후방 뇌졸중을 겪은 환자를 진료하였는데, 이 환자는 색의 이름을 말하지 못하거나 실험자가 말한 색을 가려내지 못하였다. 또한 실험자가 말한 색의 사물 이름을 말하지 못하였다. 따라서 단어나 다른 드러난 언어적 요소가 제외된 실험을 고안해야 했다. 레완도우스키(1908)는 익숙한 사물을 흑백선으로 그린 그림을 이용한 훌륭한 실험 방법을 고안하였는데, 환자가 여러 색의 색연필 중에 적절한 색을 선택해 각 사물을 채우는 실험이었다. 그의 환자는 해당 그림을 적절한 색으로 그리는 데 실패하였는데 이는 환자의 색 문제가 지각, 언어 및 인지와 관련된 다양한 요소에 기인한 것임을 나타냈다. 몇 년 후 드 렌지De Renzi 등은 다른 연구자들과 함께 레완도우스키의 흑백 그림 색칠하기 실험line drawing coloring test을 사용하기 시작하였는데(De Renzi & Spinnler, 1967), 현재에는 이 실험이 색채실인증을 판별하는 가장 좋은 방법으로 인정되고 있다. 색채실인증을 겪는 환자는 바나나를 파란색, 하늘을 갈색, 지구를 보라색, 딸기를 노란색

등으로 그린다. 색채실인증에 대한 보다 광범위한 연구에 따르면 좌뇌가 손상되었을 경우 이런 현상이 발생하는 것으로 보인다(De Renzi & Spinnler 1967; De Renzi et al., 1972).

시각 예술가들의 시력 상태

잘 알려진 예술가들의 뇌손상을 통해 예술의 요소와 관련된 일부 질문에 대해서만 답을 구하는 것이 가능하다. 가장 먼저 눈이 뇌에 정보를 보낸다. 외부 세상을 명확하게, 초점을 맞추어 볼 수 있는 능력은 시력과 안구의 건강 상태에 달려 있다(그림 3-1] 참조). 예술가들의 경우, 일반적으로 빛을 이용하여 보는 능력에 문제가 생길 경우 최종 예술작품을 만드는 데 방해가 되거나 결과가 달라질 수 있다. 외부 세상의 모양, 형태, 색, 윤곽, 패턴은 우리 눈에 들어오게 되는 빛을 반사하여 망막의 특수수용기를 자극함으로 인해 우리가 이것들을 볼 수 있게 되고 그 결과로 색을 감각으로 느끼게 된다. 망막은 그 자체로 뇌 조직이며 광수용기는 전문화된 뉴런이다. 일반적으로 빛은 홍채가 열린 뒤 동공을 통해 들어오는데 들어오는 빛의 양에 따라 동공이 수축되거나 확장된다. 그런 다음 각막과 수정체가 빛의 초점을 망막 수용기에 맞춘다. 망막에서 세부적인 부분을 볼 수 있게 해 주는 영역은 바로 중심와$_{\text{fovea}}$인데 중심와는 특수한 고밀도 광수용기가 위치한 작은 부위다. 우리가 주시하는 것에 대해 글을 쓰고, 색칠하고, 조각하고, 읽고, 자수를 놓는 데 집중할 때 우리는 중심와 시각을 사용한다. 우리는 뇌에 신호를 보내는 수용기에 닿기 전 빛이 여러 층의 세포와 액체를 지나가고 또 망막에 이미지가 역으로 되어 있음에도 불구하고 외부 세상의 이미지를 선명하게 볼 수 있다(그림 3-4] 참조). 이런 정상 시각 체계와 눈에서 전달되는 신호를 뇌가 어떻게 처리하는지를 연구하는 것이 예술의 신경심리에 대해 알아 가는 데 핵심이 된다. 여기서는 시각 기능의 손상과 예술가들의 시각 체계에 대해 논의한다.

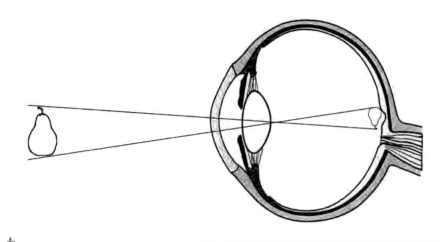

[그림 3-4]   망막에 투영된 이미지

빛이 눈에 들어가 망막에 도달하면 투영된 이미지가 거꾸로 바뀐다. 망막의 신호가 뇌에 도달했을 때에만 이 이미지가 원래 상태로 계산되어 반영된다. 또한 각 눈의 망막에 비친 이미지는 원래 이 차원적이나 뇌 처리 과정을 통해 두 눈을 통해 보는 이미지를 삼차원으로 만든다.

색채 결함과 색맹

예술을 만들어 내는 데 있어 색의 선택이 핵심적인 것이 아니라는 사실은 잘 알려진 색맹 예술가들을 통해 알 수 있다. 이들의 수는 적으나 색맹으로 알려진 예술가들은 남성의 경우가 훨씬 많이 알려져 있으므로 색채 결함을 갖고 있는 예술가들은 실제 더 많을 것으로 추정된다. 모트 드러커_{Mort Drucker}, 존 번_{John Byrne}, 마이크 칼루타_{Mike Kaluta}와 같은, 현재 큰 유명세를 누리고 있는 미국의 만화와 코믹 작가들은 어떤 형태의 색맹을 가지고 있었다(Cooke, 2001). 픽퍼드_{Pickford}도 특히 녹색 장애를 지닌 미국 예술가 도널드 퍼디_{Donald Purdy}에 대한 사례를 기술한 바 있다(Pickford, 1964). 프랑스의 샤를 메리용_{Charles Meryon}은 색맹이 있었던 작가로서, 색이 들어간 그림, 판화, 에칭을 비롯한 아름답고 높은 평가를 받은 그림을 그렸다. 그러나 결국 색을 이용하는 것을 포기하고 세밀한 흑백 작업을 하게 되었다(Collins, 1999; Marmor & Lanthony, 2001; Ravin, Anderson, & Lanthony, 1995).

특정 예술가들에 대한 사례는 이 장 후반부에 추가로 논의된다. 남성 인구 중 색맹을 앓는 사람의 비율이 약 8%이므로 유전적 요소를 고려해 보았을 때 전문 예술가들 또한 색맹을 앓고 있을 가능성이 그만큼 존재한다. 예술가들이 색채 결함을 앓고 있다는 사실을 고려하였을 때 색은 예술적 표현의 하나일 뿐이며 전반적인 예술작품을 만들어 내는 데는 작가의 재능과 공간 능력, 전문 지식, 기술을 비롯한 명도와 색채에 대한 섬세함이 중요한 역할을 한다는 사실을 알 수 있다. 이와 함께 많은 무채색 예술은 형태와 모양이야말로 예술가의 메시지를 전달하는 중요한 역할을 한다는 사실을 보여 준다.

색 시각 이상은 예술가의 창조물의 일부에만 영향을 미칠 수 있지만 작품 그자체의 구성이나 작품을 감상하는 사람에게 전달하는 미적 효과에는 영향을 미치지 않는다. 색 시각 이상은 주로 남성들에게서 발견되는데 이와 같은 장애가 겉으로는 나타나지 않는 어머니의 X 염색체를 통해 전달된다. 이는 망막 안에 있는 특정 빛 파장에 반응을 하는 원뿔이 크게 장애를 일으키거나 완전히 사라졌을 때 발생한다. 일반적으로 가장 많이 찾아볼 수 있는 색맹 유형은 적록색맹인데 이를 앓고 있는 사람은 붉은색과 녹색을 특히 변별하지 못한다. 적록색맹보다 찾아보기 힘든 색맹으로는 황청색맹(제3색맹)이 있는데 이 경우에는 노란색과 녹색을 변별하지 못한다. 이 두 경우 모두 사물을 채도와 명도로 변별하는 능력에는 문제가 없다. 다시 말하면, 적록색맹의 경우 연한 붉은색은 붉은색으로 보이지 않지만 대신에 짙은 붉은색과는 구분이 가능하다. 더 드문 경우이기는 하지만 모든 색에 대한 색맹이 있는데 이 경우에는 세상이 단색(회색)으로 보인다. 부분 색맹은 한 종류의 파장을 처리하는 특수 추체cones가 일부 손상되었을 때 발생하며 색 감각 손상이 덜 심각하게, 또는 매우 심각하게 나타날 수 있다. 영국의 예술가인 컨스터블Constable과 터너Turner는 노란색을 많이 사용했는데 이 두 작가가 이런 현상을 겪었을 것으로 생각되나 이는 확실치는 않다(Lanthony, 2001).

망막의 특수 신경 세포

빛을 간단히 정의하자면, 빛은 특정 빈도(파장)로 진동하는 입자(광자$_{photons}$)로 이루어진 에너지다. 광자진동의 빈도는 모양이나 형태, 윤곽에 대한 정보를 제공한다. 빠른 빈도는 단파장을 나타내는 반면 느린 빈도는 장파장을 나타낸다. 가령, 파란색은 단파장으로 나타나고 빨간색은 장파장으로 나타난다. 우리가 갖고 있는 색에 대한 주관적 지각은 눈을 통해 들어오는 정보의 신경 연산을 통해 뇌에서 결정된다. 눈에는 광색소를 지닌 두 개의 광수용기가 있는데 이는 바로 추체와 간상체$_{rods}$다. 추체는 낮에 작용하며 색에 민감하다(이어지는 절 참조). 반면에 간상체는 빛이 극도로 적을 때에 작용하며 움직임에 민감하다(간상체는 빛의 정도, 즉 밝음 대 어두움의 정도에 따라 반응하지만 색에는 반응하지 않는다). 각 눈에는 약 1억 2천만 개의 간상체와 6백만 개의 추체가 있다(Kaufman, 1974). 추체는 망막의 황반 영역, 특히 중심와에 위치하고 있다. 반면에 간상체는 황반 영역 밖 망막 주변 영역에 위치하고 있다. 인간은 중심와 시각이 더 탁월한데, 이 때문에 이 영역은 적합한 보호를 위해 시야를 통해 보이는 동작과 움직임에 더 민감해야 한다. 그렇게 함으로써 우리가 중심와를 통해 세부적인 부분에 집중을 하고 있을 때 동작에 민감한 특수 간상체가 위험을 알리는 움직임을 파악할 수 있다.

추체나 간상체 모두 먼저 수평세포와 두극세포에 신경신호를 보내는데 그다음으로는 다음 단계인 신경절세포로 신호를 보내게 된다. 이들 세포는 대부분 대세포층과 소세포층으로 구성되어 있다. M 세포는 간상체에 먼저, P 세포는 추체로부터 신호를 받는다. P 세포는 중심와에 집중되어 있는 반면 M 세포는 황반 영역 바깥에 집중되어 있다. P 세포만이 색에 반응을 하며 M 세포는 동작과 미광에 반응을 한다. 신경절세포에 대해 중요한 점은 이 세포들이 외부 세상의 것을 '포착'하므로 신경절세포를 수용역이라 일컫고 수용역의 범위는 신경절세포의 수상돌기 분지의 크기에 의해 결정된다(Livingstone, 2002). P 세포가 집중되어 있는 중심와의 경우에는 개별 신경절세포의 수용역은 보다 작지만 M 세포가 집중되어 있는 황반 영역 바깥쪽의 수용역은 크다. 이는 초점을 맞추어 보기 위해서는 많은 수의 신경절세포의 활동이 필요하다는 점을 시사한다. 또한 신경절세포의 활동을 통해 처리 과정이 뇌에 닿기 이전에 이미 망막에서 시작된다는 사실을 시사한다(Livingstone, 2002).

시각 경로와 양측 반시야

신경절세포는 축색돌기를 만들고 이는 시신경으로 알려진 섬유 다발을 만드는데 시신경은 시각 신호를 뇌로 보낸다(Goldstein, 2001). [그림 3-1]에는 1차 시각 경로가 제시되어 있다. 눈의 비강 부분에 닿는 빛 정보는 두 개의 다른 시신경으로 각자 전송되어 시신경교차에서 만나 반대 방향으로 가게 된다. 즉, 좌안구의 시신경은 우뇌로 가고 우안구의 시신경은 좌뇌로 가게 된다. 좌·우 망막 섬유의 측두측 반은 시신경교차에서 방향을 바꾸는 대신에 동일한(동측) 방향으로 이어간다. 외부 세상의 구체적이고 초점을 맞추어 들어온 정보는 이처럼 다양한 방향으로 연결된 섬유를 통해 전달된다. 다시 말해, 눈에서부터 시작되는 섬유의 대부분이(약 2/3) 반대쪽으로 방향을 바꾸지만 약 1/3은 방향을 바꾸지 않는다. 또한 각 안구에 약 1억 2천만 개의 간상체와 6백만 개의 추체가 있으나 각 시신경을 통해 망막에서 출발하는 섬유는 약 1백만 개 정도밖에 되지 않는 듯하다. 이는 눈에서 오는 시각 정보는 뇌에 도착하기 이전에 이미 작고 효율적인 신경 유닛으로 변형되었음을 확인시켜 준다.

후두엽의 1차 시각피질에 도달하기 전에 대부분의 축색돌기는 먼저 시상에 있는 외측 슬상체(LGN)에 투영된다. 망막을 떠난 망막 축색돌기의 1차 접합 접촉이 LGN에서 이루어진다. 또한 망막을 통해 들어온 시각적 투입에 대한 신경 처리와 산술은 LGN에서 이루어진다. LGN에서는 양 시야에서 들어온 정보가 충분히 배합되지 않는다. 각 시야의 축색돌기가 LGN의 서로 다른 층으로 들어오기 때문이다. 또한 축색돌기가 교차를 지난다고 해서 모두 LGN으로 들어가는 것은 아니다. 일부는 상구로 간다. 이 섬유를 통해 전달되는 정보는 망막-LGN 방향으로 전달되는 정보만큼 구체적이지 않다. 망막슬선조 시각 경로는 LGN 신경을 통해 후두엽의 1차 시각 피질(V1, 17영역으로도 알려짐)로 신호를 보내는데 이는 1차 시각 경로로 알려져 있다(Leff, 2004 참조).

시각피질의 V1 영역에 있는 신경세포가 시냅스를 이루면 'streams'로도 불리는 두 개의 다른 시각 경로가 형성되는데 이를 통해 신경신호가 뇌 전측으로 신경부호를 전달한다(Ungerleider & Mishkin, 1982). 이는 일반적으로 등쪽(상측) 및 배쪽(하측) 시각 흐름으로 알려져 있다. 등쪽 시각 흐름은 위치를 나타내는 반면 배쪽 시각 흐름은 내용을 나타낸다. 위치를 나타낸다는 것은 공간적 정보 시스템인데 두정엽과 관련된 부위를 나타내며 사물의 공간적 위치에 대한 정보를 제공한다[또한 약간의 세분화가 이 속에서 이루어진다(Rizzolatti & Matelli, 2003)]. 반면에 내용을 나타내는 시스템이란 측두엽의 하부에 있는 하측두 피질에서 이루어지는데 사물의 정체에 대한 정보가 코드화된다. 이 두 시스템은 서로 병렬적으로 작동하는데 행동 실험을 통해 신경 손상을 입은 환자들의 경우 두 시스템 중 하나가 손상된 경우라도 다른 시스템은 손상되지 않았음을 증명할 수 있다.

그림의 명도

색의 대비를 통해 시각 형태를 판단하는 데 필요한 휘도 대비를 보다 잘 알 수 있다. 일반적으로 명암을 통해 우리는 사물의 형태나 본질에 대한 정보를 얻을 수 있으며 동작을 인지할 수 있다. 색 시각은 표면 반사로 인해 발생하는 명암이나 그림자를 통해 알 수 있는 명도의 변화를 변별함으로써 사물의 형태나 본질을 알아내고 인지할 수 있다(Kingdom, 2003).

색을 지각하는 데 가장 중요한 것은 바로 색의 명도다. 특정 표면에 반사된 빛의 양과 더불어 사물을 관찰하는 대상의 각도는 명도를 지각하는 중요한 역할을 한다. 우리가 그림을 볼 때 색을 통해 전달되는 신호 외에도 그 색의 명도를 통해 전달되는 신호가 따로 존재한다. 예컨대, 우리는 파란색을 볼 때 노란색보다 덜 밝다고 느낀다. 이와 같은 맥락에서 어떤 그림의 명도는 그 그림의 미적인 가치나 전반적인 구성을 결정하는 데 영향을 미친다. 그림의 명도는 그림의 깊이와 모양, 질감, 동작 그리고 분위기를 전달하는 역할을 한다. 화가들은 그림을 그릴 때 바탕과 전경의 대비를 만들기 위해 명도를 조절하며 선을 그림으로써 시각 시스템에 의해 쉽게 처리될 수 있는 경계선을 만든다. 피카소Picasso가 그린 나체 여인의 뒷모습을 생각해 보자. 하얀 종이 위에 뚜렷한 선 몇 개만 그렸으나 이 그림을 보는 우리는 이것을 보고 나체 여인의 뒷모습으로 해석한다. 이 그림에는 해칭이나 회색 명암을 사용한 평면화smoothing나 블렌딩blending은 찾아볼 수 없다. 동일한 장면을 실제로 볼 때에는 뚜렷한 선이나 명확한 경계는 없지만 피카소가 그렇게 그린 그림을 보면 우리는 바로 나체 여인의 뒷모습으로 이해한다.

　인간이 예술을 볼 때 생기는 시각적 지각의 경우, 밝음과 어두움은 또 다른 미적 경험을 선사한다. 이는 연극 공연을 통해 많이 볼 수 있는데, 특히 예술적 유연성이 많은 감독이나 촬영감독이 만드는 영화의 경우에는 이 같은 사례를 쉽게 찾아볼 수 있다. 어두운 공간에서 흑백영화를 볼 때, 흑백사진을 볼 때와는 달리 밝음과 어두움이 강조되어 주변이 빛으로 넘친다.

영화예술의 빛과 색

　영화에서 빛은 감독의 핵심적인 예술적 표현이며 영화의 본질을 만드는 중요한 부분이다. 어두운 영화관에서 다양한 색이 사용되지 않는 영화를 본다고 상상해 보면 쉽게 알 수 있다. 빛을 잘 활용하면, 얼굴을 강조하기도 하고 중요한 순간을 강조하거나 덜 중요하게 만들기도 하고 모호한 상황에 대해 의구심을 갖게도 만들고 그 상황을 더 명확하게 만들기도 한다. 또한 배우의 형상을 만들기도 하고, 깊이에 대한 인상을 주기도 하며, 천천히 움직이는 사물에 속도를 붙이기도 하고, 빨리 움직이는 사물에는 속도를 늦추기도 하며, 연기가 없음에도 연

기가 있는 것처럼 연출할 수 있고, 색을 더 강조할 수도 있는 등 의미를 만들어
내는 여러 중요한 기능을 수행한다. 영화를 촬영하는 사람은 빛을 조작해 비언
어적 메시지를 전달하는데 이러한 메시지는 영화의 핵심적 의미나 주제를 뒷받
침해 주는 중요한 역할을 한다. 빛과 관련하여 특히 흥미로운 영화는 바로 흑백
영화다.

스벤 니크비스트Sven Nykvist라는 유명한 촬영감독은 잉그마르 베르히만Ingmar
Bergman 감독과 함께 한 작품으로 유명한데 그는 빛에 대해 다음과 같이 묘사했
다(Nykvist, 2003).

촬영감독의 가장 중요한 임무는 분위기를 만드는 것이다. 영화의 근간은
언제나 대본이며 감독은 그 대본을 실현시키는 안목을 가진 사람이다. 배우
들은 줄거리에 생명을 불어넣고 촬영을 하는 사람은 대본의 의도를 전달하고
감독이 전달하고자 하는 분위기나 감정을 잡는 데 있다. 나는 이런 작업을 아
주 적은 양의 빛과 색을 사용해 대부분 진행했다. 좋은 대본은 어떤 사람이
생각하거나 느끼는 것이 아니라 어떤 일이 일어나고 어떤 말을 하는지를 그
냥 알게 해 준다는 말이 있는데 실제 그런 부분이 있는 것 같다. 말이 아닌 이
미지는 얼굴과 주변 환경에서 느낌을 전달하는 데, 빛을 너무 많이 사용하는
것만큼이나 분위기를 망칠 수 있는 것이 없다는 사실을 나는 깨달았다. 내가
빛의 사용을 자제하는 것은 논리적인 빛, 진정한 빛을 추구하기 때문이다. 빛
에 더 민감한 새로운 장비들 덕에 내 작업이 더 수월해졌다는 사실은 부인하
지 않지만 결론은 늘 같다. 자연적인 빛은 빛을 덜 사용함으로써 혹은 때로는
빛을 전혀 사용하지 않음으로써 만들 수 있는 것이다. 경유 램프나 촛불만 사
용한 적도 있다. 스웨덴보다 더 남부에 있는 국가들이나 특히 캘리포니아와
비교했을 때 스웨덴의 경우에는 빛이 그다지 강하지 않은데, 나의 기법은 이
러한 스웨덴에서 비롯된 것일지도 모른다. 잉그마르 베르히만 감독과 나는
빛의 아름다움에 대해 광범위하게 연구하면서 자연스러운 영화 조명의 핵심

은 바로 간결함에 있다는 사실을 알게 됐다(Nykvist, 2003, p. 10).

공간에 대한 해석은 시각적 경험에 의해 비롯된 것인데 원거리 사물들은 근거리 사물보다 흐릿해 보인다. 이처럼 그림자에 대해 갖고 있는 우리의 경험을 통해 우리는 빛과 그림자를 강조하기 위해 사용되는 밝고 어두운 색의 그림을 해석할 수 있는 것이다. 세계적인 촬영감독은 빛의 조작과 가장 효과적인 지점을 선정하는 능력을 보여 준다. 이들이 인물과 사물을 촬영하거나 둘 간의 관계를 촬영할 때 사용하는 빛이 바로 그 영화를 더 뛰어나게 만드는 것이다. 세계적으로 알려진 인정받는 미국의 존 포드_{John Ford} 영화감독은 다음과 같이 설명했다 (Sharpe, 2001).

나는 평범한 연기에 핵심 인물을 중심으로 강한 빛 주변에 그림자로 강조점을 두는데 결과는 상당히 그럴듯하다. 이것이 내가 자랑할 만한 한 가지 기술이다. 내가 찍은 영상을 보면 특수효과에 사용하는 트릭이 뭔지 알 수 있을 것이다. 연기자가 대사를 읊는 동안 배경에 퍼져 나가는 듯한 빛이 나타나는데 대사가 시작함과 동시에 웅얼거리듯 나타나다가 나중에는 더 분명하게 나타난다. 연기자의 목소리가 커질수록 이 빛도 더 강하게 나타나는데 연기자들이 한 집단의 한 부분으로 들어가거나 전반적인 분위기가 만들어질 때까지 이 빛을 사용한다. 이 방법은 항상 통한다. 중요한 대사를 말하는 한 사람이나 대화를 나누는 두 사람 뒤에 어두운 배경을 깔고 장면이 끝날 때까지 빛이 이들을 따라다니듯 만드는 것이다(Sharpe, 2001, p. 19).

빛과 그림자는 형태를 만듦과 동시에 보는 사람이 이를 통해 깊이를 알고 이해하게 한다. 우리가 영상이나 그림을 볼 때 이 때문에 깊이를 지각하는 것이다. 영화는 결과적으로 이차원의 예술적 형태이나 움직임을 통해 사진으로는 할 수 없는 실제 상황과 같은 환상을 더한다.

무엇이 예술가와 작품을 감상하는 사람들의 눈에서 색을 방해하는가

눈의 각막과 수정체는 외부의 이미지를 망막에 투영함으로써 우리가 더 명확하게 볼 수 있게 한다. 안구 수정체의 탄력을 통해 우리는 근거리와 원거리에 있는 사물에 따라 시각을 조절할 수 있다. 각막과 수정체의 상태와 이를 지탱하는 근육의 상태가 이미지의 초점을 결정한다.

가령 한 예술가가 지속적으로 눈에 감염을 앓고, 유전적 망막질환, 수정체 이상, 색맹, 색각 결여, 황반변성, 위축, 노화 관련 이상으로 인해 시력 상태가 좋지 않다고 가정해 보자(Nathan, 2002; Trevor-Roper, 1970). 더 나아가 망막의 추체 수용기 집중도가 다르다거나 빛의 단파장과 장파장에 대한 민감도가 다르다고 가정해 보자. 모양과 형태의 가시성, 빛과 색의 명료성은 모두 눈의 손상으로 인해 제약을 받을 수 있다. 우리는 이러한 변수들이 예술가의 재능이나 기술에 영향을 미치지 않는 범위에서 예술적 스타일을 만들 수 있을 것으로 본다.

메리 루이스_{Mary Lewis}는 세잔_{Cézanne}에 대한 저서(2000)에서 세잔이 다음과 같이 말했다고 언급했다. "나이가 들어 일흔이 다 되니 빛을 주는 색 감각이 추상적으로 보여 이제 캔버스를 미처 다 채우지 못하게 되었다."(Lewis, 2000, p. 307) 그는 또 그가 죽기 1년 전인 1905년에 자신의 시력에 대해 다음과 같이 언급하였다.

> 일부 진전이 더 이루어졌다고 생각한다……. 그러나 그림의 관점에서 자연을 이해함으로써 발전이 일어나고 표현 수단의 발달은 나이가 들고 약해진 신체와 더불어 생긴다는 사실이 매우 가슴 아프다(Lewis, 2000, p. 322).

세잔은 그의 아들에게 다음과 같은 글을 남겼다. "색 감각 때문에, 내가 나이가 들었다는 사실이 매우 안타깝다."(p. 322) 세잔은 근시로 알려졌으나 안경을 잘 쓰지 않았다. 그는 안경이 그의 작품에 이득이 되지 않는다고 생각했다(Nathan, 2002). 다시 말해, 그는 저하된 시력으로 보는 세상을 좋아했다.

추체 수용기는 유전적 원인 혹은 질병에 의해 영향을 받을 수 있다. 추체는 중심와를 에워싸는 황반 영역에 집중되어 있다. 황반변성과 같은 일부 질병을 앓게 될 경우 시력을 제한적으로만 유지할 수 있거나 일부 색 지각이 제한된다. 빨간색은 장파장, 파란색은 단파장인 반면에 초록색과 노란색은 중간파장이라는 점을 생각해 보자. 중심와 바로 옆에 단파장(파란색)에 반응하는 추체가 소량 위치하고 있으며 장파장(빨간색이나 갈색)에 반응하는 추체가 상당히 풍부하게 자리 잡고 있다. 따라서 파란색은 우리가 중심와 시각으로 보는 색이 아니다(Kaufman, 1974). 파란색은 황반변성에 의해 가장 나중에 영향을 받는 색일 수 있다. 반면에 중심와가 손상되는 경우 가장 먼저 영향을 받는 색은 빨간색일 것이다. 일반적으로 빛 파장에 대한 민감도와 관련하여 추체의 분포는 개인에 따라 큰 다변성을 지니고 있다. 이 때문에 대표적인 추체색소 분포를 나타내는 그림을 만드는 데 어려움이 있었다. 재능 있는 시각 예술가들은 황반뿐 아니라 그 주변에도 매우 독특하게 분포된 추체를 갖고 있을 가능성도 충분히 존재한다. 더욱이 일부 이런 예술가들의 추체색소는 특정 신경화학적 반응을 보일 수도 있다. 이와 관련하여 심리학과 철학 분야에서는 개인에 따른 감각이 다르다는 점에 늘 의문을 가졌다.

우리가 태어날 즈음에는 눈의 수정체가 지속적으로 변화를 겪어 그 투명도와 최종적으로 색을 보는 시야에 영향을 받는다(Trevor-Roper, 1970). 성장하면서 이러한 변화는 파란색(단파장)과 초록색(중간 파장)의 지각에서 가장 크게 나타난다. 이러한 변화 중의 하나가 수정체의 황색화인데 태어날 때부터 있었던 색소 때문인지 햇빛에 더 노출되어서 그런지는 아직 명확히 밝혀진 바가 없다. 노화가 진행되면서 나타나는 황색화는 망막으로부터 단파장을 수용하는 것을 막음과 함께 수정체에서 빛을 반사하기 때문에(수정체 투명도가 낮아지면서 발생하는 현상) 햇빛을 받으면 채광 효과를 경험하게 된다(Gaillard, Zheng, Merriam, & Dillon, 2000). 노화가 진행되면서 중심와 또한 변화를 겪게 되는데(광수용기의 손실과 퇴화) 세밀한 부분을 보는 데 어려움을 겪게 된다. 따라서 안구에서 겪게 되는 변화는 캔버스에 묘사된 세상 또한 바꿀 수 있다. 인상주의 화가들의 경우에는 야외에서 그림 작업을 많이 하였다. 빛에 대한 그 열정은 과다한 햇빛에 대한 노출로 안구 상태에 영향을 미쳤을 것이다.

수정체에 있는 자연적인 노란색 색소와 황반에 있는 노란색 색소는 빛에 반응하여 광수용기를 자극한다. 노화와 함께 황색화에 따른 여과와 굴절의 정도가 색 지각에 변화를 초래하며 색채 사용의 선택에도 아마 영향을 미칠 것이다. 그러나 자연적인 노란색 색소와 굴절의 정도에는 엄청난 가변성이 존재한다.

백내장과 백내장이 명료도와 색채에 미치는 영향

일반적으로 백내장은 나이 든 사람에게 나타난다. 백내장은 수정체 위에 형성되는 막으로 시야를 흐리게 만든다. 이 막은 수정체를 더 두껍게 만들고 탄력성을 떨어뜨린다(이는 가령 멀리 있는 사물을 보는 데 어려움을 초래한다). 일부 사람의 경우 다른 사람보다 백내장에 더 취약하다(예: 당뇨병 환자, 알코올중독자, 흡연자). 밝은 햇빛에 대한 노출이 오래 지속되거나 유전적인 영향이나 당뇨병을 앓을 경우 일반적인 경우보다 더 이른 나이에 백내장을 앓게 될 가능성이 높다(Trudo & Stark, 1998). 백내장이 망막으로 들어오는 빛을 차단하여 혼탁하고 안개가 낀 듯하고 흐릿하게 보여 시력이 극도로 제한된다. 클로드 모네Claude Monet나 메리 케세트Mary Cassatt와 같은 화가들은 양 눈에 심각한 백내장을 앓았다(뒤에 추가 논의 진행).

백내장과 근시는 색 시각에 선택 효과를 초래하며 결과적으로는 화가가 그림에 사용할 색을 선택할 때 영향을 미친다. 백내장이나 근시의 경우 파란색이나 보라색과 같은 단파장의 색은 수정체에 의해 흡수되어 망막에 제대로 투영되지 못한다. 반면에 빨간색과 같은 장파장은 두꺼워진 수정체도 통과할 수 있다(Trevor-Roper, 1970). 백내장을 제거한 화가들의 경우 갑자기 파란색을 보게 되기 때문에 과잉 보상으로 그림 전반에 과도하게 사용하게 될 수도 있다. 빨간색은 더 잘 보이기 때문에 일부 화가의 경우 백내장이나 근시를 앓게 되면 빨간색을 선호하는 경향이 있다. 예컨대, 르누아르Renoir는 나이가 들면서 그가 그린 마지막 작품들 중 많은 부분에 빨간색을 강조하여 사용하였다. 이는 그의 시력이 손상되었다고 추측하게 하는 원인이 되었다(Trevor-Roper, 1970).

도파민과 색채

도파민은 뇌의 큰 부분을 차지하는 억제적 신경전달물질인데 망막에서 많이 발견된다. 도파민의 농도는 빛에 적응할 때 눈에 띄게 증가한다. 도파민은 인간 뿐 아니라 모든 포유류와 여러 척추동물의 망막에서도 찾아볼 수 있다. 도파민은 어떠한 과정을 통해 색채에 대한 추체세포의 민감도를 조절한다(Shuwairi, Cronin-Golomb, McCarley, & O'Donnell, 2002). 코카인 중독자의 경우 코카인을 복용할 때 도파민 수치가 일반적으로 상승하지만 코카인 증상이 사라질 때 도파민의 수치가 오히려 떨어지거나 불규칙하게 나타난다. 코카인 증상이 사라지는 동안 파란색 추체세포가 감각을 잃는데 이는 도파민이 특정 색에 민감한 추체세포를 조절한다는 사실을 시사한다(Roy, Roy, Williams, Weinberger, & Smelson, 1997). 그러나 파킨슨병, 조현병, 우울증, 노화를 겪는 사람의 경우 도파민 수치가 떨어지거나 변동되면 색 시각도 바뀐다(Djamgoz, Hankins, Hirano, & Archer, 1997; Jackson & Owsley, 2003). 정상적인 상태의 경우 도파민이 뇌의 특정 영역에 작용함으로써 기분이 바뀌게 되면 변형이 일어나 파란색에 민감한 추체에 영향을 미칠 수 있다. 예술가의 경우에도 동일한 현상이 발생한다면 그 결과가 예술가가 특정한 색을 왜 선택했는지 설명할 수도 있을 것이다.

특정 분야에서 잘 알려진 시각장애를 가진 예술가들

여러 가지 시력장애로 시력이 나빠졌던 화가의 작품을 살펴보도록 한다(Dan,

2003). 이런 화가들은 피사로, 모네, 세잔, 드가, 칸딘스키, 레오나르도 그리고 렘브란트가 있다.

✤ 카미유 피사로

인상주의의 선구자 중 하나가 바로 카미유 피사로Camille Pissarro(1830~1903)다. 피사로는 카리브의 세인트 토마스 섬에서 태어나 자랐고, 세인트 토마스에서 그림을 그리기 시작하였다. 후에 파리로 옮겨 다른 유명한 인상주의 화가들과 함께 어울렸다. 피사로는 많은 작품을 꾸준히 그렸다. 1888년 그의 오른쪽 눈에 감염이 재발되었다(Ravin, 1997b). 그 후에 그가 그린 그림의 스타일은 감염에 의해, 찬 기후에, 그리고 오른쪽 눈에 찬 안대에 의해 영향을 받았을 것이다(Ravin, 1997b). 피사로의 작품에서 볼 수 있는 색과 모양은 눈에 감염이 일어나기 이전만큼 명확하지 않다. 알려진 바에 의하면 감염 이후에 그는 실내에서 그림 그리는 것을 선호하였으며 창문을 통해 바라보는 전경을 많이 그렸다(Eiermann, 2000). 그러나 그가 죽기 전 15년 동안 그린 그림이야말로 탁월한 예술적 재능을 보여 준다.

✤ 클로드 모네

클로드 모네Claude Monet(1840~1926)는 가장 유명한 인상주의 화가 중 하나이자 인상주의의 아버지로 인정되기도 한다. 인상주의라는 명칭은 1874년 파리에 전시된 모네의 〈인상Impression〉, 〈일출Soleil Levant〉이라는 그림에서 나온 것이다. 모네와 피사로는 함께 작업하는 동료였으며 공동 전시에도 함께하였다. 1912년 모네는 양 눈에 백내장을 앓고 있는 것으로 진단되었으나 1908년부터 이미 눈이 잘 보이지 않는다고 불평을 하였다(Ravin, 1997a). 즉, 백내장이 이미 그 시기부터 시작되었다는 것을 시사한다. 현대에는 백내장을 제거하고 시력을 회복하는 것은 일상적이며 성공 비율이 높다. 그러나 모네가 살던 시기에는 수술을 한다고 해서 성공을 보장할 수 없었으며 모네도 이 사실을 잘 알고 있었다. 1913년, 유능한 안과 의사가 모네의 우측 시력이 매우 저하되었다고 진단을 내렸으며 원거리 교정 렌즈를 처방해 주었다(그의 왼쪽 눈에는 근거리 교정 렌즈를 처방하였다). 1923년 모네는 백내장 수술을 받았으나 완전히 성공적이지 않았다(Ravin, 1997a). 저하된 시력과 백내장을 겪는 시기 동안 모네는 계속해서 그림을 그렸으나 색의 선택이 달라졌고 그의 그림의 형태가 더 흐릿해졌다. 그의 작품 중 많은 경우에 그림이 흐릿하게 표현되었으나 그림을 보는 사람들은 이를 통해 즐거움을 느꼈다. 모네의 상태는 그의 재능에까지는 영향을 미치지 못했으며 모네의 유명한 수련 시리즈는 강렬한 미학적 즐거움을 전달하였다. 그는 1914년부터 1920년까지 수련 시리즈를 그렸으며 이 그림은 오늘날까지도 즐거움을 선사하고 있다. 이런 그의 창의적인 표현은 그의 재능과 폭넓은 솜씨, 그의 장기 기억력에 저장된 개념과 저하된 시력으로 인한 흐릿함을 최종 작품에 더해 그의 재능과 함께 발휘되었다.

❀ 폴 세잔

폴 세잔Paul Cézanne(1839~1906) 또한 인상주의 학파의 대가 중 한 사람이다. 세잔은 프랑스 출신으로 근시와 당뇨병을 앓고 있었다고 한다(Mills, 1936). 세잔은 당뇨병으로 인해 소혈관이 위축되고 수정체의 수분 평형이 변형되는 결과로 시력이 저하되었다(Trudo & Stark, 1998). 세잔이 야외에서 그린 풍경화에는 색채가 강조되지도 않았고 선 또한 명확하지 않다. 이와는 대조적으로 실내에서 그가 그린 정물화에는 색채가 강조되어 있다(그러나 여전히 형태는 불명확하다). 근거리에서 보는 경우에는 세밀한 부분까지 보기가 용이하기 때문이다. 그러나 그는 초점시가 약했기 때문에 주변시가 더 강조되어 그의 작품에도 영향을 미쳤다고 생각하기도 한다(Mills, 1936). 1882년 그가 그린 〈카드놀이 하는 사람The Card Players〉을 생각해 보자. 당대의 유명한 비평가였던 타데 나탕송Thadee Natanson은 세잔의 스타일을 두고 명확한 묘사를 제외한 다른 모든 것에 대한 흥미를 보인다고 평하며 그는 그림 전반을 구성하는 사물이나 색의 병렬적 배치를 강조한다고 했다(Thomson, 2002). 세잔은 시력 상태로 인해 그의 뛰어난 예술적 재능과 미적 감각을 상실하지는 않았다. 그러나 세잔의 새로운 스타일은 그의 시야에 영향을 받은 결과라고 추정할 수 있다.

❋ 에드가르 드가

에드가르 드가Edgar Degas(1834~1917)는 발레리나 그림으로 유명하다. 그는 가족력을 포함한 여러 가지 이유로 시력이 약화된 것으로 추측된다. 드가는 36세 즈음에 시력에 문제가 생기기 시작했는데(Ravin & Kenyon, 1997), 특히 우측 눈의 상태가 좋지 않았다. 강한 빛에 민감했던 그는 야외에서의 작업을 피했는데 이것이 실내 풍경을 강조한 이유가 된 것으로 볼 수 있다. 이런 점에서 드가는 빛과 나무와 물에 비추는 빛의 효과를 표현한 다른 인상주의 화가와 달랐다. 드가가 빛에 민감하고 색을 변별하는 데 어려움을 겪었다는 사실에 비추어 보았을 때 아마 중심시에 영향을 가하는 망막의 퇴화를 겪고 있었을 것이다(Ravin & Kenyon, 1997). 결국 그는 양쪽 눈의 중심 시력을 잃게 되었고 중심 시력 주변으로 보이는 것에 집중하였다(Mills, 1936). 드가는 시력이 더 퇴화된 후에 그린 그림에서는 특정 색과 흐릿한 형태의 사용을 선호하였다. 드가는 조각과 파스텔 그림으로 실험하였는데 당시 퇴화된 그의 시력이 이 작품들에서 드러난다(Ravin & Kenyon, 1997)(시력이 퇴화된 경우 유화보다 파스텔의 사용이 용이하다고 알려졌다). 그럼에도 불구하고 그의 결과물과 독창성, 창의성과 재능은 그대로 유지되었다.

❋ 바실리 칸딘스키

바실리 칸딘스키Wassily Kandinsky(1866~1944)는 30세 즈음에 진지하게 그림을 그리기 시작했다. 그는 독일 뮌헨에서 그림을 전공하였다. 칸딘스키는 형태보다는 색에 강조점을 두었다. 이는 아마도 형태나 모양을 명확하게 인지하는 데 방해가 되는 근시 때문인 것으로 생각된다. 그렇게 그는 자연적인 형태 대신에 기하학적 형태를 그리고 색과 비언어적 형태를 매우 강조한 추상학파라는 스타일을 선도한 화가로 유명하다. 정확히 알아볼 수 있는 형태 대신에 색이 그의 작품을 구성하는 연결 주제가 되었는데(Critchley, 1987), 이는 칸딘스키의 저하된 시야를 반영하는 것일지 모른다.

앞서 언급된 바와 같이 노화는 명확한 시력장애가 없는 경우에도 색 선택에 영향을 미칠 수 있다(Jackson & Owsley, 2003; Wijk et al., 1999b). 노화는 시력과 더불어 입체시, 명도대비, 어두움 적응과 같은 여러 시각적 기능을 퇴화시킨다(Pitts, 1982).

❋ 레오나르도와 렘브란트

레오나르도 다 빈치Leonardo da Vinci(1452~1519)와 렘브란트Rembrandt(1606~1669)는 60세가 넘어서도 그림을 그렸다. 그러나 60세 이후에 그린 그림은 젊었을 때 그린 그림에 비해 더 어둡다(Trevor-Roper, 1970). 이 둘은 평생 동안 정상적인 시력을 가진 것으로 알려졌다. 일반적으로 나이가 들면 노안이나 앞서 본 망막의 황반의 자연적인 퇴화와 같이 색 시각을 제한하는 현상들이 나타난다(Weale, 1997). 같은 맥락에서 특히 중심와의 퇴화가 진행되면 세밀하게 볼 수 있는 능력을 잃게 되는데 이것이 젊은 화가들의 작품에는 세밀한 부분이 많이 나타나는 반면 나이가 더 들면 이런 세밀함을 찾아보기 힘든 이유라 할 수 있다. 색에 대한 선호도는 비예술가들의 경우라 하더라도 나이에 따라 달라진다(Wijk et al., 1999b). 그림은 화가의 나이에 따른 시력의 변화를 통해 해석하고 이해할 수 있다(Weale, 1997).

시력이 좋지 않은 예술가 중 유명한 사람으로는 피에르 오귀스트 르누아르Pierre Auguste Renoir, 조지아 오키프Georgia O'Keeffe와 에드바르트 뭉크Edvard Munch를 들 수 있다(Dan, 2003). 빈센트 반 고흐와 같은 화가들의 경우에는 신경화학물질의 불균형에 의해 발생한 것으로 생각되는 흥미로운 시각적 효과를 그림을 통해 표현하였다.

❋ 빈센트 반 고흐와 색채

빈센트 반 고흐~Vincent van Gogh~(1853~1890)는 그의 그림뿐만 아니라 정신병원에 입원하고, 자신의 귀를 자르고 비교적 젊은 나이에 자살한 것으로 유명하다(Blumer, 2002; Devinsky, 2003). 고흐의 독특한 예술적 스타일, 곡선과 노란색을 사용(특히 1886년 이후)한 원인과 이것이 그의 정신병과 어떻게 관련되어 있는지에 대해 계속적으로 논의되어 왔다. 고흐는 때로 환시나 환청에 시달렸고 정신병원에서 지내기도 했지만 이것만으로는 그의 뛰어나고 빼어나게 아름다운, 시간을 뛰어넘는 그림이 탄생한 배경에 대해 설명하기에는 부족하다. 그리고 고흐가 조현병을 앓았다는 사실도 확실히 말할 수 없다. 고흐는 당대 예술가들의 모임에 적극 활동하였고 다른 예술가들의 작품에 영향을 받았는데, 이는 고흐의 예술적 스타일이 어떻게 탄생하였는지에 대한 일부 설명이 될 수 있다. 예를 들어, 그는 일본 그림이나 목판에 영향을 받았다(Munsterberg, 1982 참조). 당대에 고흐만이 동양 예술에 영향을 받은 것은 아니다. 고흐의 편지나 그의 친구들의 이야기나 현존하는 진료 기록을 근거로 볼 때 고흐는 나쁜 습관의 후유증을 앓았다(Arnold, 1992). 먼저 그는 알파 튜존~alpha thujone~이라는 독성물질이 들어 있는 압생트라는 술에 중독되었다. 이 술은 과도하게 마시면 신경질환, 정신증, 환각이나 간질성 발작을 일으키는 것으로 알려져 있다. 반 고흐뿐 아니라 당시 이 술을 마시는 많은 사람에게 이 같은 현상이 나타났다. 프랑스 예술가 툴루즈-로트렉~Toulouse-Lautrec~ 또한 압생트에 중독되어 1899년에 잠시 정신병원에 입원한 바 있다. 실험에 의하면 과도한 튜존은 간질성 경련을 일으킨다. 현재 압생트는 판매 금지되었으나 19세기 그리고 20세기에 들어서 15년간 프랑스 사회에 심각한 영향을 미치기 전까지는 판매되었다. 결국 1915년에 금지 처분되었다(Arnold, 1989). 알파 튜존은 현재 A형 감마-아미노뷰티르산(GABAA) 수용체에서 염소 채널을 차단함으로써 경련을 일으키는 것으로 알려졌다(Harris, 2002; Hold, Sirisoma, Ikeda, Narahashi, & Casida, 2000). 두 번째로, 반 고흐는 페인트나 모래, 연필을 비롯한 비식품 물질을 먹고자 하는 이식증을 앓았다. 그는 테레빈유가 섞인 페인트를 먹

고, 불을 밝히는 데 사용하던 등유를 마시고, 불면증을 해결하기 위해 피부자극
제를 마신 것으로 알려졌다. 세 번째, 고흐는 신경 증상 완화를 위해 브롬제
bromide를 마셨다. 네 번째, 고흐는 간질 완화를 위해 디지탈리스digitalis를 섭취하
였으며 소화불량을 해소하고자 산토닌santonin을 마셨다. 디지탈리스와 산토닌은
과음 시 황시증을 초래하는 것으로 알려졌다. 이는 세상이 노란색으로 보이는 현
상이다. 반 고흐는 이 두 물질을 과도하게 섭취하였으며 영양식품은 먹지 않았
다. 따라서 노란색을 사용한 그의 그림은 망막 광수용체에서 일어난 화학적 변화
를 반영하는 것일 가능성이 높다. 이 화학물질들은 일부 광수용기의 작용을 억제
하는 반면 다른 수용기의 기능을 강화하였을 것으로 생각된다. 그러나 정확한 기
전은 알려지지 않았다. 환각이나 정신이상 증세나 황시증은 지속적이지 않기 때
문에 뇌에 영향을 미쳤다가도 사라졌을 수 있다. 반 고흐는 잘 먹지 않아 영양결
핍증을 앓았다. 그가 적절한 음식 섭취를 하지 않은 이유로는 음주와 과도한 흡
연 외에도 급성 간헐성 포르피린증이라고 알려진 소화기 질환을 들 수 있다. 급
성 간헐성 포르피린증을 앓을 경우 영양학적인 음식을 흡수하지 못하고 제대로
소화하지도 못하며 식욕을 잘 느끼지도 못한다. 이 모든 설명으로도 고흐의 예술
이나 그의 색 선택(파란색 붓꽃, 하얀색 붓꽃, 파란색 하늘, 파란색 벽, 초록색 잎, 1986
년 이전에 사용한 어두운 색 등)을 전부 혹은 상당 부분 설명하지 못하지만 그의 그
림의 특징을 이해하는 배경이 될 수 있다.

　반 고흐가 스스로의 귀를 자른 유명한 사건은 아마 동생의 결혼식이 다가오고
(자신에 대한 동생의 절대적인 관심의 상실) 그의 친구이자 동료인 고갱Gauguin과의
불편한 관계로 인해 격심한 감정 변화를 겪으면서 발생한 것일 수 있다(De
Leeuw, 1998). 반 고흐는 자신의 귀를 자르고 1년 반 뒤에 자살하였다. 그는 지치
지 않고 지속적으로 작품을 만들어 낸 것으로 알려졌다. 정신병원에 있을 때도
그는 아름다운 작품을 그렸다. 만약 그가 심각한 정신질환을 앓고 있지 않았더라
면 아마 그토록 지속적이고 의도적으로 독창적이고 창의적인 작품을 집중하여
그릴 수 없었을 것이다. 그 상황에서도 깊이에 대한 표현이 잘 나타났고 얼굴도

기형적으로 그리지 않았으며 사물도 기이하게 그리지 않고 적절한 비례와 크기로 그렸다. 또한 알아볼 수 있는 형태를 그렸고 이전과 동일하게 신중한 붓놀림을 보여 주었으며 조화로운 작품을 만들어 냈다. 고흐는 정신적 고통을 겪는 중에도 1886년부터 1890년 그가 사망할 때까지 최소한 638개의 작품을 만들어 냈다. 그는 비평가나 일반인들에게 존경받으며, 많은 이가 그의 작품을 원한다. 그의 작품은 아직도 전시되며 오늘날까지도 매우 미학적인 것으로 인정되고 있다.

예술적 재능을 보존하는 것과 관련된 내용은 다른 잘 알려진 전문 화가의 신경질환과 감각 손상 사이의 상호작용을 통해 더 살펴보고자 한다. 다음에 제시된 고야의 사례도 이에 속한다.

❋ 프란시스코 고야와 그의 질환

프란시스코 고야Francisco Goya(1746~1828)는 매우 혁신적인 화가로서 연대순으로 역사적인 사건을 그림으로 그리고 당대의 문화적 · 사회적으로 의미 있는 사건들을 그림으로 그리는 데 큰 관심을 보였다(Hughes, 2003). 그의 재능은 어린 시절 인물 스케치를 통해 인정받았다. 14세가 되었을 때 그는 이름난 화가의 견습생이 되었고 그 후에 로마로 건너가 공부를 하고 일을 했다. 그 후에는 마드리드로 돌아와 화가로서 일했다. 1784년 즈음에 그는 카를로스 4세와 루이사 왕비의 궁정화가가 되었다. 고야는 여러 신체질환을 앓았는데(Critchley, 1987; Ravin & Ravin, 1999), 1792년에 갑자기 불균형과 어지럼증, 난청, 시력 저하를 호소하였다. 1년 뒤에 고야는 완전히 청력을 잃게 되고 시력이 저하되었다. 그는 악몽을 꾸고(머리에서 소리가 들리고) 우울증을 앓았다. 이는 그가 37세 즈음이 되었을 때 겪었던 일들이다. 후에 이에 대한 다양한 의학적 견해가 있었는데 그중 가장 그럴 법한 것은 그가 보기 드문 바이러스, 아마도 눈과 귀가 감염되어 완전히 청력을 잃게 만드는 포그트-고야나기 증후군Vogt-Koyanagi syndrome을 앓았다는 것이다. 이 병은 갑자기 발생하는데 당시 고야의 상태와 많이 일치한다.

그러나 62세에서 73세 사이에 고야는 700점 이상의 그림을 그렸으며 이 외에도 많은 에칭, 스케치를 그렸다. 그는 에너지가 넘쳐 심지어 그림 하나를 몇 시간 내로 완성하기도 하였다. 알려진 바에 따르면 그의 작품에 공간적 변형은 없었으며 선은 여전히 훌륭하게 표현되었고 계속해서 새로운 것을 만들어 냈다. 그러나 약간 어두운 색채를 사용하였으며 악몽과 유사한 주제들을 선택해 그림을 그렸다. 고야는 자신의 편지 중 하나에서 이제 눈이 보이지 않아 읽거나 쓸 수가 없다고 했다(그러나 그림은 계속 그릴 수 있었다). 그러나 흥미로운 사실은 그가 죽기 전 몇 년간 색채를 더욱 풍부하게 그렸다는 점이다. 고야에 대해 놀라운 점은 그가 시력이 저하되고 신체적 여건으로 인해 정신적 고통을 앓았음에도 불구하고 그의 그림은 더 발전하고 성장하였다는 사실이다.

요 약

신경심리학은 감각 손상과 중추신경 손상을 구별할 수 있게 해 주며 전체적인 그림을 보는 경우에는 둘 다를 고려한다. 시각 예술가들은 눈 건강이 악화되거나 시력이 저하되고 색을 처리하는 영역의 뇌 기능에 손상을 입기도 한다. 캔버스에 나타나는 결과물은 이 예술가들의 예술적 능력뿐 아니라 눈과 관련하여 여러 가지를 반영한다. 인상주의 학파의 스타일은 부분적으로 해당 학파 화가들의 시력의 질(가령 모네는 백내장으로 인해 시야가 흐릿함)이나 햇빛에 과도하게 노출된 결과로 발전했을 가능성이 있다. 또한 신경 관련 질병은 예술가들이 선택하는 색에 영향을 미칠 수 있으며 노화에 따른 시력 상태의 변화도 예술가들이 색을 선택할 때 영향을 미칠 수 있다(노화에 따른 시력 변화로 인한 색 선택의 변화의 예로 레오나르도와 렘브란트가 있다). 시각예술의 신경심리를 고려할 때 감각적 시각 처리 과정을 탐색하는 것도 유용하다.

빛의 정도와 명암 조절은 연극무대, 특히 영화에서 미적 용도로 광범위하게 사용되는데 영화감독이나 촬영감독은 스토리의 요소들을 강조하기 위해 엄청난 예술적 유연성을 발휘한다. 어두운 극장 안에서 흑백영화를 볼 때면 흑백사진을 볼 때와는 달리 명암 대조가 일어나는데, 주변이 빛으로 넘쳐나는 듯한 효과를 만들어 낸다. 색은 미적인 느낌을 끌어내는 한 부분일 뿐이다. 색을 사용하지 않고도 강렬한 미적 반응을 불러일으킬 수 있다. 예컨대, 예술가들은 사물이나 어떤 장면에 볼륨감을 주고자 할 때 그림자를 사용하여 빛의 정도를 조절하여 표현한다. 빛이 특정 형태에 반사되고 이 형태가 만드는 그림자에 칠을 함으로써 이차원의 형태가 삼차원으로 나타날 수 있다. 이런 방식은 예술가들이 색채를 사용하지 않고도 실제 세상을 표현할 수 있는 방법 중 하나다.

읽을거리

Cole, B. L. (2004). The handicap of abnormal colour vision. *Clinical and Experimental Optometry, 87*, 258-275.

Dan, N. G. (2003). Visual dysfunction in artists. *Journal of Clinical Neuroscience, 10*, 166-170.

Davidoff, J. (1991). *Cognition through color.* Cambridge, MA: MIT Press.

Livingstone, M. (2002). *Vision and art: The biology of seeing.* New York: Harry N. Abrams.

Nathan, J. (2002). The painter and handicapped vision. *Clinical and Experimental Optometry, 85*, 309-314.

Perkowitz, A. (1999). *Empire of light: A history of discovery in science and art.* Washington, DC: Joseph Henry Press.

Zajonc, A. (1995). *Catching the light: The entwined history of light and mind.* Oxford: Oxford University Press.

CHAPTER
04

특별한 시각 예술가들
자폐증과 지발성 뇌위축이
예술 창작과 창의성에 미치는 영향

개 요

  뇌손상을 입은 특별한 예술가들의 예술작품은 재능의 신경심리학적 본질에 대한 부분을 잠재적으로 상당 부분 드러낼 수 있다. 특이할 정도로 자기만의 세상에 갇혀 살아 인지적으로 그리고 사회적으로는 장애가 있으나 뛰어난 재능을 가진 자폐증 환자들은 오랫동안 신경심리학자들을 놀라게 하였다(Mottron et al., 2003; Sacks, 1995; Selfe, 1977; Treffert & Wallace, 2002). 자폐증 환자의 사례로 잘 알려져 있는 나디아Nadia, EC, 스티븐 윌트셔Stephen Wiltshire는 모형, 사진 그리고 기억을 바탕으로 크고 작은 흑백의 선화로 구성된 사실주의적 표현의 시각예술 작품을 만들었으며, 그 수준은 자폐증이 없는 일반인들이 따라잡을 수 없을 정도였다. 그러나 그들의 작품에는 추상적 요소는 거의 없거나 전혀 찾아볼 수 없었다. 이 작품들은 비율이 정확했고, 구체적인 묘사가 훌륭했으며, 3차원적 공간을 구현해 냈다. 이 예술가들은 일반인들이 도달할 수 없는 수준의 실력이었을 뿐만 아니라, 어떤 사물이 주어지면 머릿속에서 회전시키면서 이 사물을 살펴보며 그 이미지를 종이 위에 구현해 냈다. 자폐증 환자들 가운데 예술적 서번트의 수가 매우 적다는 사실을 고려해 볼 때 이는 매우 놀라운 일이다. 그러나 자폐증 환자들이 매우 어린 나이에 이러한 그림 실력을 드러냄에도 불구하고 이들이 나이를 더해 가거나 심지어 예술 교육을 받은 후에도 그 재능은 뚜렷이 발달하거나 개발되거나 변하지 않는다. 자폐증 환자들은 예술적 성장이나 다른 예술적 자질이 없기 때문에 이들이 시지각, 시공간지각, 시각적-공간구성 능력을 측정하기 위한 신경심리 검사에서 공통적으로 완벽한 성적을 나타냄에도 불구하고, 이것이 오히려 이 검사의 보편적용 가능성에 대한 의문을 제기한다.

4장에서는 두 개의 비정형 그룹, 즉 자폐증을 앓는 서번트들과 치매 발병 후 예술적 재능이 발현된 치매 환자들에 대해 탐구해 본다. 어떤 나이에 놀라운 예술적 재능이 발현되었는지는 이 두 집단에서 상반된 결과를 보여 준다. 그들이 성취한 것들과 결점들을 평가해 보면 예술, 재능, 뇌의 상관관계를 결정짓는 요소들을 알 수 있다. 이러한 맥락에서 이제 뇌의 점진적인 변화가 행동 전반과 특히 예술적 행동에 미치는 영향에 대해, 그리고 뇌손상으로 인한 예술작품 창작에 있어 기능적 재구성의 역할에 대해 토의하는 것이 중요한 의미를 갖는다.

비전형 예술가들

서번트 시각 예술가들

서번트 시각 예술가로 최초로 완전히 보고된 것은 나디아_Nadia_인데, 자폐증이 있던 여자아이 나디아는 매우 어린 나이인 생후 42개월 때 기존과는 다른 관점에서 말들을 스케치하였는데 놀라울 정도였다(Selfe, 1977). 아이들은 물론이거니와 일반 어른들도 그 정도 수준의 그림은 그릴 수 없다. 나디아는 자폐증을 지니고 있었다. 말로 어떤 요구를 해도 반응이 없었고 위험에 대한 지각이 없었다. 감정적으로 무관심하였으며 사회적으로 소통하지 못하였다. 유아기 때부터 이미 반응이 없었다. 나디아는 지적장애를 동반한 자폐증으로 진단을 받았다. 5세가 되었을 무렵 의료 검진을 한 결과 두개골 엑스레이는 정상이었고, 뇌파검사(EEG)에서 우뇌에서 경미한 뇌파 이상이 있음을 암시하였다. 또한 나디아는 간질 증세는 보이지 않았지만, 전형적으로 간질 환자에게서 나타나는 광선반응 이상이 있다는 것이 밝혀졌다. 나디아가 그린 그림은 흑백의 선화였다. 다른 색깔은 전혀 쓰지 않거나 쓰더라도 매우 제한적으로 사용하였다. 나디아의 그림은 점차 지평을 넓혀 가며 많은 사물을 다루었고 나이가 들면서 기술도 놀랍게 향상되었으나 6세가 될 때까지뿐이었다. 즉, 나디아의 그림 실력은 생후 42개월부터 6세가 될 때까지만 향상되었고, 그 후에는 변화가 없었다. 더욱이 나디아는 2차원의 대상물을 머릿속으로 회전시킬 수 있는 뛰어난 기술을 사용할 때조차 창조력이나 독창력이 특별히 두드러지지 않았다(Cooper & Sherpard, 1984; Shepard & Hurwitz, 1984; Shepard & Sheenan, 1971). 보통 뇌에서 그러한 기술들은 우뇌가 전문화되었을 때 주로 나타난다. 나디아는 학교에서 특별 미술 수업을 들었지만 기술이 향상되거나 늘지는 않았다. 결국 10대가 된 후, 나디아는 그림 그리는 것을 포기하였고, 그녀가 그린 그림들의 질은 급격히 저하되어 다른 재능 없는 아이들의 수준과 같아졌다. 이 사례의 경우 언어 능력은 처음부터 형편없었다. 일례로, 12세가 되어서야 비로소 2개 단어로 된 어구들을 사용하기 시작했다. 나이가 들어도 언어 이해력은 여전히 제한적이었다. 그나마 집에서 부모와 함께 사용하는 우크라이나어는 조금 더 나았다. 나디아는 읽거나 쓸 줄 몰랐으며, 언어 능력은 계속하여 매우 제한적인 수준에서 벗어나지 못했다(Mottron et al., 2003; Selfe, 1995).

　대조적으로, 지적 능력이 제한된 또 다른 사례로서 EC는 언어 능력이 온전한 채로 머릿속에서 사물을 3차원 회전시키는 능력을 포함한 놀라운 그림 실력을 나타냈다(Mottron et al., 2003). EC는 36세의 나이에 고기능 자폐증으로 진단을 받았지만, 그의 언어 능력은 낮은 수준의 평균 범위에 해당하였다. 그는 7~8세 무렵부터 기술적인 그림을 그리기 시작하였고, 나디아와 마찬가지로 보통 아이들이 거치는 낙서 수준의 그림 그리는 단계를 뛰어넘었다. 그도 역시 사물을 흑백의 선화로 사실주의적으로 그렸다. 색깔이나 음영도 거의 사용하지 않았지만, 나디아의 작품들보다는 많이 사용하였다. 10대 중반의 나이에 그림을 중단하였던 나디아와는 달리, EC는 수년간 시각 미술 기술을 계속하여 보여 주고 있다(그리고 아마도 40대가 된 지금까지 그리고 있을 것이다). 따라서 언어 능력과 뛰어난 그리기 실력이 상호 모순 관계는 아니다.

EC의 선화들은 사물의 윤곽이나 배경 할 것 없이 모두 정확하다. 선들은 뚜렷하고 섬세하며 정확하다.

EC는 A4 용지에 연필이나 볼펜을 사용하여 그림을 그렸고, 가끔 종이 끝 부분을 자처럼 이용하여 반듯하게 맞춰 그리기도 하였지만, 그 외에는 완벽한 선, 원, 타원, 타원체를 그릴 수 있었다. 그는 연필을 쓸 때조차도 지우개를 쓰는 법이 없었다. 그는 스케치를 할 필요가 없었는데, 절대 실수를 하지 않았기 때문이다. 처음 한 번 그린 선은 끝까지 고칠 필요가 없었다. 정물화를 그릴 때, EC는 편리하게 종이를 접어 정중앙에 직선을 그리기도 하였다. 이에 따라 종이의 방향은 모형과 완전히 달라지기도 하였다. EC는 자신이 이전에 그렸던 정물화를 모형이 없이도 재현해 낼 수 있었다. 그림의 배경은 종종 똑같이 그렸다. 전체 배경이 여러 개의 그림에서 놀라울 정도로 정확한 비율과 모습으로 반복되기도 했다. 실제 현실에서 그 윤곽 형태가 어떻든지와 상관없이 그의 그림은 종이의 끝 부분에서 끝이 났다. 따라서 사물이건 사람이건 중요한 부분을 그리지 않은 채 절반만 그린 그림이 많았다(Mottron & Belleville, 1995, p. 641).

부연설명을 하자면, 저자들은 EC가 대상물의 크기를 조절하여 종이에 맞추지 않았다는 설명을 하고 있는 것이다. 그렇다고 크기 조절이 무작위로 이루어진 것은 아니지만, 똑같은 배경을 여러 그림에서 사용했다는 점으로 미루어 보건대, 그는 독창적이지 못했다는 설명도 있었다.

EC 사례의 연구 결과 선 원근법과 소실점에 관한 중요한 단서를 얻게 되었다(Mottron & Belleville, 1995). EC와 나디아 모두 선 원근법을 그림에서 이용하였지만 소실점과 관련한 현실적인 깊이감을 그려 내는 데에는 오류가 있었다. 모트론Mottron 등은 EC가 다른 보통 사람들보다 더 정확한 수준에서 원근법적 시각의 모순점을 감지할 수 있었지만 소실점을 이용하여 장면을 구성하는 작업은 잘하지 못하였음을 지적한다. 이러한 맥락에서, EC와 나디아가 신중하고 의식적인 노력을 기울이는 능력이 결여되었다는 의견이 옳다고 보인다. EC가 구현해 낸 공간 깊이는 정확한 소실점을 이용하여 장면을 구성하는 예술가들의 인지 능력과는 다른 인지 능력을 이용하여 연출한 것임에 틀림없다. 설득력 있는 설명은 EC가 자신의 좋은 작업기억을 활용하여 그의 머릿속 스케치북이 아닌 다른 영역을 이용하여 그렸다는 것이다. 그는 사물의 이미지를 머릿속에 투영시키고 회전시킨 후, 다시 그 이미지를 '복사하여' 종이 위에 구현해 낸 것이다. 똑같은 설명을 나디아의 사례에도 적용할 수 있다. 자폐성 서번트들은 한결같이 놀라운 시각적 기억력을 가지고 있다. 그러나 그러한 정신적 시각화가 소실점을 정확히 그려 내는 데에는 분명 도움이 되지 않는다. 소실점을 정확히 그려 내는 데에는 의식적 · 인지적 · 지능적 노력이 요구된다. 정신적인 3차원 시각화는 단일 사물을 회전시키고 다양한 관점으로 보는 데 도움이 될 수 있겠지만 소실점을 그려 내는 데에는 직접적인 도움이 되지 않는다. 소실점을 잘 그려 내는 화가들이 3차원 시각화를 잘하지 못하는 것은 말할 필요도 없다. 일반 화가에게는 두 가지 재능이 공존할 수도 있다. 자폐증을 가진 특수한 예술가들은 비정형적인 뇌로 인해 소실점을 그리는 능력에 영향을 받은 것이며, 소실점을 그리는 데에는 높은 인지 지능이 요구된다는 점을 알 수 있다.

올리버 삭스Oliver Sacks는 여러 자폐성 시각 예술가를 관찰하고 연구하였고, 그들이 뛰어난 시각예술적 재능으로 놀라울 정도로 정확한 시각 현실주의 작품을 종이에 구현해 낼 수 있지만 시간이 지나도 그 예술성이나 재능이 현저히 발달하지는 않는다는 점을 알게 되었다(Sacks, 1995). 자폐성 시각 예술가들은 일반인들에 비해 뛰어난 기억력을 가지고 있다. 또한 눈으로 본 것을 손으로 그리는 데 매우 탁월한 능력을 지녔다. 하지만 다트게임을 하는 데에는 서툴렀다. 그리고 나디아와 EC의 사례에서 보듯이 신경심리학적 시각예술 측정 방식과 정확한 시각예술적 현실의 연출 능력에 괴리가 있다는 점을 확인하였다. 시지각 요소를 이용한 검사에서 결과가 좋았다고 해서 시각예술적 재능이 뛰어나다는 것을 의미하는 것은 아니다. 또한 이러한 검사가 아름답고, 혁신적이고, 독창적이며, 매혹적인, 영구불변의 예술작품을 만들어 낼 수 있는지 여부를 말해 줄 수 있는 것도 아니다. 나디아와 EC는 반복된 연습이나 탐색을 통해 예술적 발견을 해 나간 사례가 아니다. 두 사람 가운데 EC는 보다 높은 지능을 가지고 있었고, (카툰을 통해) 차별화된 예술적 기술을 보여 주었으며, 제한적이지만 자신의 예술적 지평을 어느 정도 넓힐 수 있었다. 영구불변의 예술은 고도의 지능의 발현, 발전, 변화, 실험, 아이디어의 선별, 추상, 사고, 성장의 요소들을 보여 준다. 이러한 고도의 기술적 요소들은 현대 신경심리 검사로서는 쉽게 판정할 수 있는 것이 아니다.

삭스는 또 다른 자폐성 서번트인 스티븐 윌트셔Stephen Wiltshire의 뛰어난 예술작품에 대해 상세한 설명을 하였다. 윌트셔의 시각예술적 재능은 5세 때 처음 보고되었다(Sacks, 1995). 자동차를 그리는 데에 흥미를 갖고 있었지만, 7세가 되자 실제 건물이나 사진 또는 기억에 의존하여 건물을 그리는 데 줄곧 관심을 갖게 되었다. 윌트셔의 그림은 나디아나 EC의 그림에 비해 의도적으로 그린 명암이 더 많았지만 매우 적은 색상을 이용하였고, 이용할 때에도 단순하게 이용하였다. 윌트셔 역시 흑백의 스케치를 많이 그렸다. 모두 매우 현실주의적이고 기술적이었으며, 어린 나이에 그린 그림들도 모두 성인 예술가가 그린 그림처럼 훌륭했다. "7세 스티븐의 작품은 걸작이었지만, 19세가 될 때까지 사회적으로 그리고 개인적으로는 성장하였지만 그림 실력은 그다지 발전하지 않았다."(Sacks, 1995, p. 225)

스티븐의 발달은 처음부터 독특했고 질적으로 달랐다. 스티븐은 우주를 다른 방식으로 이해하였다. 그리고 인지 방식, 정체성, 예술적 재능이 남달랐다. 우리는 스티븐이 어떻게 사고하는지, 어떻게 우주를 이해하는지, 어떻게 그림을 그리고 노래를 부르는지 알지 못한다. 스티븐은 상징과 추상의 능력이 결여되어 있지만, 대상이 대성당이건, 협곡이건, 꽃이건 간에 실제적이고 모방적인 그림에 있어서는 일종의 천재다. 즉, 그가 그리는 것이 어떤 것이 되었건 간에 장면과 드라마와 음악을 구성하는 구조적인 논리, 스타일, (정확히 철학에서 사용하는 개성 원리의 의미는 아닐지라도) '개성 원리'를 파악하는 데 있어서는 일종의 천재인 것이다(Sacks, 1995, p. 241).

이러한 비범한 자폐성 서번트들이 색상을 사용할 때에는 독창적이거나, 눈에 띄거나, 독특한 방식으로 사용하지는 않는다. 이것은 놀랄 만큼 정확한 방식으로 사진이나 현실의 대상물들을 그려 내는 것과는 극명한 대조를 이룬다. 심지어 스코틀랜드 출신 자폐성 서번트인 리처드 와우로Richard Wawro는 색상을 광범위하게 사용했지만 그의 작품에서 그 색상들이 어우러진 방식은 전혀 감흥을 주지 않는다(Treffert & Wallace, 2002). 와우로는 현실에서 대상물들을 모델로 하지 않고 사진이나 자신의 기억에 의존하여 그리는 데 주된 초점을 두었다. 와우로 스스로, 그리고 주변 사람들도 그렇게 확인하듯이, 빛과 빛이 사물에 미치는 영향에 매료되어 그림을 그렸다고 말하였지만, 빛을 표현한 방식은 창의적이지 않았다.

색상과 형태는 서로 다른 신경세포 전달 경로에 의해 처리되고, 한 작품에서 이 두 가지 요소가 어우러지는 데에는 여러 가지 구분된 기능들의 통합을 의미하는 심리학적 개념인 결합이 작용하게 된다(Kalat, 2002; Shafritz, Gore, & Marois, 2002). 이 결합 덕분에 단일한 지각이 이루어지는 것이다. 자폐성 서번트들과 관련하여 자연스럽게 떠오르는 의문은 형태와 색상의 결합 기능에 손상이 있는지 여부다. 이에 대한 잠정적인 결론은 서번트 예술가들에게 그러한 결합 기능이 없다는 것이다.

4장에서 거론되는 자폐성 서번트들에게 그림을 그리는 재능과 뛰어난 기술이 있다는 점에는 의문의 여지가 없다. 만약 그들에게 자폐증과 같은 신경학적 뇌기능장애가 없었다면 성공한 예술가로 크게 성장할 수 있었을 것이다. 그러나 그들의 작품에서 결여된 요소들은 추상화, 발달, 구상, 상징주의로, 이것은 일반적인 결합의 기능이 부재하기 때문에 발생하는 현상이다. 자폐성 서번트들의 두드러진 특징에서 예술과 뇌의 관계에 관한 또 다른 이해의 실마리를 찾을 수 있는데, 그 특징은 바로 고도의 공간 및 기억 능력이 소요되는 매우 현실적인 시각예술적 연출, 사진 같은 그림이라는 것이다. 이러한 특징에 대한 설명으로, 일반인들과는 달리 자폐성 서번트들에게는 다른 신경 네트워크로부터의 간섭 기능이 부재하거나 발달하지 않았다는 해석이 가능하다. 즉, 자폐성 서번트들의 신경 네트워크 활동이 제한적이기 때문에 그렇게 뛰어난 기술이 가능하다는 설명이다. 자폐성 서번트들의 시각 처리 피질 영역은 외부의 간섭을 전혀 받지 않는 상태에서 전두 운동 피질 영역, 특히 손을 사용한 표현을 가능하게 하는 영역과 뛰어난 상호 연결 작용을 하게 되는 것이고, 따라서 본 것을 그대로 똑같이 그려 내는 것이 가능한 것이다. 자폐성 서번트들의 뛰어난 (머릿속에서 이루어지는) 사물의 3차원 회전 능력을 미루어 판단하건대, 이들의 후두정엽과 측두엽은 분명 상호작용이 고도로 발달하였고 운동피질과의 연결도 크게 발달되었음에 틀림없다.

기타 중요 뇌세포망이 이 시스템과 기능적으로 분리되어 있을 가능성을 고기능 자폐인의 언어에 관한 기능적 자기공명영상 연구 결과가 뒷받침하고 있다(Just, Cherkassky, Keller, & Minshew, 2004). 백질 섬유 또한 제대로 작동하지 못하고 있을 가능성이 있다. 언어적 의미만을 도와주는 의미 체계뿐만 아니라, 경험과 경험의 의미를 저장하는 의미 체계까지 분리되어 있을 수 있다. 의미 체계는 고도의 상호작용을 하는 시스템으로, 예술 창작 활동에서 적용할 수 있도록 다양한 의미 원천과 양식들로부터 추출된 개념들을 연결하고 명시적 그리고 묵시적 지식의 풍부한 원천을 제공한다. 그러나 이 가운데 어떤 것도 재능의 신경해부학적 본질 그 자체를 설명해 주지는 못한다.

음악 서번트와의 비교

음악 자폐성 서번트들은 창작과 연출 능력의 괴리를 잘 설명해 주는 예다. 대다수의 시각예술 자폐성 서번트들이 그림과 채색을 독창적으로 할 수 있고 그렇게 하는 것에 반해 음악 서번트들은 그렇지 못하다. 음악을 만들어 내기보다는 연주를 하고, 연주도 이전에 들어본 것을 그대로 따라 하는 정도다. 이들은 음악과 소리에 관한 놀라운 기억력을 갖추고 있고 방금 들었던 것을 노래나 악기(주로 피아노)로 모방하는 데 비범한 능력을 보인다(Miller, 1989; Peretz, 2002; Sloboda, Hermelin, & O'Connor, 1985; Young & Nettelbeck, 1995). 이러한 사례로 처음 발표된 것은 톰 위긴스Tom Wiggins('Blind Tom', 1849~1908)다. 위긴스는 미국의 농가에서 노예로 태어났지만 성공한 콘서트 피아노 연주자가 되었다(Southall, 1979). 트레퍼트Treffert(1989)는 감각 결함이 없던 시각예술 자폐성 서번트들과는 달리 음악 서번트들에게는 문맹, 지적장애, 뛰어난 음악 연주 기술의 세 가지 증상이 있다는 것을 발견했다. 토머스 위긴스Thomas Wiggins, 레슬리 렘크Leslie Lemke, 데릭 파라빈치니Derek Paravincini, 렉스 루이스-클랙Rex Lewis-Clack, 그리고 기타 잘 알려진 음악 서번트들 모두 이 세 가지 증상을 가지고 있었다. 이 서번트들은 기존에 들었던 곡조, 멜로디, 그리고 노래를 즉흥적으로 연주할 수 있지만 이들에게 작곡을 하고 새로운 곡을 만들어 내는 능력이 있는지에 대해서는 논란의 여지가 있다(Hermelin, O'Connor, & Lee, 1987; Hermelin, O'Connor, Lee, & Treffert, 1989; Sacks, 1995). 음악 서번트들이 소리를 모방하는 것은 모두 매우 어린 나이부터 시작되었지만(2세부터 나타나는 경우도 있었다) 음악 소리만 따라 했던 것은 아니다. 모든 대화 내용, 주변 환경과 동물의 소리 등 모든 소리를 기억하여 틀리지 않고 따라 할 수 있었다. 음악적 재능은 아무런 음악 훈련을 받지 않은 상태에서 갑작스레 표출되지만, 모든 성공한 음악 서번트는 결국 음악 훈련을 받았고, 전문 음악인들과 교류를 하며 성장하였으며, 콘서트 연주에 참여했던 경우들이다. 그러나 훈련을 통하여 순차적으로 발전해 갔는지 여부는 알 수 없으며 작곡 능력을 배양시키기 위한 훈련이 시도되었는지도 알려져 있지 않다. 이와는 대조적으로, 시각예술 자폐증 서번트들은 훈련을 통해 재능이 성장한 경우를 찾아보기 힘들며 모든 작품이 즉흥적으로 만들어졌다. 미래에 이러한 비범한 서번트 음악가들의 뇌를 연구한다면 그들이 비정형 뇌를 갖고 있고 문맹임에도 불구하고 놀라운 음악 재능을 발휘하는 것을 이해하는 데 도움이 될 것이다(Heaton & Wallace, 2004; Peretz, 2002).

전두-측두엽 치매

브루스 L. 밀러Bruce L. Miller 등은 전두-측두엽 치매fronto-temporal dementia: FTD를 앓는 중에 예술적 재능이 발달된 몇 가지 중요한 사례들을 발표하였다. 전두-측두엽 치매는 (반대의 경우도 발생 가능하지만) 전두엽보다 측두엽에 더 큰 영향을 주는 뇌 질환으로, 양뇌의 비대칭 피질위축이 발생하는 경우다(Miller, Ponton, Benson, Cummings, & Mena, 1996; Miller et al., 1998; Miller, Boone, Cummings, Read, & Mishkin, 2000). 전두-측두엽 치매 예술가들의 작품 활동 영역은 (그림, 사진, 조각 등) 매우 다양했다. 전반적으로 이들의 작품은 추상성이 거의 없이 현실주의적으로 표현되었다. 이러한 예술성이 나타나는 현상은 선택적인 저하가 발생하여 측두엽과 전두엽이 서로 정상적으로 연결되어 작동하던 것이 저해받음으로써 발생할 수 있다. 구체적으로, 치매가 발생하여 전방 측두엽과 안와전두 영역이 점진적으로 단절되어 가는 반면 배외측과 중앙 전두엽 영역은 영향이 없는 것이다. 아마도 후자의 영역들은 손상받지 않았기에, 음악을 시작하거나 계획할 수 있는 것이다. 이들이 사회적 억제 불능을 보이는 것을 통해 안와전두 영역에는 단절이 발생하였음을 알 수 있다. 그리고 양뇌의 두정 및 후두 부분이 보존됨으로써 시각적 수용 능력과 구성주의적 능력이 활성화된 것으로 보인다. 반면 특히 피질하 부분을 포함한 다른 영역과는 단절이 발생했을 가능성이 크다. 그러나 중요한 것은 전두엽과 관련한 선택적 단절로 인해 시각적 세계에 대한 관심이 증대되었고, 이것이 이해는 되지 않지만 예술 창작에 대한 욕구로까지 이어졌다는 해석이 가능하다는 것이다. 그러나 치매라는 퇴행성 뇌질환을 겪는 일정 시점이 되면 (통상적으로 말년에) 더 이상의 예술 창작 활동은 불가능해진다.

치매 예술가들의 사례 가운데 가장 인상 깊은 것은 한 성공한 비즈니스맨의 사례로, 그는 56세 이후 진행성 치매 증상을 겪었고 (치매를 겪기 전에 즉흥적으로 창작 활동을 했는지 여부는 알려져 있지 않지만) 이전까지는 예술 관련 교육을 받지 않았다. 하지만 치매가 발병하고 진전됨에도 불구하고 그는 구체적이고 현실적이며 섬세한 그림을 그렸고, 심지어 사회적 탈억제, 동떨어짐, 정서적 둔마, 명칭실어증, 기억력 결손 등 치매 증상을 겪으면서도 작품 활동을 계속하였다. 이 예술가의 작품들로 지역 전시회도 열렸고 수상도 하였다. 67세가 되자 그의 작품 수준은 저하되기 시작하였고 68세가 되자 기이한 그림을 그리게 되었다. 양전자방출단층촬영positron-emission tomography: PET 진단 결과 양뇌 측두엽에 뇌위축을 겪었지만 우측 측두엽은 그 정도가 덜했다. 자기공명영상(MRI) 결과 좌측 측두엽에서 더 심각한 뇌위축을 확인할 수 있었다. 후부 우측 두정엽 및 후두엽의 뇌 활동은 활발하였다. 10년간 지속된 그의 창작 활동은 퇴행성 뇌 질환을 겪고 있었다는 점에서 매우 놀라운 일이다.

이러한 현상을 어떻게 해석해야 할까? 창작, 개념화, 추상 인지에 의존하는 능력은 치매 발병 전에 분명 보유하고 있던 것이다. 일반적으로 은퇴 인구 중 은퇴 후 처음으로 예술 활동을 시작하는 사람들이 몇 퍼센트나 되는지 밝힌 공식 발표 자료는 없다. 만약 그 비중을 알게 된다면 치매 발병 후 예술성의 발현이 어떤 의미를 갖는지 평가하는 데 더 나은 기반을 갖게 될 것이다. 이러한 전두-측두엽 치매(FTD)의 발병 전 직업으로 성공한 비즈니스맨, 광고 사업가 그리고 투자가의 사례가 있다. 만약 치매가 예술작품을 창작하는 것으로 이어진다면 왜 모든 치매 환자에게서 같은 증상이 나타나지는 않는 것일까? 그림을 그리고 채색하고 조각을 하는 등의 예술적 자질은 발병 전부터 애초에 보유하고 있던 능력임에도 표출되지 않았던 것일 수 있다. 치매 환자들의 작품은 치매에 걸리지 않은 상태에서 은퇴 후 그림을 그리기 시작한 사람들의 작품과 어떤 차이가 있을까? 이에 대하여 예술 분야에 종사하지 않았지만 보유하고 있던 특정 분야의 전문 기술이 예술적 재능에 영향을 주는 요소들과 관련되어 있으며, 아마도 이러한 요소들의 반복된 사용과 훈련 그리고 빈번한 표출 덕분에 뇌손상 후에도 건재할 수 있었다는 설명이 제기된다.

이러한 견해에 따르면, 치매가 진행됨에 따라 기존에 보유하고 있던 기술, 가능성 그리고 특정 재능들이 촉진되는 것이다. 그리고 기존에 보유하고 있던 것들이 꼭 예술적인 요소일 필요는 없다. 치매로 인해 발생한 뇌손상은 기술의 일반적인 전이(예: 소통의 기술이나 추상 인지의 기술 등의 전이)를 유발한다. 위에서 언급된 사례와 다소 구분되는 또 다른 한 가지 사례를 살펴보자. 이 남성은 사망하기 전 6개월간 의사소통을 할 수 없었지만 간단한 그림을 통해 간병인들과 소통하는 것은 가능했다(Thomas Anterion, Honore-Masson, Dirson, & Laurent, 2002). 이 그림들은 예술적이었지만 위에서 살펴본 치매 예술가들의 작품들처럼 정교하지는 않았다(이 사례의 구체적인 설명은 8장을 참조). 치매 발병 전 이 비즈니스맨은 뛰어난 화법으로 사람들을 설득하여 물건을 구입하게 하여 돈을 버는 기술을 가지고 있었지만, 이러한 사업적 수완이 이제는 그림을 그리는 재능으로 전이되었다. 이러한 기술 전이의 배경에 대해서 신경해부학적 그리고 신경심리학적 기초는 물론이고 인지적 과정에 관해서도 밝혀진 바는 없다.

알츠하이머병으로 인해 광범위한 뇌손상을 입었음에도 불구하고 음악 기술이 온전히 보전된 한 음악가의 사례가 보고된 바 있는데, 그는 12년간 정규 훈련을 거쳐 음악 편집가로 40년간 활동하였다(Crystal, Grober, & Masur, 1989). 그는 피아니스트로서 매일 정기적으로 피아노 연주를 연습했고 주기적으로 다양한 작곡 작품을 가족에게 들려주었다. 알츠하이머가 발병한 후 그는 예전에는 곧잘 기억했던 작곡가들의 이름이나 곡명을 기억할 수 없었지만, 그 곡들을 피아노로 연주할 수는 있었다. 이러한 사례는 (이름을 기억하는 등) 언어 능력과 같은 전문화되고 고도로 분화된 기능이 사라진 반면 특정 비언어적 재능은 지속적으로 표현이 가능했던 경우다.

지발성 뇌변성

지발성 뇌변성이 예술에 미치는 영향: 일련의 손상의 영향

　뇌손상의 범위가 광범위할지라도, 뇌손상이 진행되는 속도에 따라 기능의 회복 또한 달라진다(Kapur, 1996 참조). '병변의 동인momentum of lesions'은 임상 신경과 전문의들이 오랫동안 사용해 온 용어다. 스탠리 핑거(Stanley Finger, 1978)는 이 중요한 주제를 검토했다. 지난 200년간 신경과 전문의들과 신경과학자들은 뇌손상의 지발성 진행이 뇌손상이 급격히 이루어진 경우에 비하여 인지에 미치는 해로운 영향이 덜하다는 사실을 알게 되었다. 이는 이미 1824년 동물을 이용한 뇌 절제의 영향에 관한 신경학자들의 실험에 의해 관찰된 바 있다. 영국의 신경학자 존 헐링스 잭슨John Hughlings Jackson은 1879년 신경학적 증상들이 뇌손상이 진행되는 속도에 비추어 이해되어야 한다고 언급하였다. '병변의 동인'이라는 개념 또한 잭슨의 관찰에서 비롯되었다. 더 나아가 잭슨은 뇌손상이 느리게 이루어진 경우보다 빠르게 이루어진 경우 그 증상들 또한 더 영구적으로 지속된다고 지적하였다. 1897년 콘스탄틴 본 모나코Constantin von Monakow는 출혈의 속도가 느린 경우 혼수상태가 반드시 뇌내출혈을 동반하는 것이 아님을 확인하였다. 1914년 모나코는 브로카 영역에서 느리게 자라는 종양의 경우 반드시 실어증으로 이어지지 않는다는 것을 알게 되었다. 뇌의 특정영역에 대한 여러 차례의 절제술이 유해한 행동 증상들을 완전히 없앨 수 있다. 이것은 계열병변 효과serial-lesion effect라고 알려져 있다. 느리게 자라는 종양으로 인한 뇌손상은 뇌졸중으로 인한 뇌손상과 같다고 볼 수 없는 것이다. 뇌종양은 수년에 걸쳐서 느리게 자라기도 하지만 아교모세포종glioblastoma처럼 빠르게 성장할 수도 있다. 따라서 특정 인지 기능에 대한 편측 국소 병변의 영향을 조사하는 신경심리학 연구에서 느리게 자라는 종양에 의해 병변이 발생한 환자들을 제외하는 것은 매우 중요하다. 급작스러운 뇌졸중이 발병한 환자들의 사례가 통상적으로 연구 목적에 더 부합하기 때문이다.

뇌손상에 대응한 신경학적 재적응readjustment은 이러한 뇌손상이 지발성으로 발생할 때 최적화된다. 뇌의 재조직화reorganization와 재형태화reshaping에 관한 정확한 기전은 아직 밝혀지지 않았지만, 특정 뇌 영역에 의해 통제되던 기능들이 이 영역들이 손상됨에 따라 점차 인근 뇌 영역으로 '전이encroach'되어 가며 신경 요소들을 기존의 손상받지 않은 연결 체계로 포함시키는 것으로 이해되고 있다. 반드시 다른 뇌 반구로 '교차 이동'하는 것은 아니다. 인근 뇌 영역으로 점진적으로 섞여 들어가면서 수정된 신경 회로 체계는 잃게 된 기능들을 보전하는 역할을 맡게 되는 것이다. 이러한 기능의 공유 덕분에 행동적 결함은 훨씬 약화되고 신경심리학적 진단을 통해 발견하기 힘들기도 하다. 그러나 신경 재조정은 뇌 전반 또는 대뇌피질에서 똑같이 발생할 수 있는 것은 아니다. 신경 적응성의 정확한 본질은 아직도 파악해 가야 할 과제다.

20세기에 들어서는 뇌 피질의 단일 절제와 연속적인 절제 간의 차이를 확인하는 동물 실험이 진행되었다. 기본적인 연구 결과에 따르면 한 번의 절제수술을 받은 동물들은 같은 뇌 영역을 여러 차례에 걸쳐 절제수술을 받은 동물들에 비하여 더 많은 기능 손상을 입게 되었다. 여러 차례 절제술을 거친 경우 수차례에 걸친 뇌 봉합과 상처, 치유가 복합적으로 발생했음에도 불구하고 말이다. 그런데 어떤 실험 중에 우연히도 이 분야에 있어 결정적인 발견을 하게 되었고 이에 대한 단서를 갖게 되었다. 스튜어드Steward와 에이즈Ades는 이 연구 결과를 1951년 논문으로 발표하였다(Finger, 1978 참조). 7일의 기간을 두고 두 차례에 걸쳐 뇌 절제술을 받은 원숭이들은 단 한 차례에 걸쳐 같은 영역을 제거한 원숭이들에 비하여 청각 기억력 검사 결과, 뇌손상의 정도가 덜한 것으로 밝혀졌다. 이러한 결과의 영향으로 단일 절제와 연속적인 절제의 영향에 대한 추가적인 체계적 연구가 다수 이어지게 되었다.

기능적 재조직화

지발성 뇌질환이 발병한 경우, 행동적 보상으로 인해 실제 조직이 손실됨에 따라 발생하는 커다란 결손이 없는 것처럼 감추어져서 어떤 뇌 영역의 기능이 제어되는지 판정하기 어렵다. 전두-측두엽 치매, 픽병, 알츠하이머병, 피질기저퇴행증, 작곡가 라벨$_{Ravel}$(5장에서 언급)의 퇴행성 질환과 같은 지발성 치매질환에서도 이러한 현상이 일어나지 않는다고 생각할 이유가 없다. 뇌가 조금씩 퇴행해 가는 동안 뇌 영역 간 신경 체계가 적응 과정을 거친다. 이러한 적응 덕분에 일부 기술과 재능은 이전과 같이 정상적으로 발휘될 수 있고, 동시에 새로운 표현 능력도 나타나는 것이다. 이러한 분석은 멜$_{Mell}$과 그 연구진이 보고한 57세 노년의 미술교사 및 예술가의 사례(Mell, 2003)와 지발성 뇌질환을 겪은 다른 예술가들의 사례를 잘 설명해 준다.

신경 재조직화는 어른이 되어서도 성장기 때와 똑같은 양상으로 발생할 수 있다(Jenkins & Merzenich, 1987; Kapur, 1996; Ovsiew, 1997). 이러한 재조직화가 발생할 수 있는 경우는 다음과 같다. 첫째, 소규모로 손상된 조직을 둘러싸고 있는 조직이 새로운 축색돌기$_{axon}$ 발아의 기반이 되어 손상받지 않은 영역으로 연결이 진행되는 경우다(Duffau et al., 2003). 둘째, 기존에는 부차적인 역할을 하던 영역이지만 '노후 진화'를 거쳐서 주된 역할을 하는 영역이 된 경우다. 셋째, 손상된 조직이 그 자체로 힘이 되어 주변의 손상받지 않은 조직들과 시냅스 조정을 일으킨 경우다. 중추신경체계는 단단하게 얽혀 있는 영역이지만 모든 인간의 기술과 인지에 동일하게 작용하는 고정불변의 것은 아니다(Kapur, 1996; Knecht, 2004; Mohr, 2004). 실제로 중추신경체계는 결정적인 시기로 알려진 인간의 성장 단계에서 여러 차례의 변형 기회를 맞이하게 된다. 이러한 결정적인 시기에는 연령, 외부 환경 상태 및 상호작용의 양상에 따라 중추신경체계의 적응과 수정이 이루어지게 된다. 그리고 사춘기에 이르게 되면 여러 가지 재능을 발현할 수 있는 중추신경체계의 문이 닫히게 된다. 인간이 태어나 사춘기까지 성장하면서 그러한 여러 가지 재능으로 향하는 수많은 문이 열리기도 하고 닫히기도 한다. 성인이 된 후 신경체계의 변화 가능성이 얼마나 제한되는지는 아직 규명된 바 없다. 이러한 생물학적 이슈에 대한 논의는 이 책의 주제 영역을 벗어난 것이다(신경학적 기능 복구에 관한 의학적 사고의 역사적 배경은 Mohr, 2004를 참조). 신경 재적응 그리고 기능적 재조직화의 한계에 관하여는 확실히 밝혀진 바 없으나 뇌영상을 이용한 연구를 통해 그 비밀을 풀 수 있는 해결의 실마리들이 드러나고 있다(Chollet & Weiller, 1994; Weiller, 1998). 특히 성인이 된 후뿐만 아니라 아동기에도 좌뇌 손상 후 언어 복구가 어떻게 이루어질 수 있는지에 관한 연구(Heiss, Thiel, Kessler, & Herholz, 2003; Knecht, 2004; Knecht et al., 2002; Leigeois et al., 2004)와 성인기에 뇌졸중을 겪은 후에 관한 연구(Dombovy, 2004; Heiss, 2003)에서 이러한 진전이 이루어지고 있다.

이어지는 장에서는 단일한 또는 광범위한 뇌손상 후에도 예술적 표현력을 포함한 뇌 기능의 보존에 기여하는 요소들에 대해 논의하였다. 뇌 기능의 보존에는 수많은 신경 요소가 작용하며, 이러한 요소들은 뇌손상 이전에는 예술 활동을 하지 않았던 사람들이 나이가 든 후 예술작품을 만들어 내는 현상을 설명해 준다. 기초적인 관련 기전들이 밝혀지지 않는 한 전두-측두엽 치매 발병 후 예술성이 발현되는 현상에 대한 설명은 쉽지 않다. 분명한 것은 어떤 형태로든 기능적 재형태화와 보상적 신경 전이가 발생한다는 사실이다. 어쩌면 이 예술가들에게는 전두-측두엽 치매에 걸리기 훨씬 전부터 예술과 관련한 재능(그리고 추상의 능력)이 내재해 있었던 것일 수도 있다. 인지적 추상 능력은 불변하는 인간의 재능 중 한 유형으로 광범위한 신경해부학적 뇌손상을 입은 후에도 사라지지 않는다. 자폐성 서번트와 치매 환자의 여러 사례를 비교해 보면, 후자의 경우 재능이 '향상'되는 반면 전자의 경우 '보존'된다고 말할 수 있다. 기능적 자기공명영상 연구를 기초로 하여 자폐증 환자에게서 관찰되는 백질 이상으로 인한 낮은 수준의 연결성이라는 개념이 제기되어 왔다. 요약하자면, 자폐증이건 치매이건 신경 체계의 저해 또는 퇴행 그리고 통상적으로 억제회로의 간섭 제거에 따라 일종의 조직 격리가 발생하게 된다는 것이다.

요 약

자폐성 서번트들은 대체로 추상성이 거의 없는 현실주의적인 표현의 시각예술 그림들을 그린다. 이들은 광범위한 신경성 뇌질환에도 불구하고 그림 기술과 시각예술적 재능을 보유한 것으로 보인다. 이러한 자폐성 서번트들은 자폐증 환자들 가운데에서도 소수에 불과하고 이들의 작품 수준은 일반대중 가운데에서도 손꼽히는 예술가들의 작품에 견줄 만하다. 미술 훈련은 이들의 기술을 향상시키는 데 거의 도움이 되지 않는다. 전두-측두엽 치매의 발병 전까지 예술 활동을 하지 않던 사람들이 발병 후 예술작품을 만들어 내는 것은 신경 연결에 있어 선택적 뇌위축이 발생하였고 이로 인하여 새로운 표현 능력이 생긴 것이라는 설명이 가능하다. 연계 영역 효과에 대한 증거가 충분한지와 관련하여 이러한 가설에 대한 논쟁은 분분하다. 결국 두 가지 유형의 예술가들―재능이 매우 어린 시절에 발현되는 자폐증 예술가들, 그리고 지발성 뇌위축에 따라 재능이 발현될 수 있는 치매 예술가들―은 심각한 뇌손상을 겪음으로써 예술성이 발현되었다는 점에서 예술성에 관한 근본적인 질문을 제기하게끔 한다. 즉, 재능과 관련한 기본적인 뇌의 기전이다.

읽을거리

Fitzgerald, M, (2003). *Autism and creativity: Is there a link between autism in men and exceptional ability?* London: Brunner-Routledge.

Frith, U., & Hill, E. (Eds.). (2003). *Autism: Mind and brain.* Oxford: Oxford University Press.

Heaton, P., & Wallace, G. L. (2004). Annotation: The savant syndrome. *Journal of Child Psychology and Psychiatry, 45,* 899-911.

Hou, C., Miller, B. L., Cummings, J. L., Goldberg, M., Mychack, P., Bottino, V., & Benson, D. F. (2000). Autistic savants. *Neuropsychiarty, Neuropsychology, and Behavioral, Neurology, 13,* 29-38.

Jenkins, W. M., & Merzenich, M. M. (1987). Reorganization of neocortical representations after brain injury: A neurophysiological model of the bases of recovery from stroke. *Progress in Brain Research, 71,* 249-266.

Just, M. A., Cherkassky, V. L., Keller, T. A., & Minshew, N. J. (2004). Cortical activation and synchronization during sentence comprehension in high-functioning autism: Evidence of underconnectivity. *Brain, 127,* 1811-1821.

Mohr, J. P. (2004). Historical observations on functional reorganization. *Cerebrovascular Disease, 18,* 258-259.

Muhle, R., Trentacoste, S. V., & Rapin, I. (2004). The genetics of autism. *Pediatrics, 113,* 472-486.

Sacks, O. (1995). *An anthropologist on Mars.* New York: Alfred A. Knopf.

Sacks, O. (2004). Autistic geniuses? We're too ready to pathologize. *Nature, 429,* 241.

Selfe, L. (1995). Nadia reconsidered. In C. Golomb (Ed.), *The development of gifted child artists: Selected case studies* (pp. 197-236). Hillsdale, NJ: Lawrence Erlbaum Associates, Inc.

Simonton, D. K. (1999). Talent and its development: An emergenic and epigenetic model. *Psychological Review, 106,* 435-457.

Simonton, D. K. (2000). Creativity: Cognitive, developmental, personal, and social aspects. *American Psychologist, 55*, 151-158.

Snyder, A. (2004). Autistic genius? *Nature, 428*, 470-471.

Snyder, A. W., Mulcahy, E., Taylor, J. L., Mitchell, D. J., Sachdev, P., & Gandevia, S. C. (2003). Savant-like skills exposed in normal people by suppressing the left fronto-temporal lobe. *Journal of Integrational Neuroscience, 2*, 149-158.

Treffert, D. A. (1989). *Extraordinary people: Understanding "idiot savants"*. New York: Harper & Row.

CHAPTER
05

음악과 뇌손상 I
잘 알려진 작곡가들의 사례

개 요

신경심리학에서는 음악을 표현 음악과 수용 음악으로 구분한다. 표현 음악이란 음악 창작을 의미하는데 작곡을 하는 것이나 노래와 악기 연주를 하는 것이며, 수용 음악은 음악을 듣는 것이다. 잘 알려진 작곡가 중 기능 부위에 대한 정보를 얻을 만한 윤곽이 뚜렷한 뇌 병변을 겪은 사례가 극히 드물기 때문에 신경 해부학적 근거로 음악 작곡과 관련하여 알려진 바는 그다지 많지 않다. 이와는 대조적으로, 노래하기와 악기 연주와 관련된 뇌의 역할에 대해서는 보다 많은 정보가 알려진 바 있다(6장 참조). 연구 결과에서 일부 일치하지 않은 부분이 있었으나 음악의 세부 구성 요소는 뇌의 반구에 의해 비대칭적으로 제어되며, 전반적인 음악적 표현은 양쪽 반구 모두가 담당하고 있다는 점이 거듭 확인되었다 (Baeck, 2002b). 현재의 연구 결과로는 음악만을 담당하는 전문화된 뇌 '센터'는 증명되지 않았으며, 다양한 신경망의 상호작용으로 인하여 음악이 만들어지는 것이라 할 수 있다(Peretz, 2002; Peretz & Coltheart, 2003).

음악 지각의 경우 실험 연구에서 일치하지 않은 결과를 보여 주었는데 이것은 음악 훈련을 통한 음악 처리 과정이 복잡하기 때문이다(6장 참조). 그럼에도 불구하고 뇌손상을 입은 환자와 대조군, 뇌영상 기법을 통하여 축적해 온 데이터를 수집한 덕분에 일부 행동 패턴을 찾아낼 수 있었다. 음악의 세부 구성 요소와 관련된 반구의 패턴을 살펴보면, 좌뇌는 타이밍과 리듬 지각을 담당하며 우뇌는 음의 높이와 음색을 담당한다. 각 뇌 반구의 측두엽은 음악 지각과 관련하여 주요 역할을 담당한다. 그러나 음악 작곡은 뇌의 특정 부위 중 어디에서 일어나는지에 대해서는 아직 알려지지 않았다. 5장은 작곡가에 대해 현재까지 알려진 신경학, 신경심리학적 정보에 대한 내용을 담고 있다.

대부분의 음악 예술가는 아주 어린 나이에 그 재능이 발현된다. 이러한 재능과 관련된 신경해부학적 정보는 알려진 바 없으나 재능이 음악 생산에 중추적인 역할을 하며 다양한 종류의 뇌손상에도 영향을 받지 않는 듯하다. 이는 안정된 유전적 요소를 갖고 있기 때문으로 추정되나 재능과 관련된 음악적 유전자가 어떤 방식으로 발현되는지는 아직 알려지지 않았으며 현재까지는 이런 유전자의 존재조차 확인된 바 없다. 바흐Bach의 예를 보면 자녀들을 많이 낳았으나 그중 일부만이 작곡가가 되었고 일부는 작곡가가 되지 않았다. 바흐의 손자들에 대한 이야기나 음악과 관련된 삶을 살았는지에 대한 이야기도 잘 알려진 바가 없다. 그렇다면 모차르트Mozart의 자녀나 손자들의 경우는 어떠했을까? 이에 대해서도 알려진 바가 별로 없다. 이름이 잘 알려진, 저명한 작곡가들의 사례를 살펴보면 이들이 지닌 뛰어난 음악적 재능은 세대 간에도 매우 짧게 발현된다. 그 이유는 유전적 연구와 음악 재능(또는 예술적 재능)의 유전 패턴에 대한 연구로 밝혀질 수 있을 것이다. 인내, 주의, 기억과 관련된 신경 연산은 예술적 창작을 제어하는 신경회로와 언제나 잘 교류하는 것은 아니다. 예술적 표현을 방해하는 부적합한 신경 결합이 이루어질 수도 있다. 시각 예술가들의 경우처럼 음악적 재능과 창의성과 관련된 단서는 뇌손상을 입은 저명한 예술가들의 몇몇 사례를 통해 얻을 수 있었다. 뇌손상이 무엇에 의하여 일어났는지, 손상 범위나 부위가 어디인지 상관없이 작곡 활동은 계속 이루어졌다. 이뿐 아니라 뇌손상을 입은 작곡가들의 음악 예술적 감각은 뇌손상 이전과 변함없었다. 일부 사례의 경우, 뇌손상이 일어난 후에도 오랜 기간 창작 활동이 지속된 것을 보면 음악적 재능, 창의, 창작은 뇌의 다양한 영역에서 담당하고 있다는 사실을 반증한다.

현재까지 발표된 연구 결과를 보면 국소 뇌손상을 입은 작곡가들은 대부분 좌뇌에 영향을 받았다. 점진적인 퇴행성 질환을 지닌 경우 우뇌보다 좌뇌에 비대칭적으로 더 많은 영향을 미치기는 하지만 이를 통해 양측 반구 모두에서 작곡과 관련된 기능이 이루어진다는 사실을 추측할 수 있다. 우뇌에서 국소 손상을 찾을 수 없었기에 보다 간단하고 설득력 있는 결과를 내기 곤란했다.

작곡가와 지발성 뇌질환

모리스 라벨

작곡가 모리스 라벨Maurice Ravel은 프랑스 시부르 출생으로 1875년에 태어나 1937년에 사망하였다(Otte, De Bondt, Van De Wiele, Audenaert, & Dierckx, 2003). 라벨의 아버지는 피아니스트였으나 엔지니어로 생계를 유지했다. 모리스는 어린 시절부터 피아노 레슨을 받았다. 그는 14세의 나이로 파리 음악원에 입학하였으나 몇 년 뒤 중퇴하였다(중퇴 후 몇 년 뒤에 작곡가 가브리엘 포레Gabriel Fauré에게 배우기 위해 음악원으로 돌아온다). 그의 병력을 살펴보면 그가 신경학적 문제를 지녔음을 알 수 있는데 그는 전신쇠약, 불면증, 식욕부진에 시달렸다고 기록되어 있다. 1916년 41세에 그의 건강은 두드러지게 악화되어 이질을 완화하기 위해 수술을 받아야 했다. 젊은 시절 탈장과 전신쇠약으로 군 입대 거부를 당했다. 53세가 되자 라벨의 필체는 급속도로 악화되었으며 콘서트에서 자신의 곡을 연주하던 중 갑작스러운 순간기억상실증을 겪었다. 이듬해에도 계속해서 불면증에 시달렸으며 새로운 작업을 하는 데 어려움을 겪은 것으로 알려졌다. 61세에는 음악경연 도중에 수면에 빠져 버릴지도 모른다며 경연 심사위원 자리를 내놓았다. 1932년 57세의 나이에 라벨은 교통사고를 당했다. 또 이 시기 즈음에 스페인 여행을 하는 도중 자신의 짐과 용품을 잃어버리기도 했다. 1933년 여름 그의 건강은 점점 악화되어 신경 증상 또한 심각해졌다. 라벨은 수영하는 중에 협응운동실조 증상을 보였으며(그는 원래 수영을 매우 잘하는 것으로 알려졌다) 그의 필체는 점점 알아보기 어려워졌다. 라벨을 진료하던 의사들은 그가 실어증과 기억상실증을 앓고 있을 것이라고 생각하였다. 1934년 그의 필체는 거의 알아볼 수 없을 정도로 악화되었으며(실서증agraphia을 앓는 경우 필체가 나빠진다), 무기력증에 빠졌고 표정에 감정이 없어졌음을 확인할 수 있었다(Alonso & Pascuzzi, 1999). 이 시점에서 그는 이미 읽는 데 어려움을 겪었고(실독증alexia), 말하고 이해하는 데에도 어려움을 겪었으며(실어증aphasia), 쓰기에도 장애가 있었다(실서증). 또한 피아노를 연주할 때에도 어려움이 있었으며(상호 의존적 양손동작 기능장애), 따라 하는 것도 잘하지 못하였다(실행장애dyscopia). 말이나 음표를 받아쓰는 작업도 수월하지 않았으며 그가 적은 음표는 그가 쓴 글만큼이나 알아보기 힘들었다. 그러나 라벨은 다른 사람이나 자신의 음악을 듣고 음이나 멜로디를 인지하는 데 어려움이 없었으며 잘못된 멜로디가 나오거나 피아노 소리를 듣다 음이 맞지 않을 때 이를 알아챘다. 그러나 음표를 눈으로 읽거나 그가 들은 음을 말하지는 못하였다 (Alajouanine, 1948). 종합하여 보면 라벨은 우뇌보다 좌뇌에 영향을 많이 받은 듯하다.

유명한 프랑스의 신경학자 테오필 알라주아닌Theophile Alajouanine은 1933년과 1936년 사이에 라벨을 방문하였으며 1948년 *Brain*에 다음 글을 발표하였다.

음악가 라벨은 예술적 실현을 이룰 수 없게 되었으나 그럼에도 여전히 음악을 듣고, 콘서트에 참가하고, 음악에 대한 비평을 표현하거나 음악을 듣고 느낀 감상을 묘사할 수 있었다. 그의 예술적 감수성은 그대로 유지된 것으로 보였으며 이와 더불어 그의 판단력, 그리고 낭만적 작곡가인 베버Weber에 대한 존경심도 여전히 느꼈는데 그에 대한 존경심을 수차례 나에게 말한 바 있다. 라벨은 현재 음악 작업에 대해서도 판단할 수 있다(Alajouanine, 1948, p. 234).

라벨이 죽기 약 열흘 전, 머리뼈 절개술이 이루어졌다. 의사들은 그의 우측 두 개골을 들어 뇌를 살펴보았는데 라벨의 우측 전두엽은 전혀 위축되지 않은 상태 임을 확인하였다. 또한 종양이나 뇌수막종, 뇌압 상승도 발견되지 않았다. 라벨 은 1937년 12월 28일 잠시 무반응 상태에 빠졌다가 사망하였다. 사후 부검은 시 행되지 않았다(Alonso & Pascuzzi, 1999).

뇌 위치 국소화와 라벨과 관련된 추가 논의

초기에는 언어 표현에 문제가 생기지만 언어 이해에는 큰 문제가 발생하지 않 는다. 후에는 성격이 바뀌게 되고 무관심해지며 무감정해지는데 이는 전두엽이 손상되었음을 암시한다. 전반적 증상은 전두엽과 측두엽의 앞부분이 가장 많은 영향을 받았음을 시사한다. 무감정한 상태는 도파민계, 특히 흑질substantia nigra, 측중경핵nucleus accumbens, 기저핵basal ganglia 경로에도 영향이 있었음을 추측하 게 한다. 도파민은 GABA 뇌세포에 억제 작용을 한다. 예컨대, 파킨슨병의 경우 도파민을 만들어 내는 대부분의 뇌세포는 파킨슨병 증상이 처음 나타나기 이전 에 이미 많이 손실된다. 파킨슨병을 앓는 경우에도 몸 전체의 근육이 심각하게 제한을 받으므로 표정이 무감각해진다. 라벨의 경우에는 파킨슨병의 전형적인 증상은 보이지 않았다. 그럼에도 기저핵을 통하여 피질의 운동영역과 전두엽에 영향을 미치는, 흑질에 위치한 도파민 뇌세포의 점진적 손상이 있었던 것일까?

또한 라벨의 젊은 시절, 군의관이 관찰한 전신쇠약 상태가 도파민 이상 증세의 시작이었을 수도 있었으며, 혹은 전두엽 도파민 수용체의 비정상적 활동을 보여 준 것일 수도 있었다. 더 나아가 양손 동작 불협응은 상호 의존적 양손 동작을 수행할 수 없음을 의미하였는데, 이 경우 etch-a-sketch-toy(볼펜을 양손에 잡고 줄 하나를 그리는 장난감)를 할 때 나타나는 증상과 비슷하다. 피아노를 양손으로 치는 경우, 손의 행위가 단일 행동의 결과로 나타나야 하며, 양손이 상호 의존적으로 함께 작용하여 하나의 음악을 만들어 내야 한다. 최종 결과물에 영향을 미치지 않으려면 한 손이 따로 행동할 수 없다. 이와 관련하여 다음 사항을 참고하는 것이 유용하리라 판단된다. 일부 혹은 완전한 연결부절개술commissurotomy을 받은 환자들은 위와 같은 상호 의존적 행동을 수행하는 데 큰 어려움을 겪는다(그러나 양손의 병행 움직임에는 문제가 없다)(Preilowski, 1972; Zaidel & Sperry, 1977). 이런 점을 고려할 때 라벨의 뇌의 교련섬유commissural fibers 경로가 영향을 받아, 양쪽 반구의 조정력이 방해를 받아서 위와 같이 양측 움직임이 어려워졌을 가능성이 있다. 물론 이는 추측일 뿐이다. 라벨에게 사후 부검을 시행하지 않았으므로 우리가 현재 할 수 있는 것은 그저 의문을 던지고 그에게서 나타난 증상에 대하여 토의하고 이를 바탕으로 신경해부학적 의의를 도출해 내는 것이다. 라벨은 62세의 나이로 사망하였다. 의학적 견해에 의하면 그는 50대 초반부터 병을 앓았을 가능성이 높다(Alonso & Pascuzzi, 1999).

명확한 병인 진단과 관련하여서는 여러 견해가 존재하나, 라벨의 증세는 신경변성 질환에 의한 뇌의 양측 반구의 영향으로 진행성 뇌 위축이 발생하였다는 데에는 전반적인 동의가 이루어졌다. 이뿐 아니라 라벨은 진행성 실어증 및 피질기저 퇴화로 인하여 움직임이 어려워지는 전두-측두엽 치매인 픽병을 앓았다는 견해와 함께(Amaducci, Grassi, & Boller, 2002) 1932년에 겪었던 교통사고로 인한 외상성 뇌손상 때문이라는 견해도 존재한다. 교통사고로 인하여 발생한 증상들은 픽병의 증상을 더욱 가속화했다는 추측도 있다(Otte et al., 2003). 이 외에도 라벨의 증상은 선천적 질병인 만성적 내분비성 질환(실제 그가 앓았던 질병)에 의한 것이라는 주장도 존재한다(Otte et al., 2003). 라벨의 부친은 진행성 치매를 앓았다 (정확한 병인은 알려지지 않았다). 이러한 병인은 유전적 요인과 관련되어 있는데 특히나 젊은 나이에 병을 앓게 된 경우에는 그 가능성이 더 크다. 따라서 라벨이 겪은 뇌 관련 질병도 천천히 진행되는 치매의 한 종류로 추측할 수 있을 것이다. 라벨은 심각한 기억력 저하나 걸을 수 없을 정도의 심각한 상황은 아니었으므로 (알츠하이머병의 경우 나타나는 주요 특징) 알츠하이머병은 아니었을 것이다. 그의 증상에 근거하여 살펴보면 대부분 좌뇌에 영향을 미치는 기능적 비대칭 진행이 었을 가능성이 높다. 그러나 양측 반구 모두에서 퇴행은 이루어졌다.

그럼에도 불구하고 그는 사망하기 5년 전까지 작곡 활동을 하였다. 즉, 1932년 까지 작곡 활동을 하였던 것이다. 첫 증상은 1927년에 나타났으나 그렇다고 그 이전에 이미 퇴행이 진행되지 않았다는 것은 아니다. 1927년 이후 그의 상태는 점점 악화되었다. 라벨의 유명한 〈볼레로Bolero〉는 1931년 또는 1932년에 처음 연주되었으며 큰 찬사를 받은 바 있다. 아마 이 작품은 첫 증상이 나타난 다음에 작곡한 작품일 것이다. 1931년에 그는 〈피아노 협주곡 G장조〉를 완성하였는데, 이 작품을 만들기 시작한 시점에 대해서는 여러 논쟁이 있지만 1929년 전후에 작곡을 시작한 작품이었다. 라벨은 이 작품을 1931년에 완성하여 1932년 1월에 처음 연주한 것으로 판단되고 있다. 라벨의 최후 작품 중 하나인 〈왼손을 위한 피아노 협주곡〉(라벨은 유명한 철학자인 루트비히 비트겐슈타인Ludwig Wittgenstein의 형 파울 비트겐슈타인Paul Wittgenstein을 위하여 이 작품을 만들었는데, 파울 비트겐슈타인은 제1차 세계대전에서 오른팔을 잃은 콘서트 피아니스트였다)은 1929년과 1930년 사이 에 완성한 것으로 알려져 있다. 이 작품은 1931년 처음 연주되었으며 이것으로 라 벨의 작품이 끝난 것은 아니었다. 그의 마지막 작품은 1932년 〈Don Quichotteà Dulcinee〉 뮤지컬에 들어간 세 곡이었다(Amaducci et al., 2002; Baeck, 2002a).

라벨의 질병은 그의 예술작품에 어떻게 영향을 미쳤을까? 이에 대한 전문가들 의 견해는, 특히 〈볼레로〉, 〈피아노 협주곡 G장조〉 그리고 〈왼손을 위한 피아노 협주곡〉에 대해서는 서로 다르다(Baeck, 2002a; Marins, 2002). 전문가들은 이 세

작품을 훌륭하고 숙련된, 창의력이 뛰어난 작품으로 보았다. 그러나 이 작품들은 라벨의 초기 작품, 그의 초기 실험작업, 그의 관심에 근원을 두고 있다. 백_{Baeck}은 다음과 같이 설명하였다.

> 그의 작품 활동에서, 라벨은 대조적인 작품을 만들었다. 〈바이올린과 피아노를 위한 소나타〉의 예와 같이 동일한 작품임에도 불구하고 알레그레토나 재지 블루스 혹은 페르페투움 모빌레에 따라 스타일이 확연히 달랐다. 사실 〈왼손을 위한 피아노 협주곡〉에 나타난 독창적 스타일은 비트겐슈타인의 요청과 관련되어 있다. 〈피아노 협주곡 G장조〉는 피아노에서 더 큰 존재감을 드러내는데, 라벨이 이 작품에서 양손의 사용을 고려하였기 때문이다. 반면 〈왼손을 위한 피아노 협주곡〉은 양손을 위한 작품인 것과 같은 환상을 만들어야 했다(Baeck, 2002a, p. 322).

라벨의 경우는 다른 저명한 예술가들의 사례와 같이 언어와 같은 국소적 기능이 심각하게 손상된 상황에서도 예술작품을 생산할 수 있는 능력이 여전히 잘 유지되었다.

휴고 볼프

점진적인 뇌손상을 입은 또 다른 작곡가의 사례로 휴고 볼프_{Hugo Wolf}를 들 수 있다(Trethowan, 1977; Walker, 1968). 볼프는 1860년 오스트리아 빈디시그라츠에서 태어나 1903년에 사망하였다. 1888년과 1891년 사이에만 그는 200곡 이상을 작곡하였다. 1892년과 1894년 사이에는 작곡 활동을 하지 않았으나, 1895년과 1897년 사이에 오페라 〈코레기도르_{Der Corregidor}〉를 작곡하였고 〈마누엘 베네가스_{Manuel Venegas}〉를 시작하였는데, 후자는 그가 죽으면서 미완성으로 남았으며 이 외에도 약 30곡을 남겼다. 볼프는 28세에 첫 작품을 발표하였다. 그의 작곡은 큰 찬사를 받았는데, 이야기와 의미, 음악 멜로디가 결합된 특별한 음악이라고 하였다. 볼프는 1897년 9월 정신병원에 입원하였다. 그 이전에 이미 신경매독 증세를 보였으며, 1896년 〈코레기도르〉 리허설 도중 심각한 정신황폐를 보였는데 특히 판단과 관련된 증상이 나타났다. 그 이후에도 한 파티 도중 정신병적 증상을 보인 것으로 알려졌다. 볼프는 우울증을 경험하였으며 사망하기 2년 전부터는 정신증 증세를 보였다. 정신병원에 입원하기 6개월 전 그는 미켈란젤로 작품을 완성하였다. 미켈란젤로 노래는 총 세 곡으로 구성되어 있는데 그중 마지막인 〈Fühlt meine Seele〉는 강한 감정적 음색이 들어간 복잡하면서도 정교한 작품으로 인정되었다. 그러나 볼프의 이전 작품에 익숙한 사람들은 미켈란젤로 노래들이 그의 최고의 작품은 아니라고 평가하였다. 볼프는 정신병원에 입원해 있는 기간에도 그가 완성한 이전 작품들을 재검토하였는데 그중에는 〈펜네질레아 Penthesilea〉, 〈이탈리안 세레나데Italian Serenade〉, 〈제3의 이탈리안 세레나데Third Italian Serenade〉, 〈Morgenhymnus〉와 Spanish Song Book에 나오는 작품 중 두 개의 오케스트라 버전을 수정하였다(Walker, 1968). 중요한 사실은 볼프가 신경매독과 정신병을 앓고 있음에도 불구하고 작곡을 하였다는 점이다. 이에 대한 설명 중 하나로 병이 점진적으로 진행되었기 때문에 고도로 훈련된 음악적 기술을 지니고 있으며 숙달된 뒤에도 더욱 연습을 하는 작곡가에게 뇌세포의 적응과 기능적 재구성이 가능하다는 주장이 있다(Jenkins, Merzenich, & Recanzone, 1990)(4장의 '계열병변 효과'에 관한 부분 참조).

프랑스 작곡가 M. M.

M. M.은 실내악, 피아노 협주곡 및 다른 악기용 협주곡, 특히 종교음악으로 수상 경력이 있는 잘 알려진 작곡가였다. 또한 M. M.은 콘서트에서 피아노 연주도 하였다(Tzortzis, Goldblum, Dang, Forette, & Boller, 2000). M. M.은 4세 때부터 피아노를 배웠다. 65세경에 명칭실어증anomia 증세와 기억력 손상이 있었고 이후에

관상동맥 우회술을 받았다. 그 후 몇 년간 그의 언어 능력은 지속적으로 저하되었다. 이러한 증상이 나타나기 시작하고 8년 후 CT 스캔을 한 결과, 퇴행성 질환으로 의심되는 실비안 주위 영역의 양측성 위축이 확인되었다. 뇌 위축은 우측에 비해 좌측에서 더 많이 일어났는데 이는 지속적인 언어 능력 저하를 설명하는 단서가 되었으며 그 이후로 언어 능력은 계속 감소하였다. 이런 상황에서도 M. M.은 꾸준히 음악을 작곡하였고 이것으로 생계를 유지하였다. 그는 종교음악을 계속 작곡하였다. 그러나 이즈음에 콘서트에서의 피아노 연주는 중단하였다. 집에서는 피아노 연주를 계속하였는데 심지어 가상의 음악을 즉흥연주하기도 했다. 점진적인 뇌 악화와 관련된, 심각한 낱말 찾기 어려움과 다른 언어 능력 저하에도 불구하고 M. M.은 소리만 듣고 악기의 이름을 정확히 말할 수 있었다.

이런 일상생활에서의 구어 능력과 음악 언어 능력 간의 현저한 분리에 대해서는 다른 학자들이 다음과 같이 설명하였다.

> 운동성 기능 외에도, 음악 기능의 인지적 측면은 숙달된 뒤에도 더욱 연습함으로써 확장된 대뇌표상에 의한 것일 수 있다. 강도 높은 연습과 조기에 습득한 음악 결과로 M. M.은 뇌손상을 입었음에도 불구하고 음악적 능력을 유지할 수 있었던 것이라 설명할 수 있을 것이다(Tzortzis et al., 2000, p. 239).

작곡가들과 뇌졸중으로 인한 뇌 국소 손상

비사리온 G. 셰발린

수많은 작품을 작곡한 러시아의 작곡가이자 음악 교수였던 비사리온 G. 셰발린Vissarion G. Shebalin(1902~1963)의 사례를 통해 많은 지식을 얻을 수 있었다(Gardner, 1974; Luria, Tsvetkova, & Futer, 1965). 셰발린은 두 차례의 뇌졸중으로 인한 좌측 측두엽 손상을 입었다. 뇌졸중이 일어나기 수년 전부터 고혈압이 있었다. 첫 뇌졸중은 두 번째만큼 심각하지는 않았으며 뇌졸중에 따른 행동증상도 보이지 않았다. 셰발린이 57세가 되었을 때 두 번째 뇌졸중을 겪게 되었다. 이 계기로 그는 베르니케 실어증이 생기면서 이해도가 급격하게 떨어졌고 잘못된 언어 표현을 많이 하였는데(착어증paraphasias), 순서를 따라 하거나 글을 읽고 쓰는 데 많은 어려움을 보였다. 치료를 받았음에도 불구하고 셰발린의 말하기는 두드러진 개선을 보이지 않았다. 그러나 실어증이 있음에도 불구하고 그는 학생들과 소통하고 학생들의 작곡을 평가하였다. 셰발린은 작곡을 계속하였고, 뇌졸중 이전에 시작한 작품도 이어서 해 나갔다. 셰발린은 61세까지 살았다. 사후 부검 결과 좌측 측두엽과 두정엽 하부의 큰 부분이 손상되었으며 측두-두정 영역에 출혈성 낭종도 발생했다는 사실이 드러났다.

이 사례에서 셰발린이 이런 상태에도 불구하고 작곡과 교수의 일을 이어 나갔다는 점은 강조할 만한 부분이다. 그는 두 번째 뇌졸중을 겪은 후 그의 마지막 교향곡인 〈교향곡 제5번 C-flat 장조〉를 작곡하였다. 두 번째 뇌졸중은 1959년에 겪었으며 1962년에 이 작품을 완성한 것으로 알려졌다(교향곡을 쓴 정확한 시기는 알려지지 않았으며 두 번째 뇌졸중이 있기 전에 시작한 것일 가능성도 있다). 셰발린은 이 작품으로 그의 친구이자 작곡가인 디미트리 쇼스타코비치Dimitri Shostakovitch를 비롯한 많은 사람으로부터 큰 찬사를 받았으며 훌륭한 평을 받았다. 루리아Luria 와 그 동료들(1965)에 의하면 셰발린은 그의 생애 마지막 3년 동안 수많은 작품을 작곡하였는데 그가 뇌졸중을 겪기 이전의 형식이 보존되었다는 사실을 확인할 수 있었다. 즉, 그는 새로운 음악 형식을 채택하지 않았다는 것이다. 두 번째 뇌졸중을 겪은 후에도 셰발린은 바이올린과 피아노를 위한 4부 소나타를 비롯한 3부 소나티나, 3부 현악 4중주, 수많은 합창곡, 모음곡, 수많은 노래, 오페라 음악, 비올라를 위한 협주곡 등을 작곡하였다.

그러나 셰발린이 6년 간격으로 뇌의 같은 영역에 두 차례 뇌졸중을 겪었다는 사실은 주목하여야 한다. 두 번째 뇌졸중은 더 심각하였으나 그는 여전히 학생들

과 교류하고 학생들의 작품에 대한 피드백을 제공하며 스스로 음악을 작곡할 수
있었다. 만약 첫 번째 뇌졸중을 겪지 않았더라면 이와 같은 성공은 거두지 못하
였을 것이다. 뇌졸중이 처음 발생하고 두 번째 뇌졸중을 겪기까지 뇌 반응이 신
경회로 변동에 긍정적인 영향을 미쳤을 가능성이 있다. 기능적 재구성이 그 6년
간 일어났을 수 있다는 점을 지적할 수 있다.

장 랑글레

장 랑글레Jean Langlais는 1907년 프랑스 브리타뉴 지방의 라 퐁트넬르에서 태어
났으며 1991년에 사망하였다(Labounsky, 2000). 랑글레는 작곡가이자 명망 높은
콘서트 오르간 연주자였는데 2세부터 시각장애인이었다. 랑글레는 전 세계를 돌
아다니며 대중 앞에서 연주를 하였고 오르간 연주를 가르쳤으며 수많은 작품을
녹음하고 작곡하였다. 그는 브라유 점자로 글이나 음표를 읽었다. 랑글레는 77세
에(1984년 7월 1일) 좌측 측두엽과 하부 두정엽 부위에 뇌졸중이 발생했다(Signoret,
van Eeckhout, Poncet, & Castaigne, 1987). 그 직후 그는 우측 마비와 베르니케 실어
증이 생겼다. 마비증상은 얼마 지나지 않아 사라졌으나 실어증은 사라지지 않았
다. 뇌졸중을 겪고 한 달 후 랑글레는 글을 읽지도 쓰지도 못하였으며 오르간도
칠 수 없었다. 이것은 실어증이 지속되고 이전에 익숙했던 작품들을 기억하는 데
어려움을 겪었기 때문이었다. 그러나 그의 상태는 호전되었고, 10월 24일 뇌졸중
을 겪고 3개월이 지났을 때 프랑스 텔레비전 방송 녹화에서 오르간 연주를 할 수
있었다. 랑글레는 그 후 얼마 지나지 않은 11월부터는 가르치기 시작하였다. 그의
언어 향상은 가족의 도움과 그의 언어치료사였던 필립 판 에이크하우트Philippe
van Eckhout의 노력 덕분이었다. 랑글레가 회복하는 과정에서 나타난 일부 인지 영
역에서 주목할 만한 현상이 있었다.

랑글레의 언어 능력은 곧 돌아왔는데, 이상하게도 대부분 영어가 회복되

었고, 그래서 언어치료 과정의 초기 단계에 있던 그에게 힘들게 배운 불어를 더 사용하지 않도록 하였다. 그러나 9개월 후 그는 회복의 정체기를 맞게 되었고 모두가 이를 안타깝게 생각하였다. 랑글레는 이때부터 매우 제한적 향상을 보인 것이다. 그러나 간단한 대화는 나눌 수 있었다. 아내 마리 루이즈 Marie-Louise와 언어치료사의 도움 덕에 랑글레는 고유명사 발음 몇 가지를 배웠으나 말하기 이전에 연습을 꼭 해야만 가능하였다. 랑글레는 자주 사용하는 이름 목록을 주머니에 넣고 다녔다. 또한 랑글레는 숫자 습득이 불가능하였는데, 1부터 한 숫자씩 올라가는 것만 큰 소리로 할 수 있었다. 랑글레는 브라유 점자를 쓰지도, 읽지도 못하였으며 타이핑할 수도 없었다(Labounsky, 2000, p. 316).

그럼에도 불구하고 그는 브라유 점자로 작곡을 할 수 있었고, 음악 노트를 읽고 쓸 수 있었으며, 놀랍게도 단어를 쓸 때는 사용할 수 없었던 브라유 점자를 음악 노트에 사용하였다. 그는 오르간 연주의 녹음 과정에도 계속해서 참여하였다. 기억력에 대한 문제가 표면화되었다. 1986년 3월 2일 랑글레는 노트르담 성당에서 오르간 독주회를 할 때 어떤 기억 오류가 발생하였다. 그럼에도 불구하고 그는 연주를 계속하였고 그의 연주에 대하여 아낌없는 찬사를 받았다. 그는 같은 해 11월에 마지막으로 녹음을 하였다. 이 마지막 녹음에서도 비평가로부터 높은 긍정적인 평가를 받았다. 뇌졸중 이후 그는 모두 22개의 새로운 음악을 작곡하였다. 그중 하나는 첼로 4중주를 위한 것이었다. 그의 제자와 자서전 작가는 다음과 같이 말했다.

이러한 마지막 작업은 양적으로는 매우 불규칙하였지만 뇌졸중이 일어나기 전에 그가 작곡한 형식과 많이 다르지 않았다(자신을 표현하려는 그의 욕구는 아마도 분석적인 객관성에서 변화를 주었다). 이 기간에 챈트와 매우 단순한 형식의 추구가 뱅트 콰트르Vingt-quatre 작품에 더 강하고 더 대단하게 나타났다. 아직도 각각의 작품은 신선하다(Labounsky, 2000, p. 318).

1990년 크리스마스 이후 랑글레는 더 이상 작곡을 할 수 없었다. 뇌졸중이 몇 차례 더 일어나 그의 신체적 · 정신적 상태를 악화시켰고 그는 5개월 후인 1991 년 5월 8일에 사망하였다.

벤저민 브리튼

영국 작곡가 벤저민 브리튼Benjamin Britten(1913~1976)은 영국 로스토프트에서 태어나 63세에 사망하였다(Carpenter, 1992). 브리튼은 수년간 심장 질환을 앓았는 데 이 병은 오케스트라 지휘나 테니스를 치는 데 제한이 되었다. 결국 1973년 5월 7일 런던에 있는 National Heart Hospital에서 심장판막 기능 이상으로 인한 수술 을 받았고, 수술 시 심장비대가 있었다는 것을 발견하였다. 또 안타깝게도 수술 과정에서 기계에서 나온 칼슘 입자가 혈류를 통해 좌뇌에 있는 혈관을 막았다. 브리튼은 작은 부위의 뇌졸중이 있었고, 이것으로 인해 신체 우측이 쇠약해졌다 고 알려져 있다. 예를 들어, 그는 자신의 입에 우측 손을 가져갈 수 없었다. 3년 후 사망할 때까지 브리튼은 심장 문제가 남아 있었고 신체 우측이 쇠약해져 피아 노를 칠 수 없었다. 또한 브리튼은 글을 쓸 때도 어려움을 겪었다. 이런 상태임에 도 불구하고 그는 새로운 음악을 작곡하고 이전 작품들을 검토하였다. 브리튼은 1931년에 작곡하였던 〈현악 4중주곡 D장조〉를 재검토하였고, 약 30년 전에 작 곡하였던 그의 오페레타 〈폴 버니언Paul Bunyan〉을 수정하기도 하였다. 그가 새 로 작곡한 작품들 중에는 〈Canticle V〉, 〈Suite on English Folk Tunes: 'A Time There was'〉, 〈Sacred and Profane〉, 〈Birthday Hansel〉(이는 엘리자베스 2세 여 왕 어머니의 75세 생일을 축하하기 위하여 여왕이 그에게 맡긴 작품이었다), 〈페드라 Phaedra〉가 있다. 브리튼은 이후에도 현악 합주단과 영국 가곡을 작곡하였으며, 므스티슬라프 로스트로포비치Mstislav Rostropovich를 기리기 위한 무반주 첼로 곡을 작곡하였다. 이런 그의 새로운 작품들은 비평가들에게 큰 찬사를 받았다. 브리튼이 실음악증~amusia~을 겪었는지는 모르겠으나 그런 증상은 알려진 바 없다. 또한 뇌손상의 정도도 알려진 바가 없다. 중요한 사실은 브리튼이 실어증을 겪지 않았다는 것이다. 이것만 보더라도 뇌졸중으로 인한 손상은 뇌의 아주 작은 영역, 아마도 중심전회(운동피질)였을 것으로 팔과 다리에만 영향을 미치고, 브로카 영역이 있는 좌측 전두이랑의 측면에는 영향을 미치지 않은 것으로 추측해 볼 수 있다.

미국 작곡가 B. L.

이번에는 70대에 들어서 좌측 후두-측두엽 영역에 뇌졸중을 겪은 유명한 작곡가이자 지휘자의 신경학적 사례를 소개한다(Judd, Gardner, & Geschwind, 1983). 그는 지휘를 하는 도중에 뇌졸중이 일어났다. 뇌졸중을 겪은 후로 그는 실서증과 실독증뿐 아니라 이해장애로 인한 실어증이 생겼다. 실서증과 실어증은 곧 사라졌으나 실독증은 지속되었다. 뇌졸중을 앓고 1년 뒤부터 B. L.은 다시 작곡을 하기 시작하였다. 처음에는 음표를 적는 데 어려움을 겪었으며 도움이 필요하였다. 그러나 시간이 흐르면서 스스로 음표를 쓰기 시작하였고 몇 개월 후부터는 정확하게 쓸 수 있게 되었다.

B. L.은 음표를 정확한 위치에 적는 데 어려운 경우가 많았다며 한탄하였다. 원래 적으려던 줄이 아닌 다른 줄에 음표를 적는 경우가 많았던 것이다. 그래서 우리는 그에게 줄 간격이 넓은 오선지를 주었고 이것이 도움이 많이 되었다……. 뇌졸중을 겪고 20개월이 지난 후 B. L.은 아무런 도움 없이 5주만에 코러스와 협주를 위한 7분 분량의 작품을 완성하였다. 오류는 약 12군데에서만 일어났는데 이 시점에서 그의 음악 작곡 능력은 아주 잘 이루어졌다. 그러나 음악을 듣고 악보에 음표를 기입하는 연습에서는 능력이 매우 떨

어졌는데, 이는 그가 작곡한 멜로디를 잘 적어 두는 것을 고려하면 놀라운 일이었다. 뇌졸중을 겪고 15개월이 지난 시점에서는 B. L.이 각 음악을 네 번까지 들려 달라고 했음에도 불구하고 다섯 개의 짧은 멜로디(3분 음표에서 5분 음표) 중 한 개만을 정확하게 썼다. 대체로 리듬은 맞았으나 음의 높이에 실수가 나타났다. 4마디의 16분 음표 멜로디의 경우 B. L.은 열한 번이나 들려 달라고 요청을 했으며 세 번의 작은 누락을 제외하곤 제대로 적었다. 또 음악을 듣고 4코드를 실수 없이 적었으나 각 음악을 세 번씩 들려 달라고 요청하였다. 긴 음악의 경우 듣고 리듬을 적을 때 오류가 나타났으며 특히 마디 간격이 분명하지 않은 경우에 오류가 나타났다(Judd et al., 1983, pp. 449-450).

B. L.은 머릿속으로 방금 작곡한 곡을 부르는 것보다 방금 들은 노래를 부를 때 더 기억이 나빴다. 그는 경도의 선행적anterograde 음악기억의 문제가 있었다. B. L.의 작곡 능력에 대해서는 다음과 같이 밝혀졌다.

B. L.의 작곡 능력은 변함이 없었다. 무언가를 쓰고 기억하는 데 제약이 있었기에 그는 더 느리게 작업하였으며 텍스트를 읽을 수 없었지만 뇌졸중을 겪기 이전보다 건반에 더 의존하였다. 이러한 이유 때문에 B. L.은 의욕적으로 작업을 하지 못했다. 그럼에도 불구하고 뇌졸중을 겪은 후에 완성한 작품이 호평을 받았다. 비평가들은 그의 작곡 실력이 뇌졸중을 겪기 전만큼이나 훌륭하나 음악적으로 다소 보수적인 성향을 보인다고 평가하였다(Judd et al., 1983, p. 450).

조지 거슈인

음악 작곡과 관련 질병을 연구할 때에 뇌의 어느 부위가 정확하게 손상이 되었는지를 알지 못하더라도 관련해서 나타나는 현상만을 살펴봄으로써 전문 음악가의 음악적 표현의 본질에 대한 정보를 추가적으로 얻을 수 있다. 신체의 일부에 생기는 질병은 신체에 영향을 미치고 뇌의 신경세포 회로에 영향을 줄 수 있다. 예컨대, 신체적 고통은 감정의 변화를 통하여, 특히 정신적 스트레스를 가중시켜 정서 상태를 변하게 하여 인지에 영향을 미칠 수 있다. 호르몬 수치, 혈압, 세균이나 바이러스에 의한 독소 생산, 신체의 고온, 심각한 소화불능은 정상적 뇌 기능을 방해할 수 있는 요인 중 하나다. 이와 같이 뇌 이외의 질환이 음악 작곡을 할 때 영향을 미칠 수 있다. 다음으로는 여러 유명한 작곡가의 신체적 여건에 대해 논의하고자 한다. 일부 사례에서는 뇌손상이 나타나지 않은 것으로 알려졌으며, 또 다른 사례에서는 신체적 상황을 보고 뇌손상을 추측해 볼 수 있다.

미국의 유명한 작곡가 조지 거슈인George Gershwin은 1898년 9월 26일 뉴욕에서 태어났으며 1937년 7월 11일에 사망하였다. 거슈인은 우측 측두엽에 교모세포종glioblastoma이라는 뇌종양을 앓았다. 그러나 불행히도 그 증상은 오랜 기간 간과되었다. 거슈인은 1937년 7월 11일 뇌종양 제거 수술을 받은 직후에 38세의 나이로 로스앤젤레스에서 사망하였다. 여기에서 크게 논쟁이 되는 주제는 바로 뇌종양 발병 시기와 이때 거슈인의 나이, 그리고 이 병이 그의 작업에 미친 영향이다. 거슈인의 질병은 다음과 같이 나타났다. 1936년 말 거슈인은 유명한 음악가 미치 밀러Mitch Miller에게 쓰레기 타는 냄새가 난다고 하였으나 실제로는 그렇지 않았다. 이러한 환취olfactory hallucination는 측두엽 이상 증상 중 하나로 나타난다(측두엽 이상을 보이는 환자들은 발작 직전에 어떤 냄새가 난다고 하는 사례들이 있다). 그러나 1937년 2월이 되어서야 뇌종양에 의한 심각한 증상이라고 진단을 받았다(Silverstein, 1999). 거슈인은 성공적으로 〈쉘 위 댄스Shall We Dance〉와 〈A Damsel in Distress〉에 사용할 음악을 작곡하였다. 이 두 뮤지컬에 사용할 음악을 언제부터 작곡하였는지는 확실치 않으나 첫 증상들이 나타난 이후에 완성되었다는 사실은 확실하다. 첫 증상이 나타난 후에도 거슈인은 뮤지컬 〈The Goldwyn Follies〉에 들어갈 노래를 작곡하였으나 완성하지는 못하였다. 1937년 2월 11일 거슈인은 로스앤젤레스에서 〈Porgy and Bess〉의 리허설 지휘 중 갑자기 단상에서 휘청거렸다. 그러나 중심을 잡고 지휘를 끝까지 마무리하였다. 이 일은 오후에 생겼고, 같은 날 저녁 그는 로스앤젤레스 심포니 오케스트라와 함께 〈피아노를 위한 콘체르토 F장조〉를 피아노로 연주하였다. 피아노 연주 동안 짧은 기억상실 현상이 생겨 몇 마디를 놓쳤다. 지휘자는 이 상황을 알아차리고 다른 방법으로 문제를 해결하여 청중은 이 사실을 알아차리지 못하였다. 이 상태는 몇 초간 지속되었고, 거슈인은 피아노 연주를 다시 이어 나갔다. 후에 거슈인은 그 짧은 시간 동안 고무 타는 냄새를 맡았다고 이야기하였다. 거슈인은 진료를 받았으나 특이 사항은 발견되지 않았다. 1937년 4월에 거슈인은 이발소에 앉아 있는 도중 더 심각한 정도의 환취와 함께 인지적 장애를 경험하였다(Silverstein, 1999).

1937년 6월 초, 신경학적 문제가 있음을 시사하는 일련의 증상이 시작되었으나 의사들은 그 이유를 알아내지 못하였다. 이들은 거슈인이 할리우드에서 극심한 스트레스를 받으며 살고 또 찰리 채플린Charlie Chaplin의 아내 폴레트 고다드Paulette Goddard와의 불륜 스캔들로 정신증이 발생한 것으로 보았다. 6월 한 달 동안 거슈인은 어지러움과 과민 반응을 보였으며 아침마다 착란을 일으킨 것으로 보고된다. 거슈인은 두통을 겪었고 여러 경우에서 협응의 결핍 상태를 보이기도 하였다. 거슈인은 1937년 6월 말 로스앤젤레스의 Cedars of Lebanon 병원에 입원하였다. 의료진은 그에게서 광선공포증과 함께 오른쪽 코에 냄새를 맡는 기능이 손상된 것을 발견하였다.

거슈인은 '히스테리일 가능성이 가장 높다.'는 최종 진단을 받고 퇴원하였다. 퇴원 후 거슈인은 매일 정신분석 치료를 받았으며 남자 간호사가 그를 지속적으로 돌보았다. 거슈인은 음악 활동을 하려고 하였으나 피아노를 치는 것조차 어려워하였다. 오늘날 복합부분발작이라 알려져 있는 자동증automatisms을 두 차례 겪었다. 후각기관의 환각 증상은 거의 연이어 나타났으며 협응의 결핍과 기면 증세가 더 심각하게 나타났……. 1937년 7월 9일 오후 조지 거슈인은 경면 상태로 시작하여 반혼수상태에 이르렀다. 그는 같은 병원에 입

원하게 되었는데 최근 출혈을 겪었으며 양측 시신경유두부종papilledema을 발
견하였다. 얼굴은 바늘 자극이 있었을 때 반응하였으며 우측 안면신경마비가
시사되었다……. 의사인 하워드 C. 나프지거Howard C. Naffziger는 거슈인이 7월
10일 오후 9시 30분에 병원에 도착하였으며 당장 수술을 받아야 하는 상태라
고 판단하였다. 나프지거는 뉴위크 공항에 있던 의사인 댄디Dandy와 전화로
상의하여 수술에 들어갔다. 뇌실조영사진을 통하여 우측 측두엽에 큰 뇌종양
을 발견하였다……. 수술은 약 다섯 시간이 소요되었으나 조지 거슈인은 의
식을 되찾지 못하였다. 그의 체온은 106.5°F에 달하였으며 1937년 7월 11일
오전 10시 35분에 사망하였다(Silverstein, 1999, p. 5).

거슈인의 증상이 나타난 시점에 대한 논쟁이 있었는데 일부는 1937년 훨씬 이
전에 시작되었다고 주장하였다. 정확한 시점을 알아낼 수 있다면 거슈인의 작곡
능력에 그의 뇌손상이 어떤 역할을 하였는지 알아내는 데 큰 도움이 될 것이다.
그의 뇌종양이 1937년 초반에 나타났다는 주장은 가장 설득력 있다. 교모세포종
은 급속도로 진행되는 종양의 일종이기 때문에 발병 시점을 이 시기로 잡는 것이
가장 합리적일 것이다. 지금이라면 진단이 더 이른 시점에 이루어졌을 것이고 살
았을지도 모른다. 뇌종양을 제거하면서 분명 우측 측두엽도 함께 제거되었을 것
이다. 우측 측두엽 손상이 작곡과 연주에 어떠한 영향을 미치는지 거의 알려진
바가 없으므로 그 후에 일어날 일들은 예측할 수 없다. 거슈인의 경우 1937년 2월
에 시작된 심각한 증상에도 불구하고 음악을 작곡하였다.

매독이 작곡가의 뇌에 미치는 영향

18, 19세기에 상당수의 음악가가 매독을 앓았다. 매독은 중추신경계에 영향을
미치는 질병이다. 매독은 성병으로 죽음에까지 이르게 할 수 있는 질병이었으나,

20세기에 페니실린의 발견으로 치료가 가능하게 되었다. 이탈리아인 작곡가 가에타노 도니체티_{Gaetano Donizetti}(1797~1848)의 경우에는 신경매독을 앓은 것으로 추정되며, 일부에서는 그가 자신의 작품(예: 〈Lucia di Lammermoor〉와 〈Anna Bolena〉) 속에 정신증을 반영할 수 있었던 것은 신경매독을 겪은 그의 개인 경험에서 나오는 것이라고 추측한다(Peschel & Peschel, 1992).

남성들은 이 질환을 앓게 되면 음경에 굳은 궤양이 나타나는데 몇 주만 지나면 작은 상처만 남겨 두고 낫는다(Roos, 1999). 그런 다음 온몸에 발진이 일어나 외부 생활을 할 수 없을 지경에 이르다가 사라지게 된다. 이 발진과 함께 신체적 고통도 수반된다. 일부 사례에서는 굳은 궤양이 일어났을 때 신체 부위가 변형되기도 한다(성기나 코, 입술 혹은 후두). 제3기 매독으로 알려져 있는 마지막 단계에 이르게 되면 특히 심장과 뇌에 손상이 생긴다. 잠복기에는 겉으로 아무런 증상이 나타나지 않는다. 역사적으로 매독은 1905년에 발견되었으며 1906년에 아우구스트 폰 바서만_{August von Wasserman}이 이 병의 진단 방법을 고안하였다. 페니실린을 발견하기 전에는 적절한 치료 방법이 없어 매독 환자들은 고통스러운 치료 과정을 거쳐야만 하였는데, 수은으로 만든 화학물을 온몸에 펴 바르고 담요로 몸을 감았다. 그런 다음 사우나에 들어가 땀이 나도록 하였다. 이러한 과정을 20~30일 동안 시행하였다. 이 치료 과정에 식단 제한 또한 있었다. 바서만의 진단 방법이 고안되기 전에는 의사들이 성기에 생긴 상처와 궤양 혹은 탈모를 바탕으로 이 병을 진단하였다. 의료 사학자들은 18세기와 19세기 사람들이 이 병의 전염 경로를 알지 못하였다고 주장한다(Hetenyi, 1986; Roos, 1999).

로베르트 슈만

로베르트 슈만_{Robert Schuman}은 1810년 독일 츠비카우에서 태어나 1856년 7월, 46세의 젊은 나이로 사망하였다. 그는 어린 시절부터 음악적 재능으로 인정받았다. 7세에 슈만은 정식 피아노 레슨을 받기 시작하였고 7~8세에 댄스를 위한 피

아노를 그의 첫 작품으로 탄생시켰다. 슈만은 15세가 될 때까지 피아노 레슨을
꾸준히 받았다. 그는 또한 문학과 고전 교육도 받았다. 1828년 라이프치히에서
로스쿨에 입학하였으며 여기에서 그의 미래 아내가 될 유명한 피아니스트 클라
라Clara를 만났다. 라이프치히에서 슈만은 법학 공부에 대한 흥미를 잃고 술과 담
배에 빠져 살았으며 여러 성관계를 가진 것으로 추측된다. 슈만은 하이델베르크
에 있는 로스쿨로 옮긴 후에도 이런 삶을 살았다. 그해 겨울 슈만은 폭음으로 인
한 청각장애를 일으키게 되었다. 슈만은 자살에 대한 언급을 하였으며 우울증에
빠졌으나 우울증이 지나가자 매우 흥분된 감정 상태를 보였다. 1830년 그는 라
이프치히로 돌아가 클라라의 아버지인 프리드리히 비크Friedrich Wieck에게 피아
노 레슨을 받았다. 슈만은 교습을 받는 기간 그의 집에 머물렀다. 그러다 로베르
트 슈만은 오른쪽 손, 특히 네 번째 손가락에 큰 상처를 입었는데 그 원인은 오늘
날까지 명확하지 않다. 슈만은 1830년 1월 26일 날짜로 적은 일기에 네 번째 손
가락을 마비된 손가락이라 지칭하며 그의 상태를 묘사하였다. 1831년 슈만은 성
기에 상처가 생긴다고 기록하였다(그는 이때에도 꾸준히 성관계를 갖고 있었다). 손
가락을 다친 결과로 피아노 실력이 이전과 같지 않았으나 그는 문학 작품 세 편
을 완성하여 출간하였다. 1834년 그는 음악 잡지인 *New Journal for Music*(Neue
Zeitschrift für Musik)을 만들었다. 1830년부터 1840년까지 작곡 및 집필 작업을 이
어 나갔고 1840년에 드디어 클라라와 결혼식을 올렸다. 1840년은 특히 슈만에게
생산적인 한 해였으나 1844년 1월 긴 우울증에 빠졌다. 1845년에 서서히 회복되
어 갔으나 1852년에 재차 우울증을 경험하였다. 그러나 그의 정신건강이 심각하
게 저하되기 시작한 시점은 1854년 2월이었다. 이때 슈만은 음악 환청과 환시를
경험하기도 하였다. 그는 같은 해 2월 27일 뒤셀도르프의 라인강에서 뛰어내려
자살을 시도하였다. 3월 4일 슈만은 본 근방에 있는 엔데니히 지역의 정신병원에
입원하였다. 이 병원에서 수많은 약을 처방받고 치료를 받았다. 이 시기에 그가
아내 클라라에게 보낸 편지는 일관성 있는 형태로 작성되었다. 그의 정신 상태는
1855년 8월에 크게 저하되었고 이로 인하여 그는 의사소통이나 음식 섭취에 대

한 관심을 잃게 되어 심각한 영양 불균형에 이르게 되었다. 현대 의학으로 판단하였을 때 슈만은 조울증과 함께 신경질환을 앓은 것으로 추정되며 이는 신경매독이 뇌에 이르렀기 때문인 것으로 판단된다(제3기 매독)(Lederman, 1999).

리하르트Richarz 박사가 그의 사후 부검을 실시한 결과 슈만의 뇌 무게는 남자의 평균 범위인 약 1,338그램이었다. 다음 사실 또한 밝혀졌다.

> '섬유연골의 특성을 지닌 황색의 젤라틴 성분'이 상당한 양으로 뇌하수체를 둘러싸고 있었다. 이는 매독성 고무종이라는 판단을 하였다. 리하르트에 의하면 뇌 위축도 상당히 일어났다. 반상 출혈(출혈이 발생한 영역으로 지혈기 전 장애나 출혈성 뇌졸중으로 인해 발생한다)이 전두엽에서부터 후두엽에 이르기까지 많은 영역에서 일어났으며 우뇌보다는 좌뇌에 많이 발생하였다. 슈만의 두개골에서 여러 가지의 특이 사항이 발견되었고 이는 부검 결과에 기록되었는데 후에 많은 이는 이것이 매독으로 인한 골화골막염 때문이라 판단하였다(Roos, 1999, p. 40).

뇌 위축이 있었음에도 뇌의 무게가 이전과 동일했다는 사실은 흥미롭다. 더 흥미로운 사실은 좌뇌 위축이 일어났음에도 불구하고 그가 많은 글을 썼다는 점이다. 뇌 위축의 발생 시점, 진행 속도, 진행 정도에 따라 특정 분야의 생산성과 연관성이 있는지에 대하여는 의문이 있다. 또한 뇌 위축이 좌뇌 전체에서 균일하게 일어났는지 혹은 특정 영역에 일어났는지에 따라 연관이 있는지에 대하여도 관심거리다. 그의 우울증, 특히 마지막 발작은 좌뇌 위축으로 설명할 수 있다.

슈만의 음악 작품과 그의 정신상태의 관계는 많은 관심의 대상이 되고 있다.

> 특히나 생산력이 높았던 1832년, 1840년, 1849~1853년은 에너지가 넘치고 감정적으로 고취된 시기와 연관된 것으로 대략 예측된다. 반대로 작품 생산력이 낮았던 시기는 우울증과 우울감을 겪던 시기와 맞물린다(Lederman,

1999, p. 20).

[슬레이터와 메이어(Slater & Meyer, 1959)는 슈만의 자료집으로부터 그와 관련된 정보를 찾아냈다.] 슈만이 지휘를 하는 도중에 이상한 행동을 보였던 1853년에도 그는 〈오푸스 118〉, 〈3 Clavier-Sonaten für die Jugend〉, 〈바이올린 협주곡 D장조〉와 그의 최후 작품인 〈오푸스 134〉, 〈피아노와 협주를 위한 서주와 알레그로〉를 작곡하였다.

베드르지흐 스메타나

베드르지흐 스메타나Bedrich Smetana는 유명한 체코슬로바키아 출신 작곡가로 1824년 음악가 집안에서 태어났다. 이미 6세에 대중 앞에서 피아노 연주를 하였다. 스메타나의 첫아이인 프리데리카Friederika는 매우 특별한 음악적 재능을 지니고 있었다. 스메타나가 50세가 되던 1874년 4월에 피부궤양과 발진의 형태로 매독 증세가 처음 발현되었다. 그로부터 얼마 지나지 않아 어지러움을 겪었으며 청력에 문제가 생겼다. A, E, C 플랫 코드 소리 대신에 고음의 휘파람 소리가 들렸다. 같은 해 여름 오른쪽 귀에 청력 손실이 있었으며 10월에는 왼쪽 귀에도 청력 손실을 입은 것으로 밝혀졌다. 또한 스메타나는 환청이 들린다고 호소하였는데 그 원인은 분명하지 않다. 이 시기 즈음에 그는 거의 청각 및 시각적 고립 상태에서 지내야 했기 때문에 그를 방문한 친구들에게 속삭이듯 목소리를 낮춰 이야기를 해 달라고 부탁하였다(Roos, 1999).

스메타나는 어지러움과 청력 손실 증상에도 불구하고 작품 활동을 이어 나갔다. 그는 고립 상태에 있는 동안 처음 만든 오페라 곡 〈후비츠카Hubicka〉를 작곡하였다. 그리고 청력을 완전히 잃은 후에도 여덟 곡의 오페라를 작곡하였다. 그러나 마지막 오페라 곡 〈The Devil's Wall〉을 작곡하는 데에는 3년이라는 시간이 소요되었다. 1882년에 오페라에서 연주되었으며 좋은 평을 듣지 못하였다.

스메타나의 건강 상태는 당시 상당히 악화되었다. 1881년에는 발화, 기억력, 집중력이 눈에 띄게 저하되었다. 1882년 12월에 스메타나가 적은 편지에는 두 차례 단기표현적 실어증 에피소드가 발생하였다고 기술하였다. 1884년에는 환시 및 환청을 겪기 시작하였고, 불안정한 걸음걸이와 분노가 표출되었으며, 지인들이나 심지어는 그의 자녀들과 친구들조차 알아보지 못하였다(안면인식장애 prosopagnosia). 또한 연하곤란을 겪었고, 좌측 안면의 절반에 마비가 왔으며, 오른쪽 입가로 침을 흘렸다. 1884년 4월 23일, 그는 프라하에 있는 정신병원에 입원하였다. 진료 기록에 의하면 스메타나는 영양실조 상태였으며 그의 환각은 심각하였다. 그는 1884년 5월 12일 60세의 나이로 사망하였다. 사후 부검에서 신경매독을 앓고 있었던 것으로 알려졌는데, "만성염증으로 인하여 뇌막이 두꺼워졌고 측뇌실 팽창과 대뇌피질 위축이 일어났으며 청신경 손상이 있었다."(Roos, 1999, p. 37)라고 밝혀졌다. 여기에서 의문은 뇌 위축의 시작 시기인데 스메타나가 그의 마지막 오페라를 작곡하는 시기나 이를 완성한 시기일 가능성이 높다.

프란츠 슈베르트

프란츠 슈베르트Franz Schubert는 1797년 오스트리아 비엔나에서 태어나, 1828년 31세의 나이로 사망하였다(O'Shea, 1997; Schoental, 1990). 어린 나이부터 슈베르트는 특별한 음악적 재능을 지니고 있었다. 18세가 되었을 때 그는 이미 〈마왕 Erlkonig〉을 비롯한 교향곡 두 곡, 미사곡 두 곡, 소나타 두 곡, 연극용 음악 다섯 곡, 현악 4중주곡과 합창곡 등 총 144곡을 작곡하였다(Roos, 1999, p. 38). 연애에 실패한 슈베르트는 1822년, 25세에 매춘부와 성관계를 갖게 된 것으로 알려져 있다. 이것이 매독을 앓게 된 원인일 수 있다. 1823년 봄 슈베르트는 매독으로 크게 앓았다. 그는 친구들도 만나기를 거부하였고 탈모를 겪기 시작하였으며 이를 감추고자 가발을 썼다. 또한 두통을 호소하였는데 이는 매독의 증상 중 하나인 뇌막 염증으로 인한 것이었을 것이다. 여기에 신체적 고통도 생기고 있다고 호소하였다. 슈베르트는 당시에 흔하게 사용하던 수은 치료법을 받았다. 1828년 그가 죽던 해에 슈베르트는 3월에 대중 앞에서 곡을 연주하였으며 〈겨울나그네 Winterreise〉와 피아노 3중주를 몇 곡 작곡하였다(Roos, 1999).

슈베르트는 사망하기 이전에 섬망증세를 보였다. 당시 그는 마지막 교향곡을 작곡하였으나 완성하지 못하여 〈미완성 교향곡The Unfinished〉이라 명명되었다 (Schoental, 1990). 슈베르트가 병을 앓았던 1823~1828년 동안 그는 피아노를 위한 환상곡 〈방랑자Wanderer〉를 비롯한 〈물레방앗간 아가씨Schöne Müllerin〉와 〈모반자들Die Verschworenen〉, 오페라 〈피에라브라스Fierabras〉, 4중주곡 A장조, D장조(〈진실Death and the Maiden〉), 피아노 소나타 A장조, 현악 4중주곡 G장조를 비롯한 많은 곡을 작곡하였다. 불행히도 그의 사후부검이 시행되었는지는 알려지지 않았으며, 시행되었다 하더라도 그 결과에 대해서도 알려지지 않았다.

루트비히 판 베토벤

루트비히 판 베토벤Ludwig van Beethoven은 1770년 독일 본에서 태어나 1827년에 사망하였다(Keynes, 2002; Kubba & Young, 1996). 베토벤은 음악가 가족에서 태어났는데, 그의 할아버지는 전문 음악가였으며 아버지는 가수이자 바이올린 및 피아노 연주자였다. 베토벤은 아버지에게서 첫 음악 교습을 받았다. 7세가 되었을 즈음에 베토벤은 대중 앞에서 처음 연주하였으며 12세에 이미 첫 작곡을 하였다. 17세에는 비올라를 연주하며 아버지와 형제들의 연주를 도왔다(베토벤의 어머니는 그 직전에 결핵으로 사망하였고 아버지는 음주로 인하여 목소리가 변형돼 직장을 잃게 되었다). 베토벤이 21세가 되던 1791년 즈음에 그는 비엔나로 건너가 요제프 하이든Joseph Haydn과 안토니오 살리에리Antonio Salieri와 함께 공부하였다. 베토벤은 비엔나에서 작곡을 하고 연주하였다. 베토벤에 대한 기록 중 1801년에 그가 청력을 잃게 되었다는 내용을 찾을 수 있었다. 1802년에 베토벤이 형제들에게 쓴 편지에는 1796년부터 청력을 잃기 시작하였다고 언급되었다(이때는 베토벤이 가족 곁을 떠나 비엔나에 정착한 지 5년 뒤였다). 1801년에 베토벤은 사람들의 목소리와 악기에서 나오는 고음을 선택적으로 듣지 못하는 청력 손실을 앓았으며 청력 손실은 왼쪽 귀에서 시작되었다. 당시 베토벤은 수은 치료(매독에 주로 사용하는 치료법)를 받았다는 글을 적었다. 후에 1807년부터는 만성두통을 앓게 되었으며, 1814년에는 피아노 연주에 어려움을 겪게 되었는데 이는 아마도 청력 손실에 의한 것이라 추정된다. 베토벤은 매춘부를 찾아간 것으로 알려져 있는데 그의 서류 중 매독 치료 처방전도 발견되었다. 이 때문에 베토벤의 전기 작가이자 흠모자인 알렉산더 휠록 세이어Alexander Wheelock Thayer는 베토벤의 태도에 큰 충격을 받아 전기를 미처 완성하지 못한 것으로 알려졌다. 베토벤은 결혼한 적은 없으나 여러 여인에게 청혼한 바 있으며 모두 거절당한 것으로 알려져 있다. 이러한 상황을 고려하였을 때 베토벤의 청력 손실은 이경화증otosclerosis이나 청신경의 독립 기능 이상이 아닌 매독으로 인한 것일 가능성이 매우 크다. 중요한 사실은 베토벤은 청력 손실을 겪기 시작하고 한참 뒤인 1800년과 1827년 사이에 그의 전 교향곡 9곡을 모두 작곡하였다는 사실이다(Roos, 1999). 베토벤은 감각 상실을 겪었으나 창의적 작품을 만드는 데 영향을 받지 않았으며 뇌의 상태에 상관없이 그의 음악을 듣는 사람들에게 미적 감각을 고취시켰다. 그의 뛰어난 음악에 그의 청력 손실이 어떤 영향을 미쳤는지는 불분명하다. 만약 베토벤이 청력 손실을 입지 않았더라면 그의 음악은 어떻게 만들어졌을지도 의문 중 하나다. 또 하나 언급해야 할 사실은 일부에서 베토벤의 음악이 1817년 즈음에 바뀌었다고 주장한다는 점이다(Cooper, 1985; Solomon, 2003). 그러나 이 변화와 관련된 음악적 본질은 이 책의 논의 범위를 벗어난다(베토벤과 스메타나 외에도 포레Fauré 또한 심각한 청력 손상과 청력 손실을 겪었으나 〈두 번째 피아노 5중주〉, 그의 오페라 곡 〈페넬로페Pénélope〉, 그리고 그의 마지막 작품 〈현악 4중주〉를 비롯한 큰 찬사를 받은 여러 작품을 작곡하였다).

　　베토벤의 건강 상태는 1826년 12월에 악화되었다. 비엔나의 의사들은 베토벤이 발이 붓고 간 이상을 보이며 피부에 황달이 있었다고 확인하였다. 1827년 초

베토벤은 4개월간 병상에 누워 있었다. 그는 1827년 3월 26일에 혼수상태에 빠진 후 사망하였다. 사후 부검 결과는 분실되었으나 1970년 비엔나의 해부 병리학 박물관에서 발견되었다. 사후 부검 결과에서는 베토벤의 유스타키오관과 안면신경이 매우 두꺼웠으며 좌측 청신경이 우측보다 얇았다고 기록되어 있었다. 또한 뇌의 제4뇌실 영역은 밀집도가 높고 혈관이 많이 분포되어 있었다(Hui & Wong, 2000). 이러한 결과가 있음에도 불구하고 그것을 베토벤의 음악적 재능과 연관 지어서 해석하기가 매우 어렵다. 베토벤의 뇌에 대한 정보가 사후 부검 결과에서 추가적으로 발견되지 않았다. 베토벤의 주치의가 보관하던 그의 진료 기록은 소각되었다. 그를 담당하던 의사들이 베토벤의 질병과 관련된 내용이 밝혀지지 않도록 이를 의도적으로 소각한 것으로 알려져 있다.

신경학적 예후가 잘 알려진 작곡가들에게 미치는 영향

사후 부검과 형태적 판정이 음악적 재능과 관련하여 일말의 단서를 제공해 줄 수 있을까? 벤티보글리오(Bentivoglio, 2003)가 게재한 음악가들과 작곡가들의 사후 부검 관련 뇌 연구를 읽은 후 결론은 특정 신경해부학적 위치가 일치하지 않는다는 점이다. 가령 일본계 캐나다인인 콘서트 피아니스트이자 작곡가 치요 아사카 투게Chiyo Asaka-Tuge(1908~1969)의 좌측 횡이랑은 우측 횡이랑보다 두드러지게 크다는 사실이 밝혀졌다. 일반적으로 좌측 횡이랑이 우측 횡이랑보다 크나, 지금까지 언급한 음악가에서는 불균형이 상당하였다. 스메타나와 슈만의 경우에는 이러한 불균형이 알려진 바 없다. 고도로 숙련된 음악가들(지휘자, 첼리스트, 가수)의 뇌의 첫 번째 측두엽의 중간과 후측 부위는 특이하게 양측으로 발전되어 있었으며 각회supramarginal gyrus도 같은 양상을 보였다([그림 1-4] 참조). 가수 율리우스 슈토크하우젠Julius Stockhausen(1826~1906)의 경우 좌측 두 번째 전두이랑이 특이하게 발달되어 있는 것으로 나타났다. 그 사례가 언급한 것뿐이지만 사후 부검 결과가 일치하지 않은 것은 음악성의 범위가 얼마나 넓은지를 반영하며, 음악이란 특정 영역 한 군데에 집중되어 있는 것이 아니라는 사실을 주장한 다른 연구를 뒷받침한다.

요 약

퇴행성 질환이나 특정 부위 손상을 입은 작곡가들은 대부분 좌뇌 영역에 영향을 입었다. 작곡가들이 우뇌 영역에 손상 입은 사례가 극히 드물기에 음악에 대한 각 반구의 인지와 관련하여 통일된 결론을 도출하기가 불가능하다. 앞에 제시된 사례에 나온 작곡가들은 신경학적 합병증을 지니고 있음에도 불구하고 꾸준히 작곡을 할 수 있었다. 강도 높은 훈련, 반복학습, 뛰어난 음악적 재능과 유전적 요인들은 모두 뇌손상 이후에도 이 작가들이 음악적 능력을 발휘하는 데 기여하였다. 작곡은 폭넓은 능력이 요구된다. 주로 어린 시절부터 발전시킨 음악 능력과 뇌세포의 가소성은 손상 후에도 음악적 재능을 잃지 않는 데 기여하였다. 이는 특히 신경세포나 연결이 손상된 뇌에 기능 재조정이 일어나게 된 지발성 신경변성 질환의 경우 더 그렇다. 작곡가 모리스 라벨, 휴고 볼프와 M. M.의 질병과정은 그 생산성과 연관하여 이 장에서 논의되었다. 편측 뇌졸중을 겪은 작곡가의 사례는 극히 드물다. 작곡가 비사리온 G. 셰발린, 장 랑글레, 벤저민 브리튼, B. L.의 사례 또한 이 장에서 논의되었다. 전반적으로 손상 부위와 작곡 능력 간에 일치된 소견은 발견되지 않았다. 이와 유사하게, 뇌손상을 입은 작곡가들과 전문 음악가들은 그 생산성과 창의력을 잃지 않았다는 사실이 수백 년간 증명되었다. 조지 거슈인이 겪은 신경 질환은 그의 작품에 직접적인 영향을 미치지 않았다. 페니실린이 발견되기 전 신경매독은 심각한 손상을 미치는 성병이었다. 이 병은 로베르트 슈만이나 베드르지흐 스메타나, 그리고 프란츠 슈베르트에게 심각한 영향을 미쳤다. 또한 감각이상으로 인하여 스메타나와 베토벤이 겪은 청력 손실은 그들의 작품 본질에 영향을 미쳤을지 모르지만 이들의 기술이나 예술적 능력에는 영향을 미치지 않았다. 만약 신경 질환을 앓고 있는 작곡가들이 건강했더라면 작품의 결과는 달랐을지도 모르지만, 주목할 만한 사실은 극심한 신경 손상을 입었음에도 불구하고 이 작곡가들은 작곡을 계속하였다는 점이다. 결과적으로 음악 작곡과 관련하여 신경해부학적 의의를 찾기 어려운 이유는 음악 재능이 다양한 형태로 나타나고 신경 손상이 일어났을 때에 뇌는 가소성을 보이기 때문이라고 할 수 있다.

읽을거리

Atenmuller, E. O. (2001). How many music centers are in the brain? *Annals of the New York Academy of Sciences, 930*, 273-280.

Beack, E. (2002). The neural networks of music. *European Journal of Neurology, 9*, 449-456.

Benzon, W. L. (2001). *Beethoven's anvil: Music in mind and culture.* New York: Basic Books.

Brown, S. (2001). The "musilanguage" model of music evolution. In N. L. Wallin, B. Merker, & S. Brown (Eds.), *The origins of music.* Cambridge, MA: MIT Press.

Cooper, M. (1985). *Beethoven: The last decade, 1817-1827.* Oxford: Oxford University Press.

Critchley, M., & Henson, R. A. (Eds.). (1977). *Music and the brain: Studies in the neurology of music.* London: William Heinemann Medical Books.

Flor, H. (2003). Remapping somatosensory cortex after injury. *Advances in Neurology, 93*, 195-204.

Landers, M. (2004). Treatment-induced neuroplasticity following focal injury to the motor cortex. *International Journal of Rehabilitation Research, 27*, 1-5.

Marien, M. R., Colpaert, F. C., & Rosenquist, A. C. (2004). *Noradrenergic mechanisms in neurodegenerative diseases: A theory.* Brain Research Reviews, 45, 38-78.

Midorikawa, A., & Kawamura, M. (2000). A case of musical agraphia. *NeuroReport, 11,*

3053-3057.

Peretz, I. (1990). Processing of local and global musical information by unilateral brain-damaged patients. *Brain, 113*, 1185-1205.

Sloboda, J. A. (1985). *The musical mind: The cognitive psychology of music.* Oxford: Clarendon Press.

Solomon, M. (2003). *Late Beethoven: Music, thought, imagination.* Berkeley, CA: University of California Press.

Tuge, H. (1975). *An atlas of the brain of a pianist (1908-1969).* Tokyo: Koseisha Koseikaku.

CHAPTER
06

음악과 뇌손상 II
음악 연주와 청취

개 요

  음악 연주 예술가들은 오페라가수, 재즈가수, 피아니스트, 바이올리니스트, 오르간 연주자 구분 없이 모두 자신들의 기량, 재능, 기술, 숙련도, 그리고 음악적 인지 능력을 연출한다. 표현력과 감수성이 모두 표출되는 것이다. 경험 데이터가 축적된 몸은 총체적 음악 표현이 양쪽 뇌 반구의 전문화에 의존한다는 것을 암시한다(Baeck, 200b; Weiser, 2003). 양쪽 뇌 반구 가운데 좌뇌는 박자와 리듬을 지각하는 데 전문화되어 있는 반면, 우뇌는 음의 고저와 음색을 지각하는 데 전문화되어 있는 경우가 일반적인 형태다. 양쪽 뇌 반구에서 측두엽은 음악을 인지하는 데 크게 관련되어 있고 전두엽은 음악을 만들어 내고 표현하는 데 밀접하게 관련되어 있다. 음악을 만들고 표현하는 능력은 언어와 관련이 있고 음악과 관련한 중요한 논의 주제다. 음악은 다양한 하위 구성 요소와 부분으로 이루어진다.

이러한 하위 구성 요소와 부분들 전체가 이해되고 정의된 것은 아니지만, 언어의 하위 구성 요소들은 서로 간에 긴밀하게 연결되어 하나의 통합된 인지 체계를 이루며 하나의 피질 통제를 요구한다. 나아가서 음악의 하위 구성 요소들에 비해 언어의 하위 구성 요소들에 대한 이해는 더 많이 이루어져 있다. 그러나 6장에서 다루게 될 주된 내용은 뇌손상 또는 신경학적 중재 이후 음악적 재능에 미치는 장애에 관한 것이다.

음악과 언어

신경학과 신경심리학계에서 언어장애가 있지만 음악적 재능은 보전되는 환자들을 관찰함으로써 음악과 언어를 구분하고자 하는 시도가 있어 왔다(Basso, 1993). 전반적 실어증에 걸렸지만 몇 가지 음악적 재능은 건재한 사례가 드물지 않다. 간혹 브로카 실어증에 걸린 환자들도 노래를 부를 수 있거나 심지어 평소 때는 말할 수 없었던 단어를 사용하여 노래를 부른다. 반대로 실어증에 걸린 환자들은 실음악증amusia에 걸릴 수 있다. 실제로 좌뇌 손상으로 인하여 실어증과 실음악증이 동반하여 나타나는 경우가 생각보다 많다(Polk & Kertesz, 1993).

잘 알려진 사례로, 디제린Dejerine은 자신의 환자 C씨를 실서증agraphia을 동반하지 않는 실독증alexia으로 진단하였는데, 후에 알고 보니 이 환자는 전문 교육을 받은 음악가였다(Hanley & Kay, 2003). 그는 좌측 두정엽, 후두엽, 뇌량 후부에 손상을 입었다. 이 환자는 글을 읽는 데 어려움을 겪었던 것처럼 악보도 읽지 못하였다. 하지만 피아노를 칠 수 있고 악보를 쓸 수 있을 뿐 아니라 예전에 들어본 곡이나 새로운 곡들도 노래 부를 수 있었다. 이 장에서는 음악 훈련에 관한 논의도 이어진다. 이러한 증상들은 (훈련받은 음악가들로 제한되지 않고) 언어와 음악의 표현 모습에 있어서의 공통점을 시사하고 있다. 그러나 언어와는 달리 음악에는 우뇌의 전문화된 요소들과 함께 좌뇌의 전문화된 요소들이 작용하고 있다.

음악과 언어의 주된 공통점은 일시성이다. 즉, 구성 단위들이 순차적으로 발생하고 이 순차성으로 인해 소리 자체가 (만들거나 들을 때) 의미를 갖게 된다는 것이다. 이것은 회화와 그림 그리고 조각 작품의 지각에서 자극이 최초 단 한 번에 발생하는 것과는 다르다. 말과 음악을 할 때 뇌는 순차성으로부터 전체를 이해할 뿐만 아니라 이러한 발생 순서 덕분에 지속적 기억도 가능하다. 양자를 구분 짓게 하는 단서는 말의 구성 단위 간 시차가 음악보다 더 크다는 점이다. 하나의 멜로디, 더 나아가 악절을 만드는 음악의 구성 단위들의 속도가 하나의 의미를 만들어 내는 말의 단위들의 속도보다 빠르다는 것이다. 음악을 들을 때 양측 뇌 반구에서 브로카 영역이 활성화된다는 뇌영상 근거도 제시되고 있다(Levitin & Menon, 2003 참조). 악기를 사용할 때 음악의 박자감 있는 속도가 증대되고, 이것은 여러 악기가 함께 연주될 때 더욱 증폭된다.

우리 대다수는 멜로디를 들을 때 하위 구성 요소들, 즉 악절들이 정확하게 언제 시작되고 언제 끝나는지 알기 어렵다. 하지만 말은 다르다. 우리는 말의 시작과 끝을 명확하게 알 수 있다. 결국 음악을 들을 때와 언어를 들을 때 청자의 뇌에서는 서로 다른 양상의 신경 처리가 발생한다. 그리고 해부학적 기초에 대한 이해 면에서 음악보다 언어의 구성 요소들에 대한 이해가 훨씬 더 진전되어 있다.

이러한 음악과 언어 생성의 원천에 대한 이해는 기본적인 신경학적 근거를 찾는 데 중요한 단서를 제공한다. 언어 생성의 주요한 도구는 말이다. 말은 오로지 인체, 즉 구강과 후두를 이용하여 생성된다. 발화되는 말은 신체의 해부학적인 구조에 의해 조절되며 만들어진다. 반면에 음악은 그럴 필요가 없다. 음악은 손발만을 이용하거나 구강과 폐를 잇는 신체기관(성대와 후두)만 이용하거나 또는 두 가지 수단을 모두 이용하여 생성할 수 있다. 음악을 만들어 내는 방법에 따라 신경학적 그리고 현상학적 음악의 본질은 다르게 만들어진다. 나아가 언어와 관련 있는 뇌 영역에 비하여 음악과 관련 있는 피질 영역은 피질하부 영역과 함께 연결되어 보다 넓게 퍼져 있을 수 있다. 이것은 인류가 뇌를 사용하기 시작했을 때 음악이 의미 있는 소통의 수단으로 출발하였는지 여부와는 상관이 없다. 음악의 생성이 구강에 의존하여 이루어질 필요가 없다는 사실은 음악은 더 많은 피질 영역과 신경 네트워크를 광범위하게 이용하여 만들어진다는 점을 시사하고 있는 것일 수 있다.

실음악증과 음악

음악의 실인증agnosia은 실음악증amusia(뇌손상으로 인하여 기존의 음악 구성 요소들을 이해하는 능력을 잃게 되는 증상)으로 알려져 있다. 실음악증의 증상으로는 음악적 소리를 음악적으로 인식하지 못하는 전반적 청각 실인증total auditory agnosia을 포함한다. 앞서 언급한 바와 같이, 뇌손상을 입게 되면 현상의 구성 요소들을 관찰하고 분석하고 측정하고 이해할 수 있는 인지 체계도 손상을 입게 된다. 그러나 음악의 경우, 음악을 구성하는 요소들이 무엇인지 완전히 밝혀지지 않았다. 그렇기 때문에 뇌손상을 입은 환자들이 정확히 어떤 음악적 요소들을 잃게 되었는지 알아내는 것이 어려울 뿐만 아니라, 실음악적 장애amusic disorders의 다양한 징후의 신경해부학적 기초를 이해하는 것 또한 어렵다. 실음악증의 진단은 신경과 전문의들이 하게 되는데, 이들은 보통 숙련된 음악가들도 아니고 손상된 음악 인지 체계 부분들을 판별해 내는 이용 가능한 검사도 아직 없는 실정이다. 그럼에도 불구하고 이러한 사례들을 연구하는 신경과 전문의들과 신경심리학자들의 훌륭한 판단력과 통찰력을 통하여 많은 부분이 밝혀졌다.

실음악증이 점진적으로 진행될 때는 주로 다음 두 가지 유형으로 나타난다. 첫 번째 유형은 음치(음정지각장애tone deafness)로, 음계의 음, 즉 어떤 음이 높은 음계에 있는지 낮은 음계에 있는지(또는 중간 음계에 있는지) 구분해 낼 수 없는 경우다. 음치 환자에게는 모든 음이 똑같이 들리는 것으로 알려져 있다. 두 번째 유형은 멜로디지각장애(실멜로디증)로, 방금 전에 들려주거나 심지어 귀에 대고 노래를 불러 주어도 멜로디를 구분하여 지목하거나 따라 부르는 등 멜로디를 기억해 내지 못한다. 이러한 증세 가운데에 흥미로운 기능적 분리가 보고되고 있다. 환자들이 멜로디 자체는 인식할 수 없어도, 잘못된 음표를 인식할 수 있을 뿐만 아니라 멜로디를 연주하는 악기도 변별해 낼 수 있다는 사실이다. 또한 몇몇 사례의 경우 기존에 친숙했던 멜로디를 (날카로운 자동차 소리나 철판에 해머질을 하는 소리처럼) 불쾌한 소음으로 인식하기도 한다. 또한 반대로 연주되는 멜로디는 인식하지만 잘못된 음표는 인식하지 못하는 사례도 있다(Basso, 1999).

대체로 음치(음정지각장애)는 좌뇌 손상을 입은 경우 자주 발생하는 반면, 멜로디지각장애는 우뇌 손상을 입은 경우 발생하며, 각 반구 내에서의 손상의 위치는 상이할 수 있다(Basso, 1999). 그러나 예외 사례들도 보고되고 있으며 음치(음정지각장애)와 실멜로디증으로 음악에 관한 모든 것을 정의 내릴 수 있는 것도 아니다. 음악의 인지 능력을 우뇌에 속한 것으로만 분류하려는 시도들이 있지만 관련 데이터들이 일관성이 없고 주제와 평가 방식의 이질성 때문에 많은 문제가 있다. 오히려 편측성 국소 손상을 입은 음악적 훈련을 받은 경험이 없는 신경학적 환자들의 최근 사례 연구에서 설득력 있는 설명이 제시되고 있으며, 이에 따르면 음악의 인지 능력에는 반구 간 통합interhemispheric integration이 훨씬 더 많이 이루어지고 있고, 이에 따라 각각의 반구로부터 선택적인 기여가 발생하여 전체적인 음악 인지 경험이 이루어진다는 것이다(Schuppert, Munte, Wieringa, & Altenmuller, 2000).

음치(음정지각장애)는 선천적으로 발생할 수 있다. 이러한 사례는 거의 보고된 바가 없다. 하지만 이와 관련하여 11명의 선천성 곡조 음치 환자들을 살펴본 중요한 연구 사례를 한 가지 소개한다(Ayotte, Peretz, & Hyde, 2002). 이들에게 음높이, 리듬, 멜로디, 박자, 형태, 그리고 멜로디 기억을 포함한 다양한 음악적 요소를 측정하는 여섯 가지 종합 검사를 받게 하였다. 전반적인 검사 결과에 따르면 이들은 음높이를 판단하는 능력에 가장 큰 문제가 있었고, 음악을 기억하고 인지하는 것, 노래하는 것, 그리고 손뼉을 치며 박자를 지키는 것에 장애가 있었다. 연구진은 이러한 장애가 모두 음악에 국한된다는 사실을 알았다. 피험자들은 운율, 친숙한 자연의 소리, 사람의 목소리를 인지할 수 있었고, 흥미롭게도 이들 중 10명은 익숙한 노래의 도입부 가사를 듣고서 무슨 노래인지 변별할 수 있었다. 사실 모든 피험자가 어린 시절부터 음악에 노출되어 있었고 심지어 일부는 음악 훈련을 받은 경험도 있었다. 선행 연구로, 게슈빈트와 푸실로(Geschwind & Fusillo, 1966)는 노래를 부르거나 음정을 구분하는 것, 그리고 박자를 지키는 것을 할 수 없지만 4개 국어를 유창하게 하는 선천적 실음악중 환자의 사례를 보고한 바 있다. 어떤 특정한 뇌손상도 이러한 사례들과 관련이 있는 것으로 알려진 바 없다.

페레츠 등(Peretz et al., 2002)에 의해 상세하고 많은 부분을 설명해 주는 선천적 실음악중, 음치(음정지각장애)가 있는 모니카Monica의 사례 연구를 발표한 바 있다. 모니카는 어린 나이에 지속적으로 음악 훈련을 받아 왔지만 멜로디를 인식하거나 구분하고, 노래를 부르고, 춤을 추는 것이 불가능했다. 정밀한 음악과 소리에 대한 검사 결과 모니카의 실음악중은 음높이의 변화, 특히 내려가는 음정을 인식할 수 없기 때문인 것으로 추정되었다. 실제로 단순한 곡조인지 피아노 곡조인지와 상관없이, 그리고 이러한 곡조가 700 또는 350밀리세컨드로 연주되건 간에 모니카는 인식을 하지 못하였다. 다만 순음 변화(음이 떨어지는 경우가 아니라 올라가는 경우에만)를 인식하는 검사에서만큼은 다소 나은 결과가 나왔다. 모니카의 사례는 언어 소리와 음악 소리를 구분하는 능력에 있어 명확한 차이를 보였다. 말의 떨어지는 억양을 인식하는 데에는 아무런 장애가 없었던 것이다(예를 들어, 모니카는 물음표로 끝나는 문장들에서 음정의 변화를 감지할 수 있었다). 게다가 이러한 모니카의 선천성 음악 장애를 설명해 줄 만한 어떠한 뇌 이상도 발견되지 않았다. 이러한 연구 결과가 시사하고 있는 중요한 점은 음악을 이해하는 데 중요한 요소 가운데 하나는 음정을 해석하는 능력이고, 뇌에서 음악을 인지하는 데 기여하는 신경 경로들은 통상적인 음정 해석 신경 경로에 크게 의존한다는 사실이다.

뇌의 음악 영역

처음 신경학자들이 뇌에서 음악 영역을 찾고자 했을 때, 좌뇌에 손상을 입은 환자들일수록 실음악증의 사례가 압도적으로 많다는 사실을 알게 되었다. 하지만 이들은 우뇌에 손상을 입은 환자들 가운데에도 음악 장애를 겪는 경우가 있다는 점을 간과하지 않았다. 1920년대 솔로몬 헨셴Solomon Henschen이 연구조사를 했을 당시 좌뇌가 손상되지 않는 한 우뇌는 (인간의 인지 능력과 관련된 면에서 볼 때) 아무런 기여를 하지 않는 것으로 간주되었다. 따라서 실음악증이 있는 우뇌 손상을 입은 매우 드문 경우의 환자들이 뇌의 기능 영역을 찾는 데 중요한 근거 사례로 다루어지지 않았던 것도 놀라운 일은 아니다. 그러나 헨셴은 양측 뇌 반구가 모두 음악의 지각과 생성에 기여할 수 있다는 결론을 제기하였다. 헨셴의 발표에 대해 많은 논평과 비평 그리고 논쟁이 쏟아져 나왔다는 점에서 그의 연구는 매우 생산적이었다(Basso, 1993 참조). 실제로 일부 학자들은 음악과 뇌 반구의 전문화와 관련하여 어느 한쪽 뇌 반구가 아닌 양쪽 뇌 반구가 모두 음악에 기여한다고 보는 견해를 가지고 있다.

음악과 뇌에 관한 신경심리학적 연구에 있어 그다음 중요한 연구 시기는 1960년 대 초 브렌다 밀너(Brenda Milner, 1962)와 도린 키무라(Doreen Kimura, 1964)의 논문이 발표되었을 때다. 이 논문들은 몬트리올 신경학 연구원에서 간질 증세 완화 목적의 전방 측두엽 절제술을 받은 환자들에 대한 연구에 기초한 것들이다. 밀너는 이 환자들과 대조군에 대하여 시쇼어 음악 재능 검사Seashore Musical Abilities Test를 진행하였고 환자군에서 비대칭성을 발견하였다. 우뇌 그룹은 좌뇌 그룹과 대조군에 비해서 두 개의 짧은 멜로디와 음색을 변별하는 검사에서 성적이 특히 저조하였다. 리듬을 구분하는 실험에서는 그룹 간 결과의 차이가 없었다. 시쇼어 검사는 리듬, 음색, 음조 기억, 음의 고저, 음의 크기, 음의 길이 등 여러 가지 음악의 구성 요소들을 측정하는 검사다. 당시 밀너가 얻은 검사 결과 중 가장 의미 있는 것은 우뇌 그룹이 음색을 인지하는 데 저조한 성적을 받았다는 것이다. 40년이 더 지나서 이루어진 여러 기능적 뇌영상법 연구를 통해 음색 변별은 우뇌를 활성화한다는 것이 밝혀졌다(이 장에서 추가적으로 다루어질 부분이다). 어떤 악기로 연주되었는지 변별할 수 있는 것은 어떤 사람이 말을 했는지 변별하는 것과 다르지 않을 수도 있다. 그러나 1990년대 초부터 이루어진 기능적 뇌영상법 연구로부터 얻어진 수많은 증거에 의해 리듬과 관련한 부분은 좌뇌에 전문화되어 있다는 사실이 뒷받침되고 있다(Wieser, 2003). 이것은 시간적 순서에 따른 기억에 있어 좌뇌가 전문화되어 있다는 오래된 믿음과 일관성 있는 연구 결과다(Efron, 1963).

멜로디와 음악 훈련의 역할

키무라(1964)는 이분청취개념체계dichotic listening paradigm를 이용하여 멜로디 기억을 연구하였다. 이분청취개념체계는 두 개의 서로 다른 소리를 동시에 각각 다른 쪽 귀에 들려주는 검사다. 이 기법은 서로 다른 청각적 상황에서는 반대측 성 청각 경로가 지배적으로 활성화된다는 사실에 근거하여 고안되었다. 키무라의 연구에서 일반적인 피험자들은 서로 다른 멜로디를 동시에 각각 다른 쪽 귀로 들었다. 관심 주제는 양쪽 귀에 네 개의 멜로디를 들려주고 난 후 어떤 멜로디를 인지하였는가 하는 것이었다. 실험 결과 왼쪽 귀에 들려준 두 개의 멜로디를 오른쪽 귀에 들려준 두 개의 멜로디보다 더 잘 기억하였다(Kimura, 1964). 연이은 여러 연구 결과가 키무라의 연구 결과를 뒷받침함에 따라 음악의 인지는 우뇌에 전문화되어 있다는 주장이 제기되기 시작하였다. 이보다 먼저 키무라가 진행한 이분청취개념체계에서는 일반 피험자들에게 들려준 숫자를 큰 소리로 말하도록 요구하였다. 양쪽 귀에는 각각 서로 다른 숫자를 들려주었다. 검사 결과 오른쪽 귀에 들려준 숫자를 왼쪽 귀에 들려준 숫자보다 현저하게 많이 맞혔다(Kimura, 1963a, 1963b). 이러한 연구 결과는 언어 기능은 좌뇌에 전문화되어 있다는 것으로 해석되었다. 전반적으로 키무라의 두 개의 연구 결과에 따르면 이미 알려진 바와 같이 언어는 좌뇌에 전문화된 반면 음악은 우뇌에 전문화되어 있다는 것이다. 그러나 음악 인지에 관한 후행 연구에서는 음악 훈련에 따라 어떤 뇌 반구가 활성화되는지가 크게 달라질 수 있음이 밝혀졌다.

1930년 포히트방거Feuchtwanger는 뇌손상을 입은 환자들로부터 음악과 관련한 신경해부학적 기초에 관한 정보를 얻는 데 훈련이 매우 중요하다는 견해를 제시하였다(Basso, 1993). 1974년 베버Bever와 키아렐로Chiarello는 그들의 연구에서 (실험 전 음악학교에서 5년 이상 광범위한 훈련을 받은) 숙련된 음악가들로 구성된 실험군과 비음악가들로 구성된 대조군에 대한 실험을 통해 음악 훈련의 영향에 대해 밝힌 바 있다(Bever & Chiarello, 1974). 이들의 연구는 녹음된 (모노 사운드로 들려주는) 테이프의 멜로디를 듣고, 두 마디의 특정 순서를 찾아내어, 후에 주어진 멜로디가 앞서 찾아낸 두 마디의 순서 중 하나인지 아닌지를 말하는 것이었다. 이러한 시도는 많이 있었다. 이러한 실험 결과는 두 그룹의 차이를 극명하게 보여 주었다. 숙련된 음악가들은 오른쪽 귀로 들은 멜로디를 더 잘 인식할 수 있었던 반면, 비음악가들은 왼쪽 귀로 들은 멜로디를 더 잘 인식하였다. 이러한 결과는 숙련된 음악가들은 좌뇌의 작용이 극대화된 반면 비음악가들은 우뇌의 작용이 극대화되면서 음악의 인지 처리에 있어서 서로 반대의 반구가 작용하는 것을 의미하였다(Bever & Chiarello, 1974). 이러한 결론은 다른 연구에서도 동일하게 얻어졌으며, 음악의 경험적 연구에 있어 훈련은 매우 중요한 요소가 되었다. 예를 들어, 한 연구에서는 숙련된 피아노 연주자들이 기보법을 보고 비음악가들과는 다르게 인지 처리를 하며, 음악적 재능의 훈련과 연습의 결과 피아노 연주자들은 비음악가들과 다른 방식으로 세계를 이해하는 것으로 밝혀졌다(Stewart, Walsh, & Frith, 2004). 음악 훈련의 정도에 따라 음악의 인지가 영향을 받는다는 것이 현대 학계의 견해다.

숙련된 음악가들의 편측 뇌손상

편측 뇌손상을 입은 후, 악기를 연주하는 전문 음악가들의 뇌 반구 통제에 대해서는 아직 명확한 결론이 나오지 않았다. 바소(Basso, 1999)가 요약한 것과 같이, 언어 이해 장애(베르니케 실어증)를 유발하는 좌뇌 손상이 음악에 미치는 영향은 다음과 같다. 피아노 선생은 계속하여 피아노를 칠 수 있고, 실내악단의 콘서트 피아노 연주자도 계속하여 전문적인 연주가 가능하며, 오르간 연주자도 계속하여 오르간을 연주할 수 있다. 반면에, 유사한 반구 손상으로 인하여 피아노 선생의 피아노 연주 능력이 손상되거나, 오케스트라 지휘자와 기타 연습생에게도 장애를 (그러나 흥미롭게도 노래를 부르는 능력에는 영향이 없이) 안겨 주었다. 우뇌 손상은 아마추어 아코디언 연주자와 아마추어 오르간 연주자의 연주 능력에 장애를 가져온다(Basso, 1999).

음악을 감상하는 즐거움을 잃게 되는 영향은 좌뇌 손상보다 우뇌 손상을 입은 경우 더욱 빈번하게 보고되고 있다. 그러나 우뇌 손상보다 좌뇌 손상의 경우 실음악증의 사례가 더 많다는 점은 강조되어야 한다. 결국 모수 표본 수가 동등하지 않기 때문에 편측 뇌손상으로 인한 환자들의 실음악증에 대한 영향은 명확하게 결론을 내릴 수 없다. 그러나 음악을 듣는 모든 사람에게 음악을 감상하는 능력은 분명 존재한다. 음악가들은 음악을 들을 때 음악의 하위 구성 요소들의 인지 체계가 작동하고 전체 음악적 구조 내에서 상호작용을 하면서 음악을 '색깔'로 느끼며 감상한다. 음악 청취 교육이나 훈련을 받은 숙련된 음악 청취가들에게는 음악을 감상하는 특정한 방식이 있는 것이다. 비음악가들과 비숙련 청취자들은 직접적인 인지 체계가 없음으로 인하여 다른 방식으로 감상을 하게 된다(Blood & Zatorre, 2001). 그럼에도 불구하고 뇌영상법 연구에 따르면 대부분의 사람이 음악을 들으며 감상할 때 우측 안와 전두 피질이 활성화되는 것을 알 수 있다(Tramo, 2001).

우뇌 손상을 입은 숙련된 음악가들의 사례는 매우 드물지만, 스파(Sparr, 2002)에 의해 이러한 사례에 관한 신경학 보고서가 발표된 바 있다. 보고된 음악가의 가장 두드러진 장애는 실멜로디증이었다. 처음 병원에서 만났을 때, 이 음악가는 녹음된 것을 틀어 주고, 피아노로 연주해 주며, 노래로 불러 주어도 기존에 알던 멜로디를 인식하지 못했다. 또한 가사가 있는 노래로 불러 주어도 역시 인식하지 못하였다. 대조적으로 이 음악가는 자신이 기억하는 멜로디는 흥얼거릴 수 있었고, 인식하지 못하는 멜로디라도 정확한 리듬에 맞추어 박수를 치는 것은 가능했다. 즉, 그에게서 리듬과 멜로디의 인지 능력이 분리된 것이다. 또한 악보가 주어진 경우 멜로디를 변별하고, 유형을 분류하며, 어떤 악절이 연주되고 있는지 설명할 수 있었다. 이 음악가는 스트라빈스키Stravinsky의 악보를 보고 악기가 연주되는 박자를 설명할 수 있었다. 단일 음표의 음을 만들어 내는 데에도 문제가 없었다. 하지만 4개 이상의 음을 연이어 만드는 데에는 장애가 있었지만, 3개 이하의 음을 만드는 데에는 문제가 없었다. 무조성증atonality을 앓지도 않았다. 그러나 소리를 듣고 악기를 분별해 낼 수 없었고, 유명한 사람들의 목소리를 듣고, 심지어 이들이 노래 부르는 것을 듣고도 이름을 맞힐 수 없었다. 이렇게 소리를 누가 또는 어떤 악기가 만들어 내는 것인지 인식할 수 없는 장애는 우뇌에 손상을 입은 비음악가들이 겪는 음질 지각 결함timbre deficit과는 다르다. 한 달 뒤 이루어진 사후 검사 결과 이 음악가의 멜로디 지각 능력은 20% 향상되었고, 3년 뒤에는 70%까지 향상되었다. 그러나 여전히 멜로디를 듣고 지각하기까지는 시간이 많이 걸렸다. 이 사례를 보고한 신경학자는 이 음악가가 자신에게 장애가 있다는 사실을 깨닫지 못하고, 음악과 관련한 인지적 어려움이 있음을 부정하고 있다는 점에 주목하였다. 이러한 부정은 질병인식불능증anosognosia(질병을 부정하는 것)을 의미했는데, 이것은 우측 두정엽 손상과 관련한 증상이다. 그렇다면 비록 뇌 영상에서는 우측 측두엽의 기능장애만을 발견하였더라도, 실제로는 두정엽에도 기능적 손상이 있었을 가능성이 있는 것이다. 이 음악가의 실멜로디증은 음정, 리듬, 화음과 관련한 장애를 동반하지는 않았다. 이 사례 연구는 음악 인지 능력의 분리 현상과 국소적 뇌손상을 입고도 양측 뇌의 손상받지 않은 부분을 이용하여 음악의 특징을 계속하여 인지 처리하는 전문 음악가에 대한 이해라는 점에서 큰 기여를 하였다.

노래와 신경심리학

비음악가의 경우 노래는 좌뇌보다는 우뇌가 제어할 가능성이 더 크다. 이러한 현상은 좌뇌 손상으로 인한 실어증에도 불구하고 손상 전에 자주 듣던 노래를 부르는 환자들을 통하여 확인되었다. 이는 좌뇌 절제술(수술을 통하여 좌뇌를 제거)을 받은 8세 이상의 환자들의 사례를 통하여 뒷받침되었다. 이 환자들은 언어 생산은 최소한의 형태로만 나타났으나 이와는 관계없이 노래는 부를 수 있었다. 같은 부위의 절제술을 받은 RS는 음이나 음조, 리듬이나 여타 음악 요소를 잘 조절하여 불렀다("RS의 노래는 천사의 노래와도 같았다."라는 평가도 있었다)(Gott, 1973; E. Zaidel, 1978). 그러나 이 절제술 이후에도 새로운 노래를 배울 수 있었는지는 알려지지 않았다. 이는 아주 중요한 부분인데 과연 우리가 음악을 배울 때 양쪽 반구가 온전한 상태여야 하는지에 대한 답을 해 줄 수 있는 부분이다. 그러나 현재로는 이에 대한 답을 구할 수 없다.

고든과 보겐(Gordon & Bogen, 1974)은 신경과 환자 8명을 대상으로 노래하는 행위를 제어하는 뇌 기능 관련 실험을 진행하였다. 피험자들은 약제에 반응을 보이지 않는 전 간질성 발작 수술을 받기로 한 환자들로, 이들은 와다 검사Wada test로도 알려진 편측 마취약(나트륨 아미탈)을 좌뇌용과 우뇌용으로 따로 처방받았으며 편측 마취 상태에서 익숙한 노래를 부르라는 주문을 받았다. 좌뇌가 마취되고 우뇌가 깨어 있을 때(따라서 노래하는 행위를 조절할 수 있게 됨) 환자들은 바로 노래하거나 말을 하지 못하였다. 한 단어라도 말할 때 그제야 노래를 할 수 있었다. 노래를 시작한 다음에는 명료한 음과 리듬으로 계속 노래하였다. 우뇌가 마취되었을 때는 좌뇌가 노래하는 행위를 조절하는데 이 경우 피험자들은 말을 할 수 있었으나(언어 조절은 좌뇌에서 이루어지기 때문이다) 여덟 사례 중 일곱 사례에서 노래를 제대로 하지 못하였다. 노래를 하는 경우에도 리듬은 약간 느리게 나타났고 음은 매우 불안정하였으며 노래가 단조로웠다. 그러나 노래를 시도하거나 아예 시도하지 않는 등 개별 차가 컸다. 연구자들은 또한 노래의 음조는 손상된 형태를 보였으나 언어 발화에는 손상을 보이지 않았음을 발견하였다. 현재 노래와 뇌에 대한 전반적 시각은 우뇌가 멜로디를 소리 낼 때(특히 비음악가들의 경우) 더 큰 역할을 하며 좌뇌 또한 중요한 역할을 하여 양쪽 반구는 노래 전체를 생산하는 데 함께 기여한다는 것이다(Altenmuller, 2001).

　전문 음악가들이 노래를 할 때 전두엽이 갖는 주요 역할은 신경과 환자와 관련된 여러 사례를 통하여 더 자세히 알아낼 수 있었다. A. 옐리네크$_{A. Jellinek}$는 1993년에 좌측 전두엽에 있는 신경교종$_{glioma}$ 제거 후에 노래할 수 있는 능력을 잃어버린 한 전문 음악가의 극히 드문 사례를 설명하였다(Benton, 1977에 설명). 수술 후 이 환자는 브로카 실어증과 함께 난독증, 난필증, 구어 이해 손상이 생겼다. 환자는 익숙한 노래를 부르지 못하였으며 정확한 음을 내는 데 큰 어려움을 겪었다. 또한 악보의 음을 노래로 부르지 못하였고 리듬의 패턴을 완벽하게 재현하지 못하였으며 악보를 읽는 능력을 완전히 상실하였다. 전문 가수는 아니지만 훈련을 받은 음악가의 사례는 P. 요스만$_{P. Jossman}$(Benton, 1977 참조)이 1926년과 1927년에 보고하였다. 이 환자는 총경동맥 우측 분지 부위에 동맥류를 앓고 있었으며, 수술로 동맥류를 제거하였다. 수술 후 그는 익숙한 노래를 부르거나 휘파람으로 불지 못하였으며 악보를 읽는 능력을 잃었다. 그러나 음을 인식하는 능력은 계속 유지하였다(음악 요소 관련 뇌 국소화의 분리가 다시금 강조됨). 또 다른 신경학적 사례들은 전두엽이 노래를 조절하는 뇌 영역임을 시사한다(Basso, 1999; Benton, 1977). 즉, 음악적 표현 요소는 정밀한 대뇌피질 운동조절에 의한 것이며 대뇌피질과 피질하 구조를 포함할 가능성이 있는 수용신경회로망으로부터 분리될 수 있음을 보여 준다. 노래를 하는 행위가 동물 간 의사소통의 초기 생물 형태의 확장인 것뿐이라면 피질하 영역이 노래하는 행위를 조절하였을 것이다. 그러나 피질 영역, 특히 전두엽에 있는 피질 영역이 크게 관여된 사실을 고려하면 이와는 다르게 관여한다는 점을 시사한다.

음악가들의 손과 뇌의 관계

뇌영상 연구를 통하여 음악가들의 신경해부학적 정보가 일부 밝혀졌다. 정상적인 음 인식 기능을 가진 사람들과 비교하였을 때 완벽한 음 인식을 가진 사람들은 좌측 뇌의 측두평면planum temporale이 더 크다는 사실(Zatorre, 2003) 외에도 다른 신경해부학적 정보들이 밝혀진 바 있다. 7세 이전에 음악을 배운 성인들은 음악 훈련을 받지 않은 사람들과 비교하였을 때 뇌량이 더 큰데, 그 부위는 뇌량의 몸통 부분이다(Schlaug, Jancke, Huang, & Steinmetz, 1995). 운동피질은 중심구의 한 끝에 있다. 키보드를 치는 전문 음악가들의 경우 음악을 하지 않는 사람과 비교하여 이 중심구가 양 반구 모두에서 훨씬 깊다(Amunts, Schlaug, Jaencke, Steinmetz, Schleicher, & Zilles, 1996). 음악가들 중에서도 더 이른 나이에 음악을 시작한 경우 중심구가 더 깊다. 어린 나이부터 현악기를 다룬 음악가들의 경우(왼쪽 손은 주로 현을 누르고 오른쪽은 대를 움직인다), 우뇌에 있는 감각피질인 중심뒤이랑이 일반인보다 크다(Elbert, Pantev, Wienbruch, Rockstroh, & Taub, 1995; Elbert & Rockstroh, 2004). 이러한 결과는 (뇌 가소성 문제와 관련된) 뇌 구조의 변화가 이루어졌음을 보여 준다.

이와 동시에 신경세포망에 변화가 있는지에 대한 여부는 알 수 없으며 그 변화의 원인에 대하여서도 알 수 없다. 피질이 크다는 것은 축색돌기가 긴 더 큰 신경세포가 있음을 의미하거나 일반인보다 신경세포 밀도가 더 높다는 것을 의미할 수 있다. 따라서 신경세포망은 개인에 따라 그 크기가 다를 수 있다. 고밀도를 지닌 경우 손가락 움직임을 더 세밀하게 조절하거나 손가락 끝이 더 예민하다는 장

점이 있다. 종합하여 보았을 때, 전문 음악가들은 일반인보다 약간 다른 뇌를 지니고 있는데, 특히 음악 관련 영역에서 더 그러하다는 것이다. 또한 뇌량의 일부분이 더 두꺼운 것은 뇌의 양 반구 간 음악 처리에 중요한 영역에서 연결성이 증가되어 있다는 사실을 의미한다. 이러한 연결이 반구 간의 정보 전달을 증진시킨다는 사실은 명확하지 않은데, 예를 들어 편측 뇌 반구 조절이 세밀하게 된다는 것으로 알 수 있다. 뇌량의 역할은 양 반구 간의 정보 전달을 가능하게 하는 것이나 이것이 정보의 양방향 흐름이 모두 원활한 '고속도로 다리highway bridge'와 같은 역할을 의미하는 것이 아니다. 뇌량은 한 반구의 억제 신경 메시지와 흥분성 신경 메시지를 전달하는 신경 체계의 역할을 하는 것일 가능성이 있다.

　　측두엽 간질을 겪은 전문 오르간 연주자와 관련된 연구를 통하여 연주자의 상태와 양손 동작 협응을 조절하는 뇌의 상태를 살펴보자(Wieser, 2003).

　　　우리는 우측 측두엽 간질을 겪고 있는 전문 음악가가 오르간을 연주하는 도중 우측 측두엽 경련을 일으킨 상황을 녹음하였다. 오르간 콘서트(존 스탠리John Stanley의 Voluntary VIII, Op. 5)를 연주하는 동안 이 연주자는 복합부분발작을 일으켰다. 이 경련이 일어났던 콘서트를 녹음하여 음악을 분석하였고 다른 연주에서 녹음한 자료와 비교하였는데, 경련이 일어났을 때 특이점이 발생하였다. 경련 초반에는 왼손이 박자와 정확하게 맞지 않기 시작하면서 이탈하였고 오른손은 초반에 아무런 이상을 보이지 않았다. 발작의 시간이 길어지면서 양손의 분열이 더 심각해졌으나 오른손이 왼손의 실수를 보상하여 음악을 들었을 때 평이하였는데, 이것은 경련으로 인한 왼손의 실수를 오른손이 보상한 것이다. 이 사례는 경련이 시작되었을 때 우측 측두엽 경련이 일어났으나 음악적 판단을 내리는 것에는 문제가 없었음을 보여 준다. 연주의 일부가 잘못되었음은 분명하였으나 임기응변을 통하여 왼손의 실수에 대한 완벽한 음악적 해결책을 제시하여 음악적 대응력에는 문제가 없었다……. 왼손 연주의 음 길이는 부정확하였으나 오른손의 연주는 완벽하였다. 악보와 비교하였을 때 양손이 악보와는 달리 연주하였음은 분명하나 오른손(건강한 손, 즉 아무런 영향을 받지 않은 좌뇌)은 (영향을 받은) 왼손의 실수를 보상하여 음악적으로 잘 연주하였다(Wieser, 2003, pp. 85-86).

기능적 자기공명영상(fMRI)과 양전자방출단층촬영(PET) 연구에 나타난 음악 관련 뇌 활성화

일부 뇌영상 기법을 통하여 음악 관련 신경기질이 활성화된 여러 영역이 밝혀졌다. 2003년 일반인을 대상으로 진행한 영상 연구(fMRI 및 PET)에서 음악 관련 과제와 음악 인지를 통하여 특정 뇌 영역 활성화를 고찰한 44건의 영상에서 (완벽하게 일치하지는 않으나) 크게 일치하는 부분들이 발견되었다(Janata & Grafton, 2003). 악보를 보고 음악을 연주할 때 활성화되는 양쪽 뇌 영역 중 1차 운동피질과 전운동피질, 두정엽 상부, 전전두엽 외측면, 소뇌가 최대 활성화 양상을 보였다. 악보를 해석할 때에는 두정엽 상부와 두정엽내고랑이 활성화된다. 다른 악기로 연주한 부분을 알아내거나 배경음악으로부터 목표 부분을 따로 식별할 때에는 전전두엽의 전운동 영역과 두정엽, 소뇌, 기저핵의 활성화가 최대로 일어났다. 특정 신호 후에 어떠한 멜로디를 떠올리도록 피험자에게 주문한 경우 두정엽, 복외측 전전두 영역, 전운동 영역의 활성화가 최대로 일어났다. 이 영역들은 음악 자극을 인지하는 동안 특히 활성화되는 것으로 나타났다. 두정엽 하부와 상부의 경우 비대칭적으로 활성화되는데, 이 두 영역은 비대칭적으로 활성화되는 것으로 보이며, 반면 다른 영역에서는 비대칭이 일정하게 유지되지 않았다. [그림 6-1]은 음악 인지 과정에서 나타나는 뇌 활성화 영역을 보여 준다.

핼펀(Halpern, 2001)은 PET 스캔을 비음악가에게 사용한 결과 우측 측두엽과 전전두엽의 보조운동영역은 음악을 상상하거나(머릿속으로 특정 음을 상상) 인지할 때 최대로 활성화되나, 좌측 전전두엽 영역은 가사가 함께 나올 때 활성화되

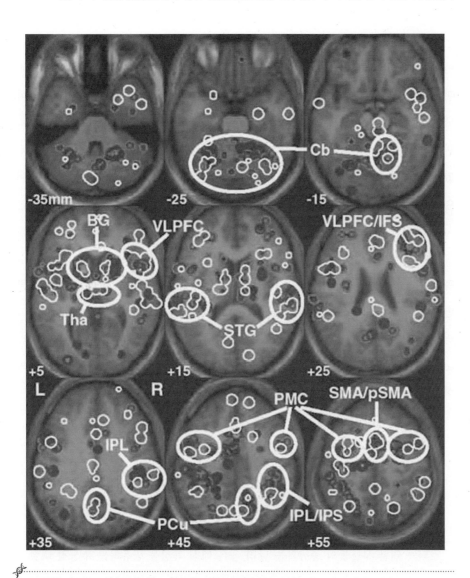

[그림 6-1] 음악 인지 과정에서 나타나는 뇌 활성화 영역

음악과 뇌, 44편의 음악 관련 과제에 대한 뇌영상 연구의 결과(Janata & Grafton, 2003), 음악 작업을 하는 동안 가장 활성화되는 뇌 영역은 원으로 표시되어 있고 다음의 약자로 표시되어 있다. BG=기저핵, Cb=소뇌, IFS=하전두엽고랑(inferior frontal sulcus), IPL=하두정소엽(inferior parietal lobule), IPS=두정엽내고랑, PCu=쐐기앞소엽(precuneus), PMC=전운동피질, pSMA=전보조운동 영역(presupplementary motor area), SMA=보조운동 영역, STG=상측두이랑(superior temporal gyrus), Tha=시상(thalamus), VLPFC=복외측 전전두 영역(Nature Publishing으로부터 승인받고 기재함).

는 것을 밝혀냈다. 플라텔 등(Platel et al., 1997)은 음악을 피험자에게 들려준 다음 PET를 진행한 결과, 좌뇌가 최대한 활성화되는 것은 친숙도, 음의 고저, 리듬과 관련되어 있고, 우뇌가 최대한 활성화되는 것은 음색을 찾을 때 이루어짐을 알아 냈다. 더 자세하게는 멜로디의 친숙도는 좌측 하전두이랑과 전측 상측두이랑과 관련되어 있다. 리듬의 경우 브로카 영역과 함께 뇌섬엽insula(실비안열 깊이 묻혀 있는)이 최대로 활성화되었다. 이러한 결과는 여러 연구에서도 밝혀진 바 있듯이 여러 광범위한 뇌 영역이 피험자(비음악가)들이 음악을 들었을 때 활성화된다는 사실을 명백히 보여 준다(Meister et al., 2004).

비음악가들이 음을 들었을 때의 뇌 활성화를 고찰한 한 연구에서는 이 경우 양 측 뇌 반구의 여러 영역에서 신경 활성화가 최대로 이루어지나 한쪽 반구가 다른 반구보다 더 활성화되는 경우가 있었는데 우측 전내측 전전두 피질의 경우가 그 러하였다(그러나 이 영역만 유일하게 활성화된 것은 아니다)(Janata, Birk, Van Horn, Leman, Tillmann, & Bharucha, 2002). 피험자에게 다양한 음을 들려주었을 때 뇌의 이 영역에서만 특이 활성이 이루어졌다.

우리는 전내측 전전두엽의 특정 신경세포 활성화는 전체 부분이 아닌 일정 부분에만 이루어짐을 알아냈다. 신뢰할 만한 신경망 내에서, 음과 관련된 영 역을 담당하는 신경세포들은 역학적으로 적절한 위치에 자리하고 있는데 이 러한 역학적 위치는 음 구조의 위치로 설명될 수 있다. 공간적 특징으로 구분 되는 일반 사물들의 종류와는 달리 음은 핵심 특징을 공유하는 추상적 대상 이다. 하나의 음조를 정의하는 음 간의 내부 관계는 각 음조마다 같아서 하나 의 음조에서 다른 음조로의 음악적 주제 전위를 유용하게 한다. 그러나 음조 는 서로 특정 거리를 두고 배치되어 있다(Janata et al., 2002, p. 2169).

이러한 역학적 활동에 영향을 미치는 주요 요소 중 일부 예로 리듬과 템포가 있으며 양쪽 뇌 반구의 소뇌의 최대 활용과 운동피질을 통한 인지와 조절이 있다

(Popescu et al., 2004). 음악에 대한 뇌의 광범위한 반응은 음악의 신경심리학적 이해의 도전 과제를 강조하며 동시에 음악 관련 신경기질과 연관된 복합 조정의 발견에 기여한다.

요 약

  음악 예술가들의 경우 광범위한 뇌 영역이 활성화되며 현재까지는 특정 '음악 관장 센터'는 확인되지 않았다. 초기에 신경학자들은 음악 관련 장애가 뇌 양쪽 반구에 모두 손상이 되었을 때 나타난다는 사실을 미처 알지 못하였다. 측두엽이 음악 지각과 크게 관련되어 있고 전두엽은 음악의 표현과 생산과 크게 관련되어 있다. 언어장애를 앓게 된 환자들이 가끔 음악 능력은 그대로 유지한다는 사실을 안 후에 음악과 언어를 구분하려는 시도가 이루어졌다. 전반적 뇌 반구 역할에서 좌뇌는 박자와 리듬 지각에 전문화되었고 우뇌는 음과 음색 인지에 전문화되어 있다. 그러나 뇌손상 이전에 받은 음악 훈련이 음악에 대한 기억과 반응을 형성한다. 음악 훈련에는 양측 뇌 반구의 역할이 크게 필요한데, 좌뇌의 경우에는 숙련된 음악가들일 때 최대로 활성화되고 우뇌의 경우에는 비음악가들일 때 최대로 활성화된다. 우뇌 손상을 입은 숙련된 음악가의 사례는 극히 드물다. 뇌영상 기법을 통하여 전문 음악가들을 비음악가들과 비교하였을 때, 특히 음악 생산에 있어서 약간 다른 뇌 영역의 활성화를 보인다는 사실이 밝혀졌다. 비음악가와 음악가들을 대상으로 한 뇌영상 연구를 통하여 음악이 뇌의 여러 영역을 활성화한다는 사실을 밝혀냈는데, 음악 관련 영역을 짚어 내는 작업은 더 어렵게 된 반면 음악적 반응이 더 광범위한 영역에서 이루어진다는 사실이 부각되었다. 박자, 리듬, 맥락, 형식, 선율과 같은 음악을 듣고 생산하는 데 필요한 '일차적' 요소들에 대한 뇌 반응 지도는 음악 지각과 관련된 신경심리학 그림을 형성하는 데 도움이 될 수 있을 것이다.

읽을거리

Chen, R., Cohen, L. G., & Hallett, M. (2002). Nervous system reorganization following injury. *Neuroscience, 111*, 761–773.

Elbert, T., & Rockstroh, B. (2004). Reorganization of human cerebral cortex: The range of changes following use and injury. *Neuroscientist, 10*, 129–141.

Frost, S. B., Barbay, S., Friel, K. M., Plautz, E. J., & Nudo, R. J. (2003). Reorganization of remote cortical regions after ischemic brain injury: A potential substrate for stroke recovery. *Journal of Neurophysiology, 89*, 3205–3214.

Hyde, K. L., & Peretz, I. (2004). Brains that are out of tune but are in time. *Psychological Science, 15*, 356–360.

Peretz, I., & Zattore, R. J. (Eds.). (2003). *The cognitive neuroscience of music.* Oxford: Oxford University Press.

Polk, M., & Kertesz, A. (1993). Music and language in degenerative disease of the brain. *Brain and Cognition, 22*, 98–117.

Popescu, M., Otsuka, A., & Ioannides, A. A. (2004). Dynamics of brain activity in motor and frontal cortical areas during music listening: A magnetoencephalographic study. *NeuroImage, 21*, 1622–1638.

Raffmann, D. (1993). *Language, music, and mind.* Cambridge, MA: MIT Press.

Sloboda, J. A. (1985). *The musical mind: The cognitive psychology of music.* Oxford: Clarendon Press.

Swain, J. (1997). *Musical languages.* New York: Norton.

Trevarthen, C. (1999) Musicality and the intrinsic motive pulse: Evidence from human psychobiology and infant communication. Rhythms, musical narrative, and the origins of human communication. In *Musicae Scientiae*, special issue, 1999–2000, European Society for the Cognitive Sciences of Music, Liège, pp. 157–213.

Zbikowski, L. (2002). *Conceptualizing music: Cognitive structure, theory, and analysis.* New York: Oxford university Press.

예술가들과 관람객
시각예술의 지각 및 인지적 요소

개 요

시각예술의 몇 가지 특징은 표준화된 신경심리학적 검사나 실험에 의해 신경 손상을 입은 비예술가들의 사례를 통하여 고찰되었다. 인지심리학자들이 연구한 지각적, 인지적 그리고 연상적인 부분 또한 함께 고려해 볼 수 있다. 예술의 신경심리학적 측면에 대한 이해를 더 얻기 위해서는 신경심리학, 인지심리학과 연관된 예술적인 측면에 대한 논의 또한 필요하다. 따라서 이 장은 이러한 시각에서 접근한다.

사물을 보는 시각이 변화무쌍한 상황에서 시각 예술가는 컵이나 자동차, 꽃, 오렌지 한 조각, 의자, 침대, 깔개나 난로를 어떤 방식으로 묘사할까? 예술가의 생각이나 의도와는 관계없이 그림은 다른 사람과 의사소통을 하며 이 그림을 감상하는 사람은 눈앞에 제시된 그림에 일정한 반응을 보이게 된다. 그렇다면 그림과의 거리는 얼마나 두고, 그림에서 비례는 어떻게 사용하며, 색채나 그림자, 질감은 어떤 것을 사용하여야 할까? 예컨대, 실제 세상에서는 우리가 다양한 각도로 사물을 보며 언어의 도움 없이도 개념적으로 그 사물이 무엇인지 알 수 있다. 지각 항상성perceptual constancy에 의하여 실제 사물의 크기나 위치는 세상의 사물 형태에 대해 갖고 있는 우리의 기본 지식을 방해하지 않는다. 옆으로, 위로, 30도 각도로, 90도 각도로 달리 본다 하더라도 컵은 그저 컵일 뿐이다. 우리가 사실적 사물에 관하여 정의를 한다는 것은 곧 철학적 질문을 제기하는 것이고, 그 답은 부분적으로 지각 항상성에 달려 있다고 할 수 있다.

동시에 지각 항상성으로 인하여 비예술가들은 특정 모델에서 사물을 찾아내는 데 어려움을 겪게 되기도 한다. 망막에는 이미지가 이차원으로 형성되는데 이는 평면에 그림을 그리는 것과도 같다. 뇌는 양쪽 안구의 시각적 신호를 결합하여 실제 세상의 깊이와 삼차원적 측면과 항상성을 만들어 낸다. 우리는 가까이에 있는 사물들을 멀리에 있는 사물들보다 훨씬 더 크게 보지는 못한다. 크기의 차이는 항상성 원리에 의하여 균등해진다. 그럼에도 불구하고 예술가들은 이를 다르게 보고 이를 이차원 표면에 과장하여 그림으로 그릴 수 있도록 훈련되어 있다. 예술가들은 자신들의 특별한 능력을 통하여 그런 훈련을 받기 이전에 이미 그런 지각을 했을 가능성도 있다.

장기기억에 저장된 개념을 통하여 우리는 보는 시각과는 관계없이 같은 사물을 인지할 수 있다. 그 시각이 매우 극단적으로 달라도 우리는 눈에 보이는 대상을 인지할 수 있다. 파리 에펠탑 꼭대기나 고층빌딩 꼭대기에서 아래에 있는 거리를 본다고 가정하여 보자. 평소 우리가 보는 것과는 달리 사람들과 차들이 매우 작아 보이지만 우리는 그 대상이 무엇인지 알고 그 형태를 파악한다. 맥락은 사물에 대한 우리 지식에 큰 역할을 하는 것이다. 마음의 배선wiring diagram of the mind에는 개념의 저장이 필요한데 각 개념은 실제 대상에서 추출해 낸 많은 다양한 세부 정보를 포함하고 있다.

시각장애아들도 시각장애를 겪지 않는 아동이나 성인과 똑같거나 매우 흡사한 형태로 실제 사물이나 장면, 인간관계를 그림으로 그리는데 이는 지식의 표상이 개념에 의하여 정리되며, 시각적으로 보는 것에만 의존하지 않는다는 사실을 증명한다(Heller, 2002; Kennedy, 2003; Kennedy & Igor, 2003). 이러한 개념이 형성되면 이를 표현하는 것은 어려운 일이 아니다. 즉흥적 그림은 인간만이 그릴 수가 있다. 사물을 표현할 때 시각장애를 지니지 않은 일반인들은 시각적으로 보이는 것을 바탕으로 균형을 잡고 수정하여 더 사실적으로 그림을 그리거나 다양한 창의적 방법으로 그릴 수 있다. 또한 시각장애인보다 그들이 갖고 있는 회화 이론을 더 손쉽게 실험하여 볼 수 있다. 시각장애인은 즉흥적으로 그림을 그릴 수 있으나 시각장애가 없는 원숭이는 그릴 수 없다는 사실은 이러한 능력이 인간 뇌에만 선택적으로 신경회로를 통하여 만들어졌다는 사실을 보여 준다.

예술, 지각 항상성 그리고 고유 시점

화가의 스케치북은 다양한 각도에서 특정 대상을 그린 그림으로 채워져 있다. 레오나르도 다 빈치의 해부학 스케치나 미켈란젤로의 인간 얼굴의 그림은 그 예 중 하나다. 스케치북은 어느 화가나 사용하는 보편적 도구다. 화가들은 정물, 풍경, 인체를 막론하고 그림 그리는 대상을 다양한 시각으로 묘사한다. 때로는 연습용으로 스케치하지만 단순히 연습용으로만 하지는 않는다. 본인의 스케치와 최종 작품을 비교하면 같은 대상을 다양한 시각으로 정확히 그릴 수 있음에도 불구하고 특정 시각을 채택한다는 사실을 분명히 알 수 있다. 이 스케치를 보면 다양한 시각적 묘사가 가능하고 일부 시각으로는 미적인 부분이 사라지며 가장 큰 인상을 남길 수 있는 각도를 선택한 화가의 탁월한 지혜에 충격을 받는다. 이 화가들은 무엇이 미학적인지를 어떻게 결정하고 무엇이 최선의 선택인지를 어떻게 알까? 예컨대, 앙리 마티스Henri Matisse는 하나의 모델을 그리기 위해 80개의 스케치를 그렸다.

그는 후에 수녀가 된 그의 모델 자크_{Jacques}의 얼굴에서 나올 수 있는 모든 가능성을 약 80개로 그렸다. 한 스케치에는 그 얼굴을 사각형으로 강조하였고 다른 스케치에는 둥그런 형태가 크게 부각되었으며 또 다른 그림에는 눈을 작고 가까이 그렸고 다른 그림은 직각의 형태로 그렸으며 또 다른 그림에는 목탄으로 부드럽게 그렸다. 이 80개의 그림은 서로 매우 달랐으나 완전한 통일성을 표현하였다. 예술을 동일한 감정선에서 표현한 것처럼 느껴졌다 (Gilot & Lake, 1964, p. 267).

사실 어떠한 연유로 마티스가 최종 그림에 사용할 스케치를 선정하였는지는 정확히 알려져 있지 않다. 화가들은 일반적으로 본인들이 느끼기에 가장 미적이며 동시에 의미를 전달할 수 있는 부분을 선택하여 그림으로 그린다. 이는 관람객의 뇌에 저장된 사물의 표상과 일치하는 시각이다. 그러나 경험적 연구를 진행해 본다고 하였을 때 화가가 선호하는 시각은 대중이 선호하는 시각과 다를 수도 있다. 화가의 선택과 관람객의 선호 간의 관계와 관련된 한 경험론적 연구에서는 실제 이 둘 사이에 차이가 존재하였다. 관람객은 화가와는 반대의 시각을 선호하였다(Zaidel & FitzGerald, 1994; 9장 참조).

고유 시점_{canonical view}은 사물의 개념을 표현으로 나타낸다. [그림 7-1]에 원통을 다양한 각도로 표현한 그림이 있다. 어느 그림이 가장 전형적일까? 실제 세상에서 사물은 다양하게 식별된다. 한 사물이 다양한 형태, 모양, 질감, 색감, 맥락, 보는 시각, 크기, 기능으로, 그리고 하나 이상의 이름으로 식별되는 것이다. 사물을 대상으로 볼 때에 많은 점이 고려 대상이 되는데, 그 예로는 사물의 기능과 처음으로 그 사물을 발견한 때, 일상생활에서의 사용 빈도나 감정적 애착이 있다. 결국 그림으로 표현되는 것은 바로 그 대상에 대해 저장되어 있는 개념인 것이다. 자동차를 그리라고 주문을 받아도 우리는 옆모습을 그리고 컵을 그리라는 주문을 받아도 우리는 옆모습에 (컵 손잡이 모양은 수없이 다양함에도 불구하고) 둥근 형태의 손잡이를 그린다. 인간을 그릴 때는 앞면을 그리는데 손이나 컴퓨터, 안

[그림 7-1] 원통을 다양한 각도로 그린 그림

이 원통 중 어느 것이 독자가 갖고 있는 원통에 대한 개념과 일치하는가? 만약 누군가 원통을 그리라고 한다면 어느 것을 그릴 것인가? 하나의 사물에 대해 다양한 시각이 존재함에도 불구하고 우리는 사물의 단 하나의 개념을 저장하는데 이 개념은 많은 사람이 보편적인 형태로 공유한다. 고유 시점은 사물의 개념을 나타낸다. 사물을 대상으로 볼 때에 많은 점들이 고려 대상이 되는데, 그 예로는 그 기능과 처음으로 그 사물을 발견한 때, 일상생활에서의 사용 빈도나 감정적 애착이 있다. 그림으로 결국 표현되는 것은 바로 그 대상에 대해 저장되어 있는 개념인 것이다. 자동차를 그리라고 주문을 받아도 우리는 옆모습을 그리고 컵을 그리라는 주문을 받아도 우리는 옆모습에 둥근 형태의 손잡이를 그린다(컵 손잡이 모양은 수없이 많음에도 불구하고). 인간을 그릴 때는 앞면을 그리는데 손이나 컴퓨터, 안경의 경우에도 그러하다. 예술가들이 그토록 특별해지는 이유는 바로 이런 고유 시점을 '뛰어넘고' 그 재능을 통하여 다양한 시각으로 사물을 그리기 때문이다. 화가가 고유 시점에서 벗어난 그림을 그릴수록 그림을 보는 사람에게서 미적 반응이 일어난다. 이는 보편적이지 않은 시각이 주의를 끌기 때문이다. 화가의 생각이나 의도와 관계없이 그림은 다른 이들과 의사소통을 하고 그림을 보는 사람은 그 표현에 특정한 반응을 보이게 된다.

경의 경우에도 마찬가지다. 이것이 바로 익숙한 사물에 대한 고유 시점이다. 필자의 개인적 견해로는 예술가들이 그토록 특별해지는 이유는 바로 이런 고유 시점을 '뛰어넘고' 그 재능을 통하여 다양한 시각으로 사물을 그리기 때문이다.

한 연구의 피험자들이 다양한 각도의 하나의 사물의 이름을 맞히기를 주문받았을 때 그 정확도는 자극을 받은 뇌 반구에 따라 달랐다(Burgund & Marsolek, 2000). 이 연구는 우뇌에 사물을 저장할 때 시각에 구애를 받는 반면, 좌뇌에 저장할 때에는 시각에 구애받지 않는다고 결론을 지었다. 이 연구 결과는 우뇌는 사물의 전반을 인지하는 반면 좌뇌는 부분을 인지한다는 사실을 뒷받침한다. 즉, 이 연구에 따르면 우뇌는 사물 전체의 개념을 기억하는 역할을 하며, 따라서 사물을 그 부분이 아닌 보는 시각에 따라 인식한다. 좌뇌는 인지적으로 좀 더 탄력적인데 보는 시각이 그 대상을 인지하는 것과 관련이 없었다. 사진을 보고 사물을 인식할 때 뇌의 각 반구는 그 과정에 양측 모두 개입되어 대상을 통일된 하나의 대상으로 인지한다.

다양한 시각과 인지에 관련된 문제는 인지심리학에서 많은 논의 대상이 되고 있다. 1970년대 후반 마르(Marr, 1982)는 가장 독창적이며 설득력 있는 설명을 제시하였다. 마르는 뇌가 망막으로부터 들어오는 신호를 연산하는데, 망막은 사물의 모서리, 각도, 병렬을 비롯한 기타 특징에 대한 정보를 뇌에 보낸다고 주장하였다. 뇌에 연산이 이루어짐에 따라 망막이 보는 것과 관련 없이 대상 사물을 삼차원으로 생산해 내 해당 사물의 시각이나 크기, 거리, 조명 등이 바뀌어도 인식가능해지는 것이다. 몇 년 후 마르의 주장은 다른 이들에 의하여 더 발달되고 확장되었다. 불행히도 마르는 젊은 나이에 세상을 떠났다. 현재 한 학파에 의하면 형태 항상성shape consistency은 보는 시각이 달라져도 변하지 않는 사물의 불변적 특징을 인식하기에 가능한 것이라고 제안하였다. 이는 우리 안에 저장된 개념이나 도식을 고정하는 역할을 한다. 따라서 대상이 기형적으로 나타나거나 왜곡되거나 부분적으로 보이지 않더라도 여전히 그 사물을 인식할 수 있는 것이다. 우리의 뇌에 저장된 고정된 일부분들이 다시 활성화되기 때문이다. 사물의 구조적 형상 중 어떤 점이 중요한가? 이것이 사물 인식에 대한 시각 독립적 이론이다 (Biederman, 1987; Biederman & Gerhardstein, 1993; Hummel & Biederman, 1992). 이 이론은 시각 의존적 이론(Ullman, 1996)과 대비되는데, 이 이론에 의하면 사물에 대한 지식은 실제 사물에 대해 갖고 있는 일반적 시각에 크게 의존하고 있다. 시각-독립적 이론은 사물의 개념이 부분으로 이루어져 있다기보다는 하나의 통합된 주체라는 사물 전체를 나타내며, 시각-의존적 이론은 부분으로 이루어졌다는 사실을 전제로 한다. 따라서 비전형적으로 그린 특정 사물의 그림을 볼 때, 이를 보는 사람은 사물이 무엇인지 해석하는 데 어려움을 겪게 되는 것이다. 사실 두 이론에서 주장하는 바가 모두 실제 세상에서 그림을 통하여 사물을 인식할 때 일어난다.

　대상은 일관된 상태로 존재하지만 전 각도에서 효과적이거나 선호되는 사물 인식이 이루어지지는 않는다. 비슷한 사물을 $0°$에서 $120°$ 그리고 $240°$로 비교한 한 연구에서 $120°$와 $240°$에 대한 언어 반응이 각도의 변화가 전혀 없는 경우보다 느렸음이 밝혀졌다(Lawson, 1999). 반면, $30°$, $90°$, $150°$ 그리고 $180°$의 경우에는 대답이 이보다는 약간 더 빠르게 이루어졌다. 이 결과는 뇌에서 선호되는 시각이 있다는 주장을 뒷받침해 준다. 아마 각도가 다름으로 인하여 생기는 새로운 점과 고유 시각에 의하여 이미 알고 있는 부분 사이에 방해되는 부분이 있을 것이다. 특정 각도가 다른 각도보다 더 사물을 인지하기 어려운 이유는 각도의 깊이가 언어 표현의 속도에 미치는 영향을 고찰한 한 연구(Newell & Findlay, 1997)에서 찾아볼 수 있다. 그림으로 나타난 일반 사물들이 다양한 각도에서 피험자에게 제시되었으며 피험자는 이 사물의 이름을 알아맞혀야 했다. 연구자들은 이름을 맞히면서 발생한 오류의 수를 측정하였는데 특정 각도가 다른 각도보다 더 맞히기 어렵다는 사실을 알아냈다. 특히 거꾸로 되거나 반대로 나타난 경우 오류가 더 많이 발생하였다. 이 연구자들은 5개의 개별 실험을 진행하였는데, 특정 사물에 대한 고유 시각은 존재하지 않으며 다양한 고유 시점이 가능한데 최소한 가늘고 긴 사물이거나 우리가 평소에 올바로 세워진 형태로 보는 데 익숙한 사물의 경우 다양한 고유 시점이 존재한다고 결론지었다. 이 사물들은 일반 각도에서 고유 시점이 다양하게 나타난다(Newell & Findlay, 1997). 간략하게 설명하자면 뇌에 나타난 사물의 이미지는 평균적인 고유의 본형인데 이를 통하여 해당 사물을 새로이 다양한 각도에서 볼 때에도 해당 사물을 맞힐 수 있게 되는 것이다.

뇌 반구 범주화와 그림을 보는 시각

그림이 보는 사람에 의한 것이냐 혹은 보는 사람과 독립적인 것이냐를 논의하는 것 외에도 고려해야 할 사항이 많다. 뇌 속에서 과거에 저장된 지식의 여러 층을 확인함으로써 그림을 해석한다. 사물이 소속된 자연적 상위 개념의 범주에 의해 지각을 처리하는 과정에서 뇌 반구의 상태가 어떻게 달라지는지에 대한 연구 또한 진행되었다(Zaidel & Kosta, 2001). 하나의 사물에 대한 삼차원 그림을 컴퓨터로 보여 준다. 각 사물을 6개의 다른 시각으로 보여 주는데 전방(F), 전방 우측(FR), 전방 좌측(FL), 측면(S), 후방 좌측(BL), 후방 우측(BR)이 있다. F와 S 시각에서는 사물의 중심이 피험자의 눈높이에 맞춰져 나타난다. 중심을 벗어난 그림의 경우(FL, FR, BR, BL)는 수직축에서 33.75° 회전하고 수평축에서 45° 회전하는 형태로 기울어 제시되었다. BR과 BL은 후방에서 사물이 회전하는 형태로 제시되었으며 FR과 FL은 전방에서 사물이 회전하는 모습으로 제시되었다. 이렇게 회전할 때 사물의 중심에 눈높이가 맞춰져 있었으며(후방에서 시작되든 전방에서 시작되든), 좌측이나 우측으로 45° 회전한 다음 위로 33.75° 회전하였다. 피험자들은 특정 사물이 사전에 지정된 상위 범주에 속하는지를 맞혀야 했다. 제시된 두 범주는 가구와 목수의 도구였다. 사물이 다른 시각으로 좌측 또는 우측 반시야에 제시되었는데, 이는 각 우뇌와 좌뇌에 있는 것이다. 이 연구와는 독립적으로 어느 사물이 해당 범주에서 전형적인 예인지, 평균적인 예인지, 가능성이 낮은 예인지 일반적으로 알려져 있다. 따라서 이 연구의 핵심 질문은 보는 시각, 전형의 정도와 뇌 반구 간 상호작용이 있는지 없는지를 밝혀내는 것이었다. 이 연구 결과에 따르면 3요인 간 통계적 상호작용triple statistical interaction이 강하게 나타났는데, 이는 사물에 대한 우리의 시각적 지식이 다원적 인식 차원을 통하여 처리된다는 사실을 말해 준다. 이뿐 아니라 결과를 통하여 우뇌 처리가 사물의 전형성에 더 큰 영향을 받아 전형성이 높은 사물에 대한 반응이 훨씬 빠르다는 사실을 알 수 있었다. 이는 어느 시각으로 보든 관계없이 전형성이 낮은 사물보다 전형성이 높은 사물의 경우 그러하였다. 좌뇌는 전형성과는 관계없이 다양한 자극에 일관된 형태로 반응하였다(Zaidel & Kosta, 2001).

편측 손상과 그림을 통한 사물 인식

편측의 국소적 뇌 병소를 지닌 신경과 환자들에 대한 연구는 그림을 통한 사물 인식의 기본 기전을 이해하는 데 도움을 준다. 초기 연구 중 하나는 1917년 프리드리히 베스트Friedrich Best가 발표한 논문으로, 베스트는 제1차 세계대전 동안 총이나 미사일로 뇌손상을 입은 참전자들의 사례를 연구하였다(Ferber & Karnath, 2003). 베스트는 다양한 시각 실험을 통하여 피험자의 반응을 시험하였다(베스트는 안과의였다). 베스트가 '사례 Z'로 구분한 한 피험자의 경우를 주목할 만하다. 이 환자는 사물 인식과 사물 방향에 대한 행동분리를 경험하고 있었다. 더 자세히 보자면 그는 그림을 통하여 제시된 사물을 인식하는 데에는 문제가 없었으나 어느 각도나 시점에서 보이는지는 설명하지 못하였다. 그는 또한 색깔을 인식하거나 크기가 다른 형태로 제시된 사물을 인식하거나 머릿속으로 자신의 집이나 지인들을 기억하는 데에는 문제가 없었다. 그러나 머릿속으로 특정 공간적 특징은 인식하지 못하였다. 이 피험자는 그의 고향의 특정 위치나 자신이 부상을 당한 지리적 위치도 머릿속으로 그려 내지 못하였다. 또한 자기중심적 정위egocentric localization에 있어서 문제를 보였는데 자신의 신체를 중심으로 사물의 위치를 지적해 내지 못하였다. 즉, 그 머리 위에 사물이 올려 있어도 어디에 있는지 말하지 못했던 것이다. 이뿐 아니라 사물이 움직이는 방향도 알지 못하였다. 그러나 자신의 신체적 위치를 바탕으로 소리가 들리는 지점을 변별하거나 자신의 신체의 특정 부위를 누군가 누르면 이를 인식하는 데에는 문제가 없었다. 우리의 관심의 대상이 되는 반응은 다음과 같았다. 이 피험자는 익숙한 얼굴을 거꾸로 혹은 측면으로 볼 때 그 사람이 누구인지는 알았으나 사진이 어느 방향으로 제시되었는지는 알지 못하였다. 이러한 증상은 편지에서도 나타났다. 그는 n과 u를 변별하지 못하였다. 그는 후두엽과 두정엽의 경계를 포함하여 양쪽 뇌 반구 두정엽 후방에 총에 의한 뇌손상을 입었다. 불행히도 이 피험자는 베스트의 실험에 다시 참가하기 나흘 전 열이 나고 우뇌에 농양이 발생하였다. 치료에도 불구하고 며칠 후 그는 사망하였다(Ferber & Karnath, 2003). 이 피험자의 시각 실험 결과에 의하면 그가 보는 시각과는 관계없이 사물을 인지할 수 있었기에 위에 설명한 시각 독립적 이론을 뒷받침한다.

그 이후로 사물에 대한 지식과 사물의 방향 간의 분리에 대한 주장을 뒷받침하는 추가 신경학적 사례들이 보고되었다. 농양으로 인하여 양측 전두엽 손상이 있는 환자들 또한 시각을 맞히는 데 어려움을 겪었다. 개별 글자는 알아보았으나 거꾸로 혹은 똑바로 제시되었는지는 맞히지 못하였다. 이 환자는 거꾸로 제시된 글을 읽었다(Solms, Kaplan-Solms, Saling, & Miller, 1988). 또 다른 보고된 사례로는 신경과 환자 RM이 있는데 그는 유사한 행동 분리behavioral dissociation를 보였다(Robertson, Treisman, Friedman-Hill, & Grabowecky, 1997). 이 환자는 뇌 후방 영역 양 반구 모두에 손상을 입었는데 더 구체적으로는 두정-후두엽 영역parietal-occipital lobe에 손상이 있었다. KB의 사례 또한 알려진 바 있다(Karnath, Ferber, & Bulthoff, 2000). KB 또한 보는 방향과 관계없이 사물이나 글자, 동물이나 얼굴 사진을 알아보았으나(각도는 총 0°, −90°, +90° 그리고 180°로 총 4개로 제시되었다) 방향은 변별하지 못하였다. 이 환자의 경우 두정-후두엽 영역과 좌측 전두엽에 손상을 입었다. 이 외에도 사물 인식에는 문제가 없으나 눈에 보이는 각도를 인식하지 못한 사례들이 알려졌는데 이들은 우뇌, 두정엽 영역(두정엽 영역만, 혹은 두정엽과 측두엽 모두)에 손상을 입은 것으로 밝혀졌다. 현재까지는 우뇌 영역만 이런 사례들과 연관되어 있다. 이 사례를 연구할 때 모두 사물에 대한 고유 시점을 사용하였다. 동일 사물의 다양한 시각에 대한 피험자의 반응을 살펴보는 것이 보다 도움이 되었을 것으로 판단된다.

좀 더 현대화된 기능적 자기공명영상 연구 방법과 반복된 자극에 대한 신경원 적응 관련 연구를 살펴보면 사물의 크기나 위치는 불변 요소이지만 조명이나 보는 시점은 신경세포가 쉽게 적응하지 못하는 중요한 요소라는 사실을 알 수 있다(Grill-Spector, Kushnir, Edelman, Avidan, Itzchak, & Malach, 1999). 반복 억제는 1990년대 초반 원숭이 연구를 통한 단일세포 기록에 처음 나타났다(E. K. Miller, Li, & Desimone, 1991). 이렇게 발견된 새로운 신경심리학 현상은 신경세포가 반복된 자극에 덜 활성화, 즉 적응된다는 사실을 보여 준다. 그릴-스펙터 등(Grill-Spector et al., 1999)은 자극 실험에 일반적 사물과 얼굴을 그림으로 사용하였다. 대상은 다양한 시점과 조명 그리고 크기로 제시되었다. 연구자들은 신경세포 활성화에 변화가 일어난 자극 환경, 특히 반복된 자극 환경을 고찰하였다. 달리 말하자면 이 연구자들은 적응을 통한 회복을 살펴본 것이다. 이들은 특정 뇌 전문 영역과 사물의 어떤 부분에 적응이 일어나지 않았는지를 살펴보았다. 후두부 외측의 미측에서 두측 부분은 상대적으로 적응에 영향을 받지 않았다(즉, 자극에 반복적으로 노출되는 동안 수동적이지 않았다). 반면, 후방 방추상fusiform 영역은 적응 반응을 보였다(즉, 반복적인 노출에 활동이 줄어들었다). 여기에 얼굴 자극이 있는 경우 더 활성화되었는데 방추상 영역이 얼굴에 전문화되어 있다는 사실을 고려하여 볼 때 놀라운 일이 아니다.

앞서 살펴본 내용을 바탕으로 보았을 때, 뇌는 실제 세상의 사물에 대한 구조적 정보를 저장하고 이를 개념이나 도식으로 나타내며 이 정보를 다시 꺼낼 때나 시각적 유입으로부터 의미를 도출해 낼 때 실제 세상에서 보인 것과 과거에 저장한 개념을 연결시킨다. 위의 결과에 의하면 우리가 사물을 보는 방향은 그림을 보고 의미를 도출할 때에 결정적인 역할을 하지 않는다. 반면에 우리가 다양한 사물을 다양한 각도로 보기에 사물의 실체를 아는 것은 매우 중요하다. 결론적으로 방향에 대한 지식은 뇌손상 후 잃을 수 있으나 사물에 대한 지식은 그대로 보존된다.

그림에서의 탈맥락화와 좌뇌

복잡하게 얽혀 있는 배경에서 하나의 그림을 따로 분리하는 것을 그림에서의 탈맥락화라 한다(복잡하게 겹쳐진 그림의 예는 [그림 7-2]에 제시되어 있다). 심리학에서 탈맥락화란 완결 유연성closure flexibility으로도 알려져 있다(Thurstone, 1944). 디지털 이미지에서는 탈맥락화가 세분화와 비슷한 과정이다. 이러한 과정은 전시용 위장술을 알아차리기 위해 요구되는 과정과 유사하다. 또 다른 예로는 사과가 가득 열린 사과나무에서 썩은 사과를 골라내거나 하늘에서 아래에 있는 숲을 보고 병든 나무를 골라내거나 이동식 벨트 위에 오른 수확된 커피콩 중에서 병든 콩을 골라내는 것 등이 있다. 이러한 식별력을 측정하는 실험에서는 일반 사물이나 기하 형상을 다른 사물과 일부분 혹은 완전히 겹쳐 놓고 지정된 사물이나 형태를 찾아내게 한다. 몇몇 시각적 탈맥락화 실험은 1917년 독일 신경학자 포펠로이터Poppelreuter가 고안하였으며, 그는 제1차 세계대전에 참전하여 뇌에 손상을 입은 군인들에게 복잡한 배경에서 하나의 형상을 시각적으로 분리하게 하였다(Poppelreuter, 1917). 이 실험은 Overlapping Figures Test로 알려져 있다. 포펠로이터가 제안한 그림 중 하나가 [그림 7-2]에 제시되었다. 피험자는 엉켜 있는 그림의 사물의 이름을 맞히는 것이었다. 그는 피질 영역에 뇌손상이 있는 경우 답을 잘 내지 못한다는 사실을 알아냈다. 현재에는 위와 같은 탈맥락화, 분리 실험이 두 종류로 시행되고 있는데, 하나는 실제 형상으로 실험을 하는 것이고 다른 하나는 직선과 기하 형상으로 실험을 하는 것이다. 중요한 점은 이렇

[그림 7-2] 여러 사물이 겹친 그림

이는 전경-배경 문제의 예시를 잘 보여 주는 사례다. 복잡한 배경으로부터 사물들을 분리하는 것은 탈맥락화라고도 알려져 있는데 이는 좌뇌에서 담당하는 기능이다. 이 실험을 통하여 세부적인 것과 부분적인 것에 집중할 수 있는 능력이 있는지를 알아본다.

게 겹쳐진 그림 속에서 대상을 식별해 내는 것이다. 이것이 바로 시각 예술가들과 예술을 감상하는 사람들이 직면하게 되는 전경-배경figure-ground 문제다.

프랑수아즈 질로Françoise Gilot라는 사람이 피카소에 대해 쓴 책에서, 화가들에게 만연하게 나타나는 전경-배경 문제를 묘사하였다(또한 1914년 이전의 큐비즘에 대한 이야기도 기록하였다). 피카소는 자신의 친구이자 동료인 조르주 브라크Georges Braque와의 일화를 프랑수아즈에게 들려준다.

어느 날 오후 늦게 브라크의 스튜디오에 갔어. 브라크는 긴 타원형의 정물화를 그리고 있었는데 거기에는 담배 한 갑, 파이프 하나, 그리고 큐비즘에 들어갈 여러 용품이 있었지. 나는 그 그림을 보고, 뒤로 물러나 말했어. "불쌍한 내 친구, 이건 끔찍하지 않은가. 자네 캔버스에는 다람쥐가 보이네." 브라크는 이렇게 말했지. "그건 불가능해." 내가 답했어. "그래, 알아. 이건 망상이지만 다람쥐가 보인다고. 이 그림은 그림이어야지 환각을 불러일으킬 목적으로 그리는 건 아니지 않은가. 그 안에 사람들이 뭔가 볼 게 필요하니 담배 한 갑과 파이프 그리고 다른 것들을 그리고 있는 거겠지. 그런데 제발 그 다람쥐는 빼 버리게." 브라크는 몇 발자국 물러나 자세히 살펴보았고 그의 눈에도 다람쥐가 보였어. 이런 시각적 망상은 매우 잘 공유되는 것이지. 브라크는 매일을 그 다람쥐와 싸웠어……. 그리고 드디어 여드레나 열흘쯤 지나 이를 바꾸었고 그의 캔버스에는 담배 한 갑, 파이프, 카드 패, 그리고 가장 중요한 큐비즘 작품이 표현되었지. 이렇게 우리는 서로 친밀하게 작업을 했어. 당시 우리는 개인의 허세나 자만심은 다 내려놓고 마치 실험실에서 일하듯 작업했지(Gilot & Lake, 1964, p. 76에서 Picasso의 글 인용).

의도된 일련의 조합에서 의도되지 않은 추가 형상이 나타날 수 있다. 브라크의 경우도 그러했던 것이다. 정보가 빽빽한 배경으로부터 하나의 세부 사항을 추출하는 것은 매우 어려운 일이다. 사람이 가득한 레스토랑이나 바, 교실 혹은 콘서트홀에서 친구와 약속을 한 적이 있는가? 친구의 얼굴을 그중에 찾아내는 것은 그다지 쉬운 일이 아니다. 수많은 시각적 정보의 방해에 의하여 시각적 검색 기전은 고충을 겪게 되는 것이다. 주의를 하기 위해서는 과도한 시각적 정보의 차단이 필요하다. 이러한 탈맥락화 과정에 무의식적 기전이 작동을 한다. 이것이 우리가 전반적인 조합을 인지하는 데 과연 영향을 미칠까? 인식이란 뇌가 관련 없는 정보를 정하여 이를 여과하는 것이기 때문에 특정 차원에는 영향을 미처야 할 것이다. 미술 작품을 볼 때 우리가 보는 것은 일반적으로 세부 사항들이 아닌 전반적인 그림이다. 붓으로 칠한 세부적인 부분 하나하나에까지 다 신경을 쓴다면 아마 우리는 전체 그림을 볼 수 없을 것이다.

연구를 통하여 시각적 탈맥락화와 관련된 기저의 뇌 기전이 일부 밝혀졌다. 좌뇌나 우뇌에 편측 국소 손상을 겪는 환자들은 겐트$_{Ghent}$가 개발한 숨은 그림 찾기 실험을 거쳤다. 이 실험은 일반 사물들을 겹쳐 놓고 겹친 그림을 각각 알아내는 것이었다(De Renzi, Faglioni, & Scotti, 1969). 연구 결과에 의하면 좌뇌나 우뇌를 다친 환자 모두가 비교 연구 대상보다 결과가 좋지 않았다. 좌뇌와 우뇌 손상을 입은 환자들을 대상으로 겐트의 숨은 그림 찾기 실험을 한 또 다른 연구에서는 뇌 후방 영역에 손상을 입은 환자들이 전방에 손상을 입은 환자들보다 결과가 좋지 않았다고 밝혀진 바 있다(Masure & Tzavaras, 1976). 더 나아가 뇌 후방 영역 중 좌뇌에 손상을 입은 환자들은 우뇌에 손상을 입은 환자들보다 속도가 훨씬 느렸다. 특정 뇌 반구에 손상을 입은 신경과 환자들 일부에게 기하 형상으로 숨은 그림 찾기 연구를 시행한 연구자들은 실어성 언어장애를 앓고 있는 좌뇌 손상 환자들에서 특히 결과가 좋지 않다는 사실을 알게 되었다(Russo & Vignolo, 1967; Teuber & Weinstein, 1956). 실제로 언어장애가 심한 경우 이 연구 결과에 크게 영향을 미쳤다(Russo & Vignolo, 1967). 결과적으로 좌뇌나 우뇌에 손상이 일어난 후에 나타나는 결핍 요소들은 특정 요소 탈맥락화 작업을 함에 있어서 최소한 두 가지 인지 능력이 필요하다는 사실을 보여 준다. 하나는 우뇌 의존적이며 시각-공간적 인지 능력이 필요하며, 다른 하나는 좌뇌 의존적이며 세부적이고 분석적이며 단편적인 인지를 필요로 한다는 사실을 알게 되었다.

비언어와 관련된 인식적 작업에 있어서 좌뇌 손상이 영향을 미친다는 사실은 좌뇌가 언어 관련 장애와 관련되어 있다는 점에서 놀라운 결과였다. 처음에는 탈맥락화 능력에는 우뇌가 담당하는 공간적 능력만이 요할 것이라는 생각이 팽배하였다. 탈맥락화를 할 때에 특정 반구의 우월성을 측정하기 위하여 잠입도형 검사$_{Embedded\ Figures\ Test}$(Spreen & Benton, 1969)를 두 명의 연결부 절개술 환자에게 시행하였는데 결과적으로 좌뇌의 역할이 더 크다는 사실이 드러났다(E. Zaidel, 1978). 이 실험에서 피험자들은 복잡한 그림 속에 들어간 특정 기하 형상을 연필로 그려서 찾아내기를 주문받았다. 실제 세상에서 흔히 볼 수 있는 장면을 보여 준 연구 결과에도 비슷한 결과가 나왔다. 연결부 절개술 환자를 대상으로 일리노

이 심리언어능력검사Illinois Test of Psycholinguistic Abilities 중 하나인 시각폐쇄(이 또한 탈맥락화 실험이다) 실험을 통한 결과, 좌뇌가 탈맥락화 역할을 하는 데 더 많은 역할을 한다는 사실을 확인하였다(E. Zaidel, 1979). 이 실험에서는 피험자에게 다섯 장의 실제 사진을 제시한 다음 특정 사물이 위치한 곳을 지적하라는 주문을 한다. 이 두 실험에 Z-렌즈라고 하는 특별 시각 기법이 사용되었다[E. Zaidel(1975)이 고안]. 이 기법을 통하여 피험자에게 제시된 시각적 정보를 뇌의 각 반구가 따로 스캔하고 볼 수 있다. Z-렌즈 기법을 사용하여 얻은 결과는 특정 반구의 전담에 대한 중요하고 새로운 사실들을 밝혀 주었다.

예술작품의 전경-배경 및 시각에 대한 탐구

배경에 따라 특정 형상을 시각적으로 분리하는 속도가 달라진다. 여러 실험을 통하여 시각적 탐색 전략이 전경-배경에 따라 영향을 받는다는 사실이 밝혀졌다. 배경과 목표 대상의 유사성이 클 때에 찾는 작업이 상당히 느려진다(Wolfe, Oliva, Horowitz, Butcher, & Bompas, 2002). 배경과 목표 대상이 유사할수록 이를 분리하는 작업은 더 어려워진다. 여러 사물이 겹쳐 있는 배경에서 시각적으로 하나의 형상을 변별하는 작업에는 주의력이 큰 영향을 미친다(Wolfe, 1998). 성공적으로 특정 형상을 변별하고자 한다면 관련 없는 특징에서 시각을 멀리하여 인지 체계가 불필요한 정보를 제거하도록 하는 안내 과정이 필요하다. 눈으로 특정 사물을 찾을 때에 주의하기 전 단계로 알려진 안내 과정이 과연 인지 체계와 함께 작용하는지에 대한 논의가 있다는 점을 여기에서 언급할 필요가 있다. 전경-배경에서 시각적 탐색의 속도와 다른 사물들과 분리하는 정확도에 영향을 미치는 것은 배경 사물의 크기와 색, 그림자, 분류, 질감, 방향, 공간 배열 방식, 친숙도와 임의 결합이다.

안내 과정이 완벽하다면 탐색 작업이 필요하지 않다. 주의력이 매번 한 번에 목표 사물에 집중될 것이다. 이는 간단한 사물 찾기에 대략적으로 나타나는 현상이다. 만약 목표물이 붉은색이고 주의를 분산시키는 사물들이 초록색이면, 이 모든 사물을 하얀색 바탕에 제시하면 붉은색 사물이 있는 경우 초록색 사물을 따라 변별할 필요도 없이 붉은색 사물로 주의를 돌리면 될 것이다 (Wolfe et al., 2002, p. 3001).

사람들은 일반적으로 눈앞에 배치된 사물들을 훑어볼 때 어떤 사물들이 있는지를 빨리 알아채는데 이 작업을 통하여 시간을 절약하고자 한다. 이런 '이전의 것을 앎'을 바탕으로 이를 기억력과 연결하는데, 이는 우리가 이전에 본 사물들을 기억해 두고 관심 목표물로서 제외하는 것이다. 배열된 사물 중 어떤 것을 우선적으로 보는 방식이 있다고 제시되었으며 이미 훑어본 사물들을 '표식' 하는 시각 주의력이 있다는 사실이 주장되었다. 이 과정에서 기억력의 역할을 알아내기 위하여 잘 고안된 실험을 만든 연구자들은 피험자가 대상 그림을 재차 훑어보고 그 위치를 확인하였으나 이전에 확인한 대상에 대한 기억은 큰 안내 역할을 하지 못한다는 사실을 발견하였다(Olivers, Humphrys, Heinke, & Cooper, 2002). 특정 목표물을 시각적으로 훑어보면서 형성한 기억력은 그다지 강하게 남지 않으므로 특정 사물을 찾을 때에 그 역할은 작거나 일부 일조할 뿐이다. 이는 주의하거나 억제하는 뇌의 처리 과정에 큰 역할을 하는, 기억의 특정한 목적을 위한 형태일 수 있다.

막대 방향을 맞추도록 요구되는 작업에서 일부 사람은 목표 막대보다 배경에 더 영향을 받는다([그림 7-3] 참조). 이는 장 의존성field-dependence과 장 독립성field-independence으로 알려져 있으며, 1960년대와 1970년대에 논의되었다(Witkin, Moore, Goodenough, & Cox, 1977). 사용된 실험은 막대조정검사rod and frame test로 피험자가 배경에 얼마나 영향을 받는지를 측정하는 실험이다. 불을 약하게 켜 놓은 어두운 방에서 실험을 진행한다. 기울어진 사각형 안에 막대 하나가 제시되는

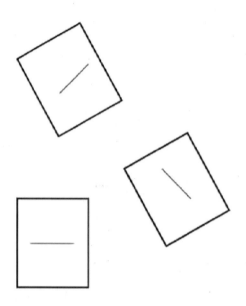

[그림 7-3] 막대조정검사

막대 방향을 맞히도록 요구되는 작업에서 일부 사람은 목표 막대보다 배경에 더 영향을 받는다. 이는 장 의존성과 장 독립성으로 알려져 있다. 사용된 실험은 크기 추정 검사로 피험자가 배경에 얼마나 영향을 받는지를 측정하는 실험이다. 기울어진 사각형 안에 막대 하나가 제시되는데 실제로 사각형과 막대의 기울기가 서로 다르나 피험자는 이 막대가 사각형과 같은 기울임을 갖고 있다고 판단하는 경우 이 사람은 장 의존성을 갖고 있다고 한다. 장(field)이란 배경인데 그림의 방향을 판단하는 데 방해 요소가 된다. 반대로 피험자가 사각형과는 관계없이 막대의 기울임을 판단할 수 있으면 장 독립성을 갖고 있다고 한다.

데 실제로 사각형과 막대의 기울기가 서로 다르나 피험자는 이 막대가 사각형과 같은 기울임을 갖고 있다고 판단하는 경우 이 사람은 장 의존성을 갖고 있다고 한다. 장$_{field}$이란 배경인데 그림의 방향을 판단하는 데 방해요소가 된다. 반대로 피험자가 사각형과는 관계없이 막대의 기울임을 판단할 수 있으면 장 독립성을 갖고 있다고 한다. 피험자는 사각형과 대조하여 막대의 기울기를 말한다. 하얀색 배경에 선의 방향을 판단하는 것은 우뇌가 담당하고 있다. 사각형 위치를 얼마나 잘 파악하느냐에 따라 피험자의 성격을 추론한 연구도 몇몇 있다. 장 의존적인 사람은 사회적인 사람으로 사람들이나 사회적 상황에 더 관심을 보이고 감정적으로 더 개방되어 있으며 다른 이들을 돕는 직업을 택하는 경향을 지닌 것으로 밝혀졌다. 반대로, 장 독립적인 사람은 다른 이들이나 사회관계에 대한 감수성이 더 떨어지고 다른 사람들과 함께하는 데 흥미를 덜 갖고 있으며 과학이나 수학, 그리고 대인 관계가 크게 요하지 않는 직업을 택하는 것으로 알려졌다. 막대 조정검사는 시각-공간적 능력과 밀접하게 연관되어 있으므로 장 독립적인 사람은 우뇌에서 담당하는 일을 하는 것이 좋다(Lezak, 1995). 일부 연구자는 사람들이 나이가 들어 감에 따라 장 의존적 성향보다 장 독립적 성향이 증가한다는 사실을 밝혀냈는데, 이는 노화와 함께 공간적 능력이 줄어든다는 결과와 일치한다(Spreen & Strauss, 1998).

예술작품의 전체-부분, 전반적-세부적 요소

시각예술은 종종 복잡한 형태로 우리 앞에 제시된다. 배경 자체가 크게 제시될 때 세부적인 부분들은 첫눈에 알아보기 힘들 수 있다. 이 현상은 '전반적 우세효과'로 알려져 있다. 도시 건물의 스카이라인을 볼 때 개별 빌딩에 대해 갖는 인지보다는 스카이라인에 대해 갖는 인지가 지배적이다(Navon, 1977). 우리는 나무보다는 숲을 먼저 본다. 이와 같은 맥락으로 우리는 개별 창문이나 발코니, 발코니에 있는 식물보다는 빌딩을 먼저 보게 된다. 이러한 전체와 일부의 예는 [그림 7-4]에 제시되어 있다. 우리는 먼저 전체 형태를 보게 되는데 이러한 전체 형태가 이 전체를 만드는 일부를 인지하고자 하는 것을 방해한다. 이러한 현상은 실험을 통하여 재차 확인된 바 있다. 그림을 볼 때 우리는 전반적인 공간적 배치를 인지한다. 그 안에 있는 세부적인 부분은 미처 보기 힘들다. 노력을 들이고 의도적으로 자세히 살펴보고 나서야 우리는 전체적인 그림이 아닌 그림의 일부를 볼 수 있게 되는 것이다. 전문가들은 특히나 이런 인지를 하는 데 탁월한데 이들은

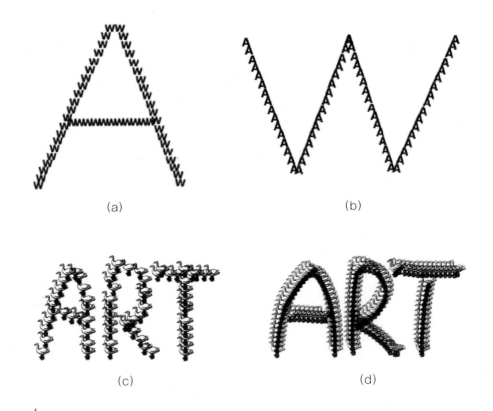

(a)   (b)

(c)   (d)

[그림 7-4] 전체와 일부의 그림

전체와 일부, 전반적 요소와 세부적 요소를 나타내는 그림이 제시되어 있다. A라는 글자를 봤을 때 가장 먼저 무엇을 보는가? 작은 W는 보이는가? 반대로 W라는 글자를 볼 때 사람들은 일반적으로 W를 보지 작은 A는 보지 못한다. 이는 전체(전반)적 인식이 일부(세부) 요소에 대한 인식을 지배하기 때문이다. ART라는 단어를 볼 때 ART가 보이는가 아니면 그 단어 속에 있는 작은 오리들이 보이는가? ART라는 두 단어 중 어느 단어에서 오리를 보기가 더 힘든가? 시각예술은 종종 복잡한 형태로 우리 앞에 제시된다. 배경 자체가 크게 제시될 때 세부적인 부분들은 첫눈에 알아보기 힘들 수 있다. 이 현상은 '전반적 우세효과'로 알려져 있다. 도시 건물의 스카이라인을 볼 때 개별 빌딩에 대해 갖는 인지보다는 스카이라인에 대해 갖는 인지가 지배적이다. 우리는 나무보다는 숲을 먼저 본다. 그림을 볼 때 우리는 전반적인 공간적 배치를 인지한다. 그 안에 있는 세부적인 부분은 미처 보기 힘들다. 노력을 들이고 의도적으로 자세히 살펴보고 나서야 우리는 전체적인 그림이 아니라 결국 그림의 일부를 볼 수 있게 되는 것이다.

비전문가들보다 지식이나 기대가 다르기 때문이다. 회화예술은 전반적 · 세부적 요소와 관련하여 다양한 형태를 보여 주는데 전반적 요소들이 세부적 요소보다 더 두드러져 우리의 주의를 먼저 끈다.

신경심리학에서 전반적 요소와 세부적 요소에 대한 논의는 편측성 뇌손상을 입은 환자가 그 손상 측에 따라 완전히 다른 방식으로 실제 사물을 그리는 것을 보고 처음 시작되었다. 좌뇌가 손상된 환자들은 전반적인 요소들을 그리며 그림의 윤곽이나 배열을 강조하였고 일반적으로는 그리는 세부적인 부분들은 그리지 않았다. 우뇌에 손상을 입은 환자들은 같은 대상을 그릴 때 전체 그림 속의 세부적인 요소들을 그렸으나 전체적인 틀은 그리지 않았다(McFie & Zangwill, 1960; Paterson & Zangwill, 1944; Warrington & James, 1966).

차후 여러 연구에서 우뇌는 전반적인 부분이 강조되는 반면 좌뇌는 세부적인 부분이 강조된다는 사실을 밝혀냈다. 1980년대 초부터 인지학 문헌과 신경심리학 문헌에서는 전체적 지각-부분적 지각과 관련된 논의가 많이 이루어졌다. 전체-부분적 지각 처리의 요인이 되고 결과에 영향을 미치는 요소는 보는 각도, 대비 크기, 인지적 현저성과 세부적 요소의 개수다. 더 나아가 뇌 반구의 영향과 관련하여서는 전체와 부분적 요소들이 모두 들어 있는 도안을 통하여 밝혀졌다. 알려진 바에 의하면 우뇌는 전반적인 부분을 처리하는 데 좌뇌보다 탁월한 반면 좌뇌는 부분적 요소들을 처리하는 데 우뇌보다 탁월한 것으로 알려졌다. 우측 후방측두-두정 영역은 전반적 지각을 담당하는 반면, 좌측은 부분적 지각을 담당한다(Robertson & Lamb, 1991). 기능적 자기공명영상과 생리학 시험을 활용한 여러 연구 결과에서 피험자들의 경우 일반적으로 우뇌와 좌뇌가 비대칭인 것으로 밝혀졌다(Evert & Kmen, 2003; Yovel, Yovel, & Levy, 2001). 이와 더불어 행동학적 그리고 해부학적 결론들은 전체적인 모양이 부분적 세밀함을 방해할 수 있으나 부분적 세밀함 내에도 전반적-부분적 요소의 분리가 있음을 시사한다.

왜 전반적 요소들이 우리의 지각을 관장할까? 한 가지 가능한 답은 그림 배열의 전반적인 부분을 보는 시야다. 그 배열의 일부는 중심와 시각에서 벗어나 있다(3장 참조). 전반적 요소는 여러 시각 체계를 활성화하는데 1차 시각 체계뿐 아니라 피질하 영역도 활성화된다. 피질하 영역은 전반적인 요소에 민감하나 그 환경의 부분적 · 세부적 요소에는 민감하지 않다. 피질하 영역의 역할은 최대한 넓은 시야를 확보하여 그 안에서 불규칙한 움직임이나 명암 변화, 위험을 초래할 수 있는 움직임과 같은 이변을 찾아내는 것이다. 따라서 전반적 배열은 우리에게 경고를 보내고 보호해 주는, 생물학적으로 오래전부터 시작된 시각 기전과 관련되어 있을 수 있다. 전반적 정보를 좌뇌로 전송하여 좌뇌가 특정 요소를 파악하도록 하는 속도는 매우 중요하다. 뇌의 반구 간 전송 속도는 비대칭으로 예상할 수 있는데, 전체적 배열에 대한 우뇌의 정보는 좌뇌가 우뇌에 세부적 정보를 보내는 속도보다 훨씬 빠른 것으로 예상된다. 이는 눈에 잘 드러나는 현상이나 확실히 검증하기는 어려운 부분이다.

예술작품 인지에서 무의식의 영향

인지심리학에서는 세상과의 유의한 상호작용이란 이미 머릿속에 저장된 것과 새로이 느끼고 인지한 것 간의 연결을 보여 주는 것이라는 의견이 널리 수용되고 있다(Zaidel, 1994). 풍경화나 사람의 형상 혹은 정물화는 이미 화가가 경험한 것을 바탕으로 그림으로 그려진다. 그림을 감상하는 사람의 입장에서 처음 그림을 보았을 때의 시각적 유입과 이전에 저장된 경험의 집합 간에 유사한 상호작용이 일어난다. 음악을 처음 듣거나, 영화를 처음 보거나, 이야기를 처음 읽을 때 등의 경우에도 비슷한 과정을 거치게 된다. 우리의 뇌는 새로운 경험으로 수정되며 이러한 변화는 무의식중에 일어난다. 우리가 보는 것은 이미 경험한 것과 장기기억에 저장되어 있던 것에 의하여 가해지는 억제를 거치게 된다. 표현을 하는 화가의 경우에도 이러한 억제가 가해진다.

예술작품에 무의식이 미치는 영향을 처음 분석한 사람은 프로이트Freud였다

(1947, 1910년에 첫 출판). 프로이트는 레오나르도 다 빈치의 〈모나리자_Mona Lisa〉를 분석하였다(Blum, 2001). 관람객들은 의식, 무의식과 함께 다양한 수준에서 그림과 상호작용한다. 이들의 판단은 이와 같은 의식의 정도의 교합으로 이루어진다(Leader, 2002). 이는 모든 예술적 표현 형태에 해당되는 이야기다. 자이츠와 와타나베(Seitz & Watanabe, 2003)는 무의식적인 상황이 의식적인 자극과 함께 발생하더라도 이 무의식/의식의 결합이 습득되고 기억된다는 사실을 한 실험을 통하여 보여 주었다. 의식적으로 내린 판단은 무의식적 지각에 의하여 영향을 받을 수도 있고 그 반대로 이루어질 수도 있다. 뇌의 무의식적 영향은 잠재의식의 지각을 관찰하는 실험에서 볼 수 있다. 이는 우리가 객관적 의식 없이 무언가를 지각할 때다(Zaidel, Hugdahl, & Johnsen, 1995b). 심리학적 관점에서 무의식적으로 지각된 자극에 대한 뇌의 반응은 의식적으로 지각한 자극과 매우 유사하다(Shevrin, 2001). P200으로 알려진 특정 생리적 뇌파는 무의식적 지각의 경우 나타나는 것으로 알려졌으나 그 진폭이 의식적 지각보다 적다. 그러나 P200의 존재는 신경계로 처리된 정보가 있다는 생리학적 증거가 된다. 더 흥미로운 부분은 최근에 발견된 것인데 피험자가 아무것도 모르는 상태에서 어떤 사건이 갑자기 발생하였을 때 P300 뇌파 반응이 기록되었다(최소한 실험 상황에서는 증명됨)(Bernat, Shevrin, & Snodgrass, 2001). 이는 드물고 새롭고 독특한 상황이 발생하였을 때 기록되었는데 이전 경험과는 관련이 없다. 그러나 우리의 무의식 뇌 반응이 의식적으로 지각한 정보와 유사하다는 것은 우리 눈앞에 제시된 모든 것이 미치는 영향을 이해하는 데 중요하다. 무의식과 의식적 인지 체계의 상호작용이 P300을 통하여 주장되기도 하였다. 의식 체계에 부분적 실험 자극이 가하여졌을 때 P300의 진폭의 파동 변화가 일어나며 인지 과정에는 무의식 단계와 의식 단계 간 상호작용이 요한다는 점에서 그렇게 주장된 것이다(Bernat et al., 2001).

해마 영역이 기억력 강화, 특히 뚜렷한 기억력의 강화에 중요한 신경해부학적 부위라는 점은 널리 알려진 사실이며(Nadel & Bohbot, 2001; Nadel & Moscovitch, 2001), 비대칭 기능은 각 뇌 반구의 해마와 관련되어 있다는 점도 잘 알려져 있다

(Beardsworth & Zaidel, 1994; Milner, 1958, 1968). 일부 연구에 의하면 이 구조는 무의식 지각과도 연관되어 있다. 그중 좋은 사례로 기능적 자기공명영상을 활용한 연구가 있는데 이 연구의 피험자들은 무의식적으로 잠재의식의 지각에 노출되었다(Henke et al., 2003). 연구자들은 양 뇌 반구 해마가 모두 활성화되는 것을 확인하였다. 신경병리학 연구와 신경세포 밀도 분석은 해마와 암묵 기억implicit memory이 서로 관련되어 있다는 증거를 찾아내기도 하였다(Zaidel, Esiri, & Beardsworth, 1998). 즉, 외부 자극에 노출이 되면 우리의 의식적 조절 능력에서 벗어난 기억 형성이 이루어지며, 예술작품에 대한 우리의 판단, 관찰, 분석과 미래에 만들어질 예술작품에 대하여 영향을 미치게 됨을 의미한다. 예술가들은 그들이 왜 특정한 방식으로 특정한 그림을 그렸는지 늘 설명하지는 못한다. 무의식적 기억은 이러한 과정에 영향을 미쳤을 가능성이 있는데 이것은 언어로 설명하기에 쉽지 않다.

우뇌의 전문화, 공간의 표현과 예술의 역사

깊이와 공간을 시각적으로 인지하면 실제 형상의 일부만을 바탕으로 기존에 저장된 형태의 지식과 일치시켜 대상을 찾고 머릿속에 그 이미지를 만들게 된다(Corballis, 1994; Sperry, 1974; Warrington & Taylor, 1973). 대부분 사람의 경우 우뇌는 공간 지각과 우리가 위치하고 있는 공간의 기억, 대상의 위치와 전체에서 상대적으로 위치하는 부분, 머릿속의 물리적 공간 시각화, 머릿속에 있는 이미지 조작을 통해 동일한 사물이나 공간에 대한 다른 시각을 갖는 것에 전문화되어 있다(De Renzi, 1982; McCarthy & Warrington, 1990). 우뇌에서 이루어지는 작업의 예가 [그림 7-5], [그림 7-6], [그림 7-7]에 제시되어 있다. 우측 두정엽 손상은 일반적으로 지형적 실인증으로 이어지는데 이는 과거에 익숙했던 길과 개인적 공간, 그 외의 공간에 대한 지식을 잃는 것을 의미한다(De Renzi, 1982). 우측 두정엽 손상을 입은 환자들의 경우 삼차원을 나타내는 넥커Necker의 정육면체(그림 7-5)를 그대로 그

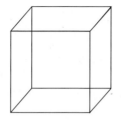

[그림 7-5] 넥커의 정육면체

깊이의 표현은 우뇌의 기능과 관련이 있으며 그 기능이 잘 작동할 때 주로 가능하다. 우측 두정엽 손상을 입은 신경과 환자들은 일반적으로 넥커의 정육면체를 그대로 재현해 낼 수 없는데 삼각형을 나타내는 대각선을 빼놓는다. 그대로 복제하는 운동 실행이 불가능한 것보다는 공간 표현 자체를 이해하지 못해서 이런 현상이 나타나는 것이다.

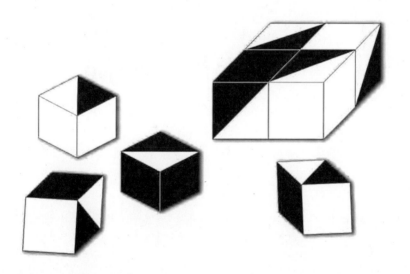

[그림 7-6] 코스 블록(Kohs Blocks)

이차원 그림을 본 다음 이 블록을 활용하여 삼차원 모델을 만들어 내는 능력을 기반으로 우뇌 시공간 능력을 알 수 있다.

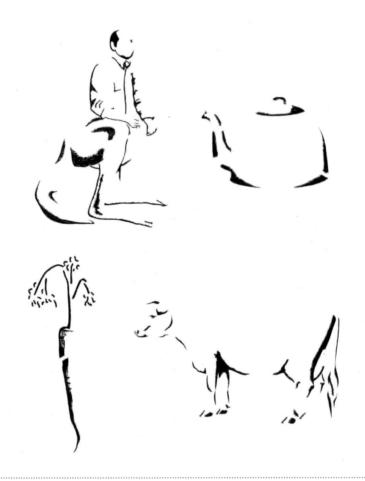

[그림 7-7] 그림의 완성과 우뇌

위의 그림을 머릿속으로 완성하는 것은 우뇌에서 이루어진다. 윗줄의 좌측에 보이는 기이한 형태는 인간과 캥거루를 합쳐 놓은 형상이다. 이를 알아보기 어려운 이유는 과거에 본 사물에 대한 정보만이 뇌에 저장되어 있기 때문이다. 인간과 캥거루의 결합과 같은 새로운 형태는 그 기억에 저장되어 있지 않다. 위에 제시된 다른 형상들은 부분적으로 누락된 채 그려졌다. 시각 폐쇄의 경우 부분적 정보로 전체를 정의할 수 있어야 한다. 이는 머릿속으로 부분들 사이에 만들어진 빈 공간의 윤곽을 마저 채움으로써 완성할 수 있다. 일반적으로 길 완성 검사(Street Completion Test)를 사용한다. 부분적인 형상을 피험자에게 제시한 다음, 부분을 연결하여 전체 그림을 머릿속으로 완성하는 것이다. 부분 정보나 숨겨진 혹은 단편적으로 나타난 정보는 겹치기, 합성, 숨기는 기법으로 만들어진 것이 아니다. 전체 대상이 보이나 분리된 요소로 제시되기에 우리는 상상력으로 이를 완성해야 하는 것이다. 단편화에는 그 층위나 범위가 다양하다. 우뇌는 시각 폐쇄에 있어서 좌측 상부에 있는 것으로 간주된다(De Renzi, 1982; De Renzi & Spinnler, 1966; Nebes, 1971; Sperry, 1968, 1974, 1980; Warrington & Taylor, 1973; Wasserstein, Zappulla, Rosen, & Gerstman, 1984; Wasserstein, Zappulla, Rosen, Gerstman, & Rock, 1987).

리지 못하는 경우가 많다. 시각적 예술가들이 작품의 완전한 이미지를 머릿속으로 완성하고 시공간적 인지에 크게 의존한다는 점을 전제로 두고 위너와 케이시(Winner & Casey, 1991)는 성인이 심적 이미지를 만들 수 있는 능력과 함께 피험자들의 시공간 능력을 측정하였다.

위너와 케이시는 피험자들이 여러 시각 실험이나 심적 이미지 작업 수준은 수학과 과학을 배우는 학생들보다 높았으나 그 차이가 크게 나타나지 않았다는 점을 알아냈다. 양 집단은 언어 능력의 차이를 보인 반면 예술가들의 경우에는 시각과 언어 간 차이가 컸다(이들의 경우 언어적 능력 결과가 더 낮았으나 학생 집단은 이러한 차이를 보이지 않았다).

공간 능력이 시각예술의 전부는 아니다. 그림에 현실적 묘사를 하는 문화와 그러지 않는 문화 간에는 그 예술 양식에 기본적 차이가 존재한다. 13세기 후반에서 19세기 후반 사이의 유럽의 화가들은 실제 시각적 세상을 최대한 가까이에서 묘사하고자 하였으며 그 사회는 (다양한 이유로) 그러한 묘사에 가치를 두었다. 대부분의 다른 문화에서는 그림을 그리는 사람이 눈에 보이는 것과 머릿속으로 갖고 있는 것을 조합한 그림을 그렸다(Kemp, 1990). 따라서 동아시아, 아프리카, 아메리카 원주민, 호주 원주민 사회에서는 개념화와 상징주의적 표현을 바탕으로 한 그림을 그렸던 것이다. 이들은 문화적 상황이 달랐다면 아마 공간적 표현을 그대로 했을 것이다. 중국과 일본의 예술작품에는 인간과 동물의 형상을 측면으로만 그리기보다는 다양한 시각으로 그렸으나 물리적인 깊이는 그다지 묘사하지 않았다(중국 예술에 대한 추가 논의는 7장 후반 참조). 이와 유사하게 유럽의 선사시대 동굴벽화에는 동물을 정확하게 물리적으로 묘사하였는데 단축법, 3/4 시각, 색채를 사용하여 깊이 또한 표현하였다. 이 모든 사례는 공간 지각을 함에 있어서 우뇌의 역할이 제대로 이루어졌음을 보여 준다.

그림의 깊이 지각

세상의 입체 시각 정보는 깊이와 삼차원 공간에 대한 가장 정확한 시각을 제공한다. 단안시_{monocular vision}를 통하여 깊이 공간에 대한 정보를 얻는 것도 가능하나 이러한 정보는 덜 정확하다. 그러나 우리는 유아기부터 세상의 모습을 배우기에 눈 하나로도 실제 세상의 깊이를 볼 수 있다.

이차원 시각 공간의 경우 우리는 결기울기, 조감도, 그림자, 선 원근법, 겹치기, 대비 크기나 단축법과 같은 여러 힌트를 통하여 해당 공간의 시각적 정보를 얻는다(Kalat, 2002). 결기울기는 한 장면에서 가장 멀리 있는 요소가 가까운 요소들보다 더 깊이 있게 표현된다. 구체적인 요소들이 많이 모여 있다는 것은 거리가 있음을 의미한다. 장면에 등장하는 사물 중 빛을 받는 사물은 그림자에 묻힌 사물보다 상대적으로 가까움을 나타낸다. 멀리 있는 사물은 가까운 사물보다 더 흐릿하고 어둡다. 미술에서 명암 사용법 기술은 레오나르도 다 빈치(1452~1519)가 도입하였다고 인정되고 있다(Shlain, 1991). 다 빈치는 예술가들이 산광이나 수평적 불빛, 해와 같은 특정 대상으로부터 나오는 빛, 사물에 반사된 빛, 그리고 반투명 빛과 같은 다양한 조명 여건에 민감하여야 한다고 글을 통하여 설명한 바 있다. 다 빈치는 또한 그림자가 다양한 음영이라고 설명하였다. 이차원에서 그림을 표현할 수 있는 또 다른 요소로는 선 원근법이 있는데, 이는 눈에 보이는 선과 다른 평행선의 결합이며 눈에 보이는 선이 캔버스 아래 구석에 있더라도 이는 거리와 깊이를 표현한다. 겹치기는 서로 포개진 그림 중 위에 있는 그림이 보는 사람과 더 가까이 있는 것처럼 느껴지고 뒤에 부분적으로 감춰진 그림은 더 멀게 느껴진다. 상대적 크기란 더 큰 사물이 작은 것보다 보는 사람으로 하여금 더 가깝게 느껴짐을 의미하며 작은 사물은 더 멀게 느껴진다. 단축법은 보는 사람으로 하여금 공간에서 회전이 되는 느낌을 주며, 이는 깊이를 표현한다. 이런 다양한 착각 기법을 통하여 예술가들은 공간과 깊이, 그리고 사실 세계를 전한다.

　실제 세상을 평면적 공간에 표현하는 것은 실제 세상을 보며 쌓은 경험을 통하여 가능한 것인데 우리는 실제 세상에서 멀리 있는 사물이 가까이 있는 사물보다 더 흐릿하며 사물이 가까울수록 더 커 보이고 멀수록 더 작아 보인다는 사실을 배웠다(그림 7-8 참조). 명암을 보았기에 우리는 밝은 색과 어두운 색을 사용한 그림을 해석할 수 있는 것이다. 눈으로 보는 삼차원 세계의 맥락 또한 그림에 다양한 명암을 사용할 수 있는 바탕이 된다.

[그림 7-8] 선원근법의 예시

원거리와 근거리에 있는 사물의 형태를 비교하기 위한, 한 점으로 향하는 철도선과 선 원근법은 이탈리아 르네상스 초기부터 예술가들의 관심사였다. 멀리 한 지점에서 사라진 것 같아 보이는 수렴(convergent) 및 소실점(vanishinig points)은 일반적 시각으로 더 이상 사물을 볼 수 없는 지점인데 이를 통하여 화가들은 삼차원 세계를 캔버스에 그릴 수 있었다. 이러한 접근법은 서구 미술의 표준이 되었다.

예술의 역사에서 수렴과 선 소실점

이탈리아에서 시작된 르네상스 시대 초반인 13세기 후반에 시작되어 지속되어 온 미술 트렌드는 착각 그림 기법으로 배경의 수평선이 사라지는 것이 들어 있는 일관된 시각을 적용하였다(Bellosi, 1981). 이에 더불어 이 시기에 하나의 사건과 시간에 정지된 사건을 하나의 그림에 표현하기 시작하였다. 사람들은 다양한 사건을 하나의 그림을 통하여 보았던 이전과는 달리 이 시기 이후부터는 한 그림당 한 가지 주제를 보게 되었다. 이 새로운 개념을 예술에 도입하기 위하여 유럽의 화가들은 공간을 나타내는 기하 형상을 많은 노력을 통하여 선과 수렴적 시각을 적용하여 표현하였다. 그리고 그림의 소실점은 많은 르네상스 예술가들의 수학적 · 기하학적 계산을 통하여 도입 및 발전되었다(Panofsky, 1991).

미술사가 마틴 켐프(Martin Kemp, 1990)는 서구 예술에서 실제와 매우 가까운 시각으로 그리게 된 그림은 그 이전 문화와 종교에 기인한 것이라고 설명하였는데, 다시 말해 실제 보이는 그대로 수용 가능하며 있는 그대로를 추구하는 분위기가 형성되어 있었다. 당시 종교에서는 이를 하느님에 대한 신앙과 관련이 없는 것으로 받아들였다.

매우 효율적이나 비산술적인 방법에 기초하는 네델란드의 얀 반 에이크_{Jan van Eyck}의 기법과는 다른 고전적인 미적 가치, 특히 건축 디자인이나 도시 계획의 비례 체계는 정확한 비례를 사용하는 핵심 요인 중 하나가 되었다. 반대로 중세의 측량학이나 광학은 필요한 자원 역할을 하였을 수 있으나 이러한 자원은 우리가 예술이라고 부르는 기능과 관련된 새로운 전제의 틀을 가진 화가들만이 이용하였다. 브루넬레스키_{Brunelleschi}가 사용한 기법이 일반 그림 패널들과는 달리 그토록 눈에 띈 사실은 그의 기법이 일반화되는 데 시간이 걸렸음을 의미한다. 도나텔로_{Donatello}나 마사치오_{Masaccio}와 같이 큰 통찰력을 가진 예술가들은 그들 예술의 정신적 지평을 넓혀 새로운 방법을 적용하였다. 어떤 의미에서 보자면 이 연구 전체가 이들의 통찰력의 결과와 관련된 것인데, 그 후에 등장한 새로운 세대의 예술가들이 이러한 방식으로 예술을 보는 기준에 적응하여 광학의 다양한 측면을 바꾸어 이를 '방앗간의 곡식grist for their mills'으로 만들었다. 그림의 각 테마는 그만의 특별한 이야기를 지니고 있는데, 이것이 자율적이거나 예술작품을 설명하기 위한 그만의 특권을 지녔다는 의미가 아니라 예술가의 지적, 시각적 도구로서 기본적이고 체계화되는 요소로 현재 인식되고 있다. 이러한 인식과 체계화는 나의 전체 가설에 따르면 1400년에서 1880년까지 서양 예술의 특징이었는데 이는 다른 시기나 타 문화에서는 찾아볼 수 없었다(Kemp, 1990, pp. 335-336).

서양 예술에서는 소실점을 발견한 이후부터 사실적 그림이 크게 시작되었다 (Panofsky, 1991). 선 원근법은 지적인 추구 대상이 되었고 예술의 새로운 실험 가능성을 열어 주었으며 체계적 그림의 논리와 구체적 분석 사고를 도입한 기법이 시작되었다. 소실점에서 원하는 시각을 찾아내기 위하여서는 계획적 사고와 더불어 분석적 사고가 요구되었다. 일부 가상의 수평선의 하나의 수렴점은 특정 시각에서 모든 시각선이 모이게 한다. 일부 그림에서는 하나의 소실점만, 다른 그림에서는 두 개, 세 개의 소실점이 표현될 수 있는데 이들 모두는 수평적 차원으로 맞추어져 있다. 이러한 기법의 발전 이전에는 깊이가 축을 중심으로 보는 기법으로 표현되었는데 이 경우에는 수직선을 따라 다양한 지점에 평행선이 모이게 하는 기법이다. 착각 그림 기법은 세상이 최대한 사실적이고 비유적으로 표현되어야 아름다운 것으로 간주한다. 공간이나 깊이 표현이 부족한 그림의 경우 미적 반응을 감소시키지 않기 위하여 다른 기법을 응용한다. 가령 중국 미술의 경우 시간이 중요한데 이를 표현하기 위하여 고정된 부동의 사물을 강조하지 않는데, 깊이를 기하학적으로 표현하는 것은 고정되고 경직되어 있으며 동적인 세상을 의미한다(Thorp & Ellis, 2001). 지질학 형태의 영속성에도 불구하고 인간은 이러한 형태와 유동적 경험을 통하여 상호작용하는데 이는 시간적 관계와 크게 연관되어 있다(Barnhart, 1997; Cahill, 1997). 중국 예술가들의 경우에는 공간 인지에 크게 의존한다. 공간 표현을 할 때에 우뇌의 정상적 기능이 필수이나 이것만으로 예술작품에 필요한 모든 요소, 특히 분석 전략과 표현을 요하는 요소들이 우뇌에서만 이루어지지 않는다.

요 약

일반 신경심리학 실험을 통하여 신경학적 손상을 입은 비예술가와 일반 피험자들의 사례를 바탕으로 시각예술의 일부 측면을 살펴보았다. 예술의 신경심리학적 측면(특히 생리적 실험 자료가 있을 때에는)을 고찰하기 위하여서는 신경심리학과 인지심리학과 연관된 예술적 요소들을 고려하여야 한다. 이에는 지각, 인지, 기억력이 있다. 세상 사물의 윤곽에 대한 우리의 기본 지식은 지각 항상성, 사물의 크기, 방향에 기초를 두고 있다. 사물과 배경에 대한 고유 시점은 지각 항상성을 반영하며 예술을 만드는 데 중요한 역할을 한다. 편측성 뇌손상과 그림에 제시된 사물에 대한 인식은 뇌가 실제 세상 사물에 대한 정보를 체계적으로 저장하고 이를 개념이나 도식으로 나타냄을 보여 준다. 고유 시각 시점과 관련하여 뇌 반구의 비대칭은 뇌의 연속성을 보여 주는데, 사물을 대할 때 좌뇌의 '유연한' 속성과 달리 우뇌는 '경직된' 속성을 보여 준다. 이러한 연속성은 시각 예술가들의 창의력에 영향을 미친다. 복잡한 배경으로부터 특정한 형상을 분리하고 따로 떨어뜨리고 나누는 것은 좌뇌의 인지 요소와 관련되어 있다. 그림이나 다른 시각예술을 감상할 때에 전반적-부분적, 전체적-세부적 기능이 시각 탐색 프로세스에 들어간다. 전반적-부분적 요소들은 전체적-세부적 요소들보다 더 빨리 발견된다. 예술가와 관람객의 예술에 대한 의식적 이해 외에도 무의식적 기억이 예술의 구성과 이해에 큰 역할을 수행한다.

수렴적 조망의 발견을 통하여 예술가들은 깊이와 공간을 이차원에서 표현할 수 있게 되었다. 그림을 실제적으로 표현할 때 우뇌의 인지에 크게 의존할 가능성이 높다. 그러나 고대 이집트나 중국과 일본의 고전 예술의 경우처럼 깊이에 대한 묘사가 그림에 나타나지 않았다고 해서 예술작품을 생산하거나 지각하는 과정에서 우뇌를 사용하지 않았다고 해석될 수 없다.

읽을거리

Arnheim, R. (1974). *Art and visual perception: A psychology of the creative eye.* Los Angeles: University of California Press.

Bearden, R., & Holty, C. (1969). *The painter's mind: A study of the relations of structure and space in painting.* New York: Crown Publishers.

Chalupa, L. M., & Werner, J. S. (Eds.). (2003). *The visual neurosciences.* Cambridge, MA: MIT Press.

Goldstein, E. B. (2001). *Sensation and perception* (6th ed.). New York: Wadsworth

Hockney, D. (2001). *Secret Knowledge: Rediscovering the techniques of the Old Masters.* New York: Penguin Putnam.

Johnson, P. (2003). *Art: A new history.* New York: HarperCollins.

Kemp, M. (1990). *The science of art.* New Haven, CT: Yale University Press.

Panofsky, E. (1991). *Perspective as symbolic form.* New York: Zone Books.

Shlain, L. (1991). *Art and physics.* New York: William Marrow.

Westen, D. (2003). *Psychology: Brain, behavior, and culture.* New York: John Wiley.

Zakia, R. D. (2002). *Perception and imaging* (2nd ed.). Boston, MA and Oxford: Focal Press.

CHAPTER
08

그림과 감상의 신경심리학적 고려 요소

개 요

그림은 신경심리 검사에서 흔히 사용되는 자극이다. 좌뇌 손상이 종종 언어 손상으로 이어지기 때문에, 그림은 비언어적 수단으로서 손상 정도를 측정하는 데 이용된다. 이와 마찬가지로, 우뇌 손상은 친밀했던 사람의 얼굴, 사물, 지도, 공간적 외곽 형태에 대한 기존의 지식 손실로 이어질 수 있기 때문에 어떤 지식이 보전되었는지 확인하기 위해 그림을 이용한다. 광범위한 신경성 뇌질환에서 그림인식장애apictoria(그림 표현을 인식하지 못하는 선택적 능력 장애)는 나타나지 않는다. 시각적 물체실인증object agnosia이 있는 경우 그림으로 그려진 사물의 의미를 유추하는 기능에 손상이 있을 수 있으나, 그려진 얼굴, 장면, 기하학적 도형이나 기묘한 도형을 인식하는 일에 장애가 없을 수 있다. 영장류, 조류, 설치류는 그림에 반응하도록 훈련시키는 것이 가능하다. 그러나 인간과는 달리 그림을 그리는 것은 불가능하다. 그림을 그리는 것은 인간 고유의 능력일 수 있겠지만 어느 정도 그림을 통한 소통적 가치는 인간에게 국한된 것은 아니다.

　비예술가들에 의한 의미를 지닌 표상적 회화는 개념, 지식, 과거의 기억, 정서를 전달하는 수단으로서 그 기능을 수행할 수 있다. CT 스캔 결과 전두-측두엽 치매가 의심되는 한 70대 노인은 비록 언어나 정서 표현을 통하여 의사소통을 하는 것은 불가능하였지만, 색연필로 그린 단순하고 구상적인 그림을 그려서 자신의 인생에 있었던 사건들을 적절하게 전달하였다(Thomas Anterion et al., 2002). 그는 예술가도 아니었다. 이 노인의 과거 직업은 금속공학 분야였다. 당시 이 노인은 이 질환의 말기였다. 그 증상으로 인해 함묵증, 무감동증, 과잉구강성, 의지 결여, 언어 이해 결핍, 정동둔마가 나타났고 적절히 반응하는 능력도 없어졌다. 노인의 아내가 색연필로 그림을 그려 그를 표현하자 노인도 그림을 그리기 시작하였다. 6개월 동안 노인은 매일 그림에 열중하였다. 그림은 아이들이 그린 것처럼 단순하였다. 얼굴과 적절한 원근감이 들어간 집, 배경 그리고 사물을 묘사하였다. 가끔은 지난 과거에 있었던 일들을 그렸다. 자화상을 많이 그렸다. 노인의 어머니가 사망하였을 당시 그린 그림은 특히 주목할 만한데, 그는 죽음의 얼굴(산 사람의 얼굴에 네 개의 뼈가 튀어나온 그림)과 함께 교회를 그렸다. 노인의 아내가 노인에게 어머니의 죽음을 알렸을 때 노인의 행동에는 아무런 변화가 없었지만, 죽음과 관련된 그림을 그렸다는 점에서 볼 때 아내가 전한 말의 의미를 이해했던 것으로 보인다. 그림을 통한 표상적 의사소통 능력이 보전되었다는 사실이 의미하는 바는 무엇인가? 언어, 정서의 사회적 소통 등과 같이 전문화된 기능들이 사라진 가운데에도 이러한 능력이 보전되었다는 점은 손상받지 않은 뇌 영역, 특히 두정엽과 후부측두엽이 그림에 개입하였다는 사실을 시사하고 있다. 물론 다른 뇌 영역 또한 영향을 미쳤을 가능성이 있다. 그러나 이 사례에서 개념의 표상적 의사소통 능력, 세상에 대한 지식, 정서 그리고 개인적 기억은 보전되었고 이러한 기능은 언어 전문 영역만으로는 그 기능이 발휘될 수 없다(4장 참조).

　실어증이 있는 전문 예술가의 그림은 언어와 예술 창작의 관련성을 설명해 준다. 그림과 언어의 분리는 좌뇌에 뇌졸중을 겪은 후 실어증이 생긴 전문 예술가의 사례에서 확인할 수 있다(2장 참조). 그러한 사례로 베르니케 실어증을 겪은 82세의 전문 예술가를 들 수 있다. 그는 언어적 의사소통 능력은 없었지만 만화를 그릴 수 있었다(Gourevitch, 1967). 또 다른 사례는 프랑스의 시각 예술가 사바델Sabadel이다(Pillon, Signoret, van Eeckhout, & Lhermitte, 1980). 좌뇌에 뇌졸중이 온 후 이 시각 예술가는 중증의 실어증과 우측 불완전마비를 겪었다. 오래 지나지 않아 실어증이 계속 있었음에도 그는 그림을 다시 그리기 시작하였다. 이 시각 예술가는 왼손 사용을 훈련해야 했다. 그는 가까스로 현실주의적 사물 그림을 그릴 수 있었지만 사물의 이름을 맞히지는 못하였다. 결국 그는 자신의 인생을 카툰 시리즈로 완성하여 책으로 출판하였다. 언어 기능은 잃었지만 창조적 예술 능력이 보전된 이 사례는 뇌에서 언어 기능은 국부적인 영역이 담당하고 있다는 견해를 뒷받침하지만 예술 창작 기능이 뇌의 어떤 영역에서 이루어지는지는 직접적으로 해결하지 못하였다.

예술가와 손잡이

　　신경심리학 연구의 중심에는 뇌 반구 전문화 연구가 있다. 19세기 중반에 시작된 이 연구는 체계적 연구를 통하여 인간 뇌가 뇌 반구 전문화의 원칙, 즉 좌뇌는 언어 기능을 주로 통제하고 우뇌는 시공간 감각 기능을 주로 통제한다는 원칙에 따라 조직되어 있다는 사실을 밝혀냈다. 인간에게 손잡이가 발생하게 된 것은 언어의 대뇌 편측화, 특히 전두피질의 진화적 확장과 연관이 있다(Ambrose, 2001). 현재 이 방식에 의해 90%가 오른손잡이이고 10%는 왼손잡이인 것으로 추정된다(Annett, 2002). 이 비율은 유전적으로 결정되는 것이고, 성경의 배경이 되던 시절, 더 나아가 동굴 벽과 암석 거주지에서 손의 흔적이 발견되는 것으로 보아 그 이전부터 유지되어 오던 비율이다. 3~5세 이후가 되면 사람은 일관성 있

게 손을 사용하게 된다. 언어 지배와 손 이용의 관계는 몬트리올 신경학 연구원
인 브렌다 밀너Brenda Milner의 연구에서 밝혀진 것으로, 이 연구에 따르면 난치성
측두엽 간질을 앓는 신경과 환자에게 편측 전측두엽 절제술을 시행하기 전에 와
다 검사Wada Test(경내 나트륨 아미탈 주사로 뇌 반구를 마취시키는 것)를 시행하였다
(Branch, Milner, & Rasmussen, 1964; Milner, 1958). 이 실험에서 오른손잡이의 96%
는 언어 기능이 좌뇌에 전문화되었고, 4%는 우뇌에 전문화되었다는 것을 알게
되었으며, 왼손잡이의 70%는 언어 기능이 좌뇌에 전문화되었고, 15%는 우뇌에,
15%는 양측 뇌 반구에 전문화되었다는 것을 알게 되었다. 전 인구 중 왼손잡이
를 포함한 대다수의 사람은 언어 능력이 좌뇌에 전문화되어 있다. 그러나 왼손잡
이의 경우 오른손잡이의 경우보다 훨씬 더 많은 다양성을 보였는데, 이것은 왼손
잡이가 항상 유전되는 것만은 아니고 좌뇌의 오른손을 담당하는 영역이 분만을
전후한 시기에 트라우마를 입음으로써 발생하기도 하기 때문이다(Knecht et al.,
2000, 2002).

　1995년 필립 랜서니Philip Lanthony의 연구조사에 따르면 유명 예술가들 가운데
왼손잡이의 비율은 2.8%로 추정된다(Lanthony, 1995). 이 수치는 일반 인구에서 왼
손잡이의 비율이 10%로 추정되는 것에 비해 무척 낮은 것이다. 이 연구 결과는
500명의 화가의 작품을 토대로 마련되었다. 우선 해칭기법의 방향이 분석되었다.
오른손잡이 화가들의 해칭은 보통 우상단에서 좌하단 방향인 반면, 왼손잡이 화
가들의 해칭은 좌상단에서 우하단 방향이다. 화가들이 어떤 손을 주로 사용하는
지 확인하는 또 다른 방법은 발간된 연구 보고서들을 조사하는 것으로, 이러한
정보까지 랜서니의 연구에 포함되었다. 라울 뒤피Raoul Dufy, 모리츠 코르넬리스
에서M. C. Escher, 한스 홀바인Hans Holbein, 파울 클레Paul Klee, 레오나르도Leonardo,
알렉상드르 레뇨Alexandre Regnault는 왼손잡이인 것으로 밝혀졌다. 기존에 왼손잡이
로 여겨졌던 화가들 가운데 실제로는 오른손잡이로 확인된 경우로는 알브레히트
뒤러Albrecht Dürer, 라파엘로Raphael, 미켈란젤로Michelangelo, 피카소Picasso가 있다. 결
론적으로 오른손잡이 화가가 왼손잡이 화가보다 훨씬 많은 것으로 밝혀졌다.

그림과 두정엽

우뇌 반구가 시각적 정보를 게슈탈트 형태로 이해하는 데 전문화되었다는 생각은 영국의 신경심리학자들에 의해 최초로 제시되었다(McFie & Zangwill, 1960; Paterson & Zangwill, 1944; Warrington & James, 1966). 그들은 우측 두정엽과 후두엽에 질환이 있는 환자들에게 기억에 의존하여 자전거를 그려 보도록 하였는데, 이들은 윤곽은 생략한 채 자전거의 부분 묘사에 치중하여 그림을 그렸다. 자전거의 부분들은 이해할 수 있는 형태로 조직되어 있었다. 이와 반대로 좌뇌의 동일한 부위에 질환이 있는 환자들은 자전거의 많은 부분은 생략한 채 뚜렷한 윤곽을 그렸다. 패터슨과 장월(Paterson & Zangwill, 1994)을 비롯한 신경심리학자들은 이것을 보고 우뇌는 전체적이고 게슈탈트적인 개념으로 세계를 이해하는 반면, 좌뇌는 세부적인 부분을 받아들이는 것으로 해석하였다. 우뇌가 손상을 입더라도 손상을 입지 않은 좌뇌는 기능을 발휘할 수 있고, 반대로 좌뇌에 손상이 있는 경우에도 우뇌는 기능을 발휘할 수 있다고 당시에는 생각하였다. 그들은 좌뇌는 단편적이고 분석적인 사고를 담당하고 우뇌는 게슈탈트적인 사고를 담당한다고 여겼다. 이 영국의 실험에서 알게 된 중요한 점은 비록 대칭적이지는 않지만 양측 뇌 반구가 모두 그림을 그리는 행위를 제어한다는 사실이다. 따라서 우뇌 손상 환자가 그림을 그리는 능력을 모두 잃어 버리지도 않고 좌뇌 손상 환자가 완벽한 형태를 그릴 수 있는 것도 아니다. 뒤이어 인간의 뇌 반구를 구분 짓는 특징을 확인하기 위한 연구가 캘리포니아 패서디나 칼텍에 소재한 로저 스페리Roger Sperry의 정신생물학 연구소에서 뇌 절제술을 받은 환자들을 대상으로 이루어졌다(Levy-Agresti & Sperry, 1968; Nebes, 1971; Zaidel & Sperry, 1973). 이 연구로 좌뇌의 인지적 특성에 기수성, 논리성, 단계적 사고성의 특징이 포함되었다. 뇌 반구를 구분 짓는 특징이 언어 대 비언어적 인지의 축만 있는 것이 아니라는 점에 주목해야 한다.

신경과 환자들의 그림

커크와 커테츠(Kirk & Kertesz, 1993)는 단일 병변이 있는 125명의 뇌졸중 환자의 그림을 조사하였다. 이들은 78명의 좌뇌 뇌졸중 환자와 47명의 우뇌 뇌졸중 환자에게 웨스턴 실어증 검사Western Aphasia Battery: WAB를 시행하였다. 피질과 피질하부에 손상을 입은 환자들은 구분되었다. 이들에게 정육면체, 원, 사각형, 시계, 나무, 집의 6개 모양을 차례대로 보여 주고 직후에 모양을 치우고 그려 보도록 하였다. 그 후 이에 더하여 사람의 형체를 그려 보도록 하였다. 모든 그림은 두 명의 평가자에게 독립적으로 평가되었다(두 명 가운데 한 명은 예술가였고, 다른 한 명은 비예술가였다). 결과는 두 그룹 간에 극명하게 다르게 나타났다.

> 우뇌에 병변이 있는 환자들은 그림을 그리는 것과 관련하여 공간 관련 능력에 손상을 입은 것으로 드러났지만, 좌뇌에 뇌졸중을 겪은 환자들은 더 적은 수의 획과 더 적은 묘사로 단순화된 그림을 그렸다. 좌뇌에 병변이 있는 환자들은 더 많은 떨림이 있었고 왼편 공간을 더 많이 사용하였다. 전체적으로 좌뇌에 손상을 입은 환자들의 장애가 훨씬 더 큰 것으로 보였다(Kirk & Kertesz, 1993, p. 63).

이러한 연구 결과는 다른 연구에서 밝혀진 바와 일치한다(McFie & Zangwill, 1960; Paterson & Zangwill, 1944). 떨림 현상은 좌뇌에 병변이 있고 반신 불완전마비가 온 경우 오른손잡이 화가가 왼손을 사용해야 할 때 많이 발생하는 것으로 확인되었다. 이 연구에서 흥미로운 점은 이전에 연구된 부분으로, 병변의 편측성과는 상관없이 피질 손상을 입은 경우와 하부피질 손상을 입은 경우 간에 별다른 차이를 발견하지 못하였다는 것이다.

똑같이 수정된 WAB 검사를 시행하여 38명의 알츠하이머병(이하 AD) 환자들에게 그림을 그리도록 한 결과 언어와 기억 기능들과의 분리 현상을 확인하였다 (Kirk & Kertesz, 1991). 즉, 이러한 기능들이 심각하게 손상되어도 7개의 형체를 그리는 데에는 문제가 없었다. 그러나 대조군과 비교하면 AD 환자들의 경우는 문제가 더 심각했다. AD 환자들의 그림을 보면 공간 감각이 형편없었고 왜곡된 시각이 드러났다. 게다가 대조군과 비교할 때 시선의 각도 수가 줄었다. 커크와 커테츠(1991)는 이러한 왜곡된 시각이 좌뇌에 뇌졸중을 겪은 환자들과 우뇌에 뇌졸중을 겪은 환자들 모두의 사례에서 나타나는 점에 주목하였다. AD 환자들의 단순화된 그림들과 공간감각장애는 좌뇌 또는 우뇌 뇌졸중 환자들의 그림과 비교했을 때 다르지 않았다.

편측무시와 주의

신경심리학계에 널리 알려진 바와 같이, 좌측 공간 편측무시hemi-neglect는 대개 우뇌 두정–후두엽 손상, 그리고 우측 시상 손상을 입은 환자들에게서 나타난다. 그리고 편측무시는 좌뇌에 손상을 입은 환자들에게서는 매우 드물게 발생한다. 무시는 좌측의 개인 공간 또는 외부 공간에 대한 부주의inattention로 구성된다. 회복 속도과 상관있는 것으로 보이는 한 가지 요소는 장애에 관련한 인식이 있는지 여부다. 예를 들어, 페데리코 펠리니Federico Fellini는 자신의 무시에 대한 인식을 하고 있었다(2장 참조). 이러한 인식에 대한 신경해부학적 기초는 아직 명확하지는 않다.

1990년대 중반부터 기능적 뇌영상 기법이 강조되었고, 이로써 편측무시, 단층촬영 지식 그리고 공간 지각 간의 관계를 설명해 줄지도 모르는 중요한 단서를 찾게 되었다. 우뇌 두정엽 내의 특정 영역은 눈의 움직임을 조절하여 배경 화면을 보도록 하고, 새로운 정보를 인식할 뿐만 아니라, 기존에 인식된 배경과 비교하도록 주의를 통제할 수 있다(Shipp, 2004). 이러한 통제는 개인적인 그리고 외부적인 배경으로부터 정보를 습득하는 과정을 촉진시킨다. 두정엽의 뇌세포는 주의 활동에 특히 더 민감하게 반응할 수 있다(Behrmann, Geng, & Shomstein, 2004). 한 장소에서 다른 장소로 어떻게 이동하는지 아는 것에는 환경에 대한 체계적인 인지, 정보의 축적, 정보의 결합, 그리고 미래에 사용하기 위한 부호화와 저장의 체계적인 인지 능력이 소요된다. 그리고 이러한 인지 능력은 개인적이고 외부적인 공간 모두에 적용되어야 한다. 어느 곳을 주목하여 볼 것인가는 우뇌 두정엽의 피질부에 의해 통제되는 것으로 보인다. 또한 여기에는 우뇌 두정엽과 우뇌 후부해마 간의 신경망이 관여할 가능성이 매우 높다(Maguire, Valentine, Wilding, & Kapur, 2003). 자격을 갱신하기 위해 길을 찾는 보수교육 훈련을 받아야 하는 런던의 택시 운전기사와 같은 전문적으로 길을 찾는 직업을 가진 사람들의 MRI 결과, 우뇌 후부해마의 크기가 전문 운전 경력 기간과 높은 상관관계를 가지고 있으며(Maguire et al., 2000), 이 크기가 더 클수록 경력도 더 길다는 사실이 증명되었다.

또한 좌뇌 두정엽은 환경과 관련한 주의 기전과 관련되어 있다(Assad, 2003). 주의 감각 뇌세포는 환경의 세세한 부분에 의해 조정될 수 있지만, 전체적인 배경에 의해서는 영향을 받지 않는다. 기능적 자기공명영상 연구 결과, 주의가 바뀌는 잠깐 동안 우뇌 상두정엽과 하두정엽 영역이 선택적으로 활성화되는 반면, 좌뇌 두정엽과 두정간구intraparietal sulcus의 뇌세포들은 지속적인 주의를 기울일 때(우리가 세밀한 부분에 주의를 기울이고 자세히 살펴볼 때) 선택적으로 활성화되는 것을 확인하였다. 대상이 재빠르게 바뀔 때 이 영역이 극대치로 활성화되는 것을 발견하였고, 이것은 좌뇌 두정엽이 입력되는 정보가 변화될 때 이를 감지하는 데 역할을 한다는 것을 의미한다(Assad, 2003; Platt & Glimcher, 1999). 이러한 연구 결과가 중요한 의미를 갖는 것은 두정엽에서 특정 영역이 주의와 관련하여 역할을 한다는 점이 아니라, 주의와 관련된 뇌세포 회로의 일부가 주어진 과제에 따라 비대칭적으로 두정엽에서 활성화된다는 점이다.

사진 장면: 동시실인증

전형적인 사진 장면pictorial scenes은 하나의 의미와 단일 주제를 이끌어 낼 수 있는 상호작용을 의미하는 방식으로 배치된 여러 개의 객체와 여러 인물로 구성된다. 사진에 찍힌 객체들은 한 문장을 구성하는 단어들과 같은 것이다. 단어가 단독으로 쓰였을 때는 한 가지 의미를 지니겠지만, 단어가 모여 문법적인 문장을 형성한 경우는 특정한 의미를 지니게 된다. 어떤 장면으로부터 주제를 유추해 내는 능력이 없는 것을 신경심리학과 신경학에서는 동시실인증simultanagnosia이라고 한다(Levine & Calvanio, 1978). 이러한 장애가 있는 경우라도 장면에 나타난 단일 객체를 보고 이름을 맞힐 수는 있다. 이들이 겪는 어려움은 전체 맥락에서 사진 장면을 이해할 수 없다는 점이다. 이러한 장애는 시각이나 초점 마비나 언어적 장애 때문에 발생하는 것이 아니다. 1924년 월퍼트Wolpert는 최초로 동시실인증의 증상을 분류하여 발표하였다. 월퍼트의 발표 이후, 주의력 장애는 환자가 그림을 전체적으로 빠르게 훑어보는 대신 그림의 객체를 한 번에 하나씩 응시하였기 때문에 동시실인증에 기인한 것으로 생각되었다(Wolpert, 1924). 그러나 어떤 부분에 주의를 기울였는지만으로는 그림의 전체적인 이해를 파악하지 못하는 능력을 설명할 수 없는 것이 분명하다.

신경성 환자들은 무엇 때문에 사진 장면 속 각각의 객체를 본 후에 마음속에서 또는 인지 체계를 통하여 사진 내에서 동시 발생하고 대조되어 있는 각각의 객체를 연결시키지는 못하는 것일까? 물론 이들이 한 객체를 미리 보아 이것을 인식한 후 다음 객체를 보았다면 그들은 이전에 본 객체를 기억하고 있을 것이다. 일상생활에서 우리는 서로 이질적인 객체들을 접하여 보게 되고, 나중에 이러한 객체들을 마음속에서 연결시켜서 단일한 의미 단위로 만들어 인식한다. 동시실인증 사례 가운데 전반적인 단기기억 손상은 보고된 바가 없다. 이러한 장애의 핵심은 주제를 파악할 수 없다는 점에 있다. 즉, 의미를 유추하는 능력이 없다는 것이다. 이것은 긴 문장, 단락, 글, 또는 발표 과학 논문의 주제를 파악할 수 없는 것과는 다른 문제다. 이러한 장애는 특정한 유형의 시각 정보, 즉 복잡한 장면을 통합적으로 이해할 수 없음을 나타낸다. 이러한 장애는 보통 좌뇌에 손상을 입었을 경우에 나타난다. 우뇌의 손상으로 인하여 동시실인증이 발생한 사례는 매우 드물다. 이러한 장애를 발생시키는 경우는 좌뇌의 후부측두엽과 전방후두엽 부분의 연결 부위에 손상을 입었을 때다(Kinsbourne & Warrington, 1962; Levine & Calvanio, 1978). (이는 Farah, 1990에서 재검토되었다.)

　기억과 동시실인증에 대한 의문은 일찍이 1962년에 킨즈본Kinsbourne과 웨링턴Warrington에 의해서 실험되었는데, 이들은 서로 다른 사물을 통일된 주제로 융합하는 동안에 불응기가 있다는 추측을 하였기 때문이다. 이들은 동시실인증이 있는 경우 대조군보다 사물들을 통합하는 시간이 길었기 때문에 동시실인증이 '기억'의 한 요소에 있다는 것을 발견하였다. 즉, 두 개의 관련된 사물이나 두 개의 기하학적이 모양을 동시에 또는 연속적으로 보는 관점을 무시한다는 것이다. 한 번에 하나의 사물을 취하는 것은 통합과정이 느리기 때문에 다양한 사물의 장면들을 취하기 위해 세부항목들을 다소 빠르게 알아차려야 하는 것처럼 보였다. 장면에서의 개별적인 사물과 사물의 의미에 대한 지식이 저장되어 있는 의미론적인 체계 사이에서 연결이 만들어졌다. 무엇이 왜곡되어 있는가 하는 것은 하나의 개념에서 더 차원 높은 통합으로 가는 것이다. 그러므로 좌뇌의 인지는 의미 있는 본질에서 시각적인 상상력의 정보를 통합하는 데 더욱 결정적인 역할을 한다는 것이다.

장면, 안구운동 그리고 전두엽안구운동야

　전두엽에서 탐색적 안구운동을 제어하는 두 개의 영역은 전두엽안구운동야frontal eye field와 보조안구영역supplementary eye field이다(Paus, 1996 참조). 전두엽안구운동야는 특정한 대상을 찾는 탐색적 안구운동을 제어한다(Fukushima, 2003; O'Shea & Walsh, 2004). 이 신경해부학적 영역은 브로만의 제8영역([그림 1-4]에서 전두엽 안구운동 영역)에 해당하는 영역으로 전중심 고랑precentral sulcus에 위치하고 있다(그리고 [그림 1-4]에서 전운동영역premotor area인 브로만의 제6영역에도 해당). 원숭이 연구에서 최초로 발견된(Schlag & Schlag-Ray, 1987) 보조안구영역은 보조운동피질supplementary motor cortex로 알려진 배내 측의 전전두 영역에 위치해 있고 방중심 전구paracentral sulcus의 상부 영역에 해당한다(Grosbras, Lobel, Van de Moortele, LeBihan, & Berthoz, 1999; Schlag & Schlag-Rey, 1987)([그림 3-2] 피질 내측 참조). 이 두 개 영역은 기능적 자기공명영상 기법 사용 이전에는 구분하기 어려웠고, 현재에도 개인마다 크기가 다르기 때문에 분명한 기능적 영역 분리는 앞으로 규명해야 할 과제로 남아 있다. 오랫동안 신경학계에서는 장면과 복잡한 시각적 배열을 살펴보는 데 장애를 겪는 것은 전두엽안구운동야에 손상을 입었기 때문으로 알려져 왔다. 이것은 단일 대상을 찾는 시각적 탐색 과제에서 많은 시간이 소요되거나 탐색 결과가 실패로 나타나는 장애다. 시각적 탐색이 주의와 관련이 있는 한 이 문제는 시력이나 초점의 마비가 원인이 아니라 오히려 탐색의 실패에 기인한 것이다. 이러한 장애의 경우 탐색을 유지하기 위해 필요한 지속적인 주의와 안구운동 모두에 결함이 있다(Grosbras & Paus, 2003). 의미 있는 시각적 배열을 살펴보기 위해서는 공간적 구조를 인지하여야 하는데, 이러한 기능은 두정엽에 의해 성공적으로 조정될 수 있다. 그러나 일단 즉각적인 인식이 발생하면 전체를 이해하는 데에는 세부적인 것들을 묶어서 보려는 의도적이고 체계적인 시도와 지속적인 주의, 내부적으로 발생된 자연적인 근육 운동이 필요하고, 전두엽안구운동야의 정상적인 작용이 필요하다. 전두엽안구운동야의 손상은 비체계적인 탐색과 오류를 발생시키고 목적하지 않은 탐색을 초래한다. 이러한 행태학적 패턴들로 인하여 의미가 맞지 않는 배열로 과장된 정보가 인식된다.

좌뇌 전전두엽의 보조안구영역의 매우 국지적인 부분에 (뇌졸중으로부터 비롯된) 손상을 입은 55세 노인의 신경학적 사례가 보고된 바 있다(Husain, Parton,

Hodgson, Mort, & Rees, 2003). 이처럼 매우 국지적인 부분에 병변이 발생한 사례는 정말 드물며 기능적 자기공명영상 결과 뇌 활동의 변화는 행태 연구에서 매우 큰 가치를 지닌다. 이 환자의 경우 새로운 주의를 기울이기 위해서 또는 새로운 사고를 하기 위해서 시선을 옮기는 것에 어려움을 겪었다. 하지만 동시에 자신의 실수를 알아차리고서 재빠르게 바로잡을 수 있었다. 이러한 결과는 사고의 전환에 좌뇌 전전두 피질이 기여한다는 사실을 뒷받침해 주지만, 좌뇌 안구 영역이 오류를 감지하여 수정하는 데 있어 중추적인 역할을 하는 것은 아니라는 점을 시사한다. 지금은 오류 감지와 관련한 전전두 피질 영역으로 전측대상회anterior cingulate gyrus와 배내측의 영역이 있는 것으로 보고 있다. 이러한 행태적 유형과 기타 비슷한 행태적 유형의 편측성에 대해서는 아직 상세히 기술된 바는 없다. 뇌손상을 입지 않은 사람들에 관한 많은 기능적 자기공명영상 연구 결과 좌뇌 보조안구영역의 우선적 활성화가 보고되었고 내적 발생 안구운동과 외적 자극에 대한 수의성 안구운동의 차이가 밝혀졌다(Grosbras et al., 1999). 좌뇌 영역은 내적 발생 안구운동이 있는 경우 특히 활성화되는 것으로 보인다. 반면, 전두엽안구운동야에서 일반적 활성화의 편측성은 발견되지 않았다. 그로스브라스 등(Grosbras et al., 1999)은 좌뇌 영역의 선택적 역할은 피험자 가운데 좌안 지배성이 있는 경우 중 하나로 안 지배성에 기인한 것이 아니다라고 주장하였다.

전전두엽 손상을 입은 경우 시선이 마비되어 시각적 장면을 효율적으로 탐색하는 것이 어려울 수 있다. 발린트 증후군Balint's syndrome에 걸린 경우 두정엽과 후두엽, 특히 추적안구운동을 제어하는 영역에 손상을 입었기 때문에 안구의 응시점을 옮길 수 없다(Hausser, Robert, & Giard, 1980). 대개 추적안구운동은 수차례에 걸친 단속적 운동으로 이루어지지만 부드럽고 빠르게 이루어지도록 되어 있다. 하지만 발린트 증후군을 겪는 경우 안구의 단속적 운동은 지연되고 환자는 응시를 풀 수 없다. 안구운동의 제어는 전두엽과 두정엽이 관련 있다. 뇌피질 동안신경oculomotor 관련 영역들로는 전두엽안구운동야, 보조안구영역, 그리고 측면의 두정엽내 피질이 있다(Shipp, 2004).

요 약

언어적 그리고 정서적 의사소통 능력을 잃게 된 신경학적 환자들이 사진과 그림을 통하여 의사소통을 하는 것이 보고된 바 있다. 뇌의 좌뇌나 우뇌에 손상을 입은 환자들에 대한 신경심리 검사에서는 사진을 자극으로 이용하는 경우가 많다. 시각적 사물실인증을 겪는 일부 환자는 사진 속 객체들로부터 의미를 유추하는 능력에 손상을 입었을 수는 있지만, 이러한 실인증 환자들이 (얼굴, 지도, 도형 등) 사진 표현을 해석하는 능력 전체가 손상된 것은 아니다. 우뇌 두정엽과 후두엽에 병변이 있는 환자들이 그린 그림은 윤곽 틀이 생략되어 있는 반면, 대상물의 세부적인 부분은 강조되어 있다. 뇌의 좌뇌에 손상을 입은 환자들의 그림은 정반대의 양상을 보이는데, 즉 세부 묘사는 부족하지만 윤곽 틀은 강조되었다. 서로 다른 편측성 뇌손상을 입은 환자들이 그린 그림을 관찰함으로써 뇌의 좌뇌는 개별적이고 분석적인 사고를 관장하고 뇌의 우뇌는 전체적인 게슈탈트적 사고를 관장한다는 견해가 처음으로 제기되기 시작하였다. 그림에 관한 후행 연구 결과, 좌뇌 및 우뇌 뇌졸중 환자들 모두에게서 왜곡된 시각이 있다는 것이 드러났다. 언어와 기억 능력이 심각하게 손상된 경우에도 그림은 그릴 수 있다. 알츠하이머병을 앓는 치매 환자들은 언어와 기억 능력은 크게 저하되었지만 그림을 계속하여 그릴 수 있었다. 실어증을 겪는 전문 예술가들의 그림을 관찰함으로써 언어와 예술이라는 두 가지 표현 양상의 분리 현상이 강조되었다. 실어증을 겪는 경우에도 그림은 그릴 수 있다는 것이다. 그러나 이러한 연구 결과만으로 뇌의 우뇌가 통제하는 영역을 완전히 밝혀냈다는 것을 의미하지는 않는다. 그림, 특히 장면과 관련하여 의미를 유추하는 뇌의 좌뇌의 역할은 동시실인증의 사례에서 분명하게 드러났다. 객체를 표현하는 특징적인 기법을 사용한 경우라도, 그림은 개념화될 수 있으며 각각의 뇌 반구의 신경학적 기질을 제어함으로써 그려질 수 있다. 장면, 사진 또는 외부 환경을 볼 때 탐색적 안구운동은 전두엽안구운동 영역과 보조안구 영역에 의하여 제어된다. 전두엽안구운동 영역은 특정한 대상을 찾는 탐색적 안구운동을 제어한다.

읽을거리

Annett, M. (2002). *Handedness and brain asymmetry: The right shift theory* (2nd ed.). Hove, UK: Psychology Press.

De Renzi, E. (1982). *Disorders of space exploration and cognition.* New York: John Wiley.

Fuster, J. M. (1997). *The prefrontal cortex: Anatomy, physiology, and neuropsychology of the frontal lobe.* Philadelphia, PA: Lippincott-Raven.

Goldberg, E. (2001). *The executive brain: Frontal lobes and the civilized mind.* Oxford: Oxford University Press.

Heilman, K. M., & Valenstein, E. (Eds.). (2003). *Clinical neuropsychology.* Oxford: Oxford University Press.

McCarthy, R. A., & Warrington, E. K. (1990). *Cognitive neuropsychology: A clinical introduction.* San Diego, CA: Academic Press.

McManus, I. C. (2002). *Right hand, left hand: The origins of asymmetry in brains, bodies, atoms, and cultures.* Cambridge, MA: Harvard University Press.

Medin, D. L., Lynch, E. B., & Solomon, K. O. (2000). Are there kinds of concepts? *Annual Review of Psychology, 51,* 121-147.

Wilson, F. R. (1999). *The hand: How its use shapes the brain, language, and human culture.* New York: Vintage.

Zaidel, D. W. (1993). View of the world from a split-brain perspective. In E. M. R. Critchley (Ed.), *Neurological boundaries of reality* (pp. 161-174). London: Farrand Press.

Zaidel, D. W. (1994). Worlds apart: Pictorial semantics in the left and right cerebral hemispheres. *Current Directions in Psychological Science, 3,* 5-8.

Zaidel, D. W. (2000). Different concepts and meaning systems in the left and right hemispheres. *Psychology of Learning and Motivation, 40,* 1-21.

CHAPTER

09

미(美), 즐거움 그리고 정서
예술작품에 대한 반응

개 요

미적 감각은 신경 활동에 의하여 나타나는 것은 사실이나 미적 감각의 표현에 대해서는 알려진 바가 그다지 없다. 이와 관련하여 다양한 측면에서 질문을 제기해 볼 수 있다. 미적 반응과 연관된 세포 구조나 흥분성 원리는 무엇인가? 미적 기준은 신경 반응과 관련하여 어떤 역할을 하는가? 미적 감각의 생물학적 목적은 대체 무엇인가? 이 주제에 대하여 진화론적으로 논의되고 있지만 이와 관련하여 신경과학적 답변을 내놓는 것은 쉽지 않다(Aiken, 1998; G. Miller, 2000). 인간이 시각적 미(美)를 인지하게 되면 대상이 자연 형태로 존재하든 캔버스에 그려진 그림이든 이에 대한 반응을 보인다. 자연 형태는 삼차원의 형태로, 캔버스에 그린 그림은 이차원의 형태로 나타난다. 그림의 경우 미적 반응을 끌어내고자 할 때 굳이 현실을 있는 그대로 표현할 필요는 없다. 우리는 삼차원을 크게 활용하지 않는 입체주의 화가, 근대의 추상화가, 초현실주의 화가, 중국 및 일본 고전 화가의 작품을 보고 그 아름다움에 반응을 보인다. 따라서 미적 반응은 현실을 있는 그대로 표현하는 것과는 별개다. 우리는 손이나 유리잔 그리고 다양한 시각 이미지를 담은 사진이 미적 반응을 끌어낼 수 있다는 사실을 주목할 필요가 있다. 이뿐 아니라 산 정상, 고지대에서 찍은 광각 사진과 사막에서 운전하는 광경, 바닷가에 앉아 있는 광경을 찍은 광각 사진 또한 우리로부터 미적 반응을 끌어낼 수 있다. 굳이 광각 사진을 사용하지 않아도 결과는 마찬가지다. 이와 관련하여 유명한 영화 평론가 로저 에버트(Roger Ebert, 2002)가 묘사한 장면들을 들 수 있다.

> 레이Ray(영화감독)가 스틸 포토그래퍼 숩라타 미트라Subrata Mitra가 할 수 있을 것이라 생각하여 세 영화(아푸 3부작)의 사진 작업을 그에게 맡겼다. 아무것도 없는 것에서 시작한 미트라는 처음에는 16mm 카메라를 빌려 사진을 찍기 시작하였는데 그는 숲길, 강, 우기에 구름이 모이는 광경, 연못 위를 가볍게 지나다니는 수생 곤충을 사진으로 찍어 훌륭한 미적 효과를 만들어 냈다 (Ebert, 2002, p. 46).

에버트가 묘사한 미적 느낌을 주는 시각적 광경은 글로는 다 전달되지 못한다. 미적 반응에 대한 경험론적 연구는 다양한 이유로 어려움을 겪었다. 첫째, 미적 개념에 대한 과학자들의 체계적 연구가 극히 드물다. 이 때문에 미적 특징을 규명하기 위한 직접적인 실험 또한 많지 않았다. 얼굴의 아름다움이 그림의 아름다움이나 남부 캘리포니아 절벽에서 본 태평양의 저녁노을의 아름다움과 같은지를 알아내는 실험이 이런 실험의 한 예다. 둘째, 미(美)는 우리가 직접적으로 의식하지 못할 때에도 일상생활의 다양한 분야에서 다양한 형태로 존재하는데 이러한 상황에서 우리가 미를 구분하는 것은 어려운 일이다. 셋째, 생물학적으로 미를 규명하고자 할 때 미적 반응을 다른 기본 생물학적 반응과 구분하는 것이 어려운 일일 수 있다. 그러나 일부 경험론적 연구들은 미적 판단이 신경해부학과 관련이 있음을 밝혔다. 이 장에서는 이 내용을 다루고자 한다.

미와 미학

뇌손상 후에 나타난 미적 선호의 변화

뇌 수술이나 손상 후 미적 감각이 달라진 신경학적 사례는 드물다. 그러나 이러한 사례가 있다는 것은 미학이 신경과 관련되어 있음을 보여 준다. 셀랄Sellal 등은 18세부터 간질을 앓다가 절제술을 받은 오른손잡이 남성의 사례를 소개하였다(Sellal, Andriantseheno, Vercueil, Hirsch, Kahane, & Pellat, 2003). 뇌파 검사를 통하여 좌측 측두엽 발작이 확인되었다. 이는 종양으로 인하여 발생된 것으로 확인되었는데, 좌측 세 번째 측두이랑(T3)에 신경절세포종ganglioglioma이 발작의 원인이었다. 이 환자는 21세에 약물에 반응하지 않는 간질을 완화시키고자 좌 측두엽 절제술을 받았다. 이 절제술을 통하여 이 환자는 전측두극anterior temporal pole을 비롯한 다른 측두엽을 제거받았다(T2, T3, T4, T5). 해마 영역hippocampus과 해마방회parahippocampal gyrus, 편도체amygdala는 제거되지 않았다. 수술 후 발작 증세는 사라졌다. 수술 전 신경심리학적 분석 결과 시각적 기억력보다 언어적 기억력이 더 악화되어 있는 것으로 나타났으며 경도 명칭실어증anomia이 나타났다. 수술 후 검사에서는 언어적 기억력이 정상 범위에 속하지만 경도 명칭실어증은 그대로였다. 언어성 지능과 동작성 지능은 몇 점 올라간 것으로 확인되었다. 청력 검사에서는 청력 손상은 없으나 음의 높이나 억양을 식별하는 데 어려움을 보였다. 이 사례와 관련하여 흥미로운 부분은 이 환자가 수술을 받은 그다음 해에 새로운 음악, 예술 그리고 문학적 선호도에서 차이를 보였다는 점이다.

과거에는 록 음악의 팬이었던 그가 수술 이전에 즐겨 듣던 이 음악이 '너무 강하고, 너무 빠르고, 너무 폭력적'으로 들리게 되었다고 했다. 이제는 켈트 음악과 코르시칸 폴리포닉 음악을 선호하게 되었으며 과거에 듣던 록 음악은 단 한 곡도 듣지 못하게 되었다. 문학적인 부분에 있어서도 그는 공상과학 책에 대한 흥미를 완전히 잃고 이제는 부차티Buzzati(이탈리아 소설가)의 책과 같은 소설을 선호하게 되었다. 그림에 있어서는 사실적인 작품에 큰 관심을 갖게 되었는데 과거에는 보지 못하였던 세부 묘사를 좋아하고 감상하게 되었다(Sellal et al., 2003, p. 449).

예술과 관련된 선호도의 변화 외에 음식이나 옷, 얼굴에 대한 선호도는 이전과 똑같이 유지되었으며, 성격의 변화 또한 없는 것으로 나타났다(일상 관찰과 표준화된 인성검사 결과에 의한 판단).

환자는 자신의 선호도 변화에 놀랐다. 이는 성숙에 의한 변화가 아니라고 생각하였으며 이 변화에 대하여 불만을 표하였다. 이제 그는 음악 선호도가 변하여 대화 주제 또한 달라져 이전 친구들과 어울리기가 어려워졌다고 말하였다(Sellal et al., 2003, p. 449).

이 사례에서 중요한 사실은 정서와 주로 연관된 변연구조limbic structure가 수술을 통하여 절제되지 않았으며 그럼에도 불구하고 정서와 감상과 관련된 부분이 바뀌었다는 점이다. 변연구조를 절제하면 선호도가 바뀔 것이라고 생각하는 것은 일리가 있으나 변연계의 보상 기전과 예술을 보고 감상을 느끼는 것 간의 관계를 고려한다면 피질 절제술이 동일한 결과를 가져올 것이라고는 생각하기 쉽지 않다. 이러한 특수 사례를 통하여 예술 선호도와 신피질 영역이 연관되어 있음을 알 수 있다. 이는 예술 선호도에는 매우 강한 인지 요소가 있음을 나타내며 앞 장에서 제안된 바와 같이 예술은 개념에 대한 의사소통 체계다. 향후에 많은 환자로 이루어진 집단을 통하여 특정 뇌 조직 절제가 예술 선호도 변화에 비대칭적으로 영향을 미치는지 밝혀내야 할 것이다.

　　2001년 치매 환자의 음악 선호도 변화와 관련된 의미 있는 소논문이 소개되었다. "한 남성이 문의성semantic 치매의 전형적 증상을 보였는데 52세부터 이런 증세를 보였다. 55세에 그는 폴카 음악에 심취하게 되었다. 이 환자는 차고에 있는 그의 자동차에 앉아 라디오나 카세트에서 나오는 폴카 음악을 감상하였는데 무려 12시간에서 18시간까지 듣는 날들이 많았다."(Boeve & Geda, 2001, p. 1485) 폴카 음악에 대한 강박적인 관심은 이 환자에게서 처음 나타난 증상이었는데 병을 앓기 전에는 폴카 음악에 대한 관심을 보이지 않은 것으로 알려졌다. 53세와 55세에 찍은 MRI 결과에 의하면 이 환자는 진행성 편도체 위축과 측두엽 위축이 양측 뇌 반구에서 이루어지고 있었다. 이 경우 변연구조가 관련되어 있다. 그러나 이 사례는 매우 짧게 묘사되었으므로 이 환자가 특정 대상에 대한 집념을 보인 것이 수술 후 처음 나타난 것인지 혹은 과거에도 집념을 보였으나 그 대상이 수술 후 폴카 음악으로 옮겨 간 것인지는 불확실하다. 예술에 대한 선호도나 기호는 '강박적' 형태로 나타날 수 있는데 폴카 음악에 심취한 이 사례도 강박의 한 예일 수 있다.

　　전두-측두엽 치매로 진단된 2명의 신경과 사례의 경우, 해당 환자들의 음악 선호가 달라졌음을 보여 준다(Geroldi, Metitieri, Binetti, Zanetti, Trabucchi, & Frisoni, 2000). 두 사례 모두 양쪽 전두엽과 측두엽의 위축증이 나타났으며 측뇌실lateral ventricle, 특히 전두각frontal horn과 측두각temporal horn이 비대해졌다. 첫 번째는 68세 변호사의 사례로 우뇌가 약간 더 위축된 반면, 두 번째는 73세 주부의 사례로 양쪽 반구 모두 비슷한 정도로 위축되었다. 사례 1의 경우는 다음과 같다.

　　환자는 질병이 생기기 이전 클래식 음악을 선호하였으며 팝 음악을 '그저 소음'으로 여겼다. 병을 진단받고 2년 후 '883'이라는 이탈리아 팝 음악 밴드의 노래를 최대 볼륨으로 듣기 시작하였다. 그다음 2년 동안, 감정둔마가 악화되었으며 즉흥적 발화 생산 능력이 떨어져, 그는 가족과의 정서적 접촉 능력을 상실하였다. 그러나 그는 매일 몇 시간을 883의 노래를 듣고, 테이프를 찾고 녹음을 하는 데 소요하였다. 발병 3년 후 환자는 운동신경 질환을 앓게 되었으며 초기 진단 4년 후 사망하였다(Geroldi et al., 2000, p. 1935).

사례 2의 경우, 환자는 발병 이전에 음악에 대한 관심도 특별히 없었고 음악을 즐기지도 않았다. 그러나 발병한 지 약 1년 후 이러한 선호도가 바뀌었다. 이 시기부터 환자는 11세 된 손녀가 좋아하는 팝 음악에 과도한 흥미를 보이기 시작하였다. 이제 이 환자는 이탈리아 팝 밴드를 비롯한 여러 팝 음악을 듣고 즐기며 팝 가수들의 아름다운 목소리와 즐거운 리듬을 느끼게 되었다. 치매와 관련된 뇌의 변화가 분명히 이러한 미적 감상 변화를 가져온 것이다. 안타깝게도 일반인을 대상으로 한 사람의 인생에 걸친 다양한 분야에서의 미적 선호도 변화는 거의 연구된 바가 없다. 그저 미적 선호도는 유지된다고 생각할 뿐이다. 위에 제시한 선호도 변화에 관한 두 사례의 경우 측두엽에 모두 손상이 있었는데 이는 미적 학습과 관련된 특정 신경기질이 존재함을 암시한다. 이 두 사례는 신경미학과 관련하여 매우 흥미로운 사실을 밝혀 주었다. 이 주제를 더 탐구하기 위하여서는 더 많은 신경 사례를 살펴볼 필요가 있다.

뇌 활동과 미학

자기뇌파검사magnetoencephalography: MEG를 사용하여 셀라-콘데 등(Cela-Conde et al., 2004)은 8명의 여성 피험자에게 미적 판단 과제를 준 다음 이들의 뇌 활동을 측정하였다. 다양한 색채가 들어간 그림을 보면서 피험자들은 해당 그림이 아름다운지 여부를 판단해야 했다. 피험자들 중 절반은 아름답다고 생각할 경우 손가락을 올렸고 나머지 절반은 그림이 아름답지 않을 경우 손가락을 올려 보았다.

해당 그림은 신중히 선정되었으며 가까이에서 찍은 얼굴은 제외되었다. 피험자들에게는 여러 장르의 예술작품(고전, 추상, 인상주의, 후기 인상파 그림)을 비롯한 풍경 사진, 여러 장면 사진, 사물의 사진을 보여 주었다. 총 320점의 그림을 보여 주었는데 이 그림은 모두 그 복잡한 정도, 색채, 조명, 빛 반사를 신중하게 고려하여 선정되었다. 자기뇌파검사 기록 결과에 의하면 대상이 예술작품이든 아니든 아름답다고 판단된 경우 좌측 전전두엽의 배외측 영역이 상당히 더 활성화되었다. 예측한 바와 같이 시각피질도 동시에 활성화되었다. 전반적으로 아름다움에 의한 자극은 아름답지 못한 대상에 의한 자극보다 뇌 활성화가 더 활발하게 이루어졌다. 이 외에도 아름다운지 아닌지 여부와는 관계없이 좌뇌 영역이 우뇌 영역보다 더 활성화되었다. 현재까지는 이 연구가 가장 광범위한 그림을 활용하고 가장 세밀한 대상(그림이나 사진) 선정 과정을 거쳤다. 이 연구는 미술운동 스타일 분류는 제공하지 않으나 시간이 지나면 다양한 운동의 미적 판단과 관련된 뇌 영역에 대한 정보를 더 얻을 수 있을 것이다. 그러나 미적 판단이 모든 예술 장르에 균일하게 나타날 수 있다. 현재 확실한 것은 그림으로 그린 예술작품이나 자연 풍경을 담은 사진 간에 차이가 없으며 미적 판단에 있어서는 우뇌보다는 좌뇌가 더 활성화된다는 점이다(그러나 그 이유는 여전히 분명하지 않다).

기능적 자기공명영상을 활용하여 카와바타와 제키(Kawabata & Zeki, 2004)는 다양한 범주(얼굴, 풍경, 정물 혹은 추상 작품)를 그린 그림을 본 피험자의 뇌 활성화를 연구하였다. 피험자들이 뇌 기록 이전에 자극 대상을 미리 볼 수 없었던 위의 자기뇌파검사 연구와는 달리, 이 연구의 경우 피험자들은 뇌 스캔을 하기 사흘에서 엿새 전에 그림을 미리 보았다. 5명의 남성과 5명의 여성으로 구성된 총 10명이 연구 대상이 되었다. 기능적 자기공명영상을 촬영하는 동안 192점의 그림을 두 번 보여 주었으며(총 384회) 피험자에게 자극 대상이 아름다운지, 추한지, 중간인지 버튼을 눌러 확인하도록 하였다. 두 연구자는 시각 피질, 운동 영역, 전대상anterior cingulate, 안와전두orbitofrontal 영역을 비롯한 여러 피질 영역이 주로 아름다운 작품을 보여 주었을 때 활성화된다는 사실을 확인하였다. 자기뇌파검사 연구의 경우 추한 대상을 보았을 때 특정 영역이 활성화되지 않는다는 것을 발견하였다. 그러나 피험자에게 여러 차례 그림들을 보여 주었기 때문에 단순 노출 효과나 친숙도가 영향을 미칠 수 있었으므로 연구 결과는 다소 불분명하다고 할 수 있다(Kunst-Wilson & Zajonc, 1980). 이는 긍정적 선호도를 높임으로써 피험자의 반응이 달리 나오게 할 수 있다. 얼굴 사진을 볼 때 나타나는 반응과 마찬가지로, 이 실험에서 사용된 그림은 방추상회fusiform gyrus를 매우 활성화하였다. 특정 대상을 그림으로 제시하여 미적 반응을 측정할 때에 그림에 인간의 얼굴이 제시되었기에 더 복잡해졌다고 볼 수 있다. 따라서 미적 판단을 한 반응으로 해석하는 데에는 어려움이 있다.

또 다른 기능적 자기공명영상과 그림에 대한 미적 반응 연구에서 연구자들은 피험자들에게 추상적 그림과 사실적 그림을 보여 준 다음 미적 판단을 하게 하며 동시에 뇌 활성화를 측정하였다(Vartanian & Goel, 2004). 피험자는 총 12명(여자 10명, 남자 2명)이었다. 단 40점의 그림만을 피험자에게 제시하였다. 제시된 40개의 자극용 그림이 세 가지 방법으로 변경되어, 총 120개의 화면을 피험자들에게 보여 주었다. 피험자들은 그림을 보고 각 그림을 0~4 사이의 점수를 매기게 되는데 0은 가장 낮은 선호도를 나타내며 4는 가장 높은 선호도를 나타낸다. 전반적으로 피험자들은 추상적 그림을 더 선호하였다. 이 연구에 참석한 피험자들은 좌측 대상구cingulate sulcus가 활성화되었는데 특히 가장 높은 선호도의 그림들의 경우 더 높은 활성도를 보여 주었다. 후두회occipital gyrus(양 반구의)의 경우에도 비슷한 결과가 나타났다. 그림을 보는 것이 시각적 자극이 되기에 후두회의 활성화는 놀랄 만한 결과는 아니다. 이 연구에서 두드러지는 점은, 자기뇌파검사 연구에 의하면 아름답다고 판단한 대상을 봤을 때에 좌뇌가 선택적으로 활성화되었다는 점이다. 더 나아가 그림이 매우 아름답지 않다고 판단되었을 때에 우측 미상핵caudate nucleus의 활성화가 줄어들었다는 점이 주목할 만하다. 그러나 이 실험도 단순 노출 효과가 미적 판단을 방해할 수 있다는 점에서 비판받았다.

종합해 볼 때 '아름다움'은 직접적 과정으로, 그리고 '추함'은 수동적 과정으

로 볼 수 있다. 실험에 사용된 자극에 의한 결과를 보면 뇌에서 미적 판단을 할
때 아름다움을 잠재적 즐거움과 보상을 주는 것으로 간주하고 아름답지 않음은
자극적이지 않은 사건으로 간주하는 것으로 볼 수 있다.

미학, 사선 효과 그리고 시각피질의 속성

곰브리치(Gombrich, 1968)는 예술이나 자연에서 보는 형태나 모양에 대한 끌림
은 생물학적 이유에 기인한 것이라고 주장하였다. 스테빙(Stebbing, 2004)은 더 나
아가 예술의 문법은 생물, 진화, 생존에 중요한 역할을 하는 현존하는 유기적 형
태의 확장이라고 주장한 바 있다. 그는 이러한 기본 예술을 구성하는 원리는 대
조, 리듬, 균형, 대칭이라고 설명하였다. 스테빙은 이 요소들이 예술가들이 의사
소통을 하기 위해 사용하며 감상하는 사람들 또한 이해를 위해 이용하는 예술의
문법 요소라고 하였다.

같은 맥락에서 예술에서 이차원적으로 제시된 그림의 미적 해석은 시각, 인지
체계가 감지할 수 있는 예술의 기본적 요소와 직접적으로 연관되었음이 제안되
었다(Latto, 1995; Latto & Russell-Duff, 2002; Washburn, 2000). 시각예술을 본 후 뇌
세포 자극이 클수록 미적 반응은 크다(Latto & Russell-Duff, 2002). 이러한 생각은
이방성anisotropy과 사선 효과에서 기인되었다. 사선 효과는 수평 혹은 수직선과
반대되는 비스듬한 형태로 나타난 하위 인지를 의미한다(McMahon & Macleod,
2003). 이러한 효과는 어린이나 성인, 고양이, 원숭이를 비롯한 다른 동물들에게
서 발견되었다(Appelle, 1972; Baowang, Peterson, & Freeman, 2003). 이 효과는 망
막보다는 시각피질에서 일어난다는 주장이 제기되기도 하였다(Baowang et al.,
2003; McMahon & MacLeod, 2003). 수평 혹은 수직 방향에 더 민감한 원인 중 하나
로 주변 환경에서 보다 쉽게 찾아볼 수 있는 구조에 대한 초기 시각 노출과 시각
체계의 가소성을 들기도 한다. 이 주장에 따르면 주변에서 사선보다는 수평, 수
직을 더 쉽게 찾아볼 수 있으므로 이 경험에 의하여 시각 체계가 수평과 수직에

더 민감하다는 것이다. 사선보다는 수평과 수직을 더 잘 감지한다는 사실은 직선 격자를 통한 자극을 조사하는 간단한 실험 연구와 자연 경관 사진을 통하여 밝혀 진 바 있다(Coppola, Purves, McCoy, & Purves, 1998). 신경학적으로 보았을 때 사선 보다는 수평이나 수직 패턴일 때 세포의 반응이 더 뚜렷하였다(Baowang et al., 2003). 그러나 이러한 일련의 실험에서 불규칙한 결과가 나타났다는 보고도 있었 다. 그럼에도 불구하고 연구자들은 사선 효과가 망막에서보다는 피질에서 연산 처리된다는 주장에 대부분 동의한다.

사선은 비경사 수평 혹은 수직선과는 반대로 그다지 미학적으로 여겨지지 않 는다(Appelle, 1972; Latto, Brain, & Kelly, 2000). 라토Latto 등은 그림에 나타난 선의 방향이 미적 선호에 크게 영향을 미친다는 사실을 발견하였다. 일반적으로 그림 의 틀과 평행으로 나타난 선을 그렇지 않은 선보다 선호하였다. 피에트 몬드리안 Piet Mondrian과 데 스틸 네델란드 아트 스쿨Dutch art school of de Stijl은 미적 반응을 끌어낼 때 수평과 수직선이 큰 역할을 한다고 주장하였다(White, 2003a). 라토 등 은 수평과 수직선에 대한 강한 선호는 시각 및 인지 체계가 더 잘 간파하고 이에 의한 신경세포 활동 증가에 기인한 것이라고 주장하였다. 데 스틸 아트 스쿨에서 그린 추상적 그림에는 비유적 형태를 사용하지 않으나 강한 미적 반응을 끌어낸 다. 동시에 워시번(Washburn, 2000)은 표상적이거나 수평, 수직선(혹은 방향)을 강 조하지 않아도 사람들은 단순한 형태와 모양을 알아보고 좋아한다고 지적하였 다. 종합하여 보면, 시각 체계는 한 사람이 인지한 모양의 원시적 형태 요소와 특 정 모양의 가장자리와 같이 눈으로 보이는 것에 대해 반응하며, 시각 요소 감지 기관은 예술에 대한 반응을 이차원적으로 나타낸다.

그림의 좌우 인지와 미적 선호

그림의 좌우 배열 또한 미적 선호에 영향을 미친다. 레비(Levy, 1976)는 사진에 담긴 풍경을 본 사람들이 주요 정보가 사진 우측 절반에 있을 때에 더 선호한다는 사실을 밝혀낸 바 있다. 한 집단에게 먼저 비대칭 휴가 장면에서 가장 중요한 부분이 무엇인지 판단하도록 하였다. 그런 다음 다른 집단에게 동일한 장면을 보여 주며 선호도를 조사하였다. 레비는 오른손잡이와 왼손잡이 간 실행 능력을 비교하고자 하였다. 그는 오른손잡이 집단의 경우 사진이 원 방향대로 나타나 있든 반전거울 형태로 나타나 있든 이에 관계없이 주요 정보가 사진의 우측 절반에 있는 것을 미적으로 선호한다는 점을 발견하였다. 왼손잡이 집단의 경우 그 미적 선호도가 정보의 왼쪽 혹은 오른쪽에 더 집중되어 있음과 관계가 없다는 사실을 알아냈다. 오른손잡이 집단을 통하여 밝혀낸 결과는 휴가 장면을 이용한 타 연구를 통하여서도 뒷받침되었다(Banich, Heller, & Levy, 1989). 보먼트(Beaumont, 1985)는 위와 같은 좌 혹은 우 배열의 중요도를 연구하기 위하여 단순한 그림을 연구에 적용하여 미적으로 우측을 더 선호한다는 사실을 확인하였다. 그에 따르면 이러한 선호도는 사진의 오른쪽으로 시야가 이동하면서 좌측 반시야가 자극되는 것이 그 핵심 원인이다. 피험자가 눈을 우측으로 완전히 돌릴 때 사진이 좌측 반시야에 들어오게 되고 우뇌가 더 활발해지기 때문이라고 그는 설명하였다. 이 해석에 따르면 우뇌의 공간-시각 인식의 전문화와 사진에 대한 미적 판단이 동시에 일어난다. 사진의 우측 절반과 이에 따른 미적 판단에 대한 대안적 설명으로, 좌뇌의 활성화가 좀 더 이루어지며 미적 반응은 좌뇌 인지 기관을 반영한다는 점을 들 수 있다(Heller, 1994). 후속 연구에서 사진 정보 중 우측이나 좌측이 강조될 경우 상호작용하여 미적 판단을 함에 있어서 우뇌 혹은 좌뇌만이 활성화된다는 전제를 어렵게 한다는 사실이 발견되었다(Valentino, Brown, & Cronan-Hillix, 1988).

　위의 연구들의 경우 휴가 장면이나 풍경, 단순한 그림을 이용하였으나 우측에 정보를 집중해 둔 유명 예술작품을 보여 주었을 때는 미적 반응이 위의 연구와는 다르게 나타났다. 정보가 좌측 절반에 집중된 그림들은 정보가 우측 절반에 집중된 그림보다 미적으로 선호되었다(McLaughlin, Dean, & Stanley, 1983). 이와 유사하게, 우측 절반이 강조된 그림은 좌측 절반이 강조된 그림에 비해 미적 선호도가 굳이 더 높지 않았다(Freimuth & Wapner, 1979). 미적 판단과 관련된 좌뇌 혹은 우뇌의 역할은 현재로선 불확실하다. 자료나 유효한 연구가 부족하여 확정적인 증거가 없는 실정이다.

그루서Grusser는 박물관 혹은 미술관에 있는 14~20세기 사이에 그린 2,124점의 그림에서 측면으로 나타난 빛에 대하여 연구하였다(Grusser, Selke, & Zynda, 1988). 그루서는 빛을 그릴 때에 왼쪽에서 더 그리는지 혹은 오른쪽 방향에서 더 그리는지에 대하여 관심을 가졌다. 그는 14세기의 그림은 대부분 흐릿한 형태로 빛을 표현한 반면 소수의 그림들은 빛이 들어오는 방향에 대한 선호도가 명확하다는 점을 알아냈는데 이 경우 빛이 좌측에서 들어오는 것으로 표현했다는 사실을 발견하였다. 이러한 경향은 17, 18세기에 점차 더 두드러졌는데 그가 선정한 샘플 작품의 70%의 경우 빛이 좌측에 강조되었다. 19, 20세기에는 이러한 경향이 크게 줄어들었으나 그렇다고 해서 우측에 빛을 강조하는 경향이 더 나타나지는 않았다. 그러나 19세기에는 중앙에의 빛 사용 혹은 흐릿한 빛의 사용이 급속도로 늘어나 작품 샘플의 60%에 이러한 경향이 나타났다. 그루서는 이 시기가 바로 예술가들이 빛의 융합적 조망과 깊이 표현에 대한 의문을 제기하기 시작하였다는 사실을 명확하게 짚어 내었다. 측면에서 빛이 들어오는 것으로 표현할 때 이차원 그림에 깊이가 더해진다. 또한 그루서는 폼페이와 헤르쿨라네움의 고대 벽화와 라벤나 교회에 있는 비잔틴 모자이크 작품에는 빛이 좌측에서 시작되는 것으로 표현되었다고 강조하였다. 그러나 그림에 나타난 좌측 혹은 우측 빛은 균형적 조성으로 설명이 가능한데 가장 중요한 정보가 우측에 표현되고 좌측에서 나오는 빛이 그 위에 비추는 것이다. 또한 그림에 나타난 빛의 방향과 중요한 정보는 상호 보완된 형태로 일관된 작품을 만들어 낸다.

뇌 반구에 따른 미적 선호도

좌측 또는 우측 반시야에 제시된 자극 대상에 대한 미적 선호도는 한쪽으로는 지각과 인지 요소 간의 상호작용 때문에, 그리고 다른 한쪽으로는 미적 요소 때문에 복잡해진다. 리거드와 랜디스(Regard & Landis, 1988)는 단순 지각적 형태의 쌍을 보고 미적 판단을 하는 반쪽 사용면 연구를 하였다. 이들은 피험자의 성별과 어느 면을 보여 주는지가 피험자의 선호도와 관련이 있다는 사실을 알아냈다. 대상 그림을 본 여성들은 좌우에 따른 차이를 보이지 않았으나 남성들은 특정 형태에 대해 좌측 반시야가 더 작용하는 것으로 밝혀졌다. 특히 남성들은 단순성의 법칙이나 완전성의 법칙을 포함한 게슈탈트 법칙을 따르지 않는 대상을 선호하는 것으로 보인다(Pragnanz). 위의 연구자들은 좌우에 따른 미적 판단은 피험자의 성별에 의한 것인지 혹은 지각, 인지적인 것에 의한 것인지 분리하기 어렵다는 결론을 내렸다. 또 다른 좌우 방향과 미적 판단 관련 연구에서 피험자들은 시각의 각 반시야로 얼굴을 보고 판단하는 과제를 수행하였는데, 그 결과는 좌우 방향에 따른 미적 판단을 내리기에는 애매하였다(Regard & Landis, 1988). 이 연구자들은 인식과 미적 기준이 뇌의 좌뇌 혹은 우뇌와 상호작용할 때 미적 판단이 뇌의 어느 반구에서 이루어지는지 확인하기 어려운 형태로 나타난다고 동의하였다.

현재까지 뇌 반구와 미적 기준에 대한 만족할 만한 연구가 없었던 이유는 반구에 따른 기능 전문화, 정서적 반응, 지각적 요소 및 무의식적 영향과 같은 기호의 본질이 명확하지 않기 때문이다.

예술의 발현성, 미(美)

미(美) 그 자체는 예술의 발현성으로 볼 수 있다. 다시 말하여, 특정 예술작품의 미적 요소란 작품을 창조한 이가 아닌 감상자가 볼 수 있는 것이다. 미의 신경해부학을 통하여 미에 대한 지각과 해석까지는 가능할 수 있으나 작품을 만들어 가는 하나하나의 블록은 알 수 없을 것이다. 의식을 신경 활동의 발현성으로 보는 것과 같은 맥락일지 모른다(Sperry, 1980). 피카소는 미술 작품이 실현 순간에

미 그 자체로 만들어지는 것이 아니라 머릿속에 있는 것을 표상하고자 만들어진 다고 언급하였다. "그림을 그리는 것은 미적 행위가 아니다. 이 기이하고 적대적인 세상과 우리 사이를 중재하는 마법의 한 형태이며 우리의 공포 대상과 더불어 우리의 갈망에 형태를 부여함으로써 힘을 얻는 방법이다." (Gilot & Lake, 1964, p. 266 인용)

얼굴의 미(美)의 생물학적 특성

예술에 대한 미적 반응은 애착과 돌봄 같은 인간의 생물학적 필요에서 비롯된 반응의 확장 형태로 볼 수 있다. 일반적으로 부모와 아기의 경우를 생각해 보면 대부분의 부모는 자신의 아기를 원래는 예쁘다고 생각하였던 이웃집 아기나 형제의 아기보다 예쁘다고 여기며, 본인들이 아기였을 때보다 이 아기들을 더욱 예쁘다고 여긴다. 사실 이렇게 작은 아기들은 얼굴에 주름도 있고 제왕절개로 태어나지 않은 이상 두상도 약간 불균형하며 얼굴을 많이 찡그리고 눈을 계속 감고 있으며 얼굴에 피부 변색도 나타나는 등의 특징을 보인다. 콘라트 로렌츠Konrad Lorenz는 아기들의 얼굴이 어른들에게 '큐피 인형Kewpie-doll' 효과를 가지고 있다고 설명하였다(Kalat, 2002). 미적 반응의 생물학적 요소는 사람들의 일화에서 더 확정적으로 나타나는데 부모들은 수년이 흘러 자녀들이 성인이 되고 나서 자녀들의 아기 때 사진을 판단할 때 알 수 있다. 아기에 대한 사랑과 애착 태도는 여전히 유지되나 자녀들이 아기일 때 가졌던 기존의 미적 판단은 바뀐다. 가장 많은 손길이 필요한 시기에 미적 반응을 이끌어 내는, 생물학적으로 활성화된 창구가 존재할지 모른다.

뇌에서 일어나는 미적 반응은 균일하지 않을 가능성이 크다. 반응의 범위는 좁거나 넓을 수 있으며 반응은 특정 형태나 영역 그리고 대상에 따라 달리 나타날 수 있다. 예컨대, 미와 관련된 단어를 들으면 일부는 뇌 활동의 한 층위를 활성화하는 반면에 다른 일부는 다른 층위를 활성화할 수 있는 것이다. 반응의 정도는 개인에 따라 다를 수도 있고 아닐 수도 있다.

초상화

초상화의 미는 어떤가? 수백 년간, 르네상스를 시작으로 서구 예술가들은 정면 대칭 그림보다는 얼굴을 약간 옆으로 돌려 얼굴 측면이 보이는 좌우 비대칭 초상화를 그렸다. 그 이전에는 측면을 그렸다. 당대의 사회적 분위기를 고려하면 여성 얼굴인 경우 측면으로 그린 이유를 알 수 있는데, 당시 정숙한 여인은 남성을 똑바로 쳐다보지 않는다고 하였다(Brown, 2001). 르네상스의 새로운 예술적 · 사회적 · 지적 발달은 3/4 각도에서 1/4 각도나 혹은 그보다 작은 각도로 얼굴을 돌리게 하여 초상화를 그리기 시작하는 데 영향을 미쳤던 것으로 보인다. 1400년대 중반부터 초상화를 그릴 때 비대칭 얼굴 강조가 나타나기 시작하였다(홀바인Holbein이 그린 잉글랜드왕 헨리 8세의 정면 초상화는 당시에 찾아보기 매우 힘든 사례였다).

런던의 영국국립초상화미술관에 전시된 일인 초상화 연구에서 성별에 따라 얼굴의 특정 면이 강조되었다는 사실이 밝혀졌다(McManus & Humphrey, 1973). 여성의 경우, 얼굴의 왼쪽이 남성들보다 큰 비율로 강조되었다(각각 68%와 56%). 왜 화가들이 여성의 얼굴 왼쪽을 오른쪽보다 선호하였는지, 왜 남성들보다 여성들의 얼굴 왼쪽을 강조하였는지에 대한 원인은 지금으로선 찾기 힘들다. 이 연구 결과가 발표된 지 몇 년 뒤 서양 초상화의 얼굴 좌우에 대한 선호 이유를 밝혀내기 위한 실증 연구가 시도되었다(Zaidel & FitzGerald, 1994). 일차적 추측에 의하면 얼굴의 특정 면을 그리는 기준은 대상을 관찰하는 사람, 특히 돈을 지불하는 사람에 의해 결정되었다(수백 년간 화가들은 위탁 초상화로 생활을 이어 나갔다). 현재 가설에 의하면 이들이 여성의 얼굴 오른쪽보다는 왼쪽을 선호하였으며 화가들은 이들의 선호를 맞추고자 하였다. 화가들은 자신의 작품을 사람들이 좋아하기를 원했다. 초상화가들은 한 초상화를 며칠, 몇 주, 몇 달, 심지어 몇 년에 걸쳐 완성하기도 하였다(예: 레오나르도 다 빈치의 모나리자). 이러한 선호는 무작위에 의한 것이거나 근거가 없는 것은 아닐 터다. 따라서 감상하는 사람들이 초상화를 어떤 점에서 좋아하는지 그 생각을 아는 것이 중요하였다.

이 연구는 실험실에서 피험자들에게 일인 초상화를 보여 주고 0에서 5점을 기준으로 초상화가 전반적으로 마음에 드는지 판단하게 하였다. 또 다른 피험자 집단을 구성하여 동일한 초상화를 보여 주고 초상화 인물이 마음에 드는지 0에서 5점을 기준으로 판단하도록 하였다. 각 초상화마다 한 집단에게는 그림의 원 형태를 보여 주고 다른 집단에게는 반전거울에 보인 초상화를 보여 주었다. 연구 결과, 예상과 달리 피험자들은 원 형태나 반전거울에 제시한 것과는 관계없이 화가가 오른쪽 얼굴을 강조한 여성 인물을 선호하였다. 전반적 초상화는 이렇게 선호되었고 여성 인물의 경우 왼쪽 얼굴이 강조된 초상화보다 오른쪽이 강조된 초상화가 더 매력적으로 판단되었다. 더 나아가 초상화의 인물이 남성일 경우 얼굴의 좌우와 피험자들의 선호도가 관계가 없었다. 서양에서 여성 얼굴의 왼쪽을 강조하는 것이 유행했으므로 왼쪽이 강조된 여성의 초상화가 선호되리라고 일반적으로 예상할 것이다. 그러나 초상화 인물에 대한 성별에 따른 선호도의 차이는 피험자들의 예술적 선호도를 (무의식적으로) 보여 주었다고 할 수 있다(통계적으로 피험자들 간에 유의한 성별 차이는 없었다).

이러한 주목할 만한 결과는 자연스럽게 얼굴의 기능적 비대칭성과 성별에 따른 차이와 관련된 질문으로 이어진다. 다음 연구에서는 위의 질문들에 대해 실험하였는데, 이를 위해 몇몇 사람의 얼굴을 정면으로 사진 촬영한 다음 사진을 수직으로 반으로 나누고, 각 면으로 두 얼굴, 즉 왼쪽 얼굴로만 만든 사진과 오른쪽 얼굴로만 만든 사진을 이용하였다(Zaidel, Chen, & German, 1995a). 이 사진은 컴퓨터를 이용하여 얼굴의 좌측 혹은 우측 사진의 거울 이미지를 만들어 원래의 반쪽과 합친 것이다. 이렇게 하여 원본 반쪽과 그 거울 이미지로 보통의 얼굴을 만들었다(이 경우 완벽하게 대칭적인 얼굴이 된다). 피험자들은 이 사진을 보고 두 얼굴, 즉 왼쪽–왼쪽 그리고 오른쪽–오른쪽 얼굴 중 어느 것이 더 매력적으로 느껴지는지 혹은 두 사진 간에 전혀 차이가 없는지를 선택하였다. 실험 결과는 피험자들이 여성의 얼굴인 경우 왼쪽-왼쪽 얼굴 사진보다 오른쪽-오른쪽 얼굴 사진을 선호하였으나 남성의 얼굴인 경우 오른쪽-오른쪽이나 왼쪽-왼쪽 중 하나를 더 선호하는 경향은 나타나지 않았음을 보여 주었다. 사진을 찍은 얼굴 실험은 초상화의 결과와 일치하였는데 이 둘은 인간 얼굴에 대한 미적 선호도가 얼굴의 특정 면에 따라 달라짐을 보여 준다.

　다시 초상화가의 작업실로 돌아가 초상화를 그리는 대상의 얼굴 방향을 결정할 때에, 서구의 화가들은 그림을 그리는 대상과 함께 이야기를 하거나 대화를 나누는 중에 이들의 반응이나 응답에 특정한 방법으로 영향을 받았다. 특히 여성의 경우, 얼굴의 왼쪽이 오른쪽보다 표현이 더 활발하다. 남성의 경우는 얼굴 오른쪽보다 왼쪽의 표현이 여성과 똑같이 더 활발하게 나타나지만 여성과 비교하였을 때 오른쪽과 왼쪽의 표현 차이가 그다지 크지 않다. 아마도 남성은 여성보다 얼굴에 표현이 덜 활발하게 나타나기 때문일 것이다. 예컨대, 여성은 남성보다 더 자주 미소를 짓는다(LaFrance, Hecht, & Paluck, 2003). 미소는 비대칭적이며, 미소를 지을 때 왼쪽이 더 두드러진다는 사실이 알려진 바 있다(Zaidel et al., 1995a). 여성 얼굴의 오른쪽, 즉 더 매력적인 면은 다른 면보다는 두드러지기 때문에 어쩌면 대부분 남성이었던 화가들이 이들의 미소를 보고 무의식적으로 예술의 대상으로 만들어 이 긍정적 반응(화가들이 느낀)을 그림으로 그린 것일지 모른다. 이것이 바로 이 화가가 그 작품에 담고자 했던 것이다.

얼굴의 비대칭과 예술

　인간의 얼굴은 구조적으로 비대칭이며 이는 오래전부터 해부학, 그리고 두개 및 안면 연구를 통하여 알려져 온 사실이다(Ferrario, Sforza, Pogio, & Tartaglia, 1994; Ferrario, Sforza, Ciusa, Dellavia, & Tartaglia, 2001; Peck, Peck, & Kataia, 1991; Scheideman, Bell, Legan, Finn, & Reisch, 1980; Vig & Hewitt, 1975; Woo, 1931). 고대

그리스 예술가들도 이러한 비대칭에 대하여 알고 있었는데 그들은 인간의 신체와 머리를 조각으로 만들면서 이러한 비대칭적 특징을 담아 냈다. 고대 로마 예술가들은 그리스의 조각상을 모사하였으나 인간의 해부학적 비대칭성을 알아차릴 정도로 주의 깊게 살펴보지 않았거나 이를 무시하였던 것으로 보인다(Peck, Peck, & Kataia, 1991). 신경심리학에서 행복하거나 슬픈 표현을 할 때 얼굴의 기능적 비대칭성이 일어나는데, 이때 얼굴의 왼쪽이 더 두드러진다고 본다(Borod, 1992; Borod, Haywood, & Koff, 1997). 미소를 지을 때에는 특히 얼굴의 왼쪽이 더 두드러진다는 사실을 알아냈다(Zaidel et al., 1995a). 그러나 얼굴의 미와 얼굴의 비대칭성과 관련된 연구는 성별에 따른 차이를 제외하고는 앞에 언급한 초상화를 그릴 때의 얼굴의 면 선호도에 대한 실증 연구 이전에는 이루어진 바가 없다(Zaidel et al., 1995a). 동물에게서 나타나는 대칭성과 대칭과 유전자 질의 상관관계에 대한 우세한 생물학적 견해와는 달리, 인간의 얼굴(그리고 두개골, 신체, 팔다리)은 비대칭적인 것이 일반적이다. 좌우의 비대칭은 유전적인 그리고 분자에 의한 것이며 이는 인간의 다양한 신체적 비정상의 근간이 될 수 있다(Levin, 2004; Varlet & Robertson, 1997). 동물에게서 신체 비대칭을 찾아볼 수 있으나 인간의 경우 이는 특징적인 중요한 가치를 지닌다. 이는 인간 신체의 비대칭이 특정 뇌 반구의 전문화와 오른손잡이 또는 왼손잡이와 관계되기 때문이다(Bradshaw & Rogers, 1993; Hiscock & Kinsbourne, 1995 참조). 따라서 인간의 미와 관련하여 성별에 따른 이형적 기능 비대칭성은 이미 제안된 바처럼 진화적 적응의 시각으로 보면 놀랄 만한 일은 아니다(Chen, German, & Zaidel, 1997; Zaidel et al., 1995a). 이론적 설명을 찾아보자면 얼굴의 양면에서 나오는 신호와 그 얼굴을 보는 사람의 뇌 반구를 고려할 수 있다. 각 안면에서 나오는 신호는 얼굴을 보는 사람의 뇌의 양 반구에서 처리되어, 신호 해석에 개입될 수 있는 방해 요소를 최소화하고 뇌로 들어오는 정보 처리의 효율성을 높인다. 매력/아름다움과 정서적 표현은 상호 배타적인 얼굴의 특징을 나타내는 것일 수 있는데, 이는 얼굴 신호 범위의 정반대를 나타낸다는 것이다.

　서로 대면하여 상호작용할 때에 얼굴의 오른쪽이 이 얼굴을 보는 사람의 왼쪽 시각 및 주의 영역에 나타나 보는 사람의 우뇌에 먼저 투영된다(얼굴 전문 반구). 반면에 얼굴의 왼쪽을 볼 때에 얼굴을 보는 사람의 오른쪽 시각 및 주의 영역에 나타나 좌뇌로 정보를 보낸다. 따라서 여성의 오른쪽 얼굴에서 나오는 신호는 생물학적으로 그 얼굴을 보는 사람(남성)의 우뇌의 기능 전문화에 의하여 처리되며, 얼굴의 왼쪽은(표현을 통하여 의사소통 신호를 보내는) 의사소통 신호의 일종으로 좌뇌에서 처리된다. 인류학적 연구는 여성이 짝을 고를 때에 남성의 얼굴 매력을 가장 중요한 요소로 보지 않는 반면, 남성이 짝을 고를 때에는 여성의 얼굴 매력을 가장 중요한 요소로 본다(Buss, 1998). 남성의 경우, 얼굴의 특정 면이 더 매력적이라고 해서 그것이 그 후손의 건강이나 생존 가능성을 예측 가능하게 해 주는 중요한 생물학적 요소가 되지는 않는다.

　얼굴의 왼쪽에서 나타나는 표현이 훨씬 두드러지는 얼굴의 비대칭성은 붉은 털원숭이(Hauser, 1993), 마모셋(Hook-Costigan & Rogers, 1998), 침팬지에게서도 발견되었다(Fernandez-Carriba, Loeches, Morcillo, & Hopkins, 2002). 영장류의 뇌를 만드는 선별적 순응 부담이 인간의 경우 뇌 반구 각각이 전문화되도록 만들고 얼굴 기능 비대칭성도 만들어 냈다는 사실이 제안되었다. 얼굴은 진화를 통하여 비대칭적 표현을 신호로 보내고 언어, 비언어 정서를 표현하는 데에만 활용되는 것이 아니라, 신체 전반이 아기를 들어 올리고 도구를 쥐고 돌을 던지는 등의 활동을 할 때의 특정 손(오른손 혹은 왼손)을 주로 더 사용하는 등의 신체 조절과 양손 협응이 이루어지는 등의 조절 역할 또한 하게 된 것이다. 얼굴의 해부학적 비대칭성의 정도는 아주 중요한데 그 정도가 심할 경우 기형으로 나타날 수도 있다. 그러나 일반 얼굴과 기형을 나누는 비대칭 정도는 아직 체계적으로 연구된 바가 없다. 일상생활에서 우리는 이러한 자연적인 얼굴의 비대칭성을 의식하지 못한다. 얼굴의 비대칭성은 통제된 실험 상황에서 살펴볼 수 있다.

색채 속의 아름다움: 영화

우리는 장소와는 상관없이 색채의 아름다움에 반응한다. 우리가 미국 서부나 태평양 혹은 캘리포니아 언덕 꼭대기에서 일몰을 볼 때 아름답다고 느끼는 이유는 일몰 시 나타나는 색채 때문이 아니라 일몰에서만 나타나는 특별한 빛 때문일지 모른다. 안개가 낀 날에는 암석 해안에 회색빛이 적게 나타나지만, 이 장면은 아름다움과 관련된 반응을 이끌어 낸다. 사진작가 안셀 애덤스Ansel Adams의 작품 대부분에는 색채가 사용되지 않으나 우리는 이를 매우 아름답게 느낀다. 고대 그리스와 로마 시대, 르네상스 때 만들어진 흰색 대리석상은 삼차원 예술작품으로 크고 깊이가 있다. 비록 색채는 없고 때로는 불균형적으로 크지만 그럼에도 많은 이는 이를 환상적으로 아름답다고 여긴다. 흑백영화 스토리는 컬러영화만큼이나 아름답다고 느껴진다. 그러나 현재 그 이유를 알지 못한다.

앞 장에서 명시했듯이 색은 예술에 또 다른 관점을 부여한다. 자연을 둘러보면, 사막에서조차 색이 풍부하다. 그러나 색은 시각 세계에서 의미를 전하는 다양한 요소 중 하나일 뿐이다. 색맹을 지닌 사람들도 세상과 의미로 상호작용하며 이 중 일부는 최고의 예술가가 되기도 한다(3장 참조). 영화는 예술이 의미나 미적 즐거움을 전달하는 데 색이 굳이 필요 없음을 보여 주는 아주 좋은 예다.

관객은 하늘이 사람의 얼굴 색과 같은 그런 세상을 보고도 충격을 받지 않는다. 그저 회색의 색조를 국기의 붉은, 흰, 파란색으로 받아들이고 검정색 입술을 빨간색으로, 그리고 흰 머리를 노란 머리로 받아들인다. 나뭇잎이 여인의 입만큼이나 어두운 색일 때도 말이다. 달리 말하자면, 다채로운 세상만이 흑백 세상으로 변모한 것이 아니라 그 과정에서 모든 색채의 가치 관계가 변한 것이다. 흑백의 유사성은 실제 세상에는 존재하지 않는 형태로 나타나며 같은 색을 갖고 있는 것들이 현실 세계에서는 연계성이 없는 색이거나 현실과는 매우 다른 형태로 색이 나타난다(Arnheim, 1958, p. 15).

작품 관람객은 작품에 많은 표상이 나타난다고 해서 충격을 받지도, 흑백영화를 본다고 충격을 받지도 않는다. 이는 상당한 의미나 미를 전달하는 예술의 한 형태다. 예술은 개념을 표상하고 인간은 그 존재의 매 순간마다 개념과 접한다. 인간은 한 개념의 표상과 그 개념의 실재를 구분할 수 있는 능력이 있다. 이러한 구별이 실패할 때는 정신질환이나 정신병을 앓을 때다. 여기에서 짚고 넘어가야 할 것은 컬러영화가 생기기 전에는 흑백영화가 주를 이루었다는 점이다.

수년간, 컬러영화가 나온 이후에도 유명한 영화 예술가들은 회색빛의 영화 촬영을 선호하였다. 1964년 영화 감독 잉그마르 베르히만Ingmar Bergman과 영화 촬영 기사 스벤 니크비스트Sven Nykvist는 수년간 큰 찬사를 받은 무채색 영화를 만들다 처음으로 컬러영화 〈All These Women〉을 촬영하였다(3장 참조). 이 영화를 만들기 전의 일화를 니크비스트(2003)는 다음과 같이 이야기하였다.

> 잉그마르 감독이 그의 첫 컬러영화를 만들고자 하였을 때 우리는 컬러영화에 대한 모든 것을 배우기로 하였다. 심지어 이스트먼 코닥Eastman Kodak과 협력하여 스웨덴 영화재단에 컬러영화 학교까지 설립하였다. 나는 다양한 테스트 과정으로 6천 미터에 달하는 이스트먼 컬러 필름을 촬영하였다. 그러나 언급했다시피 기술이 다가 아니다. 나는 그림과 정물 사진을 주로 공부하였다. 〈프리티 베이비Pretty Baby〉(1978) 준비 과정에서 나는 루이 말Louis Malle과 함께 베르미어Vermeer의 그림을 연구하는 데, 특히 이 화가의 빛의 사용을 연구하는 데 많은 시간을 보냈다. 스틸 포토그래퍼 안셀 애덤스는 내 우상인데 한 번은 그를 만나기 위해 그가 있는 곳까지 멀리 여행한 적도 있다. 안셀 애덤스가 빛을 정확하게 사용하기 위해 수시간을 기다렸다는 사실은 이미 알려진 바 있다(Nykvist, 2003, p. 11).

결론적으로 〈All These Women〉은 평론가들에게 인정받지 못하였으나(굳이 색의 사용 때문은 아니다) 베르히만과 니크비스트의 차기 컬러영화 〈Passion of

Anna〉(1969)는 큰 찬사를 받았다. 흥미롭게도 부드러운 색채만을 사용하여 어떤 의미에서 보면 단색으로도 느껴지는 작품이었다.

이는 예술에 대한 미적 반응은 주제와는 전혀 관계가 없다는 것을 보여 준다. 예술의 다른 요소들이 미적 반응을 이끌어 내는 것이다. 현실 세계에서는 질환을 묘사할 때 미적 반응을 전혀 찾아볼 수 없으나 예술로 표현되면 또 다른 이야기가 된다. 예술 그 자체는 무언가를 환기시키는 역할을 한다.

신경심리학과 예술에 대한 정서적 반응

예술가의 정서

예술은 예술가의 재능과 숙련도, 창의성, 경험, 심리와 인지뿐 아니라 정서 상태를 투영하여 그 삶의 내부를 보여 준다. 만약 예술이 사고의 표현이라면, 정서 상태가 최종 작품에 미치는 영향을 고려해 보는 것이 타당할 것이다. 그러나 정서 상태는 단기 혹은 장기 기분일 수 있기 때문에 이를 극복하거나 즐길 수 있는 인지적 전략이 존재한다. 다양한 기분이 동시에 공존할 수 있다. 예술가들이 행복하고 활기 넘치는 음악을 작곡할 때 그들이 행복하고 기분이 고조되어서 그런 작품을 만든 것일까? 그 반대의 경우를 주장할 수도 있을 것이다. 예술가의 기분이 저하되어 있고 우울하였지만, 그 상황에서 벗어나기 위해 즐거운 음악을 만들었다고 볼 수도 있을 것이다. 독일의 작곡가이자 음악가 파울 힌데미트Paul Hindemith (1895~1963)는 작곡가가 장례음악을 작곡한다고 해서 작곡하는 동안 우울한 것은 아니라고 말한 것으로 알려졌다(Trethowan, 1977). 또한 장례음악을 작곡할 때에 그 작곡가가 마음속으로 우울하다고 생각할 이유가 없는데, 이는 배우들이 특정 인물을 연기할 때 리 스트라스버그 방법Lee Strasberg Method을 적용하는 것과도 같다고 설명하였다. 힌데미트는 이 질문에 대한 답을 제시하였다. 그는 작곡가들이 곡을 쓸 때 과거 경험을 바탕으로 음악을 듣는 사람들이 어떤 음에 정서가 동요하는지 알고 작업을 한다고 하였다. 그는 또 감상자들에게 일어난 정서는 현실 세계에서 경험한 정서와는 다른 특징을 갖고 있는데 음악으로 인하여 일어난 정서는 단기간에 사라진다고 설명하며, 음악이 시작될 때 그 정서가 일어나 음악이 끝나면 그 정서도 더 이상 일어나지 않는다고 하였다. 현실 세계에서 우리는 외부 요소에 의하여 정서의 시작과 끝이 일정 시간만 지속되는 경험을 하는 경우가 흔치 않다. 힌데미트의 주장은 일부 옳다고 볼 수 있다. 음악에 의하여 일어난 강한 정서는 음악이 지속되는 동안 유지된다. 그러나 일부 정서는 훨씬 강도는 낮겠지만 음악이 끝난 후에도 유지된다.

즐거움과 보상 체계

예술에 대한 반응으로 생기는 즐거움은 해부학적으로 어떻게 설명될 수 있을까? 예술에 대한 '좋고 싫음'의 신경심리학적 반응은 어떤 것인가? 뇌의 어느 부위가 가장 활발하게 반응하는가? 뇌의 어떤 과정이 미적 판단과 감상, 즐거움 그리고 판단을 하게 하는가? 만약 뇌의 여러 영역이 관련되어 있다면, 어느 영역이 먼저 반응하는 것인가? 어느 영역이 동시에 작용하는가? 예술작품을 보고 정확한 이유를 모르는 상태에서 이를 좋아하고 즐기는 것은 우리 반응이 정서적이라는 의미는 아니다. 말로 표현하지 못한다고 이것이 그저 정서적임을 의미하지는 않는다. 그 이유를 정확히 모르는 것도 지적인 상태에서 일어나는 것일 수 있다. 순전히 지적인 것들도 다 언어로 이해되거나 표현되는 것은 아니다. 어떤 그림을 좋아하는 정서에는 인지적(의식 혹은 무의식) 반응과 본능적 반응이 따른다. 본능적 변화를 우리가 더 잘 알아차린다고 해서 이 반응만이 우리에게서 일어나는 것은 아니며, 우리 내장에서 예술에 대한 반응이 일어난다는 의미는 더더욱 아니다. 우리 신체의 내장에서 일어나는 것은 뇌의 활동에 의한 것이다. 정서적 그리고 인지적 반응은 감각을 느낀 후 뇌가 연산한 결과로 일어나는 것이다. 우리 신체 내장기관의 반응(위장 위축이나 차분하게 숨쉬기)을 느낄 수 있는 이유는 내장 기관이 감각피질과 연결되어 있기 때문이다. 특정 사건이나 자극에 의하여 어떤 느낌을 받았다고 인지하는 것은 각성 시스템, 망상활성화, 주의 시스템 등을 통한 여러 활동을 보여 준다. 무언가 느낀 것을 설명할 때에 좌뇌가 활성화되고 좌뇌에 있는 언어 기관이 활성화된다. 우리가 정서를 설명한 단어를 찾지 못한다 해서 뇌의 우뇌가 무언가를 느끼고 좌뇌는 아무것도 느끼지 않는 것이 아니다.

격막septum 바로 앞에 즐거움을 관장하는 기관이 있기에 시상하부hypothalamus는 격막과 광범위하고 강하게 연결되어 있다. 즐거움을 관장하는 기관은 보상 시스템으로 알려져 있는 신경망의 일부로 여겨지고 있다. 제임스 올즈James Olds와 피터 밀너Peter Milner는 1954년 학습 관련 뇌 기전을 찾는 중에 우연치 않게 이를 발견하였다(Olds & Milner, 1954). 전극 하나가 실수로 쥐의 중격 영역에 삽입되어 중격 영역에 전류 자극이 발생하자 쥐는 이 자극을 느끼기 위해 수시간을 먹지도 마시지도 않고 계속해서 레버를 눌렀다(레버를 놓으면 전류가 멈춤). 쥐는 거의 아사 직전에 이르기까지 전기 자극을 더 받고자 레버를 눌렀다. 후에 원숭이를 대상으로 반복한 실험에서도 동일한 반응이 나타났다. 한 의사는 인간의 경우에는 뇌에 삽입한 전극을 통한 자기 자극은 만성적 통증을 완화할 수 있을 것이라고 판단하였다(Milner, 1991). 올즈와 밀너의 연구(1954) 이후 다른 과학자들이 이 시상하부 영역과 연결된 다른 영역을 찾기 시작하였다(Neill, Fenton, & Justice, 2002; Schultz, 2000).

보상 경로는 중격의지핵nucleus accumbens: NA에 시냅스를 일으키는, 중변연계 도파민 시스템mesolimbic dopamine system과 함께 시상하부로 통하는 내측전뇌속 MFB으로 구성되어 있다. 내측전뇌속이 자극되면 중격의지핵의 외피에 의하여 신경전달물질인 도파민이 분비된다. 중격의지핵은 많은 수의 축삭을 전두-측두엽 (시상하부를 포함한)에 있는 도파민 작동성 뇌세포로 보낸다. 중격의지핵은 또한 피질, 편도체, 시상하부에서 분비되는 물질도 받아들이는데 이는 중격의지핵의 도파민 분비가 내측전뇌속이 아닌 다른 영역에서 정보가 도달할 때에도 이루어짐을 의미한다. 전전두엽 뇌세포는 특히 그 특수 수용체로 인하여 도파민에 더 민감하다. 예컨대, 코카인은 일반적으로 도파민 분비를 억제하는 특정 신경 수용체에 작용하여 뇌에서 도파민이 엄청난 양으로 분비하게 하는데, 이렇게 함으로써 즐거움과 관련된 활동을 하는 것처럼 뇌를 속인다. 이는 시냅스 후 도파민 재흡수를 막아 뇌 속에 도파민 순환이 증가하게 만든다. 또한 코카인은 혈압과 심박 수에 영향을 미쳐 교감신경계를 변화시킨다. 교감신경계는 혈관의 수축과 팽창을 조절한다. 이 때문에 즐거움과 관련된 활동은 신경 자동조절 고리의 일부가 되어 뇌에 의존도 및 행동 중독을 초래한다. 계속 작동하기 위해서 뇌는 도파민이 점점 더 많이 필요한데 이렇게 함으로써 생리학적 · 화학적 중독이 만들어지는 것이다(Schultz, 2004).

원숭이와 관련하여 흥미로운 사실이 발견되었는데(Liu et al., 2004), 목표를 달성하고 보상을 받는 것은 영장류의 경우 코의 피질에 있는 D2 수용체(도파민)의 유전적 요인에 의한 것임이 밝혀졌다.

보상 체계는 뇌 중독에 대한 흥미로운 설명이 되지만 이와 관련된 기전과 즐거움의 주관적 느낌과 관련된 많은 사안은 여전히 논의 중이다. 아직 중독성이 학습 기전과 함께 작용하는지는 연구를 통해 밝혀내지 못하였다. 추가 신경전달물질과의 상호작용 또한 매우 중요한 요소로 작용할 수 있다. 더 나아가 즐거움과 관련하여서는 고통이 경감되는 것이 성적 쾌락이나 예술작품을 즐길 때 느끼는 정서나 성공을 이루어서 느끼는 즐거움이나 만화를 읽거나 막스Max 형제나 에디 머피Eddy Murphy의 영화를 보거나 휴가를 즐기는 것과 같은 것인지 확신하기는 어렵다. 올즈와 밀너(1954)가 쥐의 뇌를 자극하였을 때 쥐가 느낀 쾌락은 그저 편안한 기분을 느끼게 한 것일지도 모른다. 중요한 사실은 보상 체계가 지금으로선 즐거움 혹은 쾌락과 관련된 반응과 연관되어 있으며 도파민은 특히 학습 상황에서 학습 행동을 강화시키는 작용과 연관되어 있다는 것이다.

즐거움이나 쾌락적 반응으로 해석될 수 있는 것이라고 해서 다 무언가를 좋아한다는 의미는 아니다. 도파민은 무언가를 좋아해서라기보다는 보상을 얻기 위해 무언가를 원하는 것과 연관되어 있을 수 있다. 즉, 도파민은 만족을 얻기 위하여 무언가를 찾고 간절히 원하는 것과 관련되었다는 것이다(Schultz, 2002). 실험실 쥐 연구에서 나타난 탐색적 행위 그리고 새로운 것을 찾는 행위는 중격의지핵에서 분비되는 도파민의 양과 연관되었다고 알려져 왔으며, 이는 호기심에 의하여 행동하는 인간 행위의 경우에도 똑같이 연관되어 왔다. 인간들이 어떤 느낌을 원하는 것이 유전적 요인과 연관되었다는 사실이 증명된 사례도 있다(Limosin, Loze, Rouillon, Ades, & Gorwood, 2003). 특정 느낌을 반복적으로 찾는 행위에는 어떤 대상에 애착을 갖는 것도 포함되며 그 보상 체계에는 도파민이 큰 역할을 한다(Wise, 2002). 이 경우 애착이 보상이 된다. 반복적으로 찾는 행위 그 자체에 중독성이 있다.

영화와 관련하여 뇌에서 생기는 정서 반응

얼굴에서 나타난 정서 표현의 해석과 편도체의 역할에 대한 논의가 있어 왔다(Somerville, Kim, Johnstone, Alexander, & Whalen, 2004). 기능적 자기공명영상을 활용한 한 연구에서 피험자들은 얼굴에 정서 표현이 나타난 사진 자극을 보았을 때 편도체의 활동이 더 증가하였다. 편도체 손상을 입은 사람들은 다른 사람의 표정에서 공포를 판단하는 데 어려움을 겪었으나 다른 얼굴 표현을 판단하는 것에는 어려움이 없었다. 피험자들에게 사진으로 사람의 얼굴을 보고 자동적으로(그러나 의식적으로) 대상이 신뢰할 만한지를 판단하도록 하였을 때 편도체의 활동이 크게 증가하였다(Winston, Strange, O'Doherty, & Dolan, 2002). 여성 피험자들에게 영화를 보여 주면서 뇌의 혈류량을 측정한 한 연구에서는 피험자들의 양측 뇌 반구 모두에서 편도체가 활성화된다는 사실이 밝혀졌다(Aalto et al., 2002). 피험자들에게 영화 〈해리가 샐리를 만났을 때When Harry Met Sally〉, 〈크레이머 대 크레이머Kramer versus Kramer〉, 〈챔프The Champ〉, 〈빈Bean〉에서 편집한 12개의 동영상을 보여 주었다. 동영상은 중립적, 즐거운 그리고 슬픈 영상으로 나뉘었는데 다른 집단에서 독립적으로 수집한 자료를 근거로 나누었다. 각 동영상의 길이는 약 2분 30초로 만들어졌다. 이 연구 결과 즐거움과 슬픔 반응이 일어날 때 측두-후두엽 부분, 전방 측두엽, 소뇌를 포함한 뇌의 여러 영역이 활성화되었다. 더 구체적으로 연구자들은 즐거움과 슬픔의 정서인 경우 오른쪽 측두극과 양 반구의 편도체와 소뇌가 활성화된다는 사실을 발견하였다. 편도체를 제외한 피질하 영역 활성화에 대한 근거는 크게 찾지 못했다. 뇌영상 기법을 사용하는 또 다른 연구에서 활성화되는 뇌를 연구하여 정서 처리와 관련된 뇌 영역의 구획을 찾고자 하는데, 여러 연구는 늘 동일한 결과로 귀결되지 않으며 여전히 많은 연구가 필요하다. 현재로서는 다양한 뇌 영역이 정서와 관련된 과제를 수행할 때 활성화된다는 점에서 모두 의견이 일치한다.

　다양한 기능적 뇌영상 기법은 비록 실험이 정서 반응을 측정하기 위하여 고안되었으나 인지 요소 또한 포함된다는 사실을 간과한다. 정서와 인지를 분리하는 것은 간단하거나 사소한 문제가 아니다. 정서 관련 실험에서 활성화되는 것으로 알려진 영역은 신피질과 피질하 영역인데 피질 영역은 비정서 인지 과제를 수행할 때 활성화되는 것으로 알려져 있다. 만일 정서와 관련된 실험에서 발견된 뇌의 모든 활동이 피질하 영역으로만 제한된다면 실험이 정서 반응만을 다룬 실험이라 보는 것이 타당할 것이다. 그러나 실제 그런 결과가 나타나지 않았으므로 정서 자극제가 인지 요소 또한 담고 있었다고 봐야 할 것이다. 정서 반응에는 피질 영역만을 보는 것이 타당할 것이다. 정서 관련 이론 중 하나인 제임즈-랑게 James-Lange 이론은 특정 정서 상태일 때 합리적이고 의식적 사고를 한다고 전제한다(Lang, 1994). 언어 표지는 정서의 의식적 상태를 판단하는 데 사용된다. 예컨대, 떨리는 느낌은 공포로 해석되고 심박동 수가 빨라지는 것은 특별한 사람을 기다릴 때 느끼는 행복감으로 해석되며 미소는 행복으로 해석된다. 의식적 언어 표지가 나오기 전에 이미 신체는 반응할 수 있으나 어떤 정서인지 알고 정서를 해석하는 데에는 인지 피질 센터가 활성화된다. 이런 상황은 인간에게만 일어나는 것일 수 있으며 정서 반응에 상호작용적 인지 고리가 있음을 암시한다.

정서와 뇌 반구

예술은 예술가의 맥락과 주변 환경을 나타내며 그의 인지, 경험, 아이디어, 생각 또한 나타내므로 비예술적 자극 대상과 예술에 대한 정서적 반응 사이에 뇌가 자연적 연속 상태를 최소한 보여 줄 것으로 기대해 볼 수 있다. 뇌의 한쪽 반구가 손상되었을 때에 나타나는 정서 표현은 다르다. 우뇌에 뇌출혈이 발생한 경우 행복감, 냉담한 반응, 병을 부정하는 경향이 두드러지고 좌뇌의 경우에는 우울증이 주로 동반된다(Gainotti, 1972). 이러한 상반된 정서적 경험은 정서가 단일 과정이 아니라는 점을 시사한다. 이는 이러한 표현을 하는 것에 인지적인 뇌 요소가 있음을 뒷받침한다. 만약 정서가 진화적으로 오래된 뇌 영역인 피질하 구조에 의하여서만 조정된다면, 우리는 신피질, 인간의 인지를 통하여 정서의 다양성을 볼 수 없을 것이다. 그 예로 편측 뇌졸중을 겪은 141명의 환자를 대상으로 한 연구를 살펴볼 수 있는데, 좌뇌에 영향을 입은 집단이 우울증 경향을 더 나타내는 것으로 밝혀졌다(Paradiso, 1999).

인간이 자신의 맥락적 정보에 의하여 스스로의 정서 반응을 해석하는 것은 인지적 요소가 정서에 특정 역할을 한다는 점을 보여 준다. 이 둘의 상호작용은 미래 행동을 예측하는 기본 정보로 활용할 수 있다. 인간이 '죄책감'을 느끼는 것은 도덕성과 사회의 규칙과 정서의 상호작용을 나타낸다. 공감에는 발달의 순서가 있는데 이는 또 다른 비언어적 반응의 인지 요소가 정서 반응의 한 요소임을 보여 준다(Leslie, Johnson-Frey, & Grafton, 2004). 얼굴 표정에 대한 반응은 얼굴을 인식하고 알아보는 뇌 영역과 유사한 영역에서 처리되는데 이 영역은 우뇌에 있는 방추 영역이다. 우뇌는 얼굴을 인식하고 구별하는 역할에 전문화되어 있다(LaBar, Crupain, Voyvodic, & McCarthy, 2003; Posamentier & Abdi, 2003). 그러나 이러한 편측 전문화가 나이가 더 든 성인의 경우 바뀐다는 증거도 일부 발견된 바 있으며(Gunning-Dixon et al., 2003), 표정에 대한 모든 정서적 반응이 동일하지 않다는 제안도 나왔다. 이는 뇌 반구별 선택적 활성화는 표현의 종류에 따라 함께 변화한다는 것이다(Kilts, Egan, Gideon, Ely, & Hoffman, 2003). 뇌의 양 반구는 정서에 따라 여러 '색채'를 갖고 반응을 하나 양 반구 모두 정서 반응에 이용된다는 특징을 갖고 있다.

앞서 기술한 바와 같이 예술작품은 일반적으로 사회적 · 정치적 · 개인적 사건을 표현한다. 이러한 주변 상황에 대한 반응을 이미지로 포착함으로써 의미를 전달하게 되고 이는 반응을 이끌어 낸다. 이러한 반응은 초기에는 정서적 영역에 한정되어 있으며 비록 즉각 논리적 · 언어적으로 분석되지 않는다 할지라도 작품이 사실주의, 인상주의, 추상주의든 관계없이 그 작품의 상징을 이해할 수 없는 것은 아니다.

요 약

이 장에서는 아름다움, 미학 그리고 정서와 관련된 예술의 반응을 살펴보았다. 미적 반응은 그 대상의 사실적 묘사와는 관계가 없음을 설명하였으며 아름다움의 생물학 그리고 신경해부학적 설명을 시도하였다. 사진에 대한 미적 반응과 뇌에 대한 실증 연구가 부족하나 일부 결과를 찾아볼 수 있었다. 자기뇌파검사를 통하여 연구자들은 우뇌보다 좌뇌가 자극의 본질(아름다움의 여부를 떠나)에 더 활성화된다는 사실을 발견하였다. 그림이나 사진의 차이는 찾지 못하였다. 기능적 자기공명영상을 통하여 다양한 범주가 제시된(사람의 얼굴, 풍경, 정물화 혹은 추상화) 그림을 본 피험자의 뇌 활성화를 연구한 결과, 광범위한 여러 부위의 피질 영역이 활성화되었는데 대부분이 아름다운 작품을 보았을 때 반응하였다. 초상화는 얼굴 사진과 마찬가지로 방추상회를 크게 활성화하였다. 얼굴 표정에 대한 반응이 얼굴 인식을 구별 조절하는 뇌 영역과 비슷한 영역에서 처리된다는 증거가 일부 확인되었다. 다른 기능적 자기공명영상을 따르면 대상이 매우 추한 것으로 판단되면 우측 미상핵의 활성화가 줄어든다. 종합하여 보면 아름답다고 판단된 경우, 추하다고 판단되는 경우보다 강한 활성화가 일어난다고 볼 수 있다. 다른 뇌영상 기법을 활용한 연구에서는 피험자가 얼굴에 나타나는 정서 표현 사진을 볼 때에 편도체 활동이 증가하며 행복감이나 슬픈 정서는 측두부와 후두부, 전 측두엽, 소뇌와 같이 뇌의 여러 추가 영역을 활성화한다는 사실을 밝혀냈다.

예술과 관련된 한 가지 시각은 바로 시각적으로 아름다운 대상에 대한 뇌의 반응은 시각 체계가 지각한 형태의 원형적 요소를 찾는 과정에서 일어난다는 것이다. 가령 어떤 형태의 가장자리와 같이 눈에 보이는 것과 시각적 요소 탐지의 긍정적 결합은 예술에 대한 반응의 설명이 된다. 사선 효과와 관련된 연구와 논의에서 이런 점이 밝혀졌고 향후 미적 자극의 보다 섬세하고 세밀한 차이를 찾을 가능성이 있다.

눈으로 보는 이미지의 좌우는 미적 반응에 영향이 미친다. 풍경이 담긴 사진의 오른쪽에 주요 요소가 있을 시 미적 판단에 더 큰 영향을 미친다. 반면에, 사진이 아닌 그림의 경우는 정보가 왼쪽에 강조되어 있을 시 미적 선호도가 높아진다. 얼굴의 경우 좌우가 비대칭적으로 이루어져 있으며 오른쪽 얼굴이 강조되었을 경우 더 아름답 여겨지나 이는 여성의 얼굴에만 한정된다. 남성의 경우에는 얼굴의 오른쪽, 왼쪽 면이 미적 선호도와는 관련이 없었다. 초상화나 얼굴 사진 관련 연구에서 얼굴의 미와 관련하여서는 남녀에 따라 이러한 결과가 나타났다.

색채는 예술에 또 다른 차원을 더하는데, 이는 예술의 미적 요소에 핵심적인 역할을 하지는 않는다. 영화는 의미나 아름다움을 전달하는 데 색채를 사용할 필요가 없는 예술의 아주 좋은 예다. 수년간, 컬러영화 제작이 가능해진 이후에도 유명한 영화 예술가들은 회색 색채를 사용한 영화를 계속 제작하였다. 영화감독 잉그마르 베르히만, 촬영감독 스벤 니크비스트가 그 예다.

살아가면서 발생하는 사건에 대한 정서적 반응은 예술에 대한 반응과 완전히 다르지 않다. 예술은 예술가의 주변 환경과 맥락을 나타내기에 비예술적 자극 대상과 예술에 대한 정서적 반응 사이에 뇌가 자연적 연속 상태를 최소한 보여 줄 것으로 기대해 볼 수 있다.

읽을거리

Cupchik, G. C., & Laszlo, J. (1992). *Emerging visions of the aesthetic process: Psychology, semiology, and philosophy.* Cambridge: Cambridge University Press.

Eco, U., & Bredin, H. (1988). *Art and beauty in the Middle Ages.* New Haven, CT: Yale University Press.

Gardner, H. (1997). *Extraordinary minds: Portraits of exceptional individuals and an examination of our extraordinariness.* New York: Basic Books.

Halgren, E., Raij, T., Marinkovic, K., Jousmaki, V., & Hari, R. (2000). Cognitive response profile of the human fusiform face area as determined by MEG. *Cerebral Cortex, 10,* 69-81.

Miller, A. I. (2000). *Insights of genius: Imagery and creativity in science and art.* Cambridge, MA: MIT Press.

Miller, A. I. (2002). *Einstein, Picasso: Space, time, and the beauty that causes havoc.* New York: Basic Books.

Moller, A. P., & Miller, A. P. (1994). *Sexual selection and the barn swallow.* Oxford: Oxford University Press.

Sabelli, H., & Abouzeid, A. (2003). Definition and empirical characterization of creative processes. *Nonlinear Dynamics in Psychological Life Science, 7,* 35-47.

Sacks, O. (1995). *An anthropologist on Mars.* New York: Alfred A. Knopf.

Schenk, R. (1992). *The soul of beauty: A psychological investigation of appearance.* Lewisburg, PA: Bucknell University Press.

CHAPTER

10

인간 뇌의 진화, 생물학, 그리고 초기 예술의 출현

개 요

인간의 진화와 생물학적 영향의 배경을 고려한 예술의 기원에 관한 논의 없이, 어떻게 국소적 뇌손상, 예술가와 비예술가의 차이에 대한 신경심리학적 단서, 또는 예술 창작 활동에서 감각의 상실이 미치는 역할 등 예술가들에 대한 연구 결과가 의미하는 바를 분석할 수 있을까? 이러한 기원을 탐구하는 것으로 인간의 예술 창작과 평가에서 뇌의 통제 역할을 조명해 볼 수 있다. 언어 활동과 마찬가지로 예술 활동에 있어 의존하게 되는 인지의 한 형태는 추상과 상징 표현이다. 인지적 추상화를 뒷받침해 주는 생물학적 그리고 신경학적 기전은 예술 활동의 기초를 제공하는 것으로 여겨진다. 그러나 인류학자, 생물학자, 고고학자 그리고 진화론적 과학자들은 예술의 발현까지 이어지는 특질이 어떤 순서로 진화해 온 것인지는 아직 명확히 규명하지 못하였다. 이것은 화석 기록과 고고학적 연구 결과에 대한 해석의 차이가 크기 때문이다. 이러한 논쟁, 논의 그리고 많은 견해의 차이에도 불구하고 학계의 의견이 일치하는 부분이 나타났다. 이 장에서는 예술의 발현에 대해 의견이 일치하는 부분을 제시하고 추가적인 견해 들을 다루고자 한다.

논쟁의 초점은 인간 뇌의 진화에 있어 상징 표현 능력의 발현에 맞춰져 있다. 첫째, 이러한 능력이 느린 속도로 진화되었다는 점에 대해서는 의문이 제기되고 있다(Flinn, Geary, & Ward, 2005). 둘째, 상징적 사고의 인지적 기초는 언어나 시각예술로 표현될 필요는 없다. 물질적 예술작품이 아니고서도 상징적 사고는 다양한 형태로 표현될 수 있고, 그 예로 작곡, 춤, 기도, 사회적 집단화 등의 방식이 있다.

인간 사회의 독특한 특징 가운데 하나는 시연과 소통을 통한 지속적인 교육이다(Johnson & Earle, 2000). 인간은 젊은 세대를 의도적으로 교육시키고, 모범을 보이며, 사회 규범에 따라 행동 양식을 형성시키고, 의사소통과 상호 교류하는 방법을 가르치며, 이에 따라 젊은 세대는 완전한 사회의 일원이 된다(G. Miller, 2000). 이러한 교육은 다른 영장류에 비해 긴 시간 동안 지속된다. 보호자들은 자신의 아이들에게 특정한 방식으로 말하고 발음하는 방법을 가르치며, 유아들에게 표정과 입 모양을 강조하여 보여 주며 정확하게 따라 하도록 지도한다(Holden, 2004). 어른들은 유아들이 듣기 좋고 이해하기 쉽게, 유아들의 능력에 맞추어 자신들의 목소리를 조절한다. 보통 음 높이는 올리되 말하는 속도를 늦추고 억양을 강조하여 말한다. 그리고 기존에 만들어진 도구들을 어떻게 사용하는지도 알려 준다. 이러한 능동적이고 직접적인 교육과 학습은 모두 행동 양식을 형성하는 데 매우 풍부한 경험 환경을 제공해 준다. 조직적으로 사회적 활동을 수행하는 것은 현대 인류가 예술 창작을 하기 위한 선택 적응을 하는 단계로서 기능했을 수 있다.

모든 동물 가운데 인간은 가장 다양한 사회적 조직 활동을 하는 동물이다. 가족부터 시작하여, 여성 단체, 남성 단체, 종교 단체, 전사 및 군인 집단, 직업여성 단체, 비직업여성 단체 등 다양한 단체가 있다. 인간의 예술 기원에 대한 중요한 이론 가운데 하나는 예술이 몸을 치장하는 활동에서 비롯되었고, 이러한 몸을 치장하는 활동은 사회적 조직 활동과 관련하여 발생하였다는 견해다(Lewis-Williams, 2002). 초기 인류의 몸 치장 활동은 매장지 발굴을 통해 알려졌다. 이에 관한 한 가지 견해는 몸의 치장이 조직의 구성원임을 표시하기 위해 이용되었다는 것이다. 특정한 방식으로 몸을 치장한 사람들은 어떤 한 가족 또는 특정한 조직에 속해 있었고, 다른 방식으로 치장한 사람들은 다른 가족 또는 다른 조직에 속해 있었다는 설명이다. 구슬과 보석은 이러한 조직 간 구분을 강조하고 강화하며 개인들을 통합하는 데 이용되었다. 몸을 깃털과 모피로 치장함으로써 사람들은 그 동물들과 함께 있는 것처럼 느꼈고, 이것은 자신들을 보다 힘과 능력이 있으며 진취적인 사람으로 보이게 한다고 생각했다. 몸을 치장하기 시작한 초기에는 어떻게 치장하느냐에 따라 계급, 심지어 같은 가족 내에서의 서열을 드러내기도 하였다.

생물학과 예술적 표현

보여 주는 재능과 솜씨의 근원과 배우자 선택

생물학적 특징의 관점에서 인간은 출산을 통한 종족 번식의 생물학적 기본 욕구를 비롯하여 다른 동물들과 공통점이 많다. 이러한 생물학적 욕구를 보편적인 예술 활동으로 넓혀 살펴본다면, 모든 사회와 현대 호모 사피엔스의 모든 시대, 심지어 그 이전 유인원 시대에도 생물학적 근간을 둔, 표현에 대한 욕구가 있다는 점을 알 수 있다(White, 2003b). 이와 관련한 한 가지 견해는 애초에 예술 창작 욕구는 번식과 출산을 목적으로 한 생물학적 계획의 일환으로 우리 뇌에 짜인 배우자 선택 전략의 확장된 형태라는 것이다(G. Miller, 2000). 예술은 소수의 엘리트

집단을 위한 것이건 모든 사람이 보고 듣도록 한 것이건 간에 일반적으로 보여 주기 위해 만들어진다. 이러한 측면은 예술이 배우자를 선택하는 의식의 하나로, 잠재적 짝에게 물리적 특성을 보여 주고자 하는 생물학적 욕구와 다르지 않다. 따라서 밀러Miller는 인간의 예술과 동물의 구애 활동은 연관이 있으며 생물학적 근거가 있다고 주장한다. 특히 이러한 생물학적 근거는 다윈Darwin의 배우자 선택이라는 진화론적 개념에 잘 반영되어 있다(Cronin, 1992).

이러한 인간의 예술 활동이 생물학과 배우자 선택 전략에 근거를 두고 있다는 견해는 다른 학자들로부터 뒷받침되고 있다(Aiken, 1998; Coe, 2003; Dissanayake, 1988, 1995; Kohn, 2000). 동물들의 구애 활동을 위한 목적과 같은 이유에서 예술 작품을 만든다는 주장이 있다(G. Miller, 2000). 인간에게 예술은 다른 사람에게 판단하도록 한다. 예술은 다른 이성이 자신의 잠재적 짝으로서 적합한지를 판단하는 근거가 되는 것이다. 즉, 짝으로서 알맞은지 평가하는 데 사용되는 것이다. 자연에서 구애를 잘하는 것은, 즉 이성에게 더 잘 선택받을 수 있는 능력이 있다는 것은 후손 번식과 생존을 위한 월등한 유전자를 가지고 있음을 드러내는 수단이다. 즉, 예술의 창작 활동은 직접적이고, 물리적이며, 공격적인 싸움과는 달리 이성의 마음을 사로잡는 평화적이고 생산적인 방식인 것이다. 그리고 이성으로부터 긍정적인 평가를 받기 위한 일부 동물의 호전적인 싸움보다 에너지 소모가 더 적은 방식이다. 따라서 이러한 점에서 인간의 예술은 생물학적 · 공격적 충동을 심리적인 만족을 얻기 위한 상징적인 표현 활동으로 전환시킨다는 프로이트Freud의 승화 개념과 일맥상통하는 것이다. 이러한 방식은 인지 기관을 이용하여 손쉽게 다룰 수 있는 방식이다.

동물이 살아남기 위해서는 중추신경계와 신경망에 의한 특정한 방식에 의해 제어되며, 유전 물질에 의해 제어된다(Gould & Gould, 1989). 잘 알려진 공작새 사례를 살펴보면, 공작새는 나는 데 이용할 수도 없는 길고 우아한 꼬리를 가지고 있는데, 이런 꼬리를 왜 가지고 있는지 항상 의문이 들기 마련이다. 이런 꼬리는 재빨리 도망치는 데 방해가 될 뿐만 아니라 풀숲에 숨을 때에는 걸리적거리기까지 한다. 공작새는 번식을 위해 암컷을 유혹해야 하고, 유혹에 성공하기 위해 아름다운 깃털을 펼쳐 보임으로써 자신이 얼마나 건강하고 유전적으로 우수한지를 과시한다. 공작새가 꼬리의 깃털을 얼마나 큰 부채꼴 모양으로 만드느냐 하는 것은 암컷에게 자신이 얼마나 강한 근육을 지니고 있는지 알리는 것이며, 꼬리를 꼿꼿이 활짝 펼쳐서 흔드는 것으로 자신의 용맹을 과시한다. 공작새의 뇌는 생식과 종의 번식을 위하여 짝을 찾도록 신경학적으로 설계되어 있기 때문에 최선을 다하여 자신을 과시하기를 좋아한다. 다른 한편으로 암컷 공작새는 이런 수컷이 보낸 신호를 해석할 수 있도록 설계된 뇌를 지녔다.

　수컷 새들이 만드는 나무 그늘 '바우어'의 명칭을 딴 바우어새는 주로 호주와 뉴기니에 서식하는데(Diamond, 1982), 이 새는 예술이 배우자 선택 전략의 일환이라는 주장에 생물학적 근거를 제시해 준다(G. Miller, 2000). 나무 그늘 바우어는 숲에서 구한 재료로 만들어지며 단순한 구조물일 수도 있고 매우 화려하거나 복잡하고 정교한 구조물(사람이 만든 거주지에 비교하자면, 예술품으로 꾸며진 집)일 수도 있다. 수컷 바우어새는 이러한 구조물을 오로지 암컷 바우어새를 유혹하기 위한 목적으로만 만든다. 일단 유혹하는 데 성공하고 나면, 바우어는 짝짓기를 위한 공간으로 이용되지도 않을뿐더러 새끼를 기르는 둥지로 이용되지도 않는다. 바우어의 목적은 수컷 새가 자신의 재능과 기술을 이용하여 구조물을 머릿속에서 디자인하고, 이것을 수행하여 각각의 재료를 조립하는 능력을 과시하기 위한 것이다. 실제로 바우어새의 뇌 크기와 바우어의 건축학적 복잡성은 비례하는 것으로 밝혀졌다(Madden, 2001). 이러한 비례 관계는 바우어새의 종에 따라 바우어를 만드는 수컷과 바우어를 감상하는 암컷 모두에게서 실제 존재한다. 그다지 정교하지 못한 바우어를 만드는 종들의 뇌는 매우 크고 정교하며 복잡한 바우어를 만드는 종들의 뇌에 비해 작다. 따라서 그러한 구조물을 만들거나 감상하는 데 필요한 정신 에너지원의 크기는 신경해부학적 기초에 따라 분석할 수 있다.

　주로 후기 구석기 시대 서부 유럽에서 만들어진 초기 손도끼의 기능성에 대한 의문은 없지만, 그 정교한 손잡이는 흥미를 자아낸다. 그 손도끼 손잡이가 예술적이며 표현적이었다고 여겨지기 때문이다(G. Miller, 2000). 이러한 손잡이를 만듦으로써 신체적 강인함, 영특함, (심미적 감각 측면의) 지능성 그리고 창조성을 과시하는 것이다. 손잡이가 어떤 집단의 소속임을 알리기 위한 목적에서 만들어졌을지라도, 이 모든 능력은 만든 이가 성공적으로 생존하기에 적합한 유전자를 지니고 있다는 점을 말해 주는 것이다. 이와 마찬가지로, 몸을 치장하고 장식하는 행위는 초기 인간 사회가 계층화되는 시기에 발생하여 특정 사회집단의 구성원임을 알리는 방식으로 이용되었다. 그렇게 함으로써 자신이 동료 집단 구성원들과 동질의 유전자를 가지고 있음을 홍보하는 수단도 된다. 이러한 점에서 예술은 자신의 영특한 내재적 능력의 우수성을 홍보하기 위한 방법일 뿐만 아니라, 자신이 속한 집단을 드러내는 역할까지 하는 것이다. 계층화된 구조 속에서 만들어진 경쟁의 장, 그리고 예술작품은 계층을 고착화하는 데 기능한다. 따라서 뇌 발전에 있어 중대한 시기인 해부학적 근대 인간 호모 사피엔스에 이르러서 예술 표현은 인척, 친구, 동지들과 같은 유전자를 지녔음을 보여 주는 수단으로 확장되었다.

예술의 감상과 생물학적 근거

생물학적 근거에 기초한 예술의 한 특징은 예술작품을 만드는 사람이나 감상하는 사람이나 양자 모두 예술작품으로부터 만족감을 느낀다는 것이다. 전문 예술 작가들은 기존의 작품을 발전시키고 획기적으로 변화시키는 것을 만끽한다. 실제로 창작하는 것, 다른 사람들의 평가(호평이면 더 좋을 것이다), 특별한 사회적 지위, 예술을 통한 성공 등을 즐기는 것이다. 전 세계의 사람들이 예술적 표현을 즐긴다(Dissanayake, 1995). 예술작품을 만들기 위해 필요한 관심, 형태에 대한 집중, 세밀함, 지속성, 에너지는 우연의 결과물이 아니다(Winner & Casey, 1992). 이것은 인간 뇌의 진화된 인지적 특징을 드러내는 목적적이고 총체적인 활동의 결과물인 것이다. 예술작품을 만들기 위해서는 다리와는 달리 손을 이용한 풍부한 표현력이 활성화되어야 한다. 예를 들어, 운동피질 내에서 미세한 손가락 운동과 정확히 손으로 쥐는 동작이 통제 조절되어야 한다(Tattersall, 2001). 잭슨 폴록 Jackson Pollock의 행위 예술을 예로서 살펴보면, 이러한 작품을 만들려면 수평으로 놓인 캔버스 위에, 매우 정밀한 손목 움직임을 제어하는 등의 노력으로 물감을 제한적으로 그리고 계획적으로 뿌려야 한다. 인간이 예술을 만드는 데 기울이는 에너지는 어떤 것이건 간에 인간의 필요와 생물학이 빚어낸 뇌 활동의 정점에서 발생하는 것이다.

시각예술

풍성한 예술 창작의 첫 출현

고고학적 증거를 살펴보면 해부학적 인간은 약 10만 년 전에 등장하였지만 이 시기와 풍성한 표현적 예술이 출현한 시기 간에는 공백기가 있다는 점에 주목해야 한다(Appenzeller, 1998; Bahn, 1998). 해부학적 근대 인류는 아프리카에서 발생하여 중동으로 이주한 후(이들의 유골은 이스라엘에서 발견된 바 있다) 계속하여 동유럽과 서유럽으로 이주해 간 것으로 알려져 있다(Balter, 2001). 네안데르탈인들은 호모 사피엔스보다 훨씬 앞서 유럽에 정착하였고 그 출현 시기는 호모 사피엔스와 1만~1만 5,000년가량 겹친다(Clark, 1999; Finlayson, 2004; Lewis-Williams, 2002). 이들은 약 3만~3만 5,000년 전 자취를 감춘 듯이 보인다(Klarreich, 2004; Klein et al., 2004). 네안데르탈인에 대하여 일부 학자는 호모 사피엔스와의 관련성을 제기하기도 하고, 또 다른 학자들은 근대 인류와 유전적인 관련성을 제기하고 있다(Wolpoff et al., 2004). 데이비드 루이스-윌리엄스David Lewis-Williams(2002)는 인간 세상에 예술이 처음으로 출현한 것은 후기 구석기 시대로 알려진 약 3만 5,000~4만 5,000년 전 서유럽에서 정교한 손 도구, 작은 조각상, 구슬, 장신구가 등장하기 시작한 시기라고 주장한다. 이 시기에 나타난 것은 오리냐크 문화의 기술로, 무스테리안 문화의 기술로 알려진 중기 구석기 시대의 기술과는 분명한 차이를 보인다. 해부학적 근대 인류는 약 4만 5,000년 전 유럽에서 나타나기 시작하였다(Mellars, 2004). 따라서 과도기라고 부르는 약 3만 5,000~4만 5,000년 전은 고고학적 기록이 크게 급격한 변화를 겪는 시기이며, 인류가 단순한 도구를 뛰어넘는 어떤 것을 만들어 내기 시작하는 시기였다. 장식품과 상징적 예술 분야, 그리고 뼈, 뿔, 상아, 돌과 같은 물질을 조형하는 기술에 있어서 새로운 발전이 이루어졌다(Balter, 2001). 여기에서 논의가 될 사항은 바로 굳이 기능적 용도가 없는 장식된 손잡이와 섬세한 손 도구들의 존재다. 이는 시각예술의 초기 신호로 보고 있다(기능적이 아닌 장식용이었다는 점에서).

이에 더하여 해부학적 현대 인간인 호모 사피엔스는 자신들의 몸을 물감과 장신구로 치장하였다. 루이스-윌리엄스(2002)는 이러한 시각예술의 초기 신호는 인간 사회집단과 지위의 발달에 의한 것이라고 제안하였다. 그렇다고 하여서 네안데르탈인들이 사회적 집단을 이루지 않았다는 의미는 아니다. 단, 네안데르탈인의 경우 계층화된 사회구조가 없었을 가능성이 있다는 것이다. 한 집단 내에서의 지위와 세분화된 사회계층에 대한 문제는 현대 인간의 사회와 예술 활동의 근본을 이해하는 핵심 열쇠일지 모른다. 이러한 사회 계층화는 한 개인과 나머지 사람들과의 관계에 대한 정의와 함께 이루어진다. 사회적 계층으로는 사춘기 전의 소년, 소녀, 용기 있고 대담한 사람, 전문가, 장인 등을 들 수 있다. 이러한 결과는 오리냐크 유물들이 해부학적 현대 인간이 만든 것이 전혀 아니라는 가능성을 제기하였다(Conard, Grootes, & Smith, 2004; Mellars, 2004).

진화의 단계에서 때로는 급속한 발전이 이루어졌으며 대부분의 경우 환경에 대한 적응이 이루어졌다(유전적 돌연변이 또한 이루어짐). 따라서 약 4만 5,000년 전에 서유럽에서 일어난 사건들은 이미 다른 곳에서, 특히 아프리카에서 이루어졌을 가능성이 매우 높다(McBrearty & Brooks, 2000; Tattersall, 2001). 아프리카에서 발견된 바에 의하면 다음과 같다.

숫돌을 사용한 칼과 색소의 제조는 약 25만 년 전에 이루어졌다. 장거리 교류와 조개잡이 활동은 약 14만 년 전에 이루어졌다. 뼈로 만든 도구와 광업 활동은 약 10만 년 전부터 이루어졌다. 타조 알 껍질로 만든 층은 약 40만 년에서 50만 년 전에 만들어졌으며 현재 우리가 표상적 이미지라 부르는 예술의 형태는 약 30만 년 전에서 40만 년 전에 발생한 것으로 보인다. 이 중에서 가장 놀라운 발견은 바로 크리스 헨실우드Chris Henshilwood와 동료들이 블롬보스로 알려진 남부 동굴에서 찾은 것이다. 십자 모양과 중앙 및 마무리 선이 조심스레 새겨진 오커가 발견되었는데 이는 현재로부터 약 7만 7,000여 년 전의 것으로 추정된다. (이 동굴에서 무늬가 새겨진 뼈 도구와 낚시 도구들이 발견되었다.) 비록 표상적 이미지는 아니지만 이것이 현재로서는 세상의 가장 오래된 '예술'이다. 이는 예상하지도 못하였던 오래된 시기에 현대 인간의 행동이 어떠하였는지를 명백하게 보여 준 사례가 되었다. 이 모든 발견의 세부 요소에 대한 논의는 앞으로 이루어질 수 있으나 현재 분명한 것은 현대 인간의 행동이 서유럽으로 이동이 일어나기 전 단편적 형태로 아프리카에서 나타났다는 사실이다(Lewis-Williams, 2002, pp. 98-99).

이 모든 것에 1995년 독일 쇠닝겐에서 발견한 유물도 추가할 필요가 있다. 이 유물은 약 40만 년 전의 것으로 추정되는 약 6피트 길이의 매우 잘 보존된 목재로 만든 장창이었다(Dennell, 1997; Thieme, 1997). 이 창을 만드는 데 필요한 기술과 계획 그리고 지식은 많은 이가 예술이 아니라 부인할지 모르겠으나 이 뛰어난 노하우는 후에 만개한 예술적 형태로 발전되었다고 볼 수 있다.

현명한 생존 전략으로서의 예술

여기에서 제안된 또 다른 시각은 바로 신체 장식 행위가 인간과 초기 인류에게 위장술로 나타났다는 것인데 이는 아마도 무리를 이루기도 전에 생겼을 것이다.

초기 인류는 새들이 하늘에서 자신들을 보고 울거나 그들 위에 원형을 그리며 도는 것을 방지하고자 색채나 장신구(짐승 털, 가죽)로 몸을 위장하여 사냥(먹고 가죽을 활용하고자) 확률을 높였다고 생각해 볼 수 있다. 아마 초기 인류는 일부 짐승이 주변 환경과 잘 어우러진다는 사실을 관찰할 수 있는 인지 기능을 가졌을 것이다. 그들은 동물들보다 더 똑똑하게 활동하고자 동물들의 기술을 상징적으로 이용하고자 시도하였을 수 있다. 인류 역사를 살펴보면 인간은 동물을 모방하였으며 심지어 반인반수인 키메라를 만들었다. 물론 초기 인류는 간계, 속임수, 배반을 가능하게 해 주는 인지 기관을 바탕으로 후에 위장술을 활용하여 전쟁에서 승리를 거두고 더 많은 땅과 더불어 귀중품을 확보하였을 것이다.

장식이나 속임수 혹은 위장술에 사용되는 신체 장식은 상징성을 띠고 있다. 이는 머릿속에 있는 무언가를 대신 나타내는 수단으로 사용된다. 위장술은 위장하는 대상을 동일한 형태로 표현하지는 않으며 그저 생존력을 높이기 위한 목표로 사용된다. 루이스-윌리엄스(2002)는 네안데르탈인이 상징적 목표로 신체 장식을 활용하였다 하더라도 이것이 그림을 그리거나 조각을 만드는 것으로 발달한 것은 아니라고 주장한다. 그 이유는 현재로서는 밝혀지지 않았다. 루이스-윌리엄스는 신체 색칠은 그 자체로 이미지(그림과 조각상)를 만드는 것으로 발전되지 않았다고 주장하였다. 대신에 그에 의하면 이미지를 만드는 것은 뇌가 더 진화된 호모 사피엔스의 경우 가능하였는데, 호모 사피엔스는 네안데르탈인이 유럽에 거주하고 오랜 뒤에야 유럽에 나타난 존재다. 이것이 어떤 형태로 발전되었다 하더라도 신체가 아닌 이차원 면적에 그림을 그리고 상아나 돌, 뿔, 뼈 조각상을 만들었다는 것은 인간이건 짐승이건 매우 진화된 뇌를 가지고 있다는 신호이며 사람이 다른 공간에 표현을 가능하게 해 주는 인지적 능력을 갖추고 있음을 의미한다. 표상적 예술이 그림, 삼차원 조각상 그리고 무늬 새기기로 시작되었다는 점에서는 모두 동의한다. 이러한 표현은 신체 장식 이후에 나타난 것이다. 그러나 네안데르탈인의 예술작품에 대한 증거가 없고 호모 사피엔스의 작품에 대한 증거가 없으므로, 이들이 상징적 사고나 신념, 행위는 하였으나 이것이 예술작품으로는 표현되지 않았다는 사실도 고려해 볼 수 있다. 이와 같은 맥락에서 일부 학자는 일반적으로 생각하는 것보다 네안데르탈인과 호모 사피엔스 간의 뇌가 형태학적으로 더 유사하다고 믿는다(Wolpoff et al., 2004).

서유럽에서 약 3만 5,000년 전에서 4만 5,000년 전 시기의 고고학 유물 중 하나로 돌로 만든 섬세한 도구가 발견되었는데, 이 도구는 필요한 기능 이상으로 잘 만들어졌다. 이 시기 유물로는 신체 장식품과 장신구, 사회 일부 집단의 경우 공들여 만들어진 무덤도 있으며(무덤 속에 다양한 물품도 발견되었다) 새긴 무늬, 조각상, 그림, 무늬 형태의 이미지가 있다(G. Miller, 2000). 공들여 만들어진 무덤은 고인에 대한 애착과 사랑의 표현적 상징이다(Bahn, 1998). 이는 고인에 대한 상징성이 동시에 존재했음을 의미한다. 이 시기에 처음으로 도구 재료가 다양해졌는데 그 예로 부싯돌, 뼈, 뿔, 상아, 조개껍질, 목재가 있었다. 이들은 다양한 재료에 따라 다양한 도구를 발전시켰다는 점에서 의의가 있다. 이와 비교하였을 때 네안데르탈인은 뼈로 피리를 만들기는 하였으나 그들이 만든 도구의 다양성이 적었고 디자인이 균일한 형태로 나타났다(Fink, 2003). 일부 학자는 네안데르탈인들 사이에 상징적으로 공유되었던 것이 사실은 호모 사피엔스로부터 차용된 것일 수 있다고 생각한다(Appenzeller, 1998). 후기 구석기 시대의 장신구는 다양한 동물(여우, 늑대, 곰)의 이빨로 만들어졌다. 이빨에 구멍을 내 하나로 연결하여 몸에 착용하였다. 또한 바다와 먼 곳에서 조개껍질이 발견되었는데 이는 장거리 교역이나 여행을 했다는 의미를 지니고 있다(이는 훌륭한 방향 및 공간 인지 능력을 지니고 있었음을 의미한다). 이러한 사건들의 발생과 당시 만들어진 유물들은 그 이전 인류 뇌와 비교하였을 때 인간의 태도가 변하였다는 점을 시사한다(Mithen, 1996, 2004). 이러한 행위는 이미 아프리카에서 이전에 이루어졌을 수 있으나 유럽에서는 보다 고차원적인 상징적 행위로 확산되고 이루어진 것으로 보인다. 2003년에 남아공의 블롬보스 동굴에서 7만 5,000년 된 조개껍질 층이 발견된 바 있다(Henshilwood, d'Errico, Vanhaeren, van Niekerk, & Jacobs, 2004).

유럽에서 일어난 예술 관련 사건들의 비교는 아마도 중대한 역할을 하였을 것이다. 유럽에서 예술이 특히나 많이 발견된 이유에 대하여 몇 가지 사항을 고려해 볼 수 있다. 예컨대, 기후나 주거지가 중요한 고려 사항이다(Calvin, 2003). 또다른 중요한 고려 사항은 유럽에서 20만 년에서 30만 년을 거주한 성공적 집단인 네안데르탈인들의 교류다(Tattersall, 2001). 네안데르탈인은 상징적·표상적 예술의 양이나 범위 면에서 많은 것을 남겨 두지는 않았으나 호모 사피엔스가 오랜 기간 유럽 환경에서 성공적으로 살아남은 네안데르탈인과의 교류로 혜택을 입었을 것이다. 추측일 따름이나 네안데르탈인과 호모 사피엔스 간의 긍정적 그리고 부정적 교류는 전쟁, 점령, 속임수를 통하여 해부학적 현대 인간을 보다 발전시키는 계기가 되었을 수 있다. 이 발달의 촉진 요소는 전쟁과 애착의 결합이었을 수 있다. 애착을 느끼는 대상을 보호하고자 하는 동기는 전쟁을 초래하고 이는 애착 관계를 결국 파괴시켰을 수 있는데(죽음을 통하여), 이러한 결과가 전쟁에 사용된 예술적 의식을 재해석하는 계기가 되었을 수 있다.

현대의 여러 사회에서 특별한 의식이나 축하 행사, 일상생활에서 신체에 무언가를 두르거나 장식함으로써 동물을 모방하는 경향이 있음을 알 수 있다. 이국적인 새들의 깃털로 만든 쓸 것의 사용은 그 한 예다. 동물을 죽일 때에 인지적 능력이 많이 필요한데, 속임수나 면밀한 관찰, 그리고 동물이 특정 장소로 언제 오는지 알고 계획하여야 하며, 언제 덫을 놓을지 혹은 어떻게 덫으로 유인할지 고민하고, 동물들이 언제 목이 마른지를 예상하여 그에 맞춰 사냥을 준비해야 한다. "적시에 적재 장소에 가면 많은 양의 생선을 잡을 수 있고 이 생선을 말려 저장할 수 있었다. 후기 구석기 시대 사람들은 한 종을 사냥하는 경향을 보였는데 특히 특정 시기에 그러하였다. 사냥감으로는 순록, 야생마, 연어가 있었다." (Lewis-Williams, 2002b, p. 78) 처음에는 생존의 목적이었던 것이(동물의 가죽은 보호용으로, 고기와 지방은 식용으로) 자연적으로 신체 장식용으로 발전되었을 수 있다(이것이 기량, 신체적·인지적 능력, 우수한 유전자, 건강 상태 등을 나타냄). 생존을 위한 훌륭한 전략을 짜낸 매우 발달된 뇌를 지니고 있었기에 그다음 단계로 신체 장식의 이점을 이해하고 활용하였다고 판단하는 데에는 무리가 없을 것이다.

초기 조건의 우연한 병치

　　현대 인류가 생겨난 약 10만 년 전 예술작품과 예술작품이 풍부하게 만들어진 약 4만 5,000년 전부터 3만 5,000년 전까지 서유럽 간 시간 차는 전쟁이라는 배경을 통하여 설명될 수 있다. 유럽은 다른 곳과는 다른 조건들 속에 있었다. 많은 예술작품이 만들어지게 된 배경 중 하나로 필자가 제안하는 요인은 바로 전쟁인데, 초기의 표현적 예술은 적의 위치를 표시하고 성공적인 공격 계획을 짜기 위한 위치 설정 표시를 위한 간단한 그림이었을 것으로 보인다. 처음에는 삼차원으로 생겼을 가능성도 있다. 작은 돌로 사람, 언덕, 식물, 그리고 적의 은신처를 표시하는 데 사용하였을 것이다. 또한 돌로 사람을 상징적으로 나타내고 줄을 그려 막대 형상을 나타냈을 수 있다. 이러한 방법이 더 잘 만들어진 형상을 만드는 작은 발전 단계였을 수 있으며 다른 조건이 동일하다는 조건하에 이미지로 심상화하는 것이 도움이 된다는 점을 알게 되었을 것이다. 전쟁 관련 정보를 그림으로 표현한 것은 아마 예술적 표현의 첫 형태였을 것이다(비록 그 증거가 아직 발견되지 않았다 하더라도). 전쟁에서 승리하기 위해서는 사람들 간에 서로 상의, 토론하고 머리를 맞대야 했을 것이며, 서로 의사소통하는 가장 빠른 방법은 아마 그림을 통한 방법이었을 것이다.

　　많은 종의 포유류 새끼들은 함께 놀며 근육을 움직이고 단련하여 뇌 위축을 막고 뇌 시냅스와 신경망 발전을 도모한다. 어린 자녀들의 작은 손에 적합한 도구와 연장을 통한 상징적 놀이와 게임으로 자녀들이 미래에 사회에서 역할을 찾도록 준비해 주고 자녀들을 지켜보며 놀이라는 자연적 훈련을 하도록 두었을 것이다. 초기 인류와 인간은 잔가지(일부러 나뭇잎을 제거한 다음)로 구멍에서 흰개미를 꺼내는 침팬지의 행동을 보고 그냥 지나치지 않았을 것이다. 초기 인류의 어린 자녀들의 놀이는 예술작품을 만드는 분수령으로 작용하였을 수 있는데, 이 놀이는 예술적 표현(시각적 혹은 음악적)에 기본이 되는 재빠른 손가락의 움직임, 강한 손목, 양손 협응을 발달시킨다. 후기 구석기 시대 즈음에는 아마도 그러한 게임을 했을 것으로 추정된다.

예술 창작에 용이한 시간과 안전

예술작품 생산은 사회의 행복을 반영한다. 뼈로 만든 멋진 손잡이를 가진 도구나 상아나 뿔로 작은 조각상을 만들거나 귀걸이나 목걸이를 만들거나 조개 껍질에 조심스레 구멍을 내거나 색을 만들기 위한 빻기 작업이나 어느 색채가 더 오래 지속되는지 아는 데에는 시간이 소요된다(Henshilwood et al., 2004). 이러한 작업에 흥미를 가진 인간은 음식 섭취를 잘하고 자신의 환경에 대한 조절이 가능하였을 것이다. 음식을 구하기 위하여 훌륭한 판단을 내리고 여러 다양한 요인과 들짐승들로부터 안전을 지킬 수 있게 한 다음에는 다른 활동, 즉 이미지 생산을 위한 시간이 남았을 것이다. 인류의 과도기 중에는 한파 시기도 있었다. 현대 인류는 음식을 안전하게 보존하기 위한 냉동이라는 개념을 알게 되었을 것이다. 따라서 약 4만 5,000년 전의 예술의 출현과 그 후 1만 년이라는 시간 동안의 예술의 발전은 충분히 뇌가 발달되어 있었음을 보여 주는데 이동이 힘든 추위가 닥쳤을 때에는 주변 환경을 활용하고 아마 즐겼을 것이다(현대의 성인들과 아이들이 '눈이 많이 내리는 날'에는 집 안에서 시간을 보내야 하는 것과 비슷한 상황으로 볼 수 있다.) 이때 인류는 그 관심을 자신들의 생각을 실험하고 상징적으로 표현하는 데 돌렸을 가능성이 있다. 이 시기에는 이미 음식은 크게 중요한 사안이 아니었기에 낙서를 통하여 생각하고 사고할 시간이 생겼을 것이다.

그러한 과거 시기, 사회의 일부 구성원은 인구 내의 유전적 변이로 인하여 다른 구성원들과 비교하였을 때 더 재능을 가졌을 것이며 이러한 재능은 생각이나 실제 세상을 묘사하는 데 사용되었을 것이다. 아마도 다음과 같은 시나리오가 발생하였을 것으로 추측해 볼 수 있다. 재능 있는 구성원들을 위하여 나머지 구성원들이 이들을 지원하였을 것이다. 현재까지 발굴된 유물의 일부는 재능 있는 사람들의 작품이며 또 일부는 다른 일반인들의 것일 수 있다. 목걸이는 아마 일반인, 즉 누구나 지녔을 법한 것이다. 그러나 뼈에 문양을 새기거나 인간이나 동물의 형태를 상아에 새기는 것은 오늘날에도 뛰어난 기술이 필요한 것인데 아마 과거에도 모두가 이러한 기술을 보유하지는 않았을 것이다. 초기 인류는 소규모 집단이나 그룹으로 모여 살면서 남성과 여성으로 나누어 노동을 하였을 뿐 아니라 전체 집단 내에서도 그 노동의 형태가 나뉘었다고 생각해 보는 것도 가능하다. 예술적 재능이 타인들보다 더 뛰어난 이들은 예술작품을 만드는 데 시간을 보냈을 것이다. 인간이 함께 모여 살고, 서로 보완하고 교류하는 행위는 인간이 처음 그림을 그리기도 전에 이미 존재하던 것이었다.

인간의 뇌 진화와 음악의 기원

의사소통 도구로서의 음악

시각예술이 인간 사회 도처에 존재하듯 음악 또한 인간 사회 도처에 존재한다. 문화적 전통은 한 문화의 멜로디와 다른 문화의 멜로디를 구분하고 일부 하위 구성 요소를 다른 하위 구성 요소보다 강조하나 옥타브 사이즈와 같은 일부 특징은 함께 공유한다(Hauser & McDermott, 2003). 음악은 서구 사회에서도 끊임없이 변한다. 인간의 뇌는 특정 음은 유전적 요인에 의하여 전달될 수 있다는 사실에도 불구하고 세상 어디에서나 음악을 해석할 수 있도록 만들어져 있다(Trevarthen, 1999). 노래하는 능력이나 작곡하는 능력은 청력 정도와는 별개임을 알 수 있는데 그 이유는 점차 청력을 잃게 된 사람들도 정확하게 노래를 하고 일부는 작곡 또한 할 수 있기 때문이다(예: 베토벤, 스메타나, 포레; 5장 참조).

음악의 기원을 이해하기 위하여서는 우리는 의미 있는 전체를 만드는 소리의 패턴의 결합이 인간 사회에만 존재하는 것이 아님을 알아야 한다(Gray et al., 2001). 소리 패턴은 동물 간 의사소통에 핵심 역할을 한다. 이 소리는 그 범위와 정도 그리고 의도에 따라 크게 달라질 수 있다. 인간은 인간 소리를 모방하는 법도 배웠으며 일부 동물, 특히 앵무새와 마이나mynah 새는 인간의 소리와 노래를 모방할 수 있다. 인간과 동물 간의 가장 큰 차이점은, 인간의 뇌는 다양한 음악적 표현을 조절할 수 있는 반면 동물은 가능하지 않다는 점이다. 대부분의 새는 성대를 사용하며 일부 새는 날개와 깃털 또한 사용한다. 극소수만이 소리를 내기 위하여 악기를 이용하며, 이러한 극히 드문 경우에도 이는 직접적인 짝짓기 구애 행위다. 또 하나 큰 차이가 존재하는데, 인간의 음악은 잠재적으로 무한하나 동물의 경우에는 그렇지 않다는 점이다. 인간 음악의 다양성과 인간 언어의 문법적 유연성 간에는 강한 연관관계가 있다(Patel, 2003). 물론 일부 새는 매우 풍부하고 세련된 노래를 만들 수 있으나 이런 경우는 드물고 생물학적으로 제한이 있으며 그 종이 달라지면 그러한 현상은 거의 찾아볼 수 없다. 지구에 사는 많은 동물 종에게서 신경 신호로 변환할 수 있는 패턴이 소리에서 발견되며 이런 소리의 패턴이 특정 의미로 해석될 수 있다는 점은 인간의 청력과 음악, 그리고 언어의 기원이 매우 오래되었다는 점을 시사한다.

동물과 마찬가지로 인간의 음악은 의사소통적 도구다. 이는 집단에 의하여 연주될 수 있도록 진화되었으며(Benzon, 2001), 동물의 경우는 더 그러하다(물론 일부 새의 경우 수컷이 집단으로 함께 소리를 내 그들을 지켜보는 암컷들에게 짝짓기에 더 유리하도록 과시하기 위한 경우도 있다). 인간은 매우 사회적인 존재이며 음악은 화합 신호의 한 형태, 또는 차별화 신호가 되었다(G. Miller, 2001). 화합과 결속을 위한 음악의 진화적·적응적 기원은 유인원 집단에서 찾아볼 수 있다. 유인원 집단 중에서 흰 손 긴팔원숭이만이 음악으로 의사소통한다. 이 집단은 개별 암컷−수컷 짝 간의 사회적 결속성을 다지고자 음악을 통하여 의사소통하는 것이다. 합창은 언어 이전에 나타난 행위일 수 있다(Merker, 2000). 음악은 그 형태와 템포로 인하여 리듬감 있는 춤 행위를 유인하고 집단이 하나로 반응하도록 한다. 오래전에 그리고 현재의 비서구 사회에서 사람들은 계속해서 집단으로 음악을 만들고 춤을 추는데 현대의 서구 사회에서는 동일한 범위에서 이러한 행위가 이루어지지는 않는다. 라디오와 텔레비전의 출현은 다른 사람이 곁에 없을 때에도 음악을 들을 수 있게 하였고 디스코 춤은 단지 두 명일 때도 가능하다. 어떤 경우에도 음악을 듣는 것은 여전히 간접적인 사회적 행위다. 음악은 자연이나 다른 사람과의 연결 고리로 작용한다. 우리는 음악을 들음으로써 이러한 연결성을 느낀다. 이를 통하여 상대와 연결되었다고 느끼게 된다. 비록 음악이 광대한 세상에서 우리가 미약한 존재이거나 외로운 존재라는 느낌을 갖게 한다 하더라도 그 자체로 다른 이들을 인정하는 것이다.

악기나 목소리를 통하여 음악을 생산함으로써 느끼는 즐거움을 정확하게 설명하기는 어려우며 신경학적 연관성을 찾아내는 것도 쉬운 일이 아니다. 어째서 음악을 듣고 누구나 즐거움을 느끼는 것일까? 일부 사회에서는 음악을 만드는 데 엄청난 에너지를 쏟는다(Benzon, 2001). 음악은 신체적으로 느낄 수 있는 고조된 정서를 만든다. 이에 대한 설명 중 하나로 즐거움은 일종의 선천적이고 생물학적 필요, 특히 후손을 생산하기 위한 생물학적 필요에 의하여 생기는 것이라는 점인데 이는 짝짓기 전략과 구애 행위와 연관되었을 수 있다(G. Miller, 2001). 노래나 음악이 클수록 더 오래 소리가 나고 연주되며, 이는 신체가 더 건강하고 보다 우월한 유전자를 지니고 있음을 보여 주며, 결국 건강한 후손을 생산할 수 있는 가능성을 보여 주는 것이 된다. 한 예로 매우 강한 폐를 지니고 있음을 나타낸다. 강한 폐를 가졌다는 것은 견디고 인내하는 능력이 있으며 에너지나 힘 그리고 건강이 있다는 점을 드러내는데 이는 생존에 매우 긍정적인 요소들이다. 이와 같은 맥락으로 악기를 연주하려면 강한 팔과 손가락이 필요하다. 따라서 음악과 관련된 즐거움은 생물학적 적응 진화가 이루어진 것과 연관 지을 수 있다.

동물 소리의 모방과 속임수, 언어

초기 인류가 동물의 소리를 모방함으로써 동물들을 속여 사냥에 성공하였다는 사실을 고려해 볼 필요가 있다. 대다수의 동물은 인간의 소리를 들을 수 있으나 이를 모방하기에는 뇌의 역량이 부족하였다. 초기 인간들은 동물들이 사냥감을 잡기 위한 목적만이 아니라 스스로를 보호하기 위하여 속임수를 쓴다는 사실을 알아차릴 수 없었을 것이다. 후두의 위치, 모양, 역량의 변화는 인간 언어의 탄생의 요인이 된 것으로 널리 알려져 있다(Holden, 2004). 그러나 영장류와 초기 인류를 비교하였을 때 이들과는 다른 인간의 후두의 독특한 모양은 언어의 시작을 알리는 것일 수 있다. 또한 장기간 동물의 소리를 훌륭하고 미세하게 모방했다는 것을 나타낼 수 있는데, 이는 초기 인류의 두개골(그리고 아마도 뇌) 크기가 그때 이전과 그 이후에 비하여 커진 50만 년 전 아프리카에서 발달되었을 가능성이 크다(Allman, 2000). 현재 우리의 뇌는 약 50만 년 전에 살았던 초기 인류의 뇌보다 더 작다. 또한 그러한 목적을 위한 뇌 조절은 모든 피질운동 영역(구강, 후두, 팔다리, 눈)이 모여 있는 전두엽에 변화, 변경, 그리고 변천을 불러일으켰을 수 있다. 발화 언어는 당연히 제스처보다 더 좋은 의사소통 방법이 되었을 것이고 그 이후에 뇌에서 적응을 위한 변화가 더 이루어졌을 것이다(Carstaris-McCarthy, 2004; Holden, 2004; Pennisi, 2004). 발화 언어는 얼굴 표정과 손짓 언어 이후에 발전한 것으로 추정된다(Corballis, 2003). 이는 분명 인간 언어의 진화의 한 도약이 되었을 것이다. 이와는 관계없이 성대에 대한 초기의 미세한 조절은 동물의 소리를 완벽하게 모방하고 그 후에 노래를 하고자 하였던 결과로 생겼을 수 있다.

초기 인류와 해부학적으로 현대 인간이 새들과 똑같이 하고자 하였다고 추정해 보는 것도 전혀 근거가 없는 것은 아니다. 현재의 인간도 새들의 구애 행위 소리에 매료된다. 초기 인류는 그 뇌의 역량을 감안하면, 동물들로부터 배우며 소리를 내는 방법을 형성해 갔을 것이며, 이것이 인류의 적응적 진화에 기여하였을 것이다. 초기 인류는 동물들과 유사한 소리를 만들어 내기 위하여 악기를 만들었을 가능성이 있다. 아직 그러한 악기는 발견되지 않았으나 비교적 가까운 시기에 이러한 악기를 발견한 고고학적 증거를 찾을 수 있었는데, 약 5만 3,000여 년 전 네안데르탈인이 곰 뼈로 만든 피리가 있다(Fink, 2003; Gray et al., 2001). 그리고 이는 호모 사피엔스의 정교한 언어와는 관련이 없다. 인간은 동물들에게 자극을 받아 동물들의 '언어'를 배우고 그 용기와 신체적 힘을 모방하기 원하여 동물들을 신으로 만들고 동물의 움직임을 인간의 춤 문화에 적용하고자 하였다. 예컨대, 많은 아프리카 춤에서 동물들의 걸음걸이나 특정 동물이 뽐내는 모양(예: 날고 있는 닭, 걸어가는 타조, 고개를 끄덕이는 기린)을 찾아볼 수 있다. 또한 고대에서부터 전해져 내려오는 종교들은 신을 동물의 형상으로 나타내거나 반인 혹은 반수로 표현하며, 세상의 많은 문화는(고대 그리스 문화를 비롯하여) 인간이 동물의 놀라운 능력을 습득하거나 동물을 따라 하려고 하다가 놀림거리가 된 이야기(예: 적으로부터 도망치기 위하여 새처럼 날고자 하였던 다이달로스와 이카루스의 신화)를 만들었다. 독일에서 나온 3만 2,000년 된, 비교적 고대의 작은 조각상(예: 아흐 계곡의 홀레 펠스 동굴에서 나온 반인, 반사자 모양의 상아 조각)은 이를 증명한다(Conard, 2003). 그리고 1만 년 전에 그려진 것으로 추정되는 호주의 벽화는 이러한 경향이 널리 이루어졌음을 다시 한 번 확인시켜 준다(White, 2003b). 초기에 인간이 스스로 동물보다 우월하다고 여기기 전, 인간들은 아마 스스로를 자연의 일부로 여겼을 것이며 그 자연 속에서 동물들과 어우러졌을 것이다. 현재 많은 비서구 사회에서는 동물에 대하여 관대한 태도를 유지하고 있는데 자신들을 동물들과 함께 하나의 생태계에 존재하는 것으로 본다(동물을 식용으로 사냥함에도 불구하고). 아마도 초기 인류의 조상이 스스로를 위하여 모방을 시도하면서 음악이 발달하고 발전되었을 수 있다. 이는 전근대에 일어났을 수 있는데, 즉 약 50만 년 전 아프리카에서 뇌 발달 초기에 이루어졌거나 초기 인류가 아프리카에서 이주하기 전이나 원형적 형태의 언어나 원형적 언어가 생기기 이전에 일어났을 수 있다.

음악에 대한 선천적 반응

음악의 생물학적 원리는 단조minor key에 대한 인간의 자동적 반응에서 찾아볼 수 있다. 왜 단조로 만들어진 음악은 슬프게 느껴질까? 언제, 어디에서 우리는 슬픈 정서에 대한 반응을 나타내는 법을 배웠을까? 말을 거의 하지 못하는 걸음마를 배우는 어린 아기들도 단조로 된 음악을 듣고 눈물을 흘리는데 아기들 자신도 어떻게 해서 그렇게 되었는지 알지 못한다. 단조와 장조 간의 주요 차이는 바로 음정 길이에 있다. 단조는 짧은 음정을 쓰는 반면 장조는 긴 음정을 쓴다. 어떻게 음정의 길이가 슬픈 정서를 만드는지는 명확하지 않다. 음악은 귀로 들어오는 음향 에너지가 신경신호로 해석될 때에 뇌에 신체적·화학적 작용을 촉발시킬 수 있다(Grey et al., 2001). 이러한 반응이 무의식 상태일 때 일어난다는 점은 분명 우리 속에 음악 소리에 대한 타고난 신경세포 반응이 존재함을 의미한다. 현재 음악 관련 해부 영역이나 그 작용 원리에 대한 합의는 이루지 못한 상태다. 이러한 신경세포는 아마 인간 진화가 있기 이전에 형성되었을 것이나 모든 진화된 뇌 구조와 마찬가지로 현재의 인간 뇌에 맞는 형태로 변화되었을 것이다. 과거의 뇌 구조는 뇌 자체가 발달할 때 함께 변한다. 그러나 이러한 뇌 구조의 존재 자체가 음악에 대한 자동적 반응이나 다른 여러 환경에서 접하는 소리에 대한 반응을 설명할 수 있을 것이다. 대부분의 아기는 큰 소리를 들으면 극도로 겁을 내고 많은 성인은 처음 듣는 큰 소리에 겁을 낸다. 우리 뇌의 신경세포는 이러한 반응을 조절하고 이러한 반응은 초기 포유류 뇌 형성 초기에 발달된 뇌의 일부를 아마도 자극하는 것으로 보인다. 이것이 일반적 추론이나 정확한 뇌 영역에 대한 합의에는 아직 이르지 못하고 있다.

예술의 상징성과 언어

언어와 예술

인간 언어는 심적 어휘와 특정인이 배우고 알고 있는 어휘, 문법 규칙에 대한 저장 지식으로 만들어져 있다. 개별 어휘 자체로 여러 가지 의미를 지닐 수 있으나 문법이나 어휘의 집합은 매우 강력한 의사소통 체계를 만든다. 우리는 예술의

'어휘'나 '문법'이라고 할 수 있는 요소들에 대해서 매우 적은 부분만 알고 있으나 이런 어휘나 문법 없이도 예술로부터 의미를 도출해 낼 수 있다. 시각예술가들에게 특정 어휘는 각도나 선 원근법, 융합점이나 소실점, 겹침, 명암의 사용, 이차원에의 깊이 표현, 고유 시점, 분리, 질감, 수단 혹은 다른 원칙을 기반으로 하고 있다. 인간만이 그러한 고차원적 언어를 가지고 있고 인간만이 예술을 할 수 있다는 점을 생각하여 보면 언어의 발생과 풍부한 예술의 발생 간의 연관성을 살펴볼 유인이 된다. 언어와 예술의 표현은 상징적 표상의 형태인 적응과 선택을 통하여 진화되었을 가능성이 있다.

언어 발달의 진화: 일부 논의와 시각

언어 발달의 신경학적 요소들이 무엇인지에 대한 논의 대상으로 여러 주요 진화 및 생물학적 변화가 지적되고 있다(Holden, 2004; Pennisi, 2004). 아직 인간 언어의 발생 시점은 논의의 대상이 되고 있으나 언어 출현과 관련된 여러 이론은 점진적 발전 단계를 거쳐 왔으며 신경학적·기능적 '씨앗'이 이에 자리를 잡았다(Aboitiz & Garcia, 1997). 언어 발전 시점은 알려지지 않았으나 인간을 제외한 여러 영장류에 대한 유전학적 연구는 약 20만 년 전에 큰 전환점이 이루어졌을 것으로 보고 있다(Enard et al., 2002). 그러나 이 전환점은 인간을 제외한 영장류의 뇌 구조가 수백 년 동안 진화한 결과로 나타난 것이며 좌뇌의 언어 관련 영역 발달이 일어났음을 의미한다(Holloway, Broadfield, & Yuan, 2004; Sherwood, Holloway, Erwin, & Hof, 2004). 인간의 언어를 유일하고 강력하게 만든 기능적 적응 요소는 구문론의 발달이라고 할 수 있다(Nowak, Plotkin, & Jansen, 2000). 따라서 이것이 초기 인간에게 유리하고 경쟁력 있는 생존 방법을 주었을 것으로 추정된다(Pinker, 2000; Pinker & Bloom, 1990). 단일 소리, 어휘 그리고 개념은 구문론적 구조를 통하여 이제 무한대로 조합될 수 있으며 이는 사람들 간 의사소통을 더 발전시켜 아이디어나 상당한 계획을 통한 사고를 가능하게 해 준다(Deacon,

1997). 이와 비교하였을 때 동물은 복합의 다양한 단일 소리나 구를 만드는데 이 조합은 (우리가 아는 한에서는) 구문론적 의사소통의 다양성이나 유연성을 지니지 않는 것으로 보인다.

더 나아가 30만 년 전에 살던 초기 인간들은 이미 다른 영장류와는 달리 발전된 형태의 발화 소리를 내기 위한 생리학적 조건을 갖추고 있었는데, 이는 목의 후두 아래 부분(인두)이다. 그러나 인간을 제외한 다른 영장류의 비교 해부학 연구에 의하면 구강 및 안면 조절 관련 신경 부위들은 인간이 언어를 완전히 갖추기 훨씬 이전에 갖추어졌다고 지적한다(Sherwood, Broadfield, Holloway, Gannon, & Hof, 2003a; Sherwood et al., 2003b; Sherwood et al., 2004). 후두가 아래에 자리를 잡게 된 것 외에도 공간적 여유가 생겨 혀가 움직일 수 있게 되어 목에서 섬세한 울림이 생길 수 있게 되었다. 또한 턱의 모양과 그 움직임이 후두가 내려감과 동시에 바뀌었다. 이러한 신체적 변화는 소리 발화에 엄청난 유연성을 제공하기 때문에 언어 발달에 중요한 요소로 작용하였을 수 있다(Deacon, 1997, 2000). 고릴라나 침팬지의 경우 인두가 해부학적으로 너무 작기 때문에 혀의 움직임을 제한한다. 구어는 정제된 구강 및 혀의 활용으로 이뤄진다. 따라서 성대와 입술, 혀, 호흡 조절이 재빨리 상호작용하여 발화 가능한 소리의 범위를 넓혔다. 발화는 후두에 위치한 성대가 자발적으로 숨을 내쉬면서 폐에서 공기가 나갈 때 선택적으로 울린다. 초기 인류에게서 이러한 신체적 구조와 발화 과정이 신경학적으로 조절된 것이 주요 전환점이 되었을 수 있다.

여기에서 끝이 아니다. 구문론과 관련된 발달의 주요 단계 중 하나는 최근에 발견된 7번 염색체에 있는 FOXP2 유전자가 개입되었을 가능성이 있다(Fisher, Vargha-Khadem, Watkins, Monaco, & Pembrey, 1998; Lai, Fisher, Hurst, Vargha-Khadem, & Monaco, 2001; Lai, Gerrelli, Monaco, Fisher, & Copp, 2003). 이 사실은 이 유전자의 오작용이, 특히 언어 수용 및 표현 장애와 함께 구강 안면 움직임과도 관련되어 있다는 사실에서 추론이 가능하다. 유전적 정보는 KE 가족이라고 알려진 가족의 여러 세대를 통하여 알 수 있었다(Vargha-Khadem et al., 1998). 이와 같은 유전적 결함을 지닌 가족 구성원들은 때로는 이해하기 힘든 발화나 문법 오류를 보이거나, 발화 순서를 제대로 이행하거나 미세한 안면 움직임을 만드는 데 어려움을 겪었다. 한 자기공명영상 연구(Watkins et al., 2002)를 통하여 KE 가족 구성원들은 양쪽 뇌 반구에서 여러 이상을 발견하였다. 이러한 이상의 원인은 FOXP2 유전자 변형에 큰 원인이 있는 것으로 추정되었다. 물론 다른 유전자나 아직은 알려지지 않은 과정이 이러한 비정상에 관여했을 수 있다(Marcus & Fisher, 2003; Newbury et al., 2002). 그 예로, 행동 이상의 심각성은 이 병을 앓게 된 가족 구성원들 모두에게서 동일한 형태로 나타나지는 않았다(Harasty & Hodges, 2002; Watkins et al., 2002).

또한 위의 진화 이론에서 두 가지 추가 논의가 진행되고 있다. 첫째, 중요한 원인이 되는 기전에 운동 신경 경로가 선택적으로 개입된다는 것이다. 코벌리스(Corballis, 2003)는 의미 있게 계획된 손 제스처나 얼굴 표현은 언어 발달을 위한 초기 디딤돌이 되었다고 주장하였다(McNeill, 2000 참조). 리버먼(Lieberman, 2002)은 걷기가 발화 커뮤니케이션을 발달시킨 주 적응 변화 요인이 되었다고 지적하였다. 둘째, 아비브$_{Arbib}$는 손으로 쥐기, 타인 관찰하고 모방하기가 다 같이 거울 뉴런 기전의 발달을 통하여 뇌가 구문론적 언어에 적응할 수 있도록 준비시켰다는 제안을 하였는데, 이는 원숭이의 신경회로를 통하여 알게 된 정보다(Arbib & Bota, 2003 참조). 분명 복합적 구문론 언어를 발전시키기 위한 준비나 과거 기반이 유인원을 비롯한 원숭이에게 있었을 것이다(Carstairs-McCarthy, 2004). 이는 예술의 발생과 뇌의 준비 상태와 연결시켜 볼 필요가 있다.

우선, 문법적 언어가 '출현'하였을 때 그 형식과 구성 성분이 현대의 언어와 굳이 유사하지는 않았다. 일단 언어는 점진적으로 진화한 것으로 보인다(Holden, 2004). 그 진화 과정에서 정확히 어떤 일이 있었는지는 알 수 없다. 둘째, 모든 호모 사피엔스가 같은 지리적 위치에 산 것은 아니다. 즉, 그들 모두가 서유럽에 살았던 것은 아니다. 언어가 다른 사회에서 발달하고 음소적 · 형태학적 · 통사적 등의 형태가 동일하지 않았다고 간주하여 보자. 가령 형태적 요소와 사람들이 만든 예술 종류 간의 관계가 연구되지 않았다고 생각하여 보자. 형태학적으로 복잡한 언어를 가진 사회가 보다 정교하고 세련되고 상징적이고 추상적인 예술작품을 만드는가? 이에 대한 암시는 현대 브라질의 피라하 원주민의 사례에서 찾아볼 수 있다. 이들은 소규모 사회를 이루어 사냥을 하며 사는 사람들로 아마존강 주변에 몇몇 마을을 이루어 살고 있다. 이들의 언어는 다른 곳에서는 찾아보기 힘든 음소 형태를 가지고 있으며 색채나 숫자와 관련된 어휘가 존재하지 않으며 완료 시제가 없으나 형태론적으로는 가장 복잡한 언어다(Everett, 1986, 1988). 이들 사회에서는 예술이 존재하지 않는다. 그들은 매우 간단한 형태의 그림만을 그린다(어린아이가 그린 것 같은 작대기 형태의 그림). 조각을 만들지도 않으며 소박한 모양의 목걸이를 착용하나 몸을 장식하지 않는다. 댄 에버릿(Dan Everett, 1988)은 그들의 언어가 그 사회적·문화적 가치에 따라 정해졌다고 주장한다. 그러나 피라하 원주민 사회에서 예술의 형태를 찾아볼 수 없다는 사실은 그 언어 형태론의 복잡성과는 상충하는 현상이다. 예술의 창조와 형태론(언어의 최소한의 형태) 간의 관계는 그 문화적 신념과 다른 많은 요인에 의하여 그 관계가 달라질 수 있음을 보여 준다.

결론적으로 언어의 발달에 대한 일치된 합의를 찾을 수 없는데 이는 인류가 언제 말을 하기 시작하였는지에 대한 정확한 시점을 보여 주는 직접적인 화석 및 고고학적 증거가 없기 때문이다(Holden, 2004). 언어의 발현이 초기 예술 행위와 어떻게 연관되었는지를 보여 줄 만한 정확한 방법도 없다. 그러나 앞에서 언급했듯이 언어와 예술은 상징적 표상의 형태로, 적응과 선택에 의하여 발전해 온 것으로 추정된다.

문자 그림

인간은 상징적인 기록을 사용하는 유일한 존재다. 현재까지도 인간은 양식화된 혹은 상형 그림을 경제적으로 자신의 생각을 전달하기 위하여 사용한다. 동굴

벽이나 오래된 바위에서 발견된 표식과 표시는 표상을 통하여 무언가 소통하고
자 만들어진 의도적·시각적 표기법이라고 볼 수 있다(White, 2003b). 시각적 표
기법은 어떠한 생각이나 개념 혹은 글 그 자체를 전달하기 위한 것이다(이는 소리
로 구성되어 있다고 하더라도 그 자체로 상징이다). 시간이 흐르면서 후에 이것은 이
집트 상형문자와 마야의 상형문자와 같은 기호, 혹은 한자로 발전되었다. 인간을
제외한 다른 포유류에서 이러한 표기법의 사용은 발견된 사례가 없다. 글쓰기는
언어의 한 형태이므로 이러한 의사소통적 시각 형태의 발달은 뇌에서 언어 발달
을 함께 이루어지게 하였을 것이다. 좌뇌에 손상이 가하여질 경우 실어증이 생기
는데 이는 글쓰기에도 장애가 된다. 더 나아가 글쓰기는 손의 조작을 통하여 생
각과 손의 발달 정도를 상형적으로 나타낼 수 있는 능력이다. 이와 같은 손 조작
능력(쓰기를 위한 목적으로)은 미세한 손가락 조절 능력, 튼튼한 손목 그리고 양
손 협응을 의미한다. 글쓰기에는 손의 형태가 이러한 일을 수행할 수 있도록 하
는 데 손이나 팔 근육이 굳이 강할 필요는 없다(Niewoehner, 2001). 예컨대, 네안
데르탈인의 팔은 생물학적으로 무거운 것을 들거나 힘을 쓰는 일에 적합한데 이
는 그들의 근육이 잘 발달되었음을 의미한다. 네안데르탈인의 손과 초기 현대
인간의 손은 다양한 영상 기법으로 비교 분석되었는데 그 결과는 왜 네안데르탈
인은 글을 쓸 수 없었고 현대 인간은 글을 쓸 수 있는지를 설명해 준다
(Niewoehner, 2001).

　현대 인간의 초기 형태는 근동_{Near East}에서 발견되었으며 이스라엘, 스쿨 그
리고 카프제에서 훌륭한 손 표본이 발굴되었다. 이 표본은 약 8만 년에서 10만
100년 전 것으로 추정된다. 이 손을 유럽의 네안데르탈인들의 손과 비교하였을
때 전자는 엄지손가락이 다른 손가락과 정반대로 향하고 있어 손잡이를 잡아 도
구를 들 수 있었으며 미세한 손가락 움직임도 가능하게 했을 것으로 보인다. 즉,
이 같은 손의 특성으로, 섬세하고 미세한 손가락 운동을 통해 그림이나 색칠, 글
쓰기 도구를 사용할 수 있었던 것이다. 그렇다고 해서 네안데르탈인들이 한 손
또는 두 손을 이용하여 도구를 만들거나 도구 손잡이를 만들지 못하였다는 것은

아니다(Conard et al., 2004). 단지 현대 인류가 손가락 근육의 힘, 특히 엄지손가락 근육의 힘과 기계적인 민첩성에 기여하는 근육의 힘이 발달되었다는 것이다. 이 모든 것은 1차 운동피질의 적응 발달이 함께 이루어지지 않았더라면 불가능하였을 것이다.

고고학적 발견의 특정 사례

글쓰기는 언어의 시각적 상징성을 갖고 있으며 발화 생산과 언어 이해 그리고 읽기와 함께 대부분의 사람의 경우 좌뇌에 전문화되어 있다. 초기의 글쓰기 체계로는 설형문자, 상형문자, 인더스강 문자가 있다(Lawler, 2001 참조). 학자들은 가장 초기 글쓰기 체계로 설형문자를 들었는데, 이는 기원전 3,200년에 메소포타미아(현재의 이라크)에서 그 기원을 찾을 수 있다고 밝혔다. 고고학자들은 바그다드에서 약 200마일 남쪽에 위치한 우루크 도시에서 단단한 점토판 문서를 발견하였는데 그 문서에 설형문자가 적혀 있었다. 그 이후 기원전 3,000년에 이집트의 상형문자가 생겨난 것으로 알려져 있다(Oates & Oates, 2001). 최초의 한자는 기원전 1,200년에 상Shang 왕조 때 생겨났다. 글쓰기 체계가 사람들의 이주와 문화적 교류가 이루어지면서 메소포타미아와 이집트에서 다른 지역으로 퍼져 나간 것으로 보통 생각하고 있다.

그러나 최근 이라크, 이집트, 중국, 중남미에 대한 연구들은 글쓰기 체계가 그 이전에도 존재하였으며 전 세계적으로 개별적 형태로 발전한 것임을 보여 준다. 이라크의 우루크 신전과 이집트의 아비도스 무덤에서 발견된 유물들은 각각 기원전 3,450년과 3,320년으로 재추정되었다(Lawler, 2001). 더 최근의 연구들은 이 글쓰기가 기원전 6,600년 전에 표식, 표기, 모양으로 이미 존재하였다고 지적하고 있다. 이 모양들은 토큰token이라 불리는데 이는 명확한 글쓰기 체계가 발견된 동일한 지역에서 발견되었다. 예컨대, 중국 지아후 지역에 위치한 후하이강 무덤에서 고고학자들은 기원전 6,600년에서 6,200년으로 추정되는 체계적인 별갑

tortoise shell 무늬를 발견하였다. 일부 무늬는 기하학적 형상으로 현재 중국에서 '눈'을 의미하는 한자, 중국 숫자와 큰 유사성을 띠고 있음을 발견하였다. 이 무늬들은 무언가를 의미하고 어떠한 의미적 내용물을 담고 있는 체계적 시각 기호의 역할을 하였을 가능성이 있다. 우루크 지역에도 수많은 점토 토큰이나 원형이 발견되었는데, 이 또한 전 사례와 비슷하게 해석되고 있다. 이 무늬들은 설형문자가 축축한 점토판에 효과적으로 새겨지기 전에 초기에 시각 상징 역할을 하면서 의미를 담고 있었을 가능성이 있다. 이집트의 아비도스의 경우는 뼈와 상아에 50개의 기호가 그려져 있었는데 지금은 이것을 인간과 동물, 그리고 궁전의 정면 모습으로 해석하고 있다. 비록 이집트의 상형문자가 설형문자 이후에 나타난 것으로 추정되나 앞에 언급한 뼈와 상아 유물들은 기원전 3,200년대의 것으로 추정되는데, 이는 메소포타미아의 설형문자와 같은 시기인 것으로 판단된다. 아비도스 지역에 기원전 3,500년 것으로 추정되는 요리용 항아리에 의도적으로 새긴 무늬도 발견되었다. 파키스탄의 경우에는 고고학자들이 인더스강에 있는 하라파 지역을 발굴하면서 표식이 새겨진 유물을 발견하였는데, 이 또한 체계적일 가능성이 있으며 이는 기원전 2,800년에서 1,700년대의 인더스강의 글쓰기 체계 이전의 것으로 추정되는 반면 하라파 지역의 표식은 기원전 3,500년에서 3,300년 전에 만들어진 것으로 추정된다(Lawler, 2001).

　사실적 그림은 표기 체계를 시작하는 좋은 방법인데, 혼동을 일으킬 가능성이 적고, 사회의 모든 계층의 사람은 사실적 그림으로 전달한 메시지를 이해할 수 있기 때문이다. 생각을 나타낼 때에 그림 형태의 상징성을 사용하는 것은 오늘날 도처에서 발견 가능하다. 도로 신호 체계에 걷는 인간의 모습이 담긴 초록색 신호등과 가만히 서 있는 인간의 모습이 담긴 붉은색 신호등이 사용된다. 이와 유사하게, 손바닥이 보이는 그림은 정지하라는 도로 표시다. 그림으로 나타낸 상징성은 또 다른 인간의 의사소통 수단이다.

요 약

섬세하고 공들인 유물과 같은 풍부한 인간 예술은, 이전에 그 지역에서 만들어졌던 것이 급작스럽게 없어진 서유럽에서 약 3만 5,000년에서 4만 5,000년 사이에 나타났다. 그러나 예술 생산에 대한 증거는 30만 년 전으로 거슬러 올라가서 찾을 수 있다(1장의 [그림 1-2] 참조). 도구의 손잡이가 화려하게 장식된 것을 보면 그저 유용하다는 이유가 아니라 상징적인 이유로 이것이 만들어졌음을 알 수 있다. 상징성과 관련된 능력은 언어 능력과 굳이 수반될 필요는 없다. 언어 능력은 예술의 생산이 없이도 존재할 수 있다. 현재 서구 사회에서 예술을 만드는 사람은 소수다. 이와 유사하게 섬세한 시각예술에 대한 고고학적 증거가 없다고 하여서 사회에 상징적 사고(노래하기, 작곡하기, 기도하기, 신념이나 의도)가 없었음을 의미하는 것은 아니다. 그러나 예술의 생산은 고대에 그 기원을 두고 있으며 지금은 전 세계 도처에서 이루어지고 있는 것으로 보인다. 예술의 생물학적 목적은 무엇인가? 왜 인간은 예술을 생산하는가? 인류학자, 생물학자, 고고학자, 진화론자들은 이 근본적인 질문에 대한 답을 찾고자 하였다. 이 모든 것이 진화론적으로 그리고 인간 뇌의 발달과 함께 이루어졌다는 설명을 생물학에서 찾을 수 있는데, 예술의 생산은 그 예술작품에 대한 다른 이들의 판단이 함께 동반되며, 예술의 생산이 타인의 판단과 동반되면 생물학적 짝짓기 전략에 도움이 된다는 것이 매우 유력한 설명 중 하나다. 자연에서 동물들은 그 힘이나 신체를 과시하여 유전자의 우월성과 후손의 생존 가능성이 높아질 수 있음을 보여 준다. 더 우월한 유전자일수록 생존 가능성은 더 높아진다. 이러한 맥락에서 예술은 이러한 선택적 전략의 하나이며 예술의 생산은 신체적인 힘과 더불어 지식을 보여 주는데 이 둘은 종족 생존에 매우 중요한 요소다. 이것은 모든 형태의 예술에 해당한다. 시각예술과 시각, 그림 기호는 후에 문자로 발전하였고, 음악과 동물 소리의 모방은 목소리와 악기를 통하여 언어와 음악으로 발전하였다.

읽을거리

Bickerton, D. (1998). Catastrophic evolution: The case for a single step from protolanguage to full human language. In J. A. Hurford, M. Studdert-Kennedy, & C. Knight (Eds.), *Approaches to the evolution of language: Social and cognitive bases* (pp. 341–358). Cambridge: Cambridge University Press.

Christiansen, M. H., & Kirby, S (Eds.). (2003). *Language evolution.* Oxford: Oxford University Press.

Conard, N. J., Crootes, P. M. & Smith, F. H. (2004). Unexpectedly recent dates for human remains from Vogelherd. *Nature, 430,* 198–201.

Cooke, B., & Turner, F. (Eds.). (1999). *Biopoetics: Evolutionary explorations in the arts.* St. Paul, MN: Paragon House.

Deacon, T. W. (1997). *The symbolic species: The co-evolution of language and the brain.* New York: W. W. Norton.

Dunbar, R. (1998). *Grooming, gossip, and the evolution of language.* Cambridge, MA: Harvard University Press.

Flinn, M. V., Geary, D. C., & Ward, C. V. (2005). Ecological dominance, social competition, and coalitionary arms races: Why humans evolved extraordinary intelligence. *Evolution and Human Behavior, 26,* 10–46.

Greenspan, S. I., & Shanker, S. (2004). *The first idea: How symbols, language, and intelligence evolved from our early primate ancestors to modern humans.* Boulder, CO: Perseus.

Hardy, B. L., Kay, M., Marks, A. E., & Monigal, K. (2001). Stone tool function at the paleolithic sites of Starosele and buran Kaya III, Crimea: Behavioral implications. *Proceedings of the National Academy of Sciences, USA, 98,* 10,972–10, 977.

Hauser, M. D., & Konishi, M. (Eds.). (2003). *The design of animal communication.* Cambridge, MA: MIT Press.

Hauser, M. D., Chomsky, N. & Fitch, W.T. (2002). The faculty of language: What is it, who has it, and how did it evolve? *Science, 298,* 1569–1579.

Holden, C. (2004). The origin of speech. *Science, 303*, 1316-1319.

Holloway, R. L., Broadfield, D. C., & Yuan, M. S. (Eds.). (2004). *The human fossil record, brain endocasts: The paleoneurological evidence.* Hoboken, NJ: Wiley-Liss.

Kuhn, S. L., Stiner, M. C., Reese, D. S., & Gulec, E. (2001). Ornaments of the earliest Upper Paleolithic: New insights from the Levant. *Proceedings of the National Academy of Sciences, USA, 98,* 7641-7646.

Lopes, D. M. M. (2000). From language of art to art in mind. *Journal of Aesthetics and Art Criticism, 58,* 227-231.

MacNeilage, P. F. (1998). The frame/content theory of evolution of speech production. *Behavioral and Brain Science, 21,* 511-546.

MacNeilage, P. F., & Davis, B. L. (2001). Motor mechanisms in speech ontogeny: Phylogenetic, neurobiological and linguistic implications. *Current Opinion in Neurobiology, 11,* 696-700.

McNeill, D. (1992). *Hand and mind: What gestures reveal about thought.* Chicago: University of Chicago Press.

McNeill, D. (Eds.). (2000). *Language and Gesture: Window into thought and action.* Cambridge: Cambridge University Press.

Mellars, P. (2004). Neanderthals and the modern human colonization of Europe. *Nature, 432,* 461-465.

Mithen, S. (2005). *The singing Neanderthals: The origins of music, language, mind and body.* London: Weidenfeld and Nicholson.

Pennisi, E. (2004). The first language? *Science, 303,* 1319-1320.

Ridley, M. (1998). *The origins of virtue: Human instincts and the evolution of cooperation.* New York: Penguin.

Rogers, L. J., & Kaplan, G. (2000). *Songs, roars, and rituals: Communication in birds, mammals, and other animals.* Cambridge, MA: Harvard University Press.

Shlain, L. (2003). *Sex, time, and power: How women's sexuality shaped human evolution.* New York: Viking.

Smith, D. L. (2004). *Why we lie: The evolutionary roots of deception and the unconscious mind.* New York: St. Martin's Press.

Storaro, V. (2003). *Vittorio Storaro: Writing with light: Vol. 1. The light.* New York: Aperture.

Wallin, N. L., Merker, B. & Brown, S. (Eds.). (2001). *The origins of music.* New York: Bradford.

CHAPTER
11

예술의 신경심리학에 대한 추가 논의

개 요

신경심리학과 신경과학의 자연적 관찰 연구는 예술가의 작업실에서 이루어질 수 있다. 예술가들은 자신들이 원하는 작품을 주로 만들어 내고 그 작품은 모든 조건이 철저히 조절된 과학 실험실이 아니기에 그 뇌의 생각을 반영한다. 그러나 뇌손상을 입은 예술가들의 작품을 평가하기 위한 신경심리학적 실험 방법은 아직 구체적으로 고안된 바가 없다. 이는 예술에서의 '어휘'나 '문법', 즉 구성 요소들이 그다지 알려진 바가 없기 때문이며, 또 이런 사례의 예술가들은 제한적이므로 일반화를 할 수 있는 샘플을 모집하기가 어렵기 때문이기도 하다. 시각예술의 알파벳과 같은 기초적 요소는 모양, 형태, 패턴인데 이는 다양한 각도나 선 원근법, 수렴, 소실점, 겹치기, 회색빛의 명도, 정규 시야 영역, 탈고정, 질감, 수단, 색채, 그림자, 모서리가 그 예다. 이러한 예는 현재의 신경심리학적 도구나 모델로는 다 해석할 수 없다. 또한 전체 구성의 의미는 예술이 만들어지고 경험되는 문화에 좌우된다. 이것과 알파벳과 같은 기초 예술 구성 요소를 구별하는 것은 향후 과제로 남아 있다.

예술적 표현 능력은 인간에게만 있는 것이지만, 언어 발달이나 진화와 직접적인 관계가 있다는 명확한 증거는 없다. 예술과 언어는 다양한 의사소통의 형태이며 각각 조합이 가능하지만, 뇌손상을 입은 예술가들의 사례를 통한 신경심리학적 해석으로는 이 두 형태의 의사소통 관계가 미약하거나 혹은 없는 것으로 판단된다. 인간 언어의 복잡한 언어적 구성 요소는 예술의 복잡한 구성 요소와 연결되어 연구된 사례가 없다(10장 참조). 그러나 이를 염두에 두고 연구한다면 유용한 결과를 찾을 수 있을 것이다. 브라질 아마존 유역에 사냥을 하며 사는 피라하족의 언어는 극소수의 형태소를 갖고 있으나 매우 복잡한 언어 구조(형태론)를 갖고 있다. 그러나 예술은 이들 사회에 아예 존재하지 않는다(Everett, 1986). 인간 뇌의 초기 발달 시기에 언어와 예술은 밀접한 관계를 갖고 있지 않았을 수 있다. 그러나 현재에는 화석 및 고고학 증거가 없기에 이를 판단할 수 없다. 진화 시기에 추상과 상징주의에 대한 신경 작용은 언어보다 예술적 표현 능력이 먼저 생기게 만들었을 가능성이 있다. 중요한 사실은 이 두 가지 의사소통 방법은 생물학적 기전에 의하여 생겨났으며 수백만 년에 걸쳐 진화한 것일지 모른다는 것이다(예: 신경해부학적 비대칭성, 전두엽의 비대).

예술의 상징적 표현은 추상의 사용 능력에 달려 있다. 이러한 추상적 표현의 이행은 그 개념과 함께 여러 신경 체계의 작용, 특히 눈과 귀의 감각 체계, 운동 체계, 인지와 장기기억, 정서 처리의 작용에 달려 있다. 신경심리학은 기존에 뇌손상 이후에 나타나는 행동에서 해석을 가져왔다. 예술가들이 뇌손상을 입은 후 보이는 변화는 신경 기질을 부분적으로만 이해할 수 있는 방안이 된다. 예술을 만드는 정신 활동에는 이 외에도 다른 요소들이 포함된다(예술이 만들어지는 문화 외에도). 재능은 그 요소 중 하나다. 현재로서 재능에 대한 특징은 잘 알려지지 않았는데, 여전히 선천적 그리고 후천적 요소에 대한 논쟁이 이어지고 있기 때문이다(이 주제에 대한 논의는 Howe et al., 1998 참조). 그러나 창의성이나 이미지의 통합체 또한 예술의 한 부분이다. 이러한 주제와 함께 예술의 복잡성에 대해 이 장에서 다루도록 한다.

재능과 창의성

예술적 창의성

재능 그 자체는 강한 선천적 능력이나 기술로 여겨진다. 이 재능은 예술의 다양한 형태와 인간이 추구하는 다른 분야에서 다양한 형태로 창의성과 함께 상호작용함으로써 표현된다(Guilford, 1950; Sternberg, 1988). 이 요소들을 분리하는 것은 간단한 작업이 아니다. 재능이라는 개념은 원시 사회에도 알려져 있다. 파푸아뉴기니의 세피크 강 부근에 사는 사람들은 능력을 인정받은 특별한 사람들에게만 예술 작업을 맡긴다. 이와 같은 맥락에서 아프리카의 골라족은 재능 있는 예술가들을 특별한 힘에 의하여 영감을 받은 특별한 사람으로 여긴다(Dissanayake, 1988). 서구 사회에서는 이와 유사하게 훌륭한, 성공한 예술가들에게 큰 존경과 경외심과 인정을 보인다. 만약 예술적 재능이 생득적(본래 가지고 있는 것)이라면 기꺼이 교육을 따를 수 있는데, 이 말은 일반 사람들도 경험이나 학습을 통하여 예술적 재능을 만들어 갈 수 있다는 의미다(Amabile, 2001; Fein, Obler, & Gardner, 1988; Howe et al., 1998 참조).

예술 행위는 실험과 혁신을 가능하게 하며, 사회에서 허용하는 범위 안에서 행하여진 예술은 인지적·심리적 유연성을 나타내는 행위다. 이와 유사하게 예술가들이 작품을 통하여 전통적이고 이미 고착화되고 익숙하고 친숙하고 용인된 것을 넘어 새로운 것을 창조하는 그 범위에 따라 그 예술가의 독창성을 측정할 수 있다. 연구가들이나 이론가들 사이에 창의성을 측정하기 위한 '표준화 검사'

에 대한 합의는 이루어지지 않았다(Sternberg, 1988). 작가, 시인, 무용수, 과학자, 영화감독, 사업가들은 창의적인 사람들이며 이들의 작업은 시각, 음악 예술가들의 작품만큼이나 놀라움과 경탄을 자아내게 만들었다. 비록 대중매체나 일부 교과서에서는 우뇌를 '창의적'으로 특징지었으나 이에 대한 명확한 증거는 없다. 만약 창의성과 뇌 반구의 전문화에 대하여 논하고자 한다면 이 책에서도 찾아볼 수 있듯이 좌뇌의 인지가 창의성을 만든다는 주장을 제기할 수 있다. 언어의 전문화는 의미를 전달하는, 무한한 형태의 짝을 이룰 수 있는 조합 시스템을 뒷받침하는 인지 형태에 의존한다. 이런 광범위한 짝 맞추기와 조합은 창의성의 기반이 될 가능성이 있다. 주변의 세부 사항에 주의를 기울이고, 세부 사항을 기억하며, 순서를 기억하고 문제에 개별적 접근법을 적용하는 이 모든 것은 연역적 · 논리적으로 사고할 수 있는 인지적 능력에 기여한다. 이와 함께 조합 인지는 좌뇌에서 창의적 요소가 생기는 요인이 될 수 있다. 문학 작품을 통하여 알 수 있듯이 언어는 창의성과 상반된 것이 아니다. 언어는 좌뇌에 전문화된 인지 체계의 한 부분일 뿐이다. 심상은 이해 과정의 중요 요소로 볼 수 있다. 이 이해 과정이란, 예컨대 한 과학 문제에 대한 답을 오랜 기간 구하다 드디어 그 답을 찾아낸 깨달음의 순간을 들 수 있는데, 이는 우뇌가 최적으로 개입되었을 때 이루어진다(심상과 관련해서는 다음 부분 참조). 그런데 여러 날, 여러 주, 여러 달에 걸쳐 과학 혹은 수학 문제에 대한 답을 구할 때 이 답이 꿈에 나타나기도 한다. 이는 우뇌와 좌뇌가 모두 수면 중에 활성화된 결과다(Buchsbaum, Hazlett, Wu, & Bunney, 2001; Hobson & Pace-Schott, 2003; McCormick et al., 1997, 2000). 대체적으로 표현의 방법이나 수단과는 독립적으로 창의 과정에 양쪽 뇌 반구가 모두 비대칭 혹은 보완적인 방법으로라도 활성화될 가능성이 매우 높다. 이 책에서 살펴본 사례들을 보면 가장 최소한의 실질적 증거로는 잘 알려진 예술가들이 좌뇌 또는 우뇌에 손상을 입고도 그 창의성이 유지되었다는 사실이 있다.

예술가 조르주 브라크Georges Braque는 특히 시각예술에서 창의적 과정에 대하여 추가로 고민할 수 있는 주제를 던져 준다.

내 그림에는 환상이 부재하여도 놀라운 효과가 나타난다. 루브르 박물관에 전시되어 있는 〈In Full Flight〉라는 대형 캔버스 그림의 예를 보자. 모두가 바라는 대로 이 그림은 조화롭게 완성되었다. 매일 이 그림을 보면서 함께 생활한 지 거의 넉 달이 지나자 나는 이 그림에 너무 익숙해졌다는 사실을 깨달았다. 눈에 너무나 편안해진 것이다. 따라서 그림의 왼쪽 하단에 그림을 더 그려 새로운 변화를 시도하였는데, 마치 그림이 일종의 트레이드마크나 우표와 같은 느낌을 주는 하얀 네모 틀을 그리고 그 안에 새를 그렸다. 부조화가 아닌 반대 요소를 그렸더니 그림이 예측하지 못한 방식으로 생명을 얻었다. 때로는 이런 놀라운 효과가 필요하다. 그렇게 함으로써 익숙한 것이 자리 잡는 것을 예방한다(Wilkin, 1991, p. 103에서 Braque의 글 인용).

심상과 심상화

심상과 심상화imagination는 하나이자 동일한 것일까? 심적 시각화mental visualization, 혹은 심적 회전mental rotation은 예술의 창의성과 동일한가? 심상은 때로는 예술과 과학에서 통찰력 있는 창의성으로 동일시되었다(A. Miller, 2000, 2002). 과학자들은 마음의 눈으로 오랜 기간에 가졌던 질문에 대한 답을 보았다고 묘사하였는데 답이 떠오른 순간에 심적 시각 이미지가 떠올랐다고 말하였다. 예술가들의 경우 심상이 시각 및 음악 예술, 문학 및 연극의 생산 과정에 주요 역할을 하는 것으로 여겨지고 있다. 이는 향후 연구 주제가 될 수 있을 것이다(7장 참조, Winner & Casey, 1992 참조).

비예술가들이 심상 작업을 하는 동안 나타나는 뇌 활성화를 촬영한 영상에서 어떤 증거를 찾아볼 수 있을까? 이와 관련된 연구들에서는 주로 피험자들에게 특정한 대상을 상상하라는 언어적 지시를 내린다. 기능적 자기공명영상을 이용한 한 연구에 의하면 이러한 언어적 심상 지시에 의하여 좌측 하부 전두-측두 영역이 선택적으로 활성화되었다(Yomogida et al., 2004). 또 다른 기능적 자기공명영상 연구에서는 마음의 눈으로 피아노를 치라는 주문을 하자 뇌 양 반구의 전운동 영역을 비롯한 전두-두정골 운동 네트워크 영역과 쐐기앞소엽precuneous 영역이 활성화되는 것으로 나타났다(Meister et al., 2004; [그림 1-4] 참조). 시각장애인으로 태어난 피험자들의 경우 머릿속에서 심상을 떠올려 보라는 지시에 양측 뇌 반구의 시각피질이 활성화되었고 후두엽과 두정엽 또한 활성화되었으며, 유사한 시각 네트워크가 비시각장애인의 경우에도 활성화되는 것으로 밝혀졌다(Kanuff, Mulack, Kassubek, Salih, & Greenlee, 2002). 심적 회전mental rotation 과제를 수행할 때에 V5(Motion cortex, MT 영역으로도 알려짐) 영역 외에도 뇌 양 반구의 쐐기앞소엽 영역(후두정엽에 위치; [그림 3-3] 참조)도 활성화되었다(Barnes et al., 2000). V5는 상측두고랑superior temporal sulsus의 후방에 있다(Zeki, 2004). 여기에 움직임에 민감한 신경세포가 위치하고 있어 V5 영역이 심적 회전과 연관되어 있을 것이라고 사람들은 추정한다([그림 1-4] 참조). 종합하여 보면 V5는 심적 회전 과제의 종류에 따라 활성화되었으며 이는 여러 종류의 회전과 여러 다른 신경기질이 선택적으로 활동함을 보여 준다고 판단할 수 있다. 반스 등(Barnes et al., 2000)은 연구를 통하여 19번 브로드만 영역(후두엽 전방부분)과 보조 전운동 영역(전두엽 내 전운동 이랑의 앞부분)이 회전 과제를 수행할 시 활성화된다는 사실을 발견하였다([그림 1-4] 참조).

심상은 아마도 창의성의 재료 중 하나일 것이다. 심상과 창의성 간의 관계를 메타 분석적으로 연구하면, 그 결과는 둘 사이에 연관성이 크지 않으며 개인별 편차나 과제에 따른 결과를 보더라도 연관성이 확연히 드러난 것이 아니었다(LeBoutillier & Marks, 2003). 종합하여 보면 심상과 관련된 뇌 영역과 창의성 간의 관계는 아직 결론에 이르지 못하였다.

창의성의 신경심리학

창의성은 이전에 존재하지 않았던 새로운 것을 예술, 과학, 정치 혹은 비즈니스에 긍정적이고 미적인 형태로 만들어 내는 것이다. 물론 창의성이라는 것은 연속적으로 나타나는데, 일부 작품은 다른 작품보다 더 창의적이며 '새로움'의 정도는 일정 한계는 있으나 상황에 따라 정하여진다. 중요한 것은 창의성이 사회에 미적, 유용성 있는 요소를 부여하는 긍정적 개념이라는 사실이다. 창의성의 기본 원리는 새로운 것을 만들어 이미 주어진, 알고 있는, 전통적인, 자리 잡은 것을 뛰어넘는 능력이다. 과학에서 창의성의 예로는 유전적 기준이 있다(Shepard, 1997). 기존에 오랫동안 알고 있던 것은 우리의 장기 경험에 견고하게 새겨져 있어 우리의 행동을 이끌고 우리의 개념을 형성하고 새로운 정보의 축적을 지휘하며 우리가 기억하고 생각하는 것에 영향을 미친다. 인간 역사상 진정 창의적인 사람들은 이미 깊이 뿌리박힌 개념이 있어도 머릿속으로 새로운 조합을 만들어 내는 데 탁월성을 보였으며, 이를 통하여 새로운 결과물이 나올 때까지 쉬지 않고 노력하였다. 아인슈타인의 상대성 이론은 매우 창의적이고 미적으로 평가되고 있다. 뉴턴과 갈릴레오의 새로운 발견과 이론 또한 매우 창의적으로 평가되고 있다. 지오토, 미켈란젤로, 레오나르도, 렘브란트, 바흐, 모차르트, 반 고흐, 세잔, 피카소, 마그리트는 그 예술적 형태에 있어 혁신자들이었다. 그들 뇌의 어느 부분이 이 창의성이 나타나도록 조절되었을까? 이에 대한 답변은 찾아보기가 쉽지 않은데, 부분적으로는 문제에 대한 정의가 명확함에도 불구하고 창의성의 기간, 창의를 하는 사람의 머릿속에 이것이 떠오르는 순간을 알 수도 절대 짚어 낼 수도 없을 것이며, 그래서 언어나 뇌의 인지 과정을 측정하는 뇌영상 기법으로도 측정이 불가능하기 때문이다. 왜냐하면 창조자가 '창의성의 창구'가 열리는 시점을 안다고 하더라도 그 작품이 만들어지기 전의 수많은 시간, 날, 주, 달, 해가 반영되기 때문이다. 현재로서는 창의성의 요소와 뇌가 창의성을 어떻게 조절하는지에 대한 요소를 구별하는 연구를 진행하고 추측해 보며 논의를 하는 것이 유용할 것이다.

언어와 창의성: 전두-측두엽 치매로부터의 단서

전두-측두엽 치매를 앓는 환자들의 시각예술 작품에 대한 내용이 4장에서 다루어졌다. 이 장에서는 창의성이라는 시각으로 전두-측두엽 치매 사례에 대한 논의를 진행하도록 한다. 우리는 치매 사례, 특히 이 환자들이 사망 이전에 이룬 결과물을 통하여 창의성의 신경기질에 대한 추가 단서를 얻을 수 있다(Miller et al., 2000). 4장에서 설명한 바와 같이 두 명의 뛰어난 발명가가 전두-측두엽 치매를 앓았는데, 이는 신경변성 질환으로 전두엽과 측두엽에 서서히 그리고 둘 사이의 연결성에 영향을 미치나, 후두엽과 두정엽 영역에는 영향을 미치지 않았다. 광범위한 피질 위축이 결국 치매로 이어졌다. 첫 번째 사례는 화학 탐지기를 만드는 발명가였다(Miller et al., 2000). 이 환자는 68세부터 시작된 진행성 실어증 증상을 보이고 있었는데 이 증상이 점점 심각해져 읽지도 못하는 상황에 이르게 되었다. 그러나 병환에도 불구하고 이 환자는 74세까지 새로운 발명품들을 만들어 내고 새로운 특허를 취득하였다. 두정엽과 측두엽뿐 아니라 전두엽 영역도 영향을 받지 않은 것이었다. 또 다른 사례는 비행기 설계사의 경우로 여러 발명으로 특허를 갖고 있었다. 그는 69세의 나이에 언어와 기억력에 어려움을 겪기 시작하였다. 그러나 그의 지형 활용 능력이나 설계 및 엔지니어링 능력은 보존되었다. 이 모든 능력은 질병을 진단받은 후에 확인된 것이다. 이 환자 또한 전두엽, 후두엽, 두정엽에는 손상이 일어나지 않았다.

우리는 앞의 두 사례를 창의성과 연결하면 어떠한 의의를 얻을 수 있을까? 모든 사항을 고려하여 보았을 때 이 사례들의 의의는 질환을 앓기 이전에 전문 분야에서 발명을 할 수 있었다면(두 환자는 과거 자신의 분야에 해당되는 범위에서 병 진단 이후에도 발명함), 언어를 보조하는 영역을 포함한 뇌 일부 영역에 손상이 생긴 후에도, 즉 질병이 진단된 후에도 이전에 하던 작업을 이어 나갈 수 있었다는 것에 있다. 그러나 새로운 창조를 만들어 내지는 않았다. 뇌손상 후 첫 번째 사례에서는 뇌손상 이전에 진행하던 발명품을 완성하였다. 그러나 새로운 영역에서 이 환자의 발명 능력은 나타나지 않았다. 두 번째 사례의 경우에는 손상 후 새로운 특허를 얻거나 새 비행기 설계는 하지 않았다. 이 두 사례의 경우 뇌에서 손상되지 않은 영역이 이미 소질이 있는 그들의 업무를 지속할 수 있도록 기여했다는 사실은 확실하다(4장에서 신경해부학 관련 주제 중 느린 뇌의 변화와 여러 손상의 효과 참조). 언어가 심각하게 제한된 점과 한 사례의 경우 기억력이 퇴화된 것을 보면 전문 지식이 언어와는 관계없이 이어질 수 있다는 사실을 알 수 있는데, 이들 대부분은 언어가 손상되지 않거나 질환을 앓게 되면서 언어가 퇴화된 경우 모두 전문 지식은 보존되었다. 달리 말하자면 재능과 특정 분야에서의 뛰어난 기술은 언어와는 별개라는 것이다. 언어와 창의성은 꼭 상호 배타적일 필요는 없으며 둘 다 함께 존재할 수도 있고 아닐 수도 있다는 것이다.

좌뇌 창의성: 자폐성 서번트에서의 단서

창의성과 신경심리학에 대한 추가 의의는 비전형적인 예술가들의 작품을 통하여 얻을 수 있다(4장에 기술됨). 자폐성 시각예술 서번트의 경우를 고려하여 보자. 이들은 선천성 뇌기능장애를 앓기 때문에 사람, 세상과 일반적인 사회적 의사소통 교류가 방해받는다(Mottron et al., 2003; Sacks, 1995; Selfe, 1977; Treffert & Wallace, 2002). 자폐증과 특정 뇌손상에 대한 증거는 일치되게 나타나지 않으며 (Rapin, 1999), 뇌 변화의 본질에 대한 완전한 설명은 현재로서 찾아볼 수 없다 (Sokol & Edwards-Brown, 2004). 자폐증의 경우 양쪽 뇌 반구의 중앙 측두엽에 있는(DeLong, 1999) 소뇌의 충부$_{vermis}$(고차원 정신적 기능 상태에 중요한 기관이 아닌 것으로 알려짐) 크기가 더 작은 것으로 알려졌다. 한 연구에 의하면 좌측 측두엽이 구조적으로 우측보다 더 영향을 받았다(Treffert & Wallace, 2002). 또 다른 연구에 의하면 좌측 전두엽, 측두엽, 두정엽에서 세로토닌 수치가 더 낮다고 보고되었다(DeLong, 1999; Di Martino & Castellanos, 2003). 자폐증 환자들은 심각한 언어 및 의사소통의 어려움을 겪으며 이는 좌뇌 기능장애가 주원인으로 간주되고 있다. 자폐성 시각 예술가들의 뇌에 대한 자료는 매우 적으며, 이 논의를 진행하기 위해 이들이 좌뇌 기능장애를 앓고 있다고 간주하여 보자. 일부 사람이 주장한 바와 같이 이들의 뛰어난 그래픽 기술은 우뇌가 주로 관장한다고 보면(좌뇌는 그 기능이 제대로 작동하지 않는 것으로 간주되는데 이는 이들의 언어 실력이 전혀 없거나 매우 부족하다는 사실에서 추론할 수 있다) 뇌손상 후 뇌의 기능을 추론하여 보는 방법을 적용하여 보면, 이들 작품에서 창의성을 찾아볼 수 없는 이유는 좌뇌의 부족한 기능으로 인한 것으로 생각할 수 있다. 이들의 예술작품에는 훌륭한 그래픽 기술을 찾아볼 수 있는데, 이는 매우 현실적이나 추상적인 요소나 독창성, 혁신성이 매우 적다. 나디아Nadia, EC 그리고 스티븐 월트셔Stephen Wiltshire는 모두 미술 교육을 받았으나 큰 효과를 보지 못하였다. 만약 이들의 작품에 창의성이 없고 우뇌가 손상되지 않았음을 보여 주는 능력이 나타난다면 예술의 창의성은 주로 비자폐인의 경우 좌뇌에서 생겨난다는 것을 추론해 볼 수 있다. 우측 두정엽은 삼차원 공간이나 깊이를 훌륭하게 묘사하게 하는 등 사실적인 묘사를 정확하게 표현할 수 있도록 돕지만 자폐성 예술인들의 경우에는 창의성은 나타나지 않는 것으로 볼 수 있다. 그러나 이러한 예술가들의 작품을 통하여 우리는 정상인의 좌뇌가 우뇌에 비하여 기존에 존재하는 개념을 재구성하고 독창성과 혁신성을 만드는 데 기여한다고 보는 것이 합리적일 것이다.

신경전달물질: 파키슨병 치료에서의 단서

한 개인에게서 특정 신경학적 변화가 생기기 전에 재능은 잠재적 형태로만 존재할 수 있다. 한 신경과 사례에서 40세의 나이에 파킨슨병을 앓게 된 후 예술적 표현력을 갖게 된 환자를 찾아볼 수 있는데, 그는 인생에서 처음으로 매우 높은 수준의 시를 쓰기 시작하였다(Schrag & Trimble, 2001). 처음에는 떨림과 근육긴장 이상이 왼쪽 손과 다리에만 나타났는데 이는 우뇌의 기능장애가 더 컸음을 보여 준다. 4년간 증상이 더 심각하여졌고 도파민 작용제인 리수라이드lisuride와 L-도파_{levodopa}로 치료를 시작하였다. 이 치료가 시작된 첫 달에는 증상이 완화되었고 이 환자는 처음으로 시를 쓰기 시작하였다. 약물치료로 리비도의 수치가 높아졌다. 같은 해에 그는 시를 열 편 썼다. 그는 시를 출판하였고 매우 유명한 시 관련 상도 수상하였다. 그는 파킨슨병이 진행되고 약물 투여량이 계속 바뀜에도 불구하고 수년간 시를 썼다. 이 사례를 연구한 연구자들은 환자의 외할아버지가 시를 썼다는 사실을 기술하였다. 연구자들은 약물치료로 인하여 발생한 도파민과 세로토닌의 작용이 전두엽 기능장애로 인한 억제 손실과 동반되어 새로운 문학적 창의성을 탄생시켰다고 추측하였다. 이들의 연구가 가장 좋은 설명이 될 수 있으나 이 환자가 질병을 앓기 전 시와 관련된 요소를 어느 정도 갖고 있었는지에 대한 의문을 가질 필요가 있다. 그리고 병 증상이 시작되었을 때가 아니라 약물치료가 시작되었을 때 그런 새로운 개념화와 인지가 생겨났는지에 대한 설명이 필요하다. 그럼에도 불구하고 신경전달물질의 대변동이나 불균형이 특정 뇌 구조의 변화와 함께 오랜 시간 발생하면서 예술적 생산에 기여했을 것이라 추측해 볼 수 있다.

시각예술의 복잡성

신경학적 정보에 의하면 우측 두정엽이 좌측보다 공간적 관계를 인지하고 전달하는 데 훨씬 중요하다. 그러나 공간적 관계가 시각예술의 전부는 아니다(8장 참조). 캔버스에 빛이 표현되는 방식이나 그 다양한 위치를 고려하여 보자. 모네가 동일한 사물을 다양한 빛의 각도로 그렸는데 그러한 효과에 대한 모네의 이해나 분석, 그리고 그런 효과를 만들어 내는 그의 재능은 뛰어난 공간적 지각과 정신 작용에 의한 것이라고 보기에는 매우 어렵다. 의도적으로 하나의 색을 한쪽에 칠하고 다른 색을 다른 쪽에 칠하여 빛과 사물의 작용을 표현할 때에 공간 관계 능력이 극히 제한되게 사용된 것일 수 있다. 이와 유사하게, 원하는 색을 얻기 위하여 화가가 팔레트에 색을 혼합하는 것은 공간 지식과 굳이 관계가 있다고 볼 수 없다. 그 그림의 다른 요소의 경우에는 공간 능력에 의존하는 것일 수 있다. 융합점이나 선 원근법의 경우에는 그러한 의존의 예라고 할 수 있다.

또 다른 예로는 캔버스에 빠른 움직임을 묘사하는 예술가의 능력이 있다. 균형이나 속도를 나타내는 부분적으로 겹쳐진 그림이나 흐릿하고 부정확한 모양의 조절 등 움직이는 것을 표현할 때에 다양한 그래픽 기술이 사용된다(Cutting, 2002). 캔버스에 움직임을 묘사한 유명한 예로 입체주의 화가 마르셀 뒤샹Marcel Duchamp의 〈계단을 내려오는 누드 2Nude Descending a Staircase, No. 2〉가 있는데 이 그림은 1912년에 그가 그린 작품이다. 현대에 들어서 미래파가 빠른 동작을 묘사하는 데 특히 관심을 보였는데, 이들은 예술이 미래 지향적이어야 하며 과거 대신 미래를 그려야 한다고 생각하였다(Shlain, 1991). 미래파 화가 자코모 발라 Giacomo Balla 또한 1912년에 〈끈에 묶인 개의 역동성Dynamism of a Dog on a Leash〉이라는 그림 안에 걷고 있는 작은 개의 다리 움직임을 매우 빠르게 그려 냈다. 다른 화가들은 이러한 힘든 시간의 변화를 나타내는 이 기법을 평면으로 적용하여 묘사하였다. 미국의 현대미술 작가 수전 로센버그Susan Rothenberg는 다양한 작품을 통하여 움직임을 그려 냈는데 가장 유명한 작품으로 〈Vaulting〉을 들 수 있다 (Simon, 2000). 평면에 동작을 그려 내고자 하는 시도는 3만 년 전에도 프랑스의 쇼베 동굴에서 확인할 수 있다. 동작을 그려 내기 위해서는 시간의 디테일과 논리적 분석을 해야 하는데 이를 위하여서는 좌뇌의 인지 활동이 요한다.

몇몇 기능적 자기공명영상 연구에 따르면 사실적 동작을 보는 뇌 영역이 실제 운동을 하는 데 관여한다. 인간의 동작 피질, 즉 V5는 후부 상측두구의 상측두 내측 피질에 위치하고 있다(그림 1-4) 참조). 이 영역은 실제 운동을 할 때뿐 아니라 움직이는 인간을 표현한 사진을 볼 때(예: 공을 던지는 사람, 골프공을 막 치려고 하는 사람), 움직이는 자연 풍경을 볼 때(예: 큰 파도가 칠 때)도 활성화된다(Kourtzi & Kanwisher, 2000). 무언가 움직임이 들어간 예술작품을 볼 때에도 이 영역이 (양반구 모두에서) 활성화되는 것으로 보인다. 이 영역이 손상되면 움직임을 볼 수 없게 되는데 이는 동작맹akinetopsia으로 알려져 있다. 이 경우 사물이 언 상태로 보인다(Blanke, Landis, Mermoud, Spinelli, & Safran, 2003a; Zihl, von Cramon, & Mai, 1983). 형태나 모양 그리고 색에 대한 시각적 인지는 위의 경우에도 바뀌지 않는다. 문제는 동작을 인지할 때에 생긴다. 차를 따르는 장면을 보면 그 줄기가 공중에서 얼어 있는 형태로 보이는 것이다. 길을 건너는 것도 위험할 수 있는데 자동차가 가까이로 움직이는 것을 인지하지 못한다. 기능적 자기공명영상을 통하여 밝혀낸 중요한 사실은 사실적 동작을 보는 뇌 영역이 실제 운동을 하는 영역과 사진 속의 암시적 동작을 보는 영역과 같다는 것이다.

뇌손상을 입는 예술가들에게서 얻는 교훈

국소적 뇌 병소를 앓는 신경과 환자들에 대한 연구는 뇌 영역과 그 기능에 대한 신뢰할 만하고 유효한 정보를 제공해 주었다. 우리는 이 책을 통하여 뇌에 손상을 입은 예술가들이 그 병인이나 손상의 범위가 크더라도 예술작품 활동을 이어 간다는 사실을 보았다. 이는 예술 재능과 기술이 광범위하고 다방면에서 발견된다는 점을 알 수 있다. 예술작품을 만드는 기술에는 다양한 신경 네트워크가 필요한 것으로 드러났다. 우뇌나 좌뇌가 손상되거나 여러 영역이 손상된 경우에는 그 예술적 재능이 사라지거나 없어지거나 제거되지는 않았다. 비예술가들의 경우에도 비슷한 뇌손상을 입고 난 후 기억력에 의존하여 사물을 그릴 수 있는 능력이 사라지지 않았다. 재능과 생애에 걸친 오랜 연습과 기술의 보존은 예술이 뇌 특정 영역만의 기능에 의하여 만들어지는 것이 아니며 뇌손상 후에도 예술적 재능이 보존된다는 사실을 살펴보았다.

또한 눈속임을 쓰더라도 뇌에는 그 표상이 바뀌어 나타나지 않는데 그 표상이란 사실주의, 초현실주의, 추상주의 등과 같은 여러 예술 장르다. 따라서 우리에게 사실적인 대상이 추상적으로 바뀐 형태로 보이지 않으며 추상적인 대상이 사실적으로 보이지도 않는다(2장에 예술 스타일을 기술한 도입 부분 참조). 중요한 사

실은 뇌손상 후에 완성된 예술작품도 여전히 미적이며 예술적이고 창조적이라
는 점이다. 특정 예술가들의 뇌손상 영역이 광범위함에도 불구하고 예술적 능력
이 보존된다는 점은 놀라운 사실이다.

에두아르 마네Edouard Manet(1832~1883)의 사례에서 뇌손상 후 예술적 능력의
보존은 새로운 사실을 시사한다. 마네는 1878년 즈음에 왼쪽 다리에 심각한 운
동장애(왼쪽 다리로 걷거나 움직이는 것이 불가능한 상태)를 앓고 있는 것으로 판명
되었는데 이는 뇌 신경매독의 증상이었다(Boime, 1996). 그 다리의 진행성 마비
로 인하여 걷는 데 큰 제약이 있었다. 그는 또한 큰 피로감과 고통을 느꼈다. 이
모든 증상은 마네의 작업 활동에 일부 영향을 미쳤는데 이것이 부분적으로 파스
텔 작업을 더 많이 하게 된 원인일 수 있다. 그의 경우 정확히 언제 매독이 발병되
었는지는 알기 어려웠다. 마네의 병은 1882년 완성한 〈폴리 베르제르의 술집A
Bar at the Folies-Bergère〉이라는 큰 그림에 특히 분명하게 드러난다(Boime, 1996).
마네는 이 그림 중심에 바에서 일하는 여인을 그렸다. 배경에는 거대한 거울을
그렸는데 이에는 수많은 사물과 인간의 형상이 비춰진다. 거울 속의 그림은 빛
반사의 물리적 법칙을 충실히 따르지 않는다. 이는 마네의 뇌 질병이 그의 공간
인지에 일부 영향을 미쳤을 가능성을 제기한다(우뇌에 보다 심각한 신경 퇴화가 일
어난 것일지 모른다). 따라서 거울에 비친 각도를 정확하게 판단하는 데에 영향을
미쳤을 수 있다. 그러나 의미나 미적인 요소를 전달하는 예술적 능력은 그대로
보존된 것이다. 마네가 전달하고자 한 바는 미술역사가들이 앞으로 더 많은 논의
와 연구를 해야 할 주제다(Collins, 1996; Galligan, 1998).

인간 실존에서의 예술

예술은 전 세계 곳곳에 존재하는데 아마 30만 년 이전에 이미 생겨났을 것이
며, 약 3만 5,000년에서 4만 5,000년 전부터 서유럽에서 발견된(생존한) 작품들이
가장 큰 영향을 미쳤을 것이다. 그 시대에 음악이 있었다는 증거는 네안데르탈인

이 만든 것을 포함한 피리와 유사한 악기의 형태로 존재한다. 시각적·음악적 예술활동이 정교한 구문론적 언어가 뇌에 자리 잡기도 이전에 초기 인류에 의하여 시작되었을 가능성이 매우 높다. 예술적 표현 능력이 언어 발달 이전에 생겨났다고 추측해 보는 것도 가능한데 예술 관련 분야에서 상징주의와 표상주의로 사용되다가 후에 언어와 함께 크게 발전했을 것으로도 추정할 수 있다. 우리는 뇌손상을 입은 예술가들을 통하여 예술과 언어가 분리 가능하나 서로 반대되는 기능을 가진 것은 아니라는 사실을 살펴보았다. 예술과 언어 모두 추상적 인지를 가능하게 하여 주는 생물학적 기전과 신경해부학적 구조를 이미 갖추고 있다. 향후 연구를 통하여 예술과 뇌의 관계를 더 밝혀낼 수 있을 것이다. 예술의 신경기질을 더 밝혀내고, 특히 그 의사소통 측면을 고려하면 더 많은 정보를 알 수 있을 것이다.

요 약

저명한 예술가들의 작품은 다양한 신경기질 활동을 보여 준다. 뇌에는 '음악 기관'이나 '미술 기관'이 따로 없으나 이 역할을 수행하는 신경 네트워크가 있을 가능성이 높다. 예술적으로 성공하기 위해서는 재능, 평생 동안의 연습 그리고 창의성을 비롯한 수많은 요소가 필요하다. 뇌손상을 입은 후 예술가들의 작품에 나타난 가시적 변화는 예술을 만들어 내는 데 필요한 뇌 영역 모두를 보여 주지는 않는다. 신경학적 증거에 의하면 우측 두정엽이 좌측보다 공간 관계를 인지하고 전달하는 데 훨씬 더 중요한 역할을 한다는 사실을 보여 주나 시각예술에 공간 관계만 존재하는 것은 아니다. 새로운 인재는 태어날 때부터 내재된 능력과 기술을 보여 준다. 이러한 능력은 예술의 다양한 영역에서 그리고 인간이 관심을 가지는 다른 영역에서 창의성과 함께 결합하여 발현된다. 창의성은 시각예술이나 음악예술에만 국한된 것이 아니다. 작가, 시인, 무용가, 과학자, 사업가들 또한 창의적이다. 창의성을 발휘할 때의 뇌의 각 반구의 역할은 아직 다 밝혀지지 않았다. 뇌의 특정 반구가 창의성에 기여한다는 증거는 없다. 우뇌가 창의성을 만들어 내고 좌뇌는 그렇지 않다는 주장을 할 근거가 없다. 언어는 좌뇌에서 전문화되어 있는데 창의성과 상반된 인지 체계가 아니다. 언어는 좌뇌의 인지 체계의 한 부분일 뿐이다. 예술가들의 경우에 심상이 작품 생산 과정에 중심 역할을 하는 것으로 간주되어 왔으나, 기능적 자기공명영상 결과에서는 심상 작업 과정에 뇌의 양쪽 반구 모두가 활성화된다고 밝혀졌다. 창의성이 양쪽 반구 모두에서 조절된다는 사실을 가장 잘 보여 줄 수 있는 증거는 유명 예술가들이 좌뇌 혹은 우뇌에 손상을 입은 후에도 여전히 창의성을 발휘할 수 있다는 사례다. 비전형적 예술가들의 작품을 연구하면 추가 정보를 얻을 수 있다. 자폐성 서번트 시각 예술가들은 심각한 언어 및 사회 의사소통 문제를 겪는다. 좌뇌의 기능장애가 주원인으로 꼽힌다. 이들의 작품은 공간적으로는 맞게 나타나나 창의성은 그다지 찾아볼 수 없다.

뇌의 한쪽 반구가 손상된 예술가들의 사례는 뇌의 여러 영역이 창의성과 관련되어 있으며 양쪽 반구가 서로 협동한다는 사실을 보여 준다. 재능과 수많은 연습과 기술은 뇌나 감각 손상을 입은 예술가들의 기능이나 바탕이 뇌손상 후에도 유지됨을 보여 준다. 뇌손상의 정도를 고려하였을 때 그 재능이 유지된다는 사실은 주목할 만한 부분이다. 우리는 유명 시각 및 음악 예술가들의 경우 예술과 언어 기능이 분리가 가능하나 서로 상반된 기능은 아니라는 점을 살펴보았다. 예술과 언어 모두 이미 존재하는 생물학적 기전에 의존한다.

예술과 언어 모두 추상적 요소를 지니고 있다는 사실은 이 두 형태의 커뮤니케이션을 지탱하는, 오랜 기간에 걸쳐 발달된 신경기질의 존재에 대한 가능성을 열어 준다. 인간의 뇌 진화 과정에서 예술적 표현 능력이 언어 발달 이전에 생겼을 수 있는데 심지어 상징주의와 표상주의 형태의 비언어적 형태를 오랜 기간 사용한 결과로 언어 전문화가 일어난 것일 수 있으며, 그 이후에는 추가로 변형이 일어나면서 동시에 완전한 언어 전문화 발달이 이루어진 것일 가능성이 있다.

읽을거리

Cassirer, E. (1965). *The philosophy of symbolic forms: Vol. 1. Language*. New Haven, CT: Yale University Press.

Crow, T. (1999). *The intelligence of art*. Chapel Hill, NC: University of North Carolina Press.

Dacey, J. S. (1998). *Understanding creativity: The interplay of biological, psychological, and social factors*. San Francisco, CA: Jossey-Bass.

Elgin, C. Z. (2000). Reorienting aesthetics, reconceiving cognition. *Journal of Aesthetics and Art Criticism, 58*, 219-225.

Eysenck, H. J. (1995). Creativity as a product of intelligence and personality. In D. Saklofske & M. Zeidner (Eds.), *International handbook of personality and intelligence: Perspectives on individual differences* (pp. 231-247). New York: Plenum Press.

Finke, R. A. (1990). *Creative imagery: Discoveries and inventions in visualization*. Hillsdale, NJ: Lawrence Erlbaum Associates, Inc.

Finke, R. A., Ward, T. M., & Smith, S. M. (1992). *Creative cognition: Theory, research, and applications*. Cambridge, MA: MIT Press.

Goodman, N. (1976). *Languages of art*. Indianapolis, IN: Hackett.

Gould, J. G., & Purcell, R. W. (2000). *Crossing over where art and science meet*. Three Rivers, MI: Three Rivers Press.

Hauser, M. D. (1997). *The evolution of communication*. Cambridge, MA: MIT Press.

Miller, A. I. (2002). *Einstein, Picasso: Space, time and the beauty that causes havoc*. New York: Basic Books.

Simonton, D. K. (1999). *Origins of genius: Darwinian perspectives on creativity*. New York: Oxford University Press.

Winner, E. (1997). *Gifted children: Myths and realities*. New York: Basic Books.

CHAPTER
12

결론, 그리고 예술과 신경심리학의 미래

 신경심리학 이론은 1850년대부터 여러 실험 기법과 다양한 신경 관련 병인에서 나타나는 일치된 증거를 바탕으로 발전되어 왔다. 가능하면 예술과 관련된 뇌 조절의 본질을 짚어 내는 이론이나 모델을 이 책에서 소개된 사례들을 연구하여 도출해 내야 할 것이다. 이전에는 이 사례들을 한데 모은 경우가 없었으나 이 사례들은 일관된 특징을 지니고 있을 가능성이 분명히 있다. 그러나 현 단계에서 하나로 일관시키는 것은 여러 이유로 제약을 받고 있는데, 주원인으로는 예술가 개인별 기술의 다양성, 상대적으로 적은 예술가 샘플 집단, 재능이나 창의성(혁신) 요소의 측정 제한, 인지의 추상성, 뇌손상 병인의 다양성, 뇌의 편측에 따른 차이, 손상 범위가 있다. 달리 말하여, 예술가들이 뇌손상에 적응하는 방식이 일관되지 않을 수 있다는 것이다. 따라서 특정 예술가가 뇌손상을 입은 후에도 어떻게 예술작품을 만들지를 예측하게 해 줄 신경심리학적 이론을 추출해 내는 것이 쉽지 않다.

비록 현재 예술과 뇌의 관계를 설명하는 매우 초기 단계에 있으나 이 책을 통하여 일부 중요한 통찰과 특징을 얻을 수 있었다. 이 책에서 논의된 여러 병인 사례의 경우 뇌손상 후 나타나는 예술적 요인이 서로 달랐다. 그 예로 실어증을 앓게 된 시각 예술가의 경우(2장에 소개된 ZB의 사례)를 들 수 있는데, 그의 경우 좌우가 대칭적이며 깊이가 줄어들고 무채색을 사용한 작품을 만들었다. 실어증을 앓고 있는 다른 예술가들에게서는 볼 수 없는 결과였다. 그 이유가 무엇일까? 예술가들의 예술에 대한 접근법은 워낙 다양하고 광범위해 개별 예술가는 거의 무한한 방식으로 그의 예술적 표현이 가능하다. 예술가들은 최종적으로 그들의 신경세포의 독창성을 반영할 수 있는 전략을 취한다. 더 나아가 뇌손상 후 예술에 대한 태도나 결과물의 변화에 기여하는 기능적 재구성 또한 간과할 수 없다(4장의 기능적 재구성에 대한 논의 참조).

또한 뇌손상 측면이나 영역과는 관계없이 뇌손상 후 변함없이 나타난 결과는 손상 이전의 예술 스타일이 고수되었다는 점이다(표현의 방법, 장르). 예술적 스타일에 대한 정의는 2장 도입 부분에 소개되어 있다. 예술적 스타일을 표현하기 위한 기법은 전혀 변화가 없었거나 변화가 있었다 하더라도 아주 가볍게 나타나기도 하고 극단적으로 나타나기도 하였는데 이는 손상 후 운동, 감각, 인지적 요소(그리고 재구성과 같은 신경세포 요인)의 복합적 효과를 반영하는 것일 수 있다. 그러나 이 복합적 효과는 특정 신경심리학 이론에 잘 들어맞지 않는다. 그 예로 예술가 ZB의 실어증과 뇌손상이 왜 특정한 예술적 요인과 동반되었는지에 대한 이유는 전혀 알 수 없다. 실어증과 그 장애에 대하여 알려진 정보로는 이러한 결과를 예측할 수 없었을 것이다. 좌뇌 기능에 대한 정보로도 그러한 결과를 예측할 수 없었을 것이다. 각 예술가의 예술적 기술은 뇌손상 후 일관된 형태로 나타나지 않는다. 그리고 또 중요한 것은 모든 예술가의 기술이 뇌손상 이후에도 연속된다는 일관된 결과가 나온다는 사실이다.

더 나아가 좌뇌 손상이 있는 비예술가들의 경우에는 그림을 그릴 때 세부 사항은 그리지 않고 전반적인 형태만 그릴 것으로 예상을 하는데 이는 게슈탈트 법칙

과도 관련이 있다(7, 8장 참조). 그러나 예술가들의 경우 이러한 분리가 일어나지 않았다. 우뇌 손상을 입은 비예술가들의 경우 수렴점이나 공간 배열 묘사에 장애가 있을 것으로 예상하나, 예술가들은 우뇌가 손상되었음에도 그러한 결과가 일관되게 나타나지 않는다. 우뇌 손상을 입은 일부 예술가의 경우 좌뇌의 무시 현상left-neglect이 나타날 것으로 예상하더라도 이 예술가들은 작품을 지속적으로 만들어 낸다. 이는, 즉 이러한 무시 현상의 신경학적 요인이 무엇이든 간에 예술의 신경해부학적 요소는 아니라는 의미다. 무시 현상이 나타나지 않는 것은 뇌손상 이전에 예술가가 그 기술을 심도 있게 연마하였음을 의미하며, 그것이 예술가의 재능을 이어 가게 하는 특정 신경 요소가 아님을 의미한다. 무시 현상의 부재에 대한 설명은 뇌손상 이전에 열심히 연마한 기술과 예술가의 재능을 뒷받침하는 특정 신경 요소에서 찾을 수 있다(4, 11장 참조).

우리는 뇌손상을 입은 후에 예술적 작품을 만들어 내게 된 비예술가들에 대한 신경심리학적 연구를 어떻게 해석할 수 있을까? 우리는 현재 유용한 이론과 모델을 통하여 세밀히 연구한 후 그 답을 찾아야 할 것이다. 신경심리학에서 뇌와 행동의 상당 부분이 뇌의 반구 전문화와 관련되어 있다. 언어 전문화 외에, 좌뇌의 인지 및 사고 요소로는 구체적, 주의 깊은, 개별적, 분석적, 논리적 과정이 있다(1장 참조). 우뇌의 연산은 전반적, 전체적 혹은 게슈탈트 전략적이며 얼굴 처리 또한 포함하고 있는 것으로 받아들여지고 있다(7, 8장 참조). 뇌손상 후 예술적 표현의 비대칭성은 뇌의 우뇌 혹은 좌뇌가 손상되었는지 여부에 따라 더 살펴봐야 할 것이다. 그러나 한 사례를 제외하고(2장에 소개한 패션 디자이너의 사례) 그런 사례는 발생하지 않았다. 대부분의 자료가 뇌 반구에 따라 명확하게 맞아떨어지지 않았다는 사실은 예술 관련 주제에서 신경심리학에 부정적 영향을 미치지 않는다. 향후 모델이나 이론은 연역적 방법이나 혹은 관찰 자료를 기반으로 만들어야 할 것이다. 이때 잘 알려진 예술가들이 편측 뇌손상이나 국소적 뇌손상을 입었을 때 예술작품이 신경심리학적으로 어떻게 달라지는지를 살펴보고, 기능적 재구성이 어떻게 달라지는지, 보상 신경 체계가 어떻게 이루어지는지가 정리될 것이다. 또 중요한 것은 인지적 추상화에 대한 평가가 이루어져야 한다는 사실이다. 예술과 뇌와 관련된 신경과학적 설명은 아직 초기 단계에 머물러 있다. 이 책에서 살펴본 예술가들에게서 계속 탐색되어야 하는 또 다른 특징은 바로 뇌손상 이후에도 창의성이 유지된다는 점이다. 뇌의 우뇌 혹은 좌뇌 손상 여부나 신경심리학적 병인이나 요인과 관계없이 대부분은 그들이 선택한 장르 안에서 꾸준히 발전하고 새로운 혁신을 이루어 냈다. 신경심리학적 지식으로는 어떤 뇌의 손상이나 어느 뇌 편측 손상이 창의성을 사라지게 할지 미리 예측할 수 없을 것이다. 뇌의 좌뇌 손상이나 우뇌 손상이 예술적 창의성을 방해하지 않는 것으로 보인다. 이 책에 소개된 예술가들의 경우에는 창의성이 뇌에 나타난 분산된 기능적 표현임을 증명하였다(서문 참조). 미래에는 창의성이라는 관점이 신경심리학적 특징이라는 시각으로 보다 더 세분화될 필요성이 생길 수 있다(1, 11장 참조).

　전문 예술가들의 경우 뇌손상 이후에도 미적 선호도가 크게 변하지 않았다. 비예술가 신경과 환자들(9장 참조)의 일부 사례에서는 선호도가 크게 변하였는데, 이 경우 이 책에 소개된 예술가들보다 훨씬 광범위한 뇌손상을 입은 결과라는 사실을 시사한다. 이러한 조직 손상은 여러 신경 체계를 변화시키고 기존의 선호도를 유지하여 주는 경로에 불균형을 만든 것으로 예상할 수 있다. 이를 구별하고 분리하는 작업은 예술과 신경심리학과 관련된 실증 연구를 통하여 풀어야 할 문제다. 여기에는 추가적으로 고려할 만한 사항이 있는데, 바로 '강박적' 선호가 미적 선호와 관련된 요소 중 몇 가지를 갖고 있다는 것이다. 선호 예술에 대한 태도는 연속적인 형태로 일어나야 한다는 사실을 우리가 이해할 필요가 있다. 이러한 일관된 태도는 일반적으로는 즐거움, 미적 선호 혹은 예술적 요소와는 관계없는 신경 경로를 통하여 조절되는 것일 수 있는 반면, 중간 단계의 태도는 미적 즐거움과 관련되어 있는 것일 수 있다. 이와 같은 흥미로운 질문은 미적 선호의 극단적 변화가 동반된 특수 사례에 대한 실증 연구를 통하여 해결될 수 있을 것이다.

　관찰 과학은 이 책에 소개된 예술가들의 사례와 같이 의문이 제기되는 학문의 형성에 크게 기여할 수 있다. 그러나 경험적 과학 연구는 더욱 효과적일 수 있다. 이는 뇌와 예술 간의 관계를 설명하는 데에 여전히 부재되어 있다. 실험은 이론의 형성과 예측에 크게 기여할 수 있는 형태로 가정에 대한 검증과 실험을 가능하게 한다. 실험에서 얻은 양적 자료 분석은 기존 이론에 의문을 제기하는 질문을 던지고 일반화와 추정으로 개선시킬 수 있다. 이러한 양적 연구가 많은 수의 신경과 예술 환자들에게 적용된다면 우리는 예술의 신경심리학 이론 발전이 크게 이루어지는 것을 볼 수 있을 것이다.

필자는 더 많은 사례가 분명 필요하고 체계적인 연구가 진행될 수 있기 때문에 저명한 예술가와 관련한 신경과 사례를 더 많이 축적하는 데 이 책이 도움이 되기를 바란다. 그렇게 되면 뇌손상 이후 예술가가 예술작품을 만들고자 하는 시도를 연구하면 기능적 재구성과 재능의 보존 문제(이 책에서 소개한 사례에 반복적으로 나타남)에 대한 의문을 해결하는 데 도움이 될 것이다. 예를 들면, 뇌손상 직후에 뇌손상을 입은 예술가들이 공간장애(편측 무시 외에도)를 보인다면, 우리는 비예술가들의 경우 이런 장애가 나타나는 것으로 예상할 수 있다. 뇌손상 직후에는 어떤 기술이 가장 뒤떨어지며 어떤 유형의 창의성이 발현되는지 혹은 주제가 될 만한 대상의 본질이 무엇인지에 대한 질문의 해답을 찾아야 할 것이다. 뇌손상 후 나타나는 특징의 순서가 가장 많은 정보를 제공해 줄 수 있다. 여러 예술적 기술이나 능력이 엄격한 순서에 따라 발현 가능한데, 이 순서는 병인이나 뇌 편측 여부, 혹은 손상 영역에 따라 달라지는지에 대한 정보를 얻는 데 매우 유용할 수 있다. 이러한 요인에 순서가 영향을 미치지 않는지에 대한 결론을 내리는 것도 매우 흥미로울 것이다.

치매를 앓고 나서야 처음으로 예술적 재능을 발휘한 환자들 사례를 연구한 논문의 경우 일반 대중이 특정 나이가 지난 이후에 예술적 창의성이 어떻게 결정되는지를 알아낸다면 크게 도움이 될 것이다. 우리는 예술적 재능이 있는 사람들이 예술이 경제적으로 불안정하다는 이유로 예술 활동을 추구하는 데 시작 단계에서 가족들의 만류로 그만두는 경우를 생각해 볼 필요가 있다. 그들은 안정적인 수입이 보장되는 직업에 투자한다. 그 안에 있는 예술적 재능은 은퇴할 때까지 잠재적으로 남아 있다. 만약 우리가 은퇴자 중 평생 종사하던 직업을 그만둔 후에 여러 유효한 예술적 활동을 하는 인구의 비율을 안다면 우리는 일부 치매 환자들에게서 처음 나타나는 예술작품이 무엇을 의미하는지 더 잘 판단할 수 있을 것이다. 만약 두 집단이 모두 비슷한 비율을 보인다면 이는 예술이 치매 여부와는 관계없이 노인이 된 후에도 생소하게 나타나는 것이 아니며 심각한 뇌졸중이나 치명적인 뇌백질 단절(4장 참조)에 의한 것이 아님을 의미할 것이다.

저명한 예술가들의 몇 되지 않는 뇌손상의 사례와는 달리 더 흥미로운 점은 언어와 예술 간 관계를 밝혀낼 수 있는 양적 분석이다. 초기 인류가 사용한 첫 언어의 구조는 알지 못하기 때문에, 특히 3만 5,000년에서 4만 5,000년 전에 서구에서 수많은 예술작품을 만들어 낸 사람들의 언어 구조도 모르기 때문에, 우리는 복잡한 언어가 예술에 영향을 미치는 요소로 작용하는지도 고민해 볼 필요가 있다. 이것은 현재 연구 가능한 주제다. 이것은 예술의 탄생이 구문론적 언어 발달과 관련이 있으나 언어는 그 복잡성에서 서로 다를 수 있다. 일부 언어 변수는 작을 수 있으나 그 조합 체계는 많은 의미를 만들어 낼 수 있다. 즉, 예술과 언어의 관계는 복잡한 연속성의 형태로 달라질 수 있다는 것이다. 특정 문화에 나타난 예술의 복잡성은(그 속성은 앞으로 정의되어야 할 것이다) 언어의 복잡성과 함께 상호 관계적으로 서로 다를 수 있는데, 언어의 복잡성은 특정 언어 요소(예: 형태론)다. 예컨대, 브라질 아마존 지역에 사는 피라하 부족민들은 매우 복잡한 형태론을 사용하나 예술은 전혀 없다고 볼 수 있다(10장 참조). 이들은 매우 적은 수의 음소를 사용한다. 예술과 언어의 진화적 관계는 현재 분명하다. 분명 위의 질문들을 하는 것은 예술과 언어의 진화적 출현에 대한 중요한 정보를 줄 수 있기에 충분한 가치가 있을 것이다.

☑ 용어 해설

게슈탈트(Gestalt): 전체 형상. 심리학의 게슈탈트 학교에서는 우리가 시각적 패턴을 볼 때
　　자동적으로 구성 요소를 모아서 이 패턴을 논리적인 전체로 만든다고 제시하였다.

과구강성(過口腔性, hyperorality): 입에 물질(어떤 경우는 적절하지 못한)을 집어넣은 경향
　　이 강한 상태.

기능적 자기공명영상(fMRI): 수행하는 동안 뇌의 활동과 연관되어 혈류의 증가를 보여 주
　　는 뇌영상 기법. 이것은 비침습성 기법이다.

뇌졸중(stroke): 뇌의 한 부위에 혈액의 공급이 갑자기 중단된 상태로, 영향을 받은 부위의
　　뇌세포는 사망에 이른다.

뇌파(electroencephalogram: EEG): 두개골의 전위(電位, electrical potential)를 측정하여
　　뇌의 전기적 활동을 기록. 전위의 높낮이는 파의 형태로 나타나며 서로 다른 뇌 상
　　태와 연관되어 있으며 진단 기준으로 사용된다.

독서불능증(alexia): 읽기 능력의 소실. 특징적으로 좌측 측두엽과 두정엽의 후반부(각회
　　부위)의 손상으로 생긴다.

동시실인증(simultanagnosia): 시야에 제시된 여러 물체나 글자를 하나씩 인식할 수 있으
　　나 동시에 인식할 수 없는 상태.

명칭실어증(anomia): 단어 찾기의 어려움을 특징으로 하는 언어장애. 뇌의 어휘 저장고에
　　서 특정한 단어를 찾아내는 것이 불가능한 것을 지칭하는 것으로 생각하고 있다. 주
　　로 명사가 영향을 받는다.

반구절제술(hemispherectomy): 대뇌의 한쪽 반구의 신경외과적 절제술. 좌측 또는 우측의
　　대뇌 반구를 제거하는 것.

베르니케 실어증(Wernicke's aphasia): 발화는 비교적 유창(속도와 억양은 정상)한데 의미

가 없는 상태. 언어적 이해가 매우 떨어져 있다.

브로카 실어증(Broca's aphasia): 브로카 실어증의 증상은 접속사, 관사, 전치사가 없는, 부자연스럽고, 억지로 말하는 듯하며 더듬는 말을 하는 것이다. 청각적 이해는 발화보다는 비교적 양호하나 구문론적 이해에 문제가 있다.

세포구축학(cytoarchitecture): 뇌에서 특별한 세포학적 뇌세포 구조.

실서증, 문자쓰기 불능증(agraphia): 쓰기 능력의 소실.

실어증(aphasia): 뇌손상으로 오는 언어장애. 대부분의 사람에게 손상은 좌뇌에 있다. 흔한 형태는 비유창성, 표현언어, 운동언어, 전(前)실어증으로 알려져 있는 브로카 실어증(Broca's aphasia)과 유창성, 수용언어, 감각언어, 후(後)실어증으로 알려져 있는 베르니케 실어증(Wernike's aphasia), 완전실어증(global aphasia), 전도실어증(conduction aphasia)이 있다.

실음악증(amusia): 후천적 뇌손상으로 인하여 이미 알고 있는 음악의 부분에 대한 수용 인식의 소실. 음악인식불능증으로 알려져 있다.

실인증, 인식불능증(agnosia): 이미 알고 있는 사물의 인식의 소실. 물체의 형태에 대한 지각이 불가능한 경우를 시각형태실인증(visual object agnosia), 사람의 얼굴을 알아보지 못하는 경우를 얼굴인식불능증(prosopagnosia), 지형이나 공간 배치를 알아보지 못하는 국소실인증(topographical agnosia), 색을 알아보지 못하는 경우를 색채인식불능증(color agnosia), 그 밖의 인식을 소실하는 몇 개의 범주가 있다. 뇌의 손상을 받은 뒤 의미론적 혹은 인식의 체계는 비교적 정상일 수 있으나 지각중추의 연결고리의 손상으로 인해 인식이 불가능한 것이다.

양전자방출단층촬영(positron emission tomography scan: PET scan): 어떤 실행을 하는 동안 뇌 부위의 활성을 보여 주는 뇌영상 기법. 이 촬영 기법은 뇌에서 활동의 능력을 알아보기 위해 (혈액으로 주입한) 양자 입자의 농도를 측정하는 기법이다.

연결부절제술(commissurotomy): 치료하기 어려운 간질에서 신경외과적 시술 방법으로 뇌의 중앙 부위에서 양측 뇌 반구 연결 부위를 대뇌피질 부분에서 잘라 두 개의 뇌 반구를 분리하는 수술이다. 이 시술은 양측 뇌 반구의 연결을 예방하는 것이다.

자기뇌파검사(magentoencephalogram: MEG): 뇌의 전기적 활성에서 나오는 뇌파와 비례하여 자기적 신호를 측정하는 방법.

자폐적 서번트(autistic savant): 특징적으로 소아기에 앓게 되며 지능지수가 낮고 사회성과 언어 능력이 심하게 손상되어 있음에도 불구하고 특정 분야에 뛰어난 재능을 가진 사람. 'savant'는 프랑스어에서 유래됨.

자폐증(autism): 심한 소통 문제(언어적·사회적)를 동반한 발달장애로 집중력이 짧고 다른 사람과의 관계 형성이 어렵다.

전도성 실어증(conduction aphasia): 발화가 유창하며 이해는 정상이지만 들은 내용을 따라 말할 수 없다.

정서둔마(情緖鈍痲, flat-affect): 둔감한 애착 또는 둔감한 감정, 감정을 표현하는 얼굴 표정 또는 몸짓의 부족.

편마비(hemiplegia): 신체의 한쪽이 마비된 상태.

편측무시(hemi-neglect, hemi-inattention): 이것은 특징적으로 공간의 좌측 반을 무시하는 것으로 나타난다. 대부분 우측 뇌의 손상으로 발생한다. 환자는 통증은 없으나 물체의 좌측 반을 그리지 못하고, 자신의 머리 좌측 머리카락을 정리하지 못하며, 접시의 좌측 반쪽 음식을 먹지 못하며, 왼쪽 소매의 단추를 끼우지 못하며, 왼쪽 신발 끈을 매지 못한다. 규정된 검사에서 환자는 정확하게 직선으로 양분하지 못하며, 직선이 우측 반쪽으로 기운다.

편측불완전마비(hemiparesis): 신체 한쪽의 근육에 힘이 없는 상태.

함구증(mutism): 뇌졸중이나 심한 뇌손상 후 발생하는 발화가 중단된 상태. 손상 위치에 따라 회복 기간이 다양하다.

☑ 참고문헌

Aalto, S., Naatanen, P., Wallius, E., Metsahonkala, L., Stenman, H., Niemi, P. M., & Karlsson, H. (2002). Neuroanatomical substrata of amusement and sadness: A PET activation study using film stimuli. *NeuroReport, 13,* 67-73.

Aboitiz, F., & Garcia, V. R. (1997). The evolutionary origin of the language areas in the human brain. A neuroanatomical perspective. *Brain Research Reviews, 25,* 381-396.

Aiken, N. E. (1998). *The biological origins of art.* Westport, CT: Praeger.

Alajouanine, T. (1948). Aphasia and artistic realization. *Brain, 71,* 229-241.

Albert, M. L., Reches, A., & Silverberg, R. (1975). Hemianopic colour blindness. *Journal of Neurology, 38,* 546-549.

Allman, J. M. (2000). *Evolving brains.* New York: Scientific American Library.

Alonso, R., & Pascuzzi, R. M. (1999). Ravel's neurological illness. *Seminars in Neurology, 19,* 53-58.

Altenmuller, E. O. (2001). How many music centers are in the brain? *Annals of the New York Academy of Sciences, 930,* 273-280.

Amabile, T. M. (2001). Beyond talent: John Irving and the passionate craft of creativity. *American Psychologist, 56,* 333-336.

Amaducci, L., Grassi, E., & Boller, F. (2002). Maurice Ravel and right-hemisphere musical creativity: Influence of disease on his last musical works? *European Journal of Neurology, 9,* 75-82.

Ambrose, S. H. (2001). Paleolithic technology and human evolution. *Science, 291,* 1748-1753.

Amunts, K., Schlaug, G., Jaencke, L., Steinmetz, H., Schleicher, A., & Zilles, K. (1996). Hand motor skills covary with size of motor cortex: A macrostructural adaptation. *NeuroImage, 3,* S365.

Annett, M. (2002). *Handedness and brain asymmetry: The right shift theory* (2nd ed.). Hove, UK: Psychology Press.

Appelle, S. (1972). Perception and discrimination as a function of orientation: The "oblique effect" in man and animals. *Psychological Bulletin, 78,* 266-278.

Appenzeller, T. (1998). Art: Evolution or revolution? *Science, 282,* 1451.

Arbib, M., & Bota, M. (2003). Language evolution: neural homologies and neuroin-formatics. *Neural Networks,*

16, 1237-1260.

Arnheim, R. (1958). *Film as art*. Berkeley, CA: University of California Press.

Arnheim, R. (1974). *Art and visual perception: A psychology of the creative eye*. Los Angeles: University of California Press.

Arnold, W. N. (1989). Absinth. *Scientific American, 260*, 112-117.

Arnold, W. N. (1992). *Vincent van Gogh: Chemicals, crises, and creativity*. Boston, MA: Birkhauser.

Assad, J. A. (2003). Neural coding of behavioral relevance in parietal cortex. *Current Opinion in Neurobiology, 13*, 194-197.

Ayotte, J., Peretz, I., & Hyde, K. (2002). Congenital amusia: A group study of adults afflicted with a music-specific disorder. *Brain, 125*, 238-251.

Baeck, E. (2002a). Maurice Ravel and right hemisphere creativity. *European Journal of Neurology, 9*, 315-322.

Baeck, E. (2002b). The neural networks of music. *European Journal of Neurology, 9*, 449-456.

Bahn, P. G. (1998). *The Cambridge illustrated history of prehistoric art*. Cambridge: Cambridge University Press.

Ball, P. (1999). *The self-made tapestry*. Oxford: Oxford University Press.

Balter, M. (2001). In search of the first Europeans. *Science, 291*, 1722-1725.

Banich, M. T., Heller, W., & Levy, J. (1989). Aesthetic preference and picture asym-metries. *Cortex, 25*, 187-196.

Baowang, L., Peterson, M. R., & Freeman, R. D. (2003). Oblique effect: A neural basis in the visual cortex. *Journal of Neurophysiology, 90*, 204-217.

Barnes, J., Howard, R. J., Senior, C., Brammer, M., Bullmore, E. T., Simmons, A., Woodruff, P., & David, A. S. (2000). Cortical activity during rotational and linear transformations. *Neuropsychologia, 38*, 1148-1156.

Barnhart, R. M. (1997). The five dynasties (907-960) and the Song period (960-1279). In R. M. Barnhart (Ed.), *Three thousand years of Chinese painting* (pp. 87-137). New Haven, CT: Yale University Press.

Basso, A. (1993). Amusia. In F. Boller & J. Grafman (Eds.), *Handbook of neuropsychology* (Vol. 8, pp. 391-409). New York: Elsevier Science Publishers.

Basso, A. (1999). The neuropsychology of music. In G. Denes & L. Pizzamiglio (Eds.), *Handbook of clinical and experimental neuropsychology* (pp. 409-418). Hove, UK: Psychology Press.

Basso, A., Faglioni, P., & Spinnler, H. (1976). Non-verbal color impairment in aphasics. *Neuropsychologia, 14*, 183-192.

Beardsworth, E. D., & Zaidel, D. W. (1994). Memory for faces in epileptic children before and after brain surgery. *Journal of Clinical and Experimental Neuro-psychology, 16*, 589-596.

Beauchamp, M. S., Haxby, J. V., Rosen, A. C., & DeYoe, E. A. (2000). A functional MRI case study of acquired cerebral dyschomatopsia. *Neuropsychologia, 38*, 1170-1179.

Beaumont, J. G. (1985). Lateral organization and aesthetic preference: The importance of peripheral visual asymmetries. *Neuropsychologia, 23*, 103-113.

Behrmann, M., Geng, J. J., & Shomstein, S. (2004). Parietal cortex and attention. *Current Opinion in Neurobiology, 14*, 212-217.

Bellosi, L. (1981). *Giotto.* Florence: Scala Group SPA.

Bentivoglio, M. (2003). Musical skills and neural functions: The legacy of the brains of musicians. *Annals of the New York Academy of Science, 999*, 234-243.

Benton, A. L. (1977). The amusias. In M. Critchley & R. A. Henson (Eds.), *Music and the brain: Studies in the neurology of music* (pp. 378-397). London: William Heinemann Medical Books.

Benzon, W. L. (2001). *Beethoven's anvil: Music in mind and culture.* New York: Basic Books.

Bernat, E., Shevrin, H., & Snodgrass, M. (2001). Subliminal visual oddball stimuli evoke a P300 component. *Clinical Neurophysiology, 112*, 159-171.

Bever, T. G., & Chiarello, R. J. (1974). Cerebral dominance in musicians and non-musicians. *Science, 185*, 137-139.

Biederman, I. (1987). Recognition-by-components: A theory of human image under-standing. *Psychological Review, 94*, 115-147.

Biederman, I., & Gerhardstein, P. C. (1993). Recognizing depth rotated objects: Evidence and conditions for three-dimensional viewpoint invariance. *Journal of Experimental Psychology: Human Perception and Performance, 19*, 1162-1182.

Birch, J. (2001). *Diagnosis of defective colour vision* (2nd ed.). Oxford: Butterworth Heinemann.

Blank, S. C., Scott, S. K., Murphy, K., Warburton, E., & Wise, R. J. (2002). Speech production: Wernicke, Broca and beyond. *Brain, 125*, 1829-1838.

Blanke, O., Landis, T., Mermoud, C., Spinelli, L., & Safran, A. B. (2003a). Direction-selective motion blindness after unilateral posterior brain damage. *European Journal of Neuroscience, 18*, 709-722.

Blanke, O., Ortigue, S., & Landis, T. (2003b). Colour neglect in an artist. *Lancet, 361*, 264.

Blood, A. J., & Zatorre, R. J. (2001). Intensely pleasurable responses to music correlate with activity in brain regions implicated in reward and emotion. *Proceedings of the National Academy of Sciences USA, 98*, 11,818-11,823.

Blum, H. P. (2001). Psychoanalysis and art, Freud and Leonardo. *Journal of the American Psychoanalytic Association, 49*, 1409-1425.

Blumer, D. (2002). The illness of Vincent van Gogh. *American Journal of Psychiatry, 159*, 519-526.

Boatman, D. (2004). Cortical bases of speech perception: Evidence from functional lesion studies. *Cognition, 92*, 47-65.

Boeve, B. F., & Geda, Y. E. (2001). Polka music and semantic dementia. *Neurology, 57*, 1485.

Bogen, J. E. (1992). The callosal syndromes. In K. M. Heilman & E. Valenstein (Eds.), *Clinical Neuropsychology* (4th ed., pp. 337-407). New York: Oxford University Press.

Bogen, J. E. (2000). Split-brain basics: Relevance for the concept of one's other mind. *Journal of the American Academy of Psychoanalysis, 28*, 341-369.

Bogen, J. E., & Bogen, G. M. (1976). Wernicke's area: Where is it? *Annals of the New York Academy of Sciences, 280*, 834-843.

Bogen, J. E., & Vogel, P. J. (1962). Cerebral commissurotomy in man: Preliminary case report. *Bulletin of the Los Angeles Neurological Society, 27*, 169-172.

Boime, A. (1996). Manet's Bar at the Folies-Bergèere as an allegory of nostalgia. In B. R. Collins (Ed.), *12 views of Manet's Bar* (pp. 47-70). Princeton, NJ: Princeton University Press.

Borod, J. C. (1992). Interhemispheric and intrahemispheric control of emotion: A focus on unilateral brain damage. *Journal of Consulting and Clinical Psychology, 60*, 339-348.

Borod, J. C., Haywood, C. S., & Koff, E. (1997). Neuropsychological aspects of facial asymmetry during emotional expression: A review of the normal adult literature. *Neuropsychology Review, 7*, 41-60.

Bradshaw, J. L., & Rogers, L. (1993). *The evolution of lateral asymmetries, language, tool-use and intellect.* San Diego, CA: Academic Press.

Branch, D., Milner, B., & Rasmusssen, T. (1964). Intracarotid sodium amytal for the lateralization of cerebral speech dominance; observations in 123 patients. *Journal of Neurosurgery, 21*, 399-405.

Brown, D. A. (2001). *Virtue and beauty.* Princeton, NJ: Princeton University Press. Brown, J. (1977). *Mind, brain, and consciousness.* New York: Academic Press.

Buchsbaum, M. S., Hazlett, E. A., Wu, J., & Bunney, W. E., Jr. (2001). Positron emission tomography with deoxyglucose-F18 imaging of sleep. *Neuropsychopharmacology, 25*, S50-S56.

Burgund, E. D., & Marsolek, C. J. (2000). Viewpoint-invariant and viewpoint-dependent object recognition in dissociable neural subsystems. *Psychonomic Bulletin and Review, 7*, 480-489.

Buss, D. M. (1998). *Evolutionary psychology: The new science of the mind.* Upper Saddle River, NJ: Allyn & Bacon.

Butts, B. (1996). Drawings, watercolours, prints. In P.-K. Schuster, C. Vitali, & B. Butts (Eds.), *Lovis Corinth* (pp. 324-378). Munich: Prestel-Verlag.

Cahill, J. (1997). Approaches to Chinese painting, Part II. In R. M. Barnhart (Ed.), *Three thousand years of Chinese painting* (pp. 5-12). New Haven, CT: Yale University Press.

Calabresi, P., Centonze, D., Pisani, A., Cupini, L., & Bernardi, G. (2003). Synaptic plasticity in the ischaemic brain. *Lancet Neurology, 2*, 622-629.

Calvin, W. H. (2003). A brain for all seasons: Human evolution and abrupt climate change. Chicago: University of Chicago Press.

Cantagallo, A., & Della Salla, S. (1998). Preserved insight in an artist with extrapersonal spatial neglect. *Cortex, 34,* 163-189.

Caplan, D. (1987). *Neurolinguistics and linguistic aphasiology: An introduction.* Cambridge: Cambridge University Press.

Carpenter, H. (1992). *Benjamin Britten: A biography.* New York: Charles Scribner's Sons.

Carstairs-McCarthy, A. (2004). Language: many perspectives, no consensus. *Science, 303,* 1299-1300.

Cela-Conde, C. J., Marty, G., Maestu, F., Ortiz, T., Munar, E., Fernandez, A., Roca, M., Rossello, J., & Quesney, F. (2004). Activation of the prefrontal cortex in the human visual aesthetic perception. *Proceedings of the National Academy of Sciences, USA, 101,* 6321-6325.

Chen, A. C., German, C., & Zaidel, D. W. (1997). Brain asymmetry and facial attractiveness: Beauty is not simply in the eye of the beholder. *Neuropsychologia, 35,* 471-476.

Chollet, F., & Weiller, C. (1994). Imaging recovery of function following brain injury. *Current Opinion in Neurobiology, 4,* 226-230.

Clark, G. A. (1999). Modern human origins: Highly visible, curiously intangible. *Science, 283,* 2029-2032.

Code, C. (1987). *Language, aphasia and the right hemisphere.* Chichester: Wiley.

Code, C. (1997). Can the right hemisphere speak? *Brain and Language, 57,* 38-59.

Coe, K. (2003). *The ancestress hypothesis: Visual arts as adaptation.* New Brunswick: Rutgers University Press.

Cole, G. G., Heywood, C., Kentridge, R., Fairholm, I., & Cowey, A. (2003). Attentional capture by colour and motion in cerebral achromatopsia. *Neuropsychologia, 41,* 1837-1846.

Collins, B. R. (Ed.). (1996). *12 views of Manet's Bar.* Princeton, NJ: Princeton University Press.

Collins, R. (1999). *Charles Meryon: A life.* Devizes, UK: Garton.

Conard, N. J. (2003). Paleolithic ivory sculptures from southwestern Germany and the origins of figurative art. *Nature, 426,* 830-832.

Conard, N. J., Grootes, P. M., & Smith, F. H. (2004). Unexpectedly recent dates for human remains from Vogelherd. *Nature, 430,* 198-201.

Cooke, J. B. (2001). CBA interview: A talk with Alex Toth. *Comic Book Artist, 11,* 3-8.

Cooper, L. A., & Shepard, R. N. (1984). Turning something over in the mind. *Scientific American, 251,* 106-114.

Cooper, M. (1985). *Beethoven: The last decade, 1817-1827.* Oxford: Oxford University Press.

Coppola, D. M., Purves, H. R., McCoy, A. N., & Purves, D. (1998). The distribution of oriented contours in the real world. *Proceedings of the National Academy of Science, USA, 95,* 4002-4006.

Corballis, M. C. (1994). Neuropsychology of perceptual functions. In D. W. Zaidel (Ed.), *Neuropsychology* (pp. 83-

104). San Diego, CA: Academic Press.

Corballis, M. C. (2003). *From hand to mouth: The origins of language.* Princeton, NJ: Princeton University Press.

Cowey, A., & Heywood, C. A. (1995). There's more to colour than meets the eye. *Behavioral Brain Research, 71,* 89-100.

Critchley, E. M. R. (1987). *Hallucinations and their impact on art.* Preston, UK: Carnegie Press.

Critchley, M. (1953). *The parietal lobes.* New York: Hafner.

Critchley, M. (1965). Acquired anomalies of colour perception of central origin. *Brain, 88,* 711-724.

Critchley, M., & Henson, R. A. (Eds.). (1977). *Music and the brain: Studies in the neurology of music.* London: William Heinemann Medical Books.

Cronin, H. (1992). *The ant and the peacock.* Cambridge: Cambridge University Press.

Cronin-Golomb, A., Rizzo, J. F., Corkin, S., & Growdon, J. H. (1991). Visual function in Alzheimer's disease and normal aging. *Annals of the New York Academy of Science, 640,* 28-35.

Cronin-Golomb, A., Cronin-Golomb, M., Dunne, T. E., Brown, A. C., Jain, K., Cipolloni, P. B., & Auerbach, S. H. (2000). Facial frequency manipulation normalizes face discrimination in AD. *Neurology, 54,* 2316-2318.

Crutch, S. J., Isaacs, R., & Rosso, M. N. (2001). Some workmen can blame their tools: Artistic change in an individual with Alzheimer's disease. *Lancet, 357,* 2129-2133.

Crystal, H. A., Grober, E., & Masur, D. (1989). Preservation of musical memory in Alzheimer's disease. *Journal of Neurology, Neurosurgery, and Psychiatry, 52,* 1415-1416.

Cutting, J. E. (2002). Representing motion in a static image: Constraints and parallels in art, science, and popular culture. *Perception, 31,* 1165-1193.

Damasio, A. R., & Geschwind, N. (1985). Anatomic localization in clinical neuro-psychology. In P. J. Vinken, G. W. Bruyn, H. L. Klawans, & J. A. M. Frederiks (Eds.), *Handbook of clinical neurology* (Revised ed., Vol. 45, pp. 7-22). Amsterdam: North-Holland.

Damasio, A., Yamada, T., Damasio, H., & McKee, J. (1980). Central achromatopsia: Behavioral, anatomic and physiologic aspects. *Neurology, 30,* 1064-1071.

Dan, N. G. (2003). Visual dysfunction in artists. *Journal of Clinical Neuroscience, 10,* 166-170.

Davidoff, J. (1991). *Cognition through color.* Cambridge, MA: MIT Press.

Davidoff, J. (1996). Lewandowsky's case of object-colour agnosia. In C. Code, C.-W. Wallesch, Y. Joanette, & A. R. Lecours (Eds.), *Classic cases in neuropsychology*, vol. 1 (pp. 145-158). Hove, UK: Psychology Press.

Deacon, T. W. (1997). *The symbolic species: The co-evolution of language and the brain.* New York: W. W. Norton.

Deacon, T. W. (2000). Evolutionary perspectives on language and brain plasticity. *Journal of Communication Disorders, 33,* 273-290.

Deeb, S. S. (2004). Molecular genetics of color-vision deficiencies. *Vision Neuroscience, 21*, 191-196.

De Leeuw, R. (Ed.). (1998). *The letters of Vincent Van Gogh.* New York: Penguin.

DeLong, G. R. (1999). Autism: New data suggest a new hypothesis. *Neurology, 52*, 911-916.

Dennell, R. (1997). The world's oldest spears. *Nature, 385*, 767.

De Renzi, E. (1982). *Disorders of space exploration and cognition.* New York: John Wiley.

De Renzi, E. (1999). Agnosia. In G. Denes & L. Pizzamiglio (Eds.), *Handbook of clinical and experimental neuropsychology* (pp. 371-407). Hove, UK: Psychology Press.

De Renzi, E., & Spinnler, H. (1966). Visual recognition in patients with unilateral cerebral disease. *Journal of Nervous and Mental Disease, 142*, 515-525.

De Renzi, E., & Spinnler, H. (1967). Impaired performance on color tasks in patients with hemispheric damage. *Cortex, 3*, 194-216.

De Renzi, E., Faglioni, P., & Scotti, G. (1969). Impairment of memory for position following brain damage. *Cortex, 5*, 274-284.

De Renzi, E., Faglioni, P., Scotti, G., & Spinnler, H. (1972). Impairment in associating colour to form, concomitant with aphasia. *Brain, 95*, 293-304.

d'Errico, F., & Nowell, A. (2000). A new look at the Berekhat Ram figurine: Implica-tions for the origin of symbolism. *Cambridge Archaeological Journal, 10*, 123-167.

Devinsky, O. (2003). Temporal lobe epilepsy and auditory symptoms—Reply. *Journal of the American Medical Association, 290*, 2407.

Diamond, J. (1982). Rediscovery of the yellow-fronted gardener bowerbird. *Science, 216*, 431-434.

Di Martino, A., & Castellanos, F. X. (2003). Functional neuroimaging of social cognition in pervasive developmental disorders: A brief review. *Annals of the New York Academy of Sciences, 1008*, 256-260.

Dissanayake, E. (1988). *What is art for?* Seattle, WA: University of Washington Press.

Dissanayake, E. (1995). *Homo aestheticus: Where art comes from and why.* Seattle, WA: Washington University Press.

Djamgoz, M. B., Hankins, M. W., Hirano, J., & Archer, S. N. (1997). Neurobiology of retinal dopamine in relation to degenerative states of the tissue. *Vision Research, 37*, 3509-3529.

Dombovy, M. L. (2004). Understanding stroke recovery and rehabilitation: Current and emerging approaches. *Current Neurology and Neuroscience Reports, 4*, 31-35.

Dominy, N. J., & Lucas, P. W. (2004). Significance of color, calories and climate to the visual ecology of catarrhines. *American Journal of Primatology, 62*, 189-207.

Dronkers, N. F. (1996). A new brain region for coordinating speech articulation. *Nature, 384*, 159-161.

Duffau, H., Capelle, L., Denvil, D., Sichez, N., Gatignol, P., Lopes, M., Mitchell, M.-C., Sichez, J.-P., & Van

Effenterre, R. (2003). Functional recovery after surgical resection of low grade gliomas in eloquent brain: Hypothesis of brain compensation. *Journal of Neurology, Neurosurgery, and Psychiatry, 74*, 901-907.

Ebert, R. (2002). *The great movies.* New York: Broadway Books.

Eco, U., & Bredin, H. (1988). *Art and beauty in the Middle Ages.* New Haven, CT: Yale University Press.

Efron, R. (1963). Temporal perception, aphasia, and deja vu. *Brain, 86*, 403-424.

Eiermann, W. (2000). Camille Pissarro 1830-1903: An artist's life. In C. Becker (Ed.), *Camille Pissarro* (pp. 1-34). Munich: Hatje Cantz.

Elbert, T., & Rockstroh, B. (2004). Reorganization of human cerebral cortex: The range of changes following use and injury. *Neuroscientist, 10*, 129-141.

Elbert, T., Pantev, C., Wienbruch, C., Rockstroh, B., & Taub, E. (1995). Increased cortical representation of the fingers of the left hand in string players. *Science, 270*, 305-307.

Enard, W., Przeworski, M., Fisher, S. E., Lai, C. S., Wiebe, V., Kitano, T., Monaco, A. P., & Paabo, S. (2002). Molecular evolution of FOXP2, a gene involved in speech and language. *Nature, 418*, 869-872.

Espinel, C. H. (1996). De Kooning's late colours and forms: Dementia, creativity, and the healing power of art. *Lancet, 347*, 1096-1098.

Everett, D. L. (1986). Piraha. In D. C. Derbyshire & G. K. Pullum (Eds.), *Handbook of Amazonia languages* (pp. 200-325). Berlin: Mouton de Gruyter.

Everett, D. L. (1988). On metrical constituent structure in Piraháa phonology. *Natural Language and Linguistic Theory, 6*, 207-246.

Evert, D. L., & Kmen, M. (2003). Hemispheric asymmetries for global and local processing as a function of stimulus exposure duration. *Brain and Cognition, 51*, 115-142.

Farah, M. J. (1990). *Visual agnosia: Disorders of object recognition and what they tell us about normal vision.* Cambridge, MA: MIT Press.

Fein, D., Obler, L. K., & Gardner, H. (Eds.). (1988). *The exceptional brain: Neuro-psychology of talent and special abilities.* New York: Guilford Press.

Ferber, S., & Karnath, H.-O. (2003). Friedrich Best's case Z with misidentification of object orientation. In C. Code, C.-W. Wallesch, Y. Joanette, & A. R. Lecours (Eds.), *Classic cases in neuropsychology* (Vol. 2, pp. 191-198). Hove, UK: Psychology Press.

Fernandez-Carriba, S., Loeches, A., Morcillo, A., & Hopkins, W. D. (2002). Asymmetry in facial expression of emotions by chimpanzees. *Neuropsychologia, 40*, 1523-1533.

Ferrario, V. F., Sforza, C., Pogio, C. E., & Tartaglia, G. (1994). Distance from symmetry: A three-dimensional evaluation of facial asymmetry. *Journal of Oral Maxillofacial Surgery, 52*, 1126-1132.

Ferrario, V. F., Sforza, C., Ciusa, V., Dellavia, C., & Tartaglia, G. M. (2001). The effect of sex and age on facial asymmetry in healthy subjects: A cross-sectional study from adolescence to mid-adulthood. *Journal of Oral Maxillofacial Surgery, 59,* 382-388.

Finger, S. (1978). Lesion momentum and behavior. In S. Finger (Ed.), *Recovery from brain damage* (pp. 135-164). New York: Plenum Press.

Fink, R. (2003). *On the origin of music: An integrated overview of the origin and evolution of music.* Saskatoon, Sask: Greenwich Meridian.

Finlayson, C. (2004). *Neanderthals and modern humans: An ecological and evolutionary perspective.* London: Cambridge University Press.

Fisher, S. E., Vargha-Khadem, F., Watkins, K. E., Monaco, A. P., & Pembrey, M. E. (1998). Localisation of a gene implicated in a severe speech and language disorder. *Nature Genetics, 18,* 168-170.

Flinn, M. V., Geary, D. C., & Ward, C. V. (2005). Ecological dominance, social competition, and coalitionary arms races: Why humans evolved extraordinary intel-ligence. *Evolution and Human Behavior, 26,* 10-46.

Franklin, S., Sommers, P. V., & Howard, D. (1992). Drawing without meaning? Dissociations in the graphic performance of an agnosic artist. In R. Campbell (Ed.), *Mental lives: Case studies in cognition* (pp. 179-198). Oxford: Blackwell.

Freimuth, M., & Wapner, S. (1979). The influence of lateral organization in the evalu-ation of paintings. *British Journal of Psychology, 70,* 211-218.

Freud, S. (1947). *Leonardo da Vinci: A study in psychosexuality.* New York: Random House.

Friederici, A. D., & Alter, K. (2004). Lateralization of auditory language functions: A dynamic dual pathway model. *Brain and Language, 89,* 267-276.

Fukushima, K. (2003). Frontal cortical control of smooth-pursuit. *Current Opinion in Neurobiology, 13,* 647-654.

Fuster, J. M. (1997). *The prefrontal cortex: Anatomy, physiology, and neuropsychology of the frontal lobe.* Philadelphia, PA: Lippincott-Raven.

Gablik, S. (1985). *Magritte.* New York: Thames & Hudson.

Gage, J. (1993). *Color and culture: Practice and meaning from antiquity to abstraction.* Berkeley, CA: University of California Press.

Gaillard, E. R., Zheng, L., Merriam, J. C., & Dillon, J. (2000). Age-related changes in the absorption characteristics of the primate lens. *Investigations in Ophthalmology and Visual Science, 41,* 1454-1459.

Gainotti, G. (1972). Emotional behavior and hemispheric side of lesion. *Cortex, 8,* 41-55.

Galligan, G. (1998). The self pictured: Manet, the mirror, and the occupation of realist painting. *The Art Bulletin, 80,* 139-171.

Gardner, H. (1974). *The shattered mind*. New York: Vintage.

Gernsbacher, M. A., & Kaschak, M. P. (2003). Neuroimaging studies of language production and comprehension. *Annual Review of Psychology, 54*, 91-114.

Geroldi, C., Metitieri, T., Binetti, G., Zanetti, O., Trabucchi, M., & Frisoni, G. B. (2000). Pop music and fronto-temporal dementia. *Neurology, 55*, 1935-1936.

Geschwind, N., & Fusillo, M. (1966). Color-naming defects in association with alexia. *Archives of Neurology, 15*, 137-146.

Gilot, F., & Lake, C. (1964). *Life with Picasso*. New York: McGraw-Hill.

Goldenberg, G., & Artner, C. (1991). Visual imagery and knowledge about the visual appearance of objects in patients with posterior cerebral artery lesions. *Brain and Cognition, 15*, 160-186.

Goldstein, E. B. (2001). *Sensation and perception* (6th ed.). New York: Wadsworth.

Gombrich, E. H. (1968). Meditations on a hobby horse, or the roots of artistic form. In L. L. Whyte (Ed.), *Aspects of form*. London: Lund Humphries.

Gordon, H. W., & Bogen, J. E. (1974). Hemispheric lateralization of singing after intracarotid sodium amylobarbitone. *Journal of Neurology, Neurosurgery, and Psychiatry, 37*, 727-738.

Gortais, B. (2003). Abstraction and art. *Philosophical Transactions of the Royal Society London, B, 358*, 1241-1249.

Gott, P. S. (1973). Language following dominant hemispherectomy. *Journal of Neurology, Neurosurgery, and Psychiatry, 36*, 1082-1088.

Gould, J. L., & Gould, C. G. (1989). *Sexual selection*. New York: Scientific American Library. Gourevitch, G. (1967). Un aphasique s'exprime par le dessin. *L'Encephale, 56*, 52-68.

Gray, P. M., Krause, B., Atema, J., Payne, R., Krumhansl, C., & Baptista, L. (2001). The music of nature and the nature of music. *Science, 291*, 54-56.

Grill-Spector, K., Kushnir, T., Edelman, S., Avidan, G., Itzchak, Y., & Malach, R. (1999). Differential processing of objects under various viewing conditions in the human lateral occipital complex. *Neuron, 24*, 187-203.

Groot, J. C., Leeuw, F. E., Oudkerk, M., Gijn, J., Hofman, A., Jolles, J., & Breteler, M. M. B. (2000). Cerebral white matter lesions and cognitive function: The Rotterdam Scan Study. *Annals of Neurology, 47*, 145-151.

Grosbras, M.-H., & Paus, T. (2003). Transcranial magnetic stimulation of the human frontal eye field facilitates visual awareness. *European Journal of Neurosience, 18*, 3121-3126.

Grosbras, M.-H., Lobel, E., Van de Moortele, P.-F., LeBihan, D., & Berthoz, A. (1999). An anatomical landmark for the supplementary eye fields in human revealed with functional magnetic resonance imaging. *Cerebral Cortex, 99*, 705-711.

Grusser, O.-J., Selke, T., & Zynda, T. (1988). Cerebral lateralization and some implica-tions for art, aesthetic perception, and artistic creativity. In I. Rentschler, B. Herz-berger, & D. Epstein (Eds.), *Beauty and the brain* (pp. 257-293). Basel: Birkhauser.

Guilford, J. P. (1950). Creativity. *American Psychologist, 5,* 444-454.

Gunning-Dixon, F. M., Gur, R. C., Perkins, A. C., Schroeder, L., Turner, T., Turetsky, B. I., Chan, R. M., Loughead, J. W., Alsop, D. C., Maldjian, J., & Gur, R. E. (2003). Age-related differences in brain activation during emotional face processing. *Neurobiology of Aging, 24,* 285-295.

Halligan, P. W., & Marshall, J. C. (1997). The art of visual neglect. *Lancet, 350,* 139-140.

Halpern, A. R. (2001). Cerebral substrates of musical imagery. *Annals of the New York Academy of Sciences, 930,* 179-192.

Hanley, J. R., & Kay, J. (2003). Monsieur C: Dejerine's case of alexia without agraphia. In C. Code, C.-W. Wallesch, Y. Joanette, & A. R. Lecours (Eds.), *Classic cases in neuropsychology* (Vol. 2, pp. 57-74). Hove, UK: Psychology Press.

Harasty, J., & Hodges, J. R. (2002). Towards the elucidation of the genetic and brain bases of developmental speech and language disorders. *Brain, 125,* 449-451.

Harris, J. C. (2002). The starry night (La nuit éetoiléee). *Archives of General Psychiatry, 59,* 978-979.

Hauser, M. D. (1993). Right hemisphere dominance for the production of facial expression in monkeys. *Science, 261,* 475-477.

Hauser, M. D., & McDermott, J. (2003). The evolution of the music faculty: A comparative perspective. *Nature Neuroscience, 6,* 663-668.

Hausser, C. O., Robert, F., & Giard, N. (1980). Balint's syndrome. *Canadian Journal of Neurological Science, 7,* 157-161.

Heaton, P., & Wallace, G. L. (2004). Annotation: The savant syndrome. *Journal of Child Psychology and Psychiatry, 45,* 899-911.

Hecaen, H. (1969). Aphasic, apraxic and agnosic syndromes in right and left hemi-sphere lesions. In P. J. Vinken & G. W. Bruyn (Eds.), *Handbook of clinical neurology* (Vol. 4, pp. 291-311). Amsterdam: North-Holland.

Hecaen, H., & Albert, M. L. (1978). *Human neuropsychology.* New York: John Wiley.

Heilman, K. M., & Valenstein, E. (Eds.). (2003). *Clinical neuropsychology.* Oxford: Oxford University Press.

Heiss, W. D. (2003). Editorial comment: Key role of the superior temporal gyrus for language performance and recovery from aphasia. *Stroke, 34*(12), 2906-2907.

Heiss, W. D., Thiel, A., Kessler, J., & Herholz, K. (2003). Disturbance and recovery of language function: Correlates in PET activation studies. *Neuroimage, 20,* S42-S49.

Heller, M. A. (2002). Tactile picture perception in sighted and blind people. *Behavioral Brain Research, 135*, 65–68.

Heller, W. (1994). Cognitive and emotional organization of the brain: influences on the creation and perception of art. In D. W. Zaidel (Ed.), *Neuropsychology* (pp. 271–292). San Diego, CA: Academic Press.

Henderson, V. W., Mack, W., & Williams, B. W. (1989). Spatial disorientation in Alzheimer's disease. *Archives of Neurology, 46*, 391–394.

Henke, K., Treyer, V., Nagy, E. T., Kneifel, S., Dursteler, M., Nitsch, R. M., & Buck, A. (2003). Active hippocampus during nonconscious memories. *Consciousness and Cognition, 12*, 31–48.

Henshilwood, C., d'Errico, F., Vanhaeren, M., van Niekerk, K., & Jacobs, Z. (2004). Middle Stone Age shell beads from South Africa. *Science, 304*, 404.

Hermelin, B., O'Connor, N., & Lee, S. (1987). Musical inventiveness of five idiots-savants. *Psychological Medicine, 17*, 685–694.

Hermelin, B., O'Connor, N., Lee, S., & Treffert, D. A. (1989). Intelligence and musical improvisation. *Psychological Medicine, 19*, 447–457.

Hetenyi, G. (1986). The terminal illness of Franz Schubert and the treatment of syphilis in Vienna in the eighteen hundred and twenties. *Bulletin of Canadian History of Medicine, 3*, 51–64.

Heywood, C. A., & Kentridge, R. W. (2003). Achromatopsia, color vision, and cortex. *Neurologic Clinics of North America, 21*, 483–500.

Heywood, C. A., Wilson, B., & Cowey, A. (1987). A case study of cortical colour "blindness" with relatively intact achromatic discrimination. *Journal of Neurology, Neurosurgery, and Psychiatry, 50*, 22–29.

Hillis, A. E., Work, M., Barker, P. B., Jacobs, M. A., Breese, E. L., & Maurer, K. (2004). Re-examining the brain regions crucial for orchestrating speech articulation. *Brain, 127*, 1479–1487.

Hiscock, M. & Kinsbourne, M. (1995). Phylogeny and ontogeny of cerebral lateralization. In R. J. Davidson & K. Hugdahl (Eds.), *Brain asymmetry* (pp. 535–578). Cambridge, MA: MIT Press.

Hobson, J. A., & Pace-Schott, E. F. (2003). The cognitive neuroscience of sleep: neural systems, consciousness and learning. *Nature Reviews Neuroscience, 3*, 679–693.

Hold, K. M., Sirisoma, N. S., Ikeda, T., Narahashi, T., & Casida, J. E. (2000). Alpha-thujone (the active component of absinthe): Gamma-aminobutyric acid type A receptor modulation and metabolic detoxification. *Proceedings of the National Academy of Sciences, USA, 97*, 3826–3831.

Holden, C. (2004). The origin of speech. *Science, 303*, 1316–1319.

Holloway, R. L., Broadfield, D. C., & Yuan, M. S. (Eds.). (2004). *The human fossil record, brain endocasts: The paleoneurological evidence.* Hoboken, NJ: Wiley-Liss.

Holmes, G. (1945). The organization of the visual cortex in man. *Proceedings of the Royal Society, 132*, 348–361.

Hook-Costigan, M. A., & Rogers, L. J. (1998). Lateralized use of the mouth in production of vocalizations by marmosets. *Neuropsychologia, 36*, 1265-1273.

Hovers, E., Ilani, S., Bar-Yosef, O., & Vandermeersch, B. (2003). An early case of color symbolism: Ochre use by modern humans in Qafzeh Cave. *Current Anthropology, 44*, 491-522.

Howe, M. J. A., Davidson, J. W., & Sloboda, J. A. (1998). Innate talents: Reality or myth? *Behavioural and Brain Sciences, 21*, 399-442.

Hughes, R. (2003). *Goya.* New York: Alfred A. Knopf.

Hui, A. C. F., & Wong, S. M. (2000). Deafness and liver disease in a 57-year-old man: A medical history of Beethoven. *Hong Kong Medical Journal, 6*, 433-438.

Hummel, J. E., & Biederman, I. (1992). Dynamic binding in a neural network for shape recognition. *Psychological Review, 99*, 480-517.

Husain, M., Parton, A., Hodgson, T. L., Mort, D., & Rees, G. (2003). Self-control during response conflict by human supplementary eye fields. *Nature Neuroscience, 6*, 117-118.

Hutsler, J., & Galuske, R. A. (2003) Hemispheric asymmetries in cerebral cortical networks. *Trends in Neuroscience, 26*, 429-435.

Jackson, G. R., & Owsley, C. (2003). Visual dysfunction, neurodegenerative diseases, and aging. *Neurologic Clinics of North America, 21*, 709-728.

Janata, P., & Grafton, S. T. (2003). Swinging in the brain: Shared neural substrates for behaviors related to sequencing and music. *Nature Neuroscience, 6*, 682-687.

Janata, P., Birk, J. L., Van Horn, J. D., Leman, M., Tillmann, B., & Bharucha, J. J. (2002). The cortical topography of tonal structures underlying Western music. *Science, 298*, 2167-2179.

Jenkins, W. M., & Merzenich, M. M. (1987). Reorganization of neocortical represen-tations after brain injury: A neurophysiological model of the bases of recovery from stroke. *Progress in Brain Research, 71*, 249-266.

Jenkins, W. M., Merzenich, M. M., & Recanzone, G. (1990). Neocortical represen-tational dynamics in adult primates: Implications for neuropsychology. *Neuropsy-chologia, 28*, 573-584.

Johnson, A. W., & Earle, T. K. (2000). *The evolution of human societies: From foraging group to agrarian state.* Stanford, CA: Stanford University Press.

Judd, T., Gardner, H., & Geschwind, N. (1983). Alexia without agraphia in a composer. *Brain, 106*, 435-457.

Jung, R. (1974). Neuropsychologie und neurophysiologie des kontur-und formschens in zeichnung und malerei. In H. H. Wieck (Ed.), *Psychopathologie musischer gestal-tungen* (pp. 27-88). Stuttgart: FK Schattauer.

Just, M. A., Cherkassky, V. L., Keller, T. A., & Minshew, N. J. (2004). Cortical activation and synchronization during sentence comprehension in high-functioning autism: Evidence of underconnectivity. *Brain, 127*,

1811-1821.

Kaczmarek, B. L. J. (1991). Aphasia in an artist: A disorder of symbolic processing. *Aphasiology, 5*, 361-371.

Kaczmarek, B. L. J. (2003). The life of the brain. *Acta Neuropsychologica, 1*, 56-86.

Kalat, J. W. (2002). *Introduction to psychology* (6th ed.). Pacific Grove, CA: Wadsworth Thomson Learning.

Kapur, N. (1996). Paradoxical functional facilitation in brain-behaviour research: A critical review. *Brain, 119*, 1775-1790.

Karnath, H.-O., Ferber, S., & Bulthoff, H. H. (2000). Neuronal representation of object orientation. *Neuropsychologia, 38*, 1235-1241.

Kaufman, L. (1974). *Sight and mind: An introduction to visual perception.* New York: Oxford University Press.

Kawabata, H., & Zeki, S. (2004). Neural correlates of beauty. *Journal of Neuro-physiology, 91*, 1699-1705.

Kemp, M. (1990). *The science of art.* New Haven, CT: Yale University Press.

Kennard, C., Lawden, M., Morland, A. B., & Ruddock, K. H. (1995). Colour identifi-cation and colour constancy are impaired in a patient with incomplete achromatop-sia associated with a prestrate cortical lesion. *Proceedings of the Royal Society, Series B, 260*, 169-175.

Kennedy, F., & Wolf, A. (1936). The relationship of intellect to speech defect in aphasic patients. *Journal of Nervous and Mental Disease, 84*, 125-145, 293-311.

Kennedy, J. M. (2003). Drawings from Gaia, a blind girl. *Perception, 32*, 321-340.

Kennedy, J. M., & Igor, J. (2003). Haptics and projection: Drawings by Tracy, a blind adult. *Perception, 32*, 1059-1071.

Keynes, M. (2002). The personality, deafness, and bad health of Ludwig van Beethoven. *Journal of Medical Biography, 10*, 46-57.

Kilts, C. D., Egan, G., Gideon, D. A., Ely, T. D., & Hoffman, J. M. (2003). Dissociable neural pathways are involved in the recognition of emotion in static and dynamic facial expressions. *NeuroImage, 18*, 156-168.

Kimura, D. (1963a). A note on cerebral dominance in hearing. *Acta Otolaryngology, 56*, 617-618.

Kimura, D. (1963b). Speech lateralization in young children as determined by an auditory test. *Journal of Comparative Physiological Psychology, 56*, 899-902.

Kimura, D. (1964). Left-right differences in the perception of melodies. *Quarterly Journal of Experimental Psychology, 16*, 355-358.

Kingdom, F. A. (2003). Color brings relief to human vision. *Nature Neuroscience, 6*, 641-644.

Kinsbourne, M., & Warrington, E. K. (1962). A disorder of simultaneous form perception. *Brain, 85*, 461-486.

Kirk, A., & Kertesz, A. (1991). On drawing impairment in Alzheimer's Disease. *Archives of Neurology, 48*, 73-77.

Kirk, A., & Kertesz, A. (1993). Subcortical contributions to drawing. *Brain and Cognition, 21*, 57-70.

Klarreich, E. (2004). Biography of Richard G. Klein. *Proceedings of the National Academy of Science USA, 101*,

5705-5707.

Klein, R. G., Avery, G., Cruz-Uribe, K., Halkett, D., Parkington, J. E., Steele, T., Volman, T. P., & Yates, R. (2004). The Ysterfontein 1 Middle Stone Age site, South Africa, and early human exploitation of coastal resources. *Proceedings of the National Academy of Sciences, USA, 101*, 5708-5715.

Kleiner-Fisman, G., Black, S. E., & Lang, A. E. (2003). Neurodegenerative disease and the evolution of art: The effects of presumed corticobasal degeneration in a professional artist. *Movement Disorders, 18*, 294-302.

Knauff, M., Mulack, T., Kassubek, J., Salih, H. R., & Greenlee, M. W. (2002). Spatial imagery in deductive reasoning: A functional MRI study. *Cognitive Brain Research, 13*, 203-212.

Knecht, S. (2004). Does language lateralization depend on the hippocampus? *Brain, 127*, 1217-1218.

Knecht, S., Dräager, B., Deppe, M., Bobe, L., Lohmann, H., Flöoel, A., Ringelstein, E.-B., & Henningsen, H. (2000). Handedness and hemispheric language dominance in healthy humans. *Brain, 123*, 2512-2518.

Knecht, S., Flöoel, A., Dräager, B., Breitenstein, C., Sommer, J., Henningsen, H., Ringelstein, E. B., & Pascual-Leone, A. (2002). Degree of language lateralization determines susceptibility to unilateral brain lesions. *Nature Neuroscience, 5*, 695-699.

Kohn, M. (2000). *As we know it.* London: Granta.

Koss, E. (1994). Neuropsychology of aging and dementia. In D. W. Zaidel (Ed.), *Neuropsychology* (pp. 247-270). San Diego, CA: Academic Press.

Kourtzi, Z., & Kanwisher, N. (2000). Activation in human MT/MST by static images with Implied motion. *Journal of Cognitive Neuroscience, 12*, 48-55.

Kubba, A. K., & Young, M. (1996). Ludwig van Beethoven: A medical biography. *Lancet, 347*, 167-170.

Kunst-Wilson, W. R., & Zajonc, R. B. (1980). Affective discrimination of stimuli that cannot be recognized. *Science, 207*, 557-558.

LaBar, K. S., Crupain, M. J., Voyvodic, J. T., & McCarthy, G. (2003). Dynamic percep-tion of facial affect and identity in the human brain. *Cerebral Cortex, 13*, 1023-1033.

Labounsky, A. (2000). *Jean Langlais: The man and his music.* Portland, OR: Amadeus Press.

LaFrance, M., Hecht, M. A., & Paluck, E. L. (2003). The contingent smile: A meta-analysis of sex differences in smiling. *Psychological Bulletin, 129*, 305-334.

Lai, C. S., Fisher, S. E., Hurst, J. A., Vargha-Khadem, F., & Monaco, A. P. (2001). A forkhead-domain gene is mutated in a severe speech and language disorder. *Nature, 413*, 519-523.

Lai, C. S., Gerrelli, D., Monaco, A. P., Fisher, S. E., & Copp, A. J. (2003). FOXP2 expression during brain development coincides with adult sites of pathology in a severe speech and language disorder. *Brain, 126*, 2455-2462.

Lakke, J. P. (1999). Art and Parkinson's Disease. *Advances in Neurology, 80,* 471–479.

Lambert, S., Sampaio, E., Mauss, Y., & Scheiber, C. (2004). Blindness and brain plasticity: Contribution of mental imagery? An fMRI study. *Cognitive Brain Research, 20,* 1–11.

Landis, T., Cummings, J. L., Christen, L., Bogen, J. E., & Imhof, H. G. (1986). Are unilateral right posterior cerebral lesions sufficient to cause prosopagnosia? Clinical and radiological findings in six additional patients. *Cortex, 22,* 243–252.

Lang, P. J. (1994). The varieties of emotional experience: A meditation on James–Lange theory. *Psychological Review, 101,* 211–221.

Lanthony, P. (1995). Les peintres gauchers. *Revue Neurologie, 151,* 165–170.

Lanthony, P. (2001). Daltonism in painting. *Color Research and Application, 26,* S12–S16.

Latto, R. (1995). The brain of the beholder. In R. L. Gregory, J. Harris, & P. Heard (Eds.), *The artful eye* (pp. 66–94). Oxford: Oxford University Press.

Latto, R., & Russell-Duff, K. (2002). An oblique effect in the selection of line orientation by twentieth century painters. *Empirical Studies of the Arts, 20,* 49–60.

Latto, R., Brain, D., & Kelly, B. (2000). An oblique effect in aesthetics: Homage to Mondrian (1872–1944). *Perception, 29,* 981–987.

Lawler, A. (2001). Writing gets a rewrite. *Science, 292,* 2418–2420.

Lawler, A. (2003). Tortoise pace for the evolution of Chinese writing? *Science, 300,* 723.

Lawson, R. (1999). Achieving visual object constancy across plane rotation and depth rotation. *Acta Psychologica, 102,* 221–245.

Leader, D. (2002). *Stealing the Mona Lisa: What art stops us from seeing.* New York: Counterpoint.

LeBoutillier, N., & Marks, D. F. (2003). Mental imagery and creativity: A meta-analytic review study. *British Journal of Psychology, 94*(pt 1), 29–44.

Lederman, R. (1999). Robert Schumann. *Seminars in Neurology, 19,* 17–24.

Leff, A. (2004). A historical review of the representation of the visual field in primary visual cortex with special reference to the neural mechanisms underlying macular sparing. *Brain and Language, 88,* 268–278.

Leslie, K. R., Johnson-Frey, S. H., & Grafton, S. T. (2004). Functional imaging of face and hand imitation: Towards a motor theory of empathy. *NeuroImage, 21,* 601–607.

Levin, M. (2004). The embryonic origins of left? right asymmetry. *Critical Reviews in Oral and Biological Medicine, 15,* 197–206.

Levine, D. N., & Calvanio, R. (1978). A study of the visual defect in verbal alexia-simultanagnosia. *Brain, 101,* 65–81.

Levine, D. N., Warach, J., & Farah, M. (1985). Two visual systems in mental imagery: Dissociation of "what" and "where" in imagery disorders due to bilateral posterior cerebral lesions. *Neurology*, *35*, 1010–1020.

Levitin, D. J., & Menon, V. (2003). Musical structure is processed in "language" areas of the brain: A possible role for Brodmann Area 47 in temporal coherence. *NeuroImage*, *20*, 2142–2152.

Levy, J. (1976). Lateral dominance and aesthetic preference. *Neuropsychologia*, *14*, 431–445.

Levy-Agresti, J., & Sperry, R. W. (1968). Differential perceptual capacities in major and minor hemispheres. *Proceedings of the National Academy of Science*, *61*, 1151.

Lewandowsky, M. (1908). Uber Abspaltung des Farbensinnes. *Monatsschrift für Psychiatrie und Neurologie*, *23*, 488–510.

Lewis, M. T. (2000). *Cezanne*. London: Phaidon Press.

Lewis-Williams, D. (2002). *The mind in the cave: Consciousness and the origins of art*. London: Thames & Hudson.

Lezak, M. D. (1995). *Neuropsychological assessment*. Oxford: Oxford University Press.

Lieberman, P. (2002). On the nature and evolution of the neural bases of human language. *American Journal of Physical Anthropology*, *35*, 36–62.

Liegeois, F., Connelly, A., Cross, J. H., Boyd, S. G., Gadian, D. G., Vargha-Khadem, F., & Baldeweg, T. (2004). Language reorganization in children with early-onset lesions of the left hemisphere: An fMRI study. *Brain*, *127*, 1229–1236.

Limosin, F., Loze, J. Y., Rouillon, F., Ades, J., & Gorwood, P. (2003). Association between dopamine receptor D1 gene DdeI polymorphism and sensation seeking in alcohol-dependent men. *Alcoholism, Clinical and Experimental Research*, *27*, 1226–1228.

Liu, Z., Richmond, B. J., Murray, E. A., Saunders, R. C., Steenrod, S., Stubblefield, B. K., Montague, D. M., & Ginns, E. I. (2004). DNA targeting of rhinal cortex D2 receptor protein reversibly blocks learning of cues that predict reward. *Proceedings of the National Academy of Sciences USA*, *101*, 12,336–12,341.

Livingstone, M. (2002). *Vision and art: The biology of seeing*. New York: Harry N. Abrams.

Loeffler, F. (1982). *Otto Dix: Life and work*. New York: Holmes & Meier.

Luria, A. R., Tsvetkova, L. S., & Futer, D. S. (1965). Aphasia in a composer (V. G. Shebalin). *Journal of the Neurological Sciences*, *2*, 288–292.

McBrearty, S., & Brooks, A. S. (2000). The revolution that wasn't: A new interpretation of the origin of modern human behavior. *Journal of Human Evolution*, *39*, 453–563.

McCarthy, R. A., & Warrington, E. K. (1990). *Cognitive neuropsychology: A clinical introduction*. San Diego, CA: Academic Press.

McCormick, L., Nielsen, T., Ptito, M., Hassainia, F., Ptito, A., Villemure, J. G., Vera, C., & Montplaisir, J. (1997).

REM sleep dream mentation in right hemispherectomized patients. *Neuropsychologia, 35,* 695-701.

McCormick, L., Nielsen, T., Ptito, M., Ptito, A., Villemure, J. G., Vera, C., & Montplaisir, J. (2000). Sleep in right hemispherectomized patients: Evidence of electrophysiological compensation. *Clinical Neurophysiology, 111,* 1488-1497.

McFie, J., & Zangwill, O. L. (1960). Visual-constructive disabilities associated with lesions of the left cerebral hemisphere. *Brain, 83,* 243-260.

Mackay, G., & Dunlop, J. (1899). The cerebral lesions in a case of complete acquired colour-blindness. *Scott Medical Surgery Journal, 5,* 503-512.

McLaughlin, J. P., Dean, P., & Stanley, P. (1983). Aesthetic preference in dextrals and sinistrals. *Neuropsychologia, 21,* 147-153.

McMahon, M. J., & MacLeod, D. I. A. (2003). The origin of the oblique effect examined with pattern adaptation and masking. *Journal of Vision, 3,* 230-239.

McManus, I. C., & Humphrey, N. K. (1973). Turning the left cheek. *Nature, 243,* 271-272.

McNeill, D. (Ed.). (2000). *Language and gesture: Window into thought and action.* Cambridge: Cambridge University Press.

Madden, J. (2001). Sex, bowers and brains. *Proceedings of the Royal Society, London, B, 268,* 833-838.

Maguire, E. A., Gadian, D. G., Johnsrude, I. S., Good, C. D., Ashburner, J., Frackowiak, R. S. J., & Frith, C. D. (2000). Navigation-related structural change in the hippocampi of taxi drivers. *Proceedings of the National Academy of Sciences, USA, 97,* 4398-4403.

Maguire, E. A., Valentine, E. R., Wilding, J. M., & Kapur, N. (2003). Routes to remembering: The brains behind superior memory. *Nature Neuroscience, 6,* 90-95.

Marcus, G. F., & Fisher, S. E. (2003). FOXP2 in focus: What can genes tell us about speech and language? *Trends in Cognitive Sciences, 7,* 257-262.

Marins, E. M. (2002). Maurice Ravel and right hemisphere creativity. *European Journal of Neurology, 9,* 315-322.

Marmor, M. F., & Lanthony, P. (2001). The dilemma of color deficiency and art. *Survey of Ophthalmology, 45,* 407-415.

Marr, D. (1982). *Vision: A computational investigation into the human representation and processing of visual information.* San Francisco, CA: W. H. Freeman.

Marsh, G. G., & Philwin, B. (1987). Unilateral neglect and constructional apraxia in right-handed artist with a left posterior lesion. *Cortex, 23,* 149-155.

Marshack, A. (1997). The Berekhat Ram figurine: A late Acheulian carving from the Middle East. *Antiquity, 71,* 327-337.

Masure, M. C., & Tzavaras, A. (1976). Perception of superimposed figures by subjects with unilateral cortical lesions. *Neuropsychologia, 14*, 371-374.

Maurer, K., & Prvulovic, D. (2004). Paintings of an artist with Alzheimer's disease: Visuoconstructural deficits during dementia. *Journal of Neural Transmission, 111*, 235-245.

Meadows, J. C. (1974). Disturbed perception of colors associated with localised cere-bral lesions. *Brain, 97*, 615-632.

Medin, D. L., Lynch, E. B., & Solomon, K. O. (2000). Are there kinds of concepts? *Annual Review of Psychology, 51*, 121-147.

Meister, I. G., Krings, T., Foltys, H., Boroojerdi, B., Muller, M., Topper, R., & Thron, A. (2004). Playing piano in the mind: An fMRI study on music imagery and performance in pianists. *Cognitive Brain Research, 19*, 219-228.

Mell, C. J., Howard, S. M., & Miller, B. L. (2003). Art and the brain: The influence of frontotemporal dementia on an accomplished artist. *Neurology, 60*, 1707-1710.

Mellars, P. (2004). Neanderthals and the modern human colonization of Europe. *Nature, 432*, 461-465.

Merker, B. (2000). Synchronous chorusing and human origins. In N. L. Wallin, B. Merker, & S. Brown (Eds.), *The origins of music* (pp. 315-328). Cambridge, MA: MIT Press.

Miall, R. C., & Tchalenko, J. (2001). A painter's eye movements: A study of eye and hand movement during portrait drawing. *Leonardo, 34*, 35-40.

Miller, A. I. (2000). *Insights of genius: Imagery and creativity in science and art.* Cam-bridge, MA: MIT Press.

Miller, A. I. (2002). *Einstein, Picasso: Space, time, and the beauty that causes havoc.* New York: Basic Books.

Miller, B. L., Ponton, M., Benson, D. F., Cummings, J. L., & Mena, I. (1996). Enhanced artistic creativity with temporal lobe degeneration. *Lancet, 348*, 1744-1745.

Miller, B. L., Cummings, J., Mishkin, F., Boone, K., Prince, F., Ponton, M., & Cotman, C. (1998). Emergence of artistic talent in frontotemporal dementia. *Neurology, 51*, 978-981.

Miller, B. L., Boone, K., Cummings, J. L., Read, S. L., & Mishkin, F. (2000). Functional correlates of musical and visual ability in frontotemporal dementia. *British Journal of Psychiatry, 176*, 458-463.

Miller, E. K., Li, L., & Desimone, R. (1991). A neural mechanism for working and recognition memory in inferior temporal cortex. *Science, 254*, 1377-1379.

Miller, G. (2000). *The mating mind: How sexual choice shaped the evolution of human nature.* New York: Doubleday.

Miller, G. (2001). Evolution of human music through sexual selection. In N. L. Wallin, B. Merker, & S. Brown (Eds.), *The origins of music* (pp. 329-360). Cambridge, MA: MIT Press.

Miller, L. K. (1989). *Musical savants: Exceptional skill in the mentally retarded.* Hills-dale, NJ: Lawrence Erlbaum Associates, Inc.

Mills, L. (1936). Peripheral vision in art. *Archives of Ophthalmology, 16,* 208-219.

Milner, B. (1958). Psychological defects produced by temporal-lobe excision. *Research Publication of the Association for Research of Nervous and Mental Diseases, 36,* 244-257.

Milner, B. (1962). Laterality effects in audition. In V. B. Mountcastle (Ed.), *Interhemi-spheric relations and cerebral dominance* (pp. 177-198). Baltimore, MD: Johns Hopkins University Press.

Milner, B. (1968). Visual recognition and recall after right temporal-lobe excision in man. *Neuropsychologia, 6,* 191-209.

Milner, P. M. (1991). Brain-stimulation reward: A review. *Canadian Journal of Psychology, 45,* 1-36.

Mirnikjoo, B., Brown, S. E., Kims, H. F. S., Marangell, L. B., Sweatt, J. D., & Weeber, E. J. (2001). Protein kinase inhibition by omega-3 fatty acids. *Journal of Biological Chemistry, 276,* 10,888-10,896.

Mithen, S. (1996). *The prehistory of the mind: The cognitive origins of art, religion, and science.* London: Thames & Hudson.

Mithen, S. (2004). *After the ice: A global human history, 20,000-5000 $_{BC}$.* Cambridge, MA: Harvard University Press.

Mithen, S., & Reed, M. (2002). Stepping out: A computer simulation of hominid dispersal from Africa. *Journal of Human Evolution, 4,* 433-462.

Mohr, J. P. (2004). Historical observations on functional reorganization. *Cerebro-vascular Disease, 18,* 258-259.

Moller, A. P., & Miller, A. P. (1994). *Sexual selection and the barn swallow.* Oxford: Oxford University Press.

Mottron, L., & Belleville, S. (1995). Perspective production in a savant autistic draughtsman. *Psychological Medicine, 25,* 639-648.

Mottron, L., Limoges, E., & Jelenic, P. (2003). Can a cognitive deficit elicit an exceptional ability? A case of savant syndrome in drawing abilities: Nadia. In C. Code, C.-W. Wallesch, Y. Joanette, & A. R. Lecours (Eds.), *Classic cases in neuropsychology* (Vol. 2, pp. 323-340). Hove, UK: Psychology Press.

Munsterberg, H. (1982). *The Japanese print: A historical guide.* New York: Weatherhill.

Nadel, L., & Bohbot, V. (2001). Consolidation of memory. *Hippocampus, 11,* 56-60.

Nadel, L., & Moscovitch, M. (2001). The hippocampal complex and long-term memory revisited. *Trends in Cognitive Science, 5,* 228-230.

Nathan, J. (2002). The painter and handicapped vision. *Clinical and Experimental Optometry, 85,* 309-314.

Navon, D. (1977). Forest before trees: The precedence of global features in visual perception. *Cognitive Psychology, 9,* 353-383.

Nebes, R. D. (1971). Superiority of the minor hemisphere in commissurotomized man for the perception of part? whole relations. *Cortex, 7,* 333-349.

Neill, D. B., Fenton, H., & Justice, J. B., Jr. (2002). Increase in accumbal dopaminergic transmission correlates with response cost not reward of hypothalamic stimulation. *Behavior and Brain Research, 137*, 129–138.

Newbury, D. F., Bonora, E., Lamb, J. A., Fisher, S. E., Lai, C. S., Baird, G., Jannoun, L., Slonims, V., Stott, C. M., Merricks, M. J., Bolton, P. F., Bailey, A. J., & Monaco, A. P. (2002). FOXP2 is not a major susceptibility gene for autism or specific language impairment. *American Journal of Human Genetics, 70*, 1318–1327.

Newell, F. A., & Findlay, J. M. (1997). The effect of depth rotation on object identifi-cation. *Perception, 26*, 1231–1257.

Niewoehner, W. A. (2001). Behavioral inferences from the Skhul/Qafzeh early modern human hand remains. *Proceedings of the National Academy of Sciences, USA, 98*, 2979–2984.

Nowak, M. A., Plotkin, J. B., & Jansen, V. A. (2000). The evolution of syntactic communication. *Nature, 404*, 495–498.

Nykvist, S. (2003). The director of photography. In IMAGO, The Federation of European Cinematographers (Eds.), *Making pictures: A century of European cinematography* (pp. 10–11). New York: Abrams.

Oates, J., & Oates, D. (2001) *Nimrud: An Assyrian imperial city revealed.* Cambridge: British School of Archaeology in Iraq.

Olds, J., & Milner, P. (1954). Positive reinforcement produced by electrical stimulation of septal area and other regions of rat brain. *Journal of Comparative and Physio-logical Psychology, 47*, 419–427.

Olivers, C. N. L., Humphrys, G. W., Heinke, D., & Cooper, A. C. G. (2002). Prioritization in visual search: Visual marking is not dependent on a mnemonic search. *Perception and Psychophysics, 64*, 540–560.

O'Shea, J. G. (1997). Franz Schubert's last illness. *Journal of the Royal Society of Medicine, 90*, 291–292.

O'Shea, J., & Walsh, V. (2004). Visual awareness: The eye fields have it? *Current Biology, 14*, R279–R281.

Otte, A., De Bondt, P., Van De Wiele, C., Audenaert, K., & Dierckx, R. (2003). The exceptional brain of Maurice Ravel. *Medical Science Monitor, 9*, RA133–RA138.

Ovsiew, F. (1997). Comment on paradoxical functional facilitation in brain-behavior research: A critical review. *Brain, 120*, 1261–1264.

Pachalska, M. (2003). Imagination lost and found in an aphasic artist: A case study. *Acta Neuropsychologica, 1*, 46–56.

Panofsky, E. (1991). *Perspective as symbolic form.* New York: Zone Books.

Paradiso, S. (1999). Minor depression after stroke: An initial validation of the DSM-IV construct. *American Journal of Geriatric Psychiatry, 7*, 244–251.

Patel, A. D. (2003). Language, music, syntax and the brain. *Nature Neuroscience, 6*, 674–681.

Paterson, A., & Zangwill, O. L. (1944). Disorders of visual space perception associated with lesions of the right cerebral hemisphere. *Brain, 67*, 331–358.

Paus, T. (1996). Location and function of the human frontal eye field: A selective review. *Neuropsychologia, 34*, 475–483.

Peck, S., Peck, L., & Kataia, M. (1991). Skeletal asymmetry in esthetically pleasing faces. *The Angle Orthodontist*, *61*, 43–48.

Pennisi, E. (2004). The first language? *Science*, *303*, 1319–1320.

Peretz, I. (2002). Brain specialization for music. *Neuroscientist*, *8*, 372–380.

Peretz, I., & Coltheart, M. (2003). Modularity of music processing. *Nature Neuroscience*, *6*, 688–691.

Peretz, I., Ayotte, J., Zatorre, R. J., Mehler, J., Ahad, P., Penhune, V. B., & Jutras, B. (2002). Congenital amusia: A disorder of fine-grained pitch discrimination. *Neuron*, *33*, 185–191.

Peschel, E., & Peschel, R. (1992). Donizetti and the music of mental derangement: Anna Bolena, Lucia di Lammermoor, and the composer's neurobiological illness. *Yale Journal of Biological Medicine*, *65*, 189–200.

Pickford, R. W. (1964). A deuteranomalous artist. *British Journal of Psychology*, *55*, 469–476.

Pillon, B., Signoret, J. L., van Eeckhout, P., & Lhermitte, F. (1980). Le dessin chez un aphasique: Incidence possible sur le langage et sa reeduction. *Revue Neurologique*, *136*, 699–710.

Pinker, S. (2000). Survival of the clearest. *Nature*, *404*, 441–442.

Pinker, S., & Bloom, P. (1990). Natural language and natural selection. *Behavioral and Brain Sciences*, *13*, 707–784.

Pitts, D. G. (1982). The effects of aging on selected visual functions: Dark adaptation, visual acuity, stereopsis, and brightness contrast. In R. Sekuler, D. Kline, & K. Dismukes (Eds.), *Aging and human visual function* (pp. 131–159). New York: Alan R. Liss.

Platel, H., Price, C., Baron, J.-C., Wise, R., Lambert, J., Frackowiak, R. S. J., Lechevalier, B., & Eustache, F. (1997). The structural components of music perception: a functional anatomical study. *Brain*, *120*, 229–243.

Platt, M. L., & Glimcher, P. W. (1999). Neural correlates of decision variables in parietal cortex. *Nature*, *400*, 233–238.

Polk, M., & Kertesz, A. (1993). Music and language in degenerative disease of the brain. *Brain and Cognition*, *22*, 98–117.

Popescu, M., Otsuka, A., & Ioannides, A. A. (2004). Dynamics of brain activity in motor and frontal cortical areas during music listening: A magnetoencephalographic study. *NeuroImage*, *21*, 1622–1638.

Poppelreuter, W. (1917). *Die psychischen Schadigungen durch Kopfschuss im Kriege 1914/16.* Leipzig: Leopold Voss.

Posamentier, M. T., & Abdi, H. (2003). Processing faces and facial expressions. *Neuropsychology Review*, *13*, 113–143.

Preilowski, B. F. (1972). Possible contribution of the anterior forebrain commissures to bilateral motor coordination. *Neuropsychologia*, *10*, 267–277.

Rapin, I. (1999). Autism in search of a home in the brain. *Neurology*, *52*, 902–904.

Ravin, J. G. (1997a). Artistic vision in old age. In M. F. Marmor & J. G. Ravin (Eds.), *The eye of the artist* (pp. 168–180). St. Louis, MO: Mosby.

Ravin, J. G. (1997b). Pissarro, the tearful impressionist. In M. F. Marmor & J. G. Ravin (Eds.), *The eye of the artist* (pp. 187-192). St. Louis, MO: Mosby.

Ravin, J. G., & Kenyon, C. (1997). The blindness of Edgar Degas. In M. F. Marmor & J. G. Ravin (Eds.), *The eye of the artist* (pp. 193-203). St. Louis, MO: Mosby.

Ravin, J. G., & Ravin, R. B. (1999). What ailed Goya? *Survey of Ophthalmology, 44,* 163-170.

Ravin, J. G., Anderson, N., & Lanthony, P. (1995). An artist with a color vision defect: Charles Meryon. *Survey of Ophthalmology, 39,* 403-408.

Regard, M., & Landis, T. (1988). Beauty may differ in each half of the eye of the beholder. In I. Rentschler, B. Herzberger, & D. Epstein (Eds.), *Beauty and the brain* (pp. 243-256). Basel: Birkhauser.

Rizzo, M., Anderson, S. W., Dawson, J., & Nawrot, M. (2000). Vision and cognition in Alzheimer's disease. *Neuropsychologia, 38,* 1157-1169.

Rizzolatti, G., & Matelli, M. (2003). Two different streams form the dorsal visual system: Anatomy and functions. *Experimental Brain Research, 153,* 146-157.

Robertson, L., & Lamb, M. (1991). Neuropsychological contributions to theories of part/whole organisation. *Cognitive Psychology, 23,* 299-330.

Robertson, L., Treisman, A., Friedman-Hill, S., & Grabowecky, M. (1997). The inter-action of spatial and object pathways: Evidence from Balint's syndrome. *Journal of Cognitive Neuroscience, 9,* 295-317.

Rondot, P., Tzavaras, A., & Garcin, R. (1967). Sur un cas de propagnosie persistant depuis quinze ans. *Revue Neurologie, 117,* 424-428.

Roos, K. L. (1999). Neurosyphilis in musicians and composers. *Seminars in Neurology, 19,* 35-40.

Rossini, P. M. (2001). Brain redundancy: Responsivity or plasticity? *Annals of Neuro-logy, 48,* 128-129.

Roy, M., Roy, A., Williams, J., Weinberger, L., & Smelson, D. (1997). Reduced blue cone electroretinogram in cocaine-withdrawn patients. *Archives of General Psych-iatry, 54,* 153-156.

Russo, M., & Vignolo, L. A. (1967). Visual figure? ground discrimination in patients with unilateral cerebral disease. *Cortex, 3,* 113-127.

Sabelli, H., & Abouzeid, A. (2003). Definition and empirical characterization of creative processes. *Nonlinear Dynamics in Psychological Life Science, 7,* 35-47.

Sacks, O. (1995). *An anthropologist on Mars.* New York: Alfred A. Knopf.

Saffran, E. (2000). Aphasia and the relationship of language and brain. *Seminars in Neurology, 20,* 409-418.

Sahlas, D. J. (2003). Dementia with Lewy bodies and the neurobehavioral decline of Mervyn Peake. *Archives of Neurology, 60,* 889-892.

Scheideman, G. B., Bell, W. H., Legan, H. L., Finn, R. A., & Reisch, J. S. (1980). Cephalometric analysis of dentofacial normals. *American Journal of Orthodontics and Dentofacial Orthopedics, 78*, 404–420.

Schlag, J., & Schlag-Rey, M. (1987). Evidence for a supplementary eye field. *Journal of Neurophysiology, 57*, 179–200.

Schlaug, G., Jancke, L., Huang, Y., & Steinmetz, H. (1995). In vivo evidence of structural brain asymmetry in musicians. *Science, 267*, 699–701.

Schnider, A., Regard, M., Benson, F., & Landis, T. (1993). Effects of a right-hemispheric stroke on an artist's performance. *Neuropsychiatry, Neuropsychology, and Behavioral Neurology, 6*, 249–255.

Schoental, R. (1990). The death of Schubert. *Journal of the Royal Society of Medicine, 83*, 813.

Schrag, A., & Trimble, M. (2001). Poetic talent unmasked by treatment of Parkinson's Disease. *Movement Disorders, 16*, 1175–1176.

Schultz, W. (2000). Multiple reward signals in the brain. *Nature Review Neuroscience, 1*, 199–207.

Schultz, W. (2002). Getting formal with dopamine and reward. *Neuron, 36*, 241–263.

Schultz, W. (2004). Neural coding of basic reward terms of animal learning theory, game theory, microeconomics and behavioural ecology. *Current Opinion in Neuro-biology, 14*, 139–147.

Schuppert, M., Munte, T. F., Wieringa, B. M., & Altenmuller, E. (2000). Receptive amusia: Evidence for cross-hemispheric neural networks underlying music processing strategies. *Brain, 123*, 546–559.

Scott, S. K., Blank, C. C., Rosen, S., & Wise, R. J. (2000). Identification of a pathway for intelligible speech in the left temporal lobe. *Brain, 123*, 2400–2406.

Seitz, A., & Watanabe, T. (2003). Is subliminal learning really passive? *Nature, 422*, 36.

Selfe, L. (1977). *Nadia: A case of extraordinary drawing ability in an autistic child.* London: Academic Press.

Selfe, L. (1995). Nadia reconsidered. In C. Golomb (Ed.), *The development of gifted child artists: Selected case studies* (pp. 197–236). Hillsdale, NJ: Lawrence Erlbaum Associates, Inc.

Sellal, F., Andriantseheno, M., Vercueil, L., Hirsch, E., Kahane, P., & Pellat, J. (2003). Dramatic changes in artistic preference after left temporal lobectomy. *Epilepsy and Behavior, 4*, 449–451.

Service, R. (2003). Tortoise pace for the evolution of Chinese writing? *Science, 300*, 723.

Shafritz, K. M., Gore, J. C., & Marois, R. (2002). The role of the parietal cortex in visual feature binding. *Proceedings of the National Academy of Sciences, USA, 99*, 10, 917–10, 922.

Sharpe, H. (2001). The star creators of Hollywood. In G. Peary & J. Lefcourt (Eds.), *John Ford: Interviews* (pp. 15–20). Jackson, MS: University Press of Mississippi.

Shepard, R. N. (1997). The genetic basis of human scientific knowledge. *Ciba Foundation Symposium, 208*, 23–31, discussion 31–38.

Shepard, R. N., & Hurwitz, S. (1984). Upward direction, mental rotation, and discrimination of left and right turns in maps. *Cognition, 18*, 161–193.

Shepard, R. N., & Sheenan, M. M. (1971). Mental rotation of three-dimensional objects. *Science, 171*, 701–703.

Sherwood, C. C., Broadfield, D. C., Holloway, R. L., Gannon, P. J., & Hof, P. R. (2003a). Variability of Broca's area homologue in African great apes: Implications for language evolution. *Anatomical Record, 271A*, 276–285.

Sherwood, C. C., Holloway, R. L., Gannon, P. J., Semendeferi, K., Erwin, J. M., Zilles, K., & Hof, P. R. (2003b). Neuroanatomical basis of facial expression in monkeys, apes, and humans. *Annals of the New York Academy of Science, 1000*, 99–103.

Sherwood, C. C., Holloway, R. L., Erwin, J. M., & Hof, P. R. (2004). Cortical orofacial motor representation in Old World monkeys, great apes, and humans. II. Stere-ologic analysis of chemoarchitecture. *Brain, Behavior and Evolution, 63*, 82–106.

Shevrin, H. (2001). Event-related markers of unconscious processes. *International Journal of Psychophysiology, 42*, 209–218.

Shipp, S. (2004). The brain circuitry of attention. *Trends in Cognitive Science, 8*, 223–230.

Shlain, L. (1991). *Art and physics: Parallel visions in space, time, and light.* New York: William Morrow.

Short, R. A., & Graff-Radford, N. R. (2001). Localization of hemiachromatopsia. *Neurocase, 7*, 331–337.

Shuwairi, S. M., Cronin-Golomb, A., McCarley, R. W., & O'Donnell, B. F. (2002). Color discrimination in schizophrenia. *Schizophrenia Research, 55*, 197–204.

Signoret, J. L., van Eeckhout, P., Poncet, M., & Castaigne, P. (1987). Aphasia without amusia in a blind organist: Verbal alexia-agraphia without musical alexia-agraphia. *Revue Neurologie, 143*, 172–181.

Silverstein, A. (1999). The brain tumor of George Gershwin and the legs of Cole Porter. *Seminars in Neurology, 19*, 3–9.

Simon, J. (2000). *Susan Rothenberg.* New York: Harry N. Abrams.

Slater, E., & Meyer, A. (1959). Contribution to a pathography of the musicians. 1. Robert Schumann. *Confinia Psychiatrica, 2*, 65–95.

Sloboda, J. A., Hermelin, B., & O'Connor, N. (1985). An exceptional musical memory. *Memory Perception, 3*, 155–170.

Sokol, D. K., & Edwards-Brown, M. (2004). Neuroimaging in autistic spectrum disorder (ASD). *Journal of Neuroimaging, 14*, 8–15.

Solms, M., Kaplan-Solms, K., Saling, M., & Miller, P. (1998). Rotated drawing: The range of performance and anatomical correlates in a series of 16 patients. *Brain and Cognition, 38*, 358–368.

Solomon, M. (2003). *Late Beethoven: Music, thought, imagination.* Berkeley, CA: University of California Press.

Somerville, L. H., Kim, H., Johnstone, T., Alexander, A. L., & Whalen, P. J. (2004). Human amygdala responses during presentation of happy and neutral faces: correlations with state anxiety. *Biological Psychiatry, 55*,

897-903.

Southall, G. (1979). *Blind Tom: The post-Civil War enslavement of a black musical genius*. Minneapolis, MN: Challenge Productions.

Sparr, S. A. (2002). Receptive amelodia in a trained musician. *Neurology, 59*, 1659-1660.

Sperry, R. W. (1968). Hemisphere deconnection and unity in conscious awareness. *American Psychologist, 23*, 723-733.

Sperry, R. W. (1974). Lateral specialization in the surgically separated hemispheres. In F. Schmitt & F. Worden (Eds.), *Neurosciences Third Study Program* (Vol. 3, pp. 5-19). Cambridge, MA: MIT Press.

Sperry, R. W. (1980). Mind−brain interaction: Mentalism, yes; dualism, no. *Neurosci-ence, 5*, 195-206.

Spreen, O., & Benton, A. L. (1969). *Embedded Figure Test: Neuropsychology Labora-tory*. Victoria, BC: University of Victoria.

Spreen, O., & Strauss, E. (1998). *A compendium of neuropsychological tests: Adminis-tration, norms, and commentary*. Oxford: Oxford University Press.

Stebbing, P. D. (2004). A universal grammar for visual composition? *Leonardo, 37*, 63-70.

Sternberg, R. J. (Ed.). (1988). *The nature of creativity: Contemporary psychological perspectives*. Cambridge: Cambridge University Press.

Stewart, L., Walsh, V., & Frith, U. (2004). Reading music modifies spatial mapping in pianists. *Perception and Psychophysics, 66*, 183-195.

Tattersall, I. (2001). *The human odyssey: Four million years of human evolution*. Lincoln, NE: iUniverse.

Teismann, I. K., Soros, P., Manemann, E., Ross, B., Pantev, C., & Knecht, S. (2004). Responsiveness to repeated speech stimuli persists in left but not right auditory cortex. *Neuroreport, 15*, 1267-1270.

Teuber, H. L., & Weinstein, S. (1956). Ability to discover hidden figures after cerebral lesions. *Archives of Neurology and Psychiatry, 76*, 369-379.

Thieme, H. (1997). Lower Paleolithic hunting spears from Germany. *Nature, 385*, 807-810.

Thomas Anterion, C., Honore-Masson, S., Dirson, S., & Laurent, B. (2002). Lonely cowboy's thoughts. *Neurology, 59*, 1812-1813.

Thomson, B. (2002). *The Post-impressionists*. London: Phaidon Press. Thorp, R. L., & Ellis, R. (2001). *Chinese art and culture*. New York: Prentice-Hall.

Thurstone, L. L. (1944). *A factorial study of perception*. Chicago: University of Chicago Press.

Tootell, R. B. H., & Hadjikhani, N. (2001). Where is "Dorsal V4" in human visual cortex? Retinotopic, topographic and functional evidence. *Cerebral Cortex, 11*, 298-311.

Tramo, M. J. (2001). Biology and music: Music of the hemispheres. *Science, 291*, 54-56.

Treffert, D. A. (1989). *Extraordinary people: Understanding "idiot savants"*. New York: Harper & Row.

Treffert, D. A., & Wallace, G. L. (2002). Islands of genius: Artistic brilliance and a dazzling memory can sometimes accompany autism and other developmental disorders. *Scientific American, 286,* 76-85.

Trethowan, W. H. (1977). Music and mental disorder. In M. Critchley & R. A. Henson (Eds.), *Music and the brain: Studies in the neurology of music* (pp. 399-432). London: William Heinemann Medical Books.

Trevarthen, C. (1974). Functional relations of disconnected hemispheres with the brain stem and with each other: Monkey and man. In M. Kinsbourne & W. L. Smith (Eds.), *Hemispheric disconnection and cerebral function* (pp. 187-207). Springfield, IL: Thomas.

Trevarthen, C. (1999) Musicality and the Intrinsic Motive Pulse: Evidence from human psychobiology and infant communication. Rhythms, musical narrative, and the origins of human communication. In *Musicae Scientiae,* special issue, 1999-2000, European Society for the Cognitive Sciences of Music, Lièege (pp. 157-213).

Trevor-Roper, P. (1970). *The world through blunted sight.* Indianapolis, IN: Bobbs-Merrill.

Trudo, E. W., & Stark, W. J. (1998). Cataracts: Lifting the clouds on an age-old problem. *Postgraduate Medicine, 103,* 114-126.

Tzortzis, C., Goldblum, M. C., Dang, M., Forette, F., & Boller, F. (2000). Absence of amusia and preserved naming of musical instruments in an aphasic composer. *Cortex, 36,* 227-242.

Ullman, M. T. (2001). A neurocognitive perspective on language: The declarative/ procedural model. *Nature Reviews Neuroscience, 2,* 717-726.

Ullman, S. (1996). *High-level vision: Object recognition and visual cognition.* Cambridge, MA: MIT Press.

Ungerleider, L. G., & Mishkin, M. (1982). Two visual systems. In D. Ingle, M. A. Goodale, & R. J. W. Mansfield (Eds.), *Analysis of visual behavior* (pp. 549-586). Cambridge, MA: MIT Press.

Valentino, M. A., Brown, J. W., & Cronan-Hillix, W. A. (1988). Aesthetic preference and lateral dominance. *Perception and Motor Skills, 67,* 555-561.

Valladas, H., Clottes, J., Geneste, J.-M., Garcia, M. A., Arnold, M., Cachier, H., & Tisnerat-Laborde, N. (2001). Evolution of prehistoric cave art. *Nature, 413,* 479.

Vargas, L. M. (1995). The black paintings and the Vogt-Koyanagi-Harada syndrome. *Journal of the Florida Medical Association, 82,* 533-534.

Vargha-Khadem, F., Watkins, K. E., Price, C. J., Ashburner, J., Alcock, K. J., Connelly, A., Frackowiak, R. S., Friston, K. J., Pembrey, M. E., Mishkin, M., Gadian, D. G., & Passingham, R. E. (1998). Neural basis of an inherited speech and language disorder. *Proceedings of the National Academy of Sciences, USA, 95,* 12,695-12,700.

Varlet, I., & Robertson, E. J. (1997). Left-right asymmetry in vertebrates. *Current Opinion in Genetic Development, 7,* 519-523.

Vartanian, O., & Goel, V. (2004). Neuroanatomical correlates of aesthetic preference for paintings. *NeuroReport*, *15*, 893-897. Vig, P. S., & Hewitt, A. B. (1975). Asymmetry of the human facial skeleton. *The Angle Orthodontist*, *45*, 125-129.

Vigouroux, R. A., Bonnefoi, B., & Khalil, R. (1990). Réealisations picturales chez un artiste peintre presentant une hemineगligence gauche. *Revue Neurologie (Paris)*, *146*, 665-670.

Walker, F. (1968). *Hugo Wolf: A biography*. London: J. M. Dent & Sons.

Wallesch, C.-W., Johannsen-Horbach, H., Bartels, C., & Herrmann, M. (1997). Mechanisms of and misconceptions about subcortical aphasia. *Brain and Language*, *58*, 403-409.

Warrington, E. K., & James, M. (1966). Drawing disability in relation to laterality of cerebral lesion. *Brain*, *89*, 53-82.

Warrington, E. K., & Taylor, A. M. (1973). The contribution of the right parietal lobe to object recognition. *Cortex*, *9*, 152-164.

Washburn, D. K. (2000). An interactive test of color and contour perception by artists and non-artists. *Leonardo*, *33*, 197-202.

Wasserstein, J., Zappulla, R., Rosen, J., & Gerstman, L. (1984). Evidence for differen-tiation of right hemisphere visual-perceptual functions. *Brain and Cognition 3*, 51-56.

Wasserstein, J., Zappulla, R., Rosen, J., Gerstman, L., & Rock, D. (1987). In search of closure: Subjective contour illusions, Gestalt completion tests, and implications. *Brain and Cognition*, *6*, 1-14.

Watkins, K. E., Vargha-Khadem, F., Ashburner, J., Passingham, R. E., Connelly, A., Friston, K. J., Frackowiak, R. S., Mishkin, M., & Gadian, D. G. (2002). MRI analysis of an inherited speech and language disorder: Structural brain abnormalities. *Brain*, *125*, 465-478.

Weale, R. A. (1997). Age and art. In M. F. Marmor & J. G. Ravin (Eds.), *The eye of the artist* (pp. 26-37). St. Louis, MO: Mosby.

Weiller, C. (1998). Imaging recovery from stroke. *Experimental Brain Research*, *123*, 13-17.

Westen, D. (2003). *Psychology: Brain, behavior, and culture*. New York: John Wiley.

Whitaker, H. A. (1996). Clinical and experimental research: Future directions in neurolinguistics in general and brain and language in particular. *Brain and Language*, *52*, 1-2.

Whitaker, H. A., & Kahn, H. J. (1994). Brain and language. In D. W. Zaidel (Ed.), *Neuropsychology* (pp. 126-138). San Diego, CA: Academic Press.

Whitaker, H. A., & Selnes, O. (1976). Anatomic variations in the cortex: Individual differences and the problem of the localization of language functions. *Annals of the New York Academy of Sciences*, *280*, 844-854.

White, M. (2003a). *De Stijl and Dutch modernism*. Manchester: Manchester University Press.

White, R. (2003b). *Prehistoric art: The symbolic journey of humankind*. New York: Harry N. Abrams.

Wieser, H. G. (2003). Music and the brain: Lessons from brain diseases and some reflections on the "emotional" brain. *Annals of the New York Academy of Sciences, 999,* 76-94.

Wijk, H., Berg, S., Sivik, L., & Steen, B. (1999a). Colour discrimination, colour naming and colour preferences among individuals with Alzheimer's disease. *International Journal of Geriatric Psychiatry, 14,* 1000-1005.

Wijk, H., Berg, S., Sivik, L., & Steen, B. (1999b). Colour discrimination, colour naming and colour preferences in 80-year-olds. *Aging and Clinical Experimental Research, 11,* 176-185.

Wilkin, K. (1991). *Georges Braque.* New York: Abbeville Press.

Winner, E., & Casey, M. B. (1992). Cognitive profiles of artists. In G. C. Cupchik & J. Laszlo (Eds.), *Emerging visions of the aesthetic process: Psychology, semiology, and philosophy* (pp. 154-170). Cambridge: Cambridge University Press.

Winston, J. S., Strange, B. A., O'Doherty, J., & Dolan, R. J. (2002). Automatic and intentional brain responses during evaluation of trustworthiness of faces. *Nature Neuroscience, 5,* 277-283.

Wise, R. A. (2002). Brain reward circuitry: Insights from unsensed incentives. *Neuron, 36,* 229-240.

Wise, R. J., Scott, S. K., Blank, S. C., Mummery, C. J., Murphy, K., & Warburton, E. A. (2001). Separate neural subsystems within "Wernicke's area". *Brain, 124,* 83-95.

Witkin, H. A., Moore, C. A., Goodenough, D. R., & Cox, P. W. (1977). Field-dependent and field-independent cognitive styles and their education implications: Cognitive styles and their educational implications. *Review of Educational Research, 47,* 1-64.

Wolfe, J. M. (1998). What do 1,000,000 trials tell us about visual search? *Psychological Science, 9,* 33-39.

Wolfe, J. M., Oliva, A., Horowitz, T. S., Butcher, S. J., & Bompas, A. (2002). Segmen-tation of objects from backgrounds in visual search tasks. *Vision Research, 42,* 2985-3004.

Wolpert, I. (1924). Die Simultanagnosie: Stöorung der Gesamtauffassung, *Zeitschrift füur die Gesamte Neurologie und Psychiatrie, 93,* 397-415.

Wolpoff, M. H., Mannheim, B., Mann, A., Hawks, J., Caspari, R., Rosenberg, K. R., Frayer, D. W., Gill, G. W., & Clark, G. (2004). Why not the Neandertals? *Debates in World Archaeology, 36,* 527-546.

Woo, T. L. (1931). On the asymmetry of the human skull. *Biometrika, 22,* 324-352.

Yomogida, Y., Sugiura, M., Watanabe, J., Akitsuki, Y., Sassa, Y., Sato, T., Matsue, Y., & Kawashima, R. (2004). Mental visual synthesis is originated in the fronto-temporal network of the left hemisphere. *Cerebral Cortex, 14,* 1376-1383.

Young, R. L., & Nettelbeck, T. (1995). The abilities of a musical savant and his family. *Journal of Autism and Developmental Disorders, 25,* 231-248.

Yovel, G., Yovel, I., & Levy, J. (2001). Hemispheric asymmetries for global and local visual perception: Effects of stimulus and task factors. *Journal of Experimental Psychology: Human Perception and Performance, 27*, 1369-1385.

Zaidel, D. W. (1988a). Hemifield asymmetries in memory for incongruous scenes. *Cortex, 24*, 231-244.

Zaidel, D. W. (1988b). Observations on right hemisphere language functions. In F. C. Rose, R. Whurr, & M. Wyke (Eds.), *Aphasia* (pp. 170-187). London: Whurr.

Zaidel, D. W. (1990a). Long-term semantic memory in the two cerebral hemispheres. In C. Trevarthen (Ed.), *Brain circuits and functions of the mind* (pp. 266-280). New York: Cambridge University Press.

Zaidel, D. W. (1990b). Memory and spatial cognition following commissurotomy. In F. Boller & J. Grafman (Eds.), *Handbook of neuropsychology* (Vol. 4, pp. 151-166). Amsterdam: Elsevier.

Zaidel, D. W. (1993). View of the world from a split-brain perspective. In E. M. R. Critchley (Ed.), *Neurological boundaries of reality* (pp. 161-174). London: Farrand Press.

Zaidel, D. W. (1994). Worlds apart: Pictorial semantics in the left and right cerebral hemispheres. *Current Directions in Psychological Science, 3*, 5-8.

Zaidel, D. W. (2000). Different concepts and meaning systems in the left and right hemispheres. *Psychology of Learning and Motivation, 40*, 1-21.

Zaidel, D. W., & FitzGerald, P. (1994). Sex of the face in Western art: Left and right in portraits. *Empirical Studies of the Arts, 12*, 9-18.

Zaidel, D. W., & Kasher, A. (1989). Hemispheric memory for surrealistic versus realistic paintings. *Cortex, 25*, 617-641.

Zaidel, D. W., & Kosta, A. (2001). Hemispheric effects of canonical views of category members with known typicality levels. *Brain and Cognition, 46*, 311-316.

Zaidel, D. W., & Sperry, R. W. (1973). Performance on the Raven's Colored Progres-sive Matrices test by subjects with cerebral commissurotomy. *Cortex, 9*, 34-39.

Zaidel, D. W., & Sperry, R. W. (1977). Some long-term motor effects of cerebral commissurotomy in man. *Neuropsychologia, 11*, 193-204.

Zaidel, D. W., Chen, A. C., & German, C. (1995a). She is not a beauty even when she smiles: Possible evolutionary basis for a relationship between facial attractiveness and hemispheric specialization. *Neuropsychologia, 33*, 649-655.

Zaidel, D. W., Hugdahl, K., & Johnsen, B. (1995b). Physiological responses to verbally inaccessible pictorial information in the left and right hemispheres. *Neuro-psychology, 9*, 52-57.

Zaidel, D. W., Esiri, M. M., & Beardsworth, E. D. (1998). Observations on the rela-tionship between verbal explicit and implicit memory and density of neurons in the hippocampus. *Neuropsychologia, 36*, 1049-1062.

Zaidel, E. (1975). A technique for presenting lateralized visual input with prolonged exposure. *Vision Research, 15*, 283-289.

Zaidel, E. (1976). Auditory vocabulary of the right hemisphere following brain bisec-tion or hemidecortication. *Cortex, 12*, 191-211.

Zaidel, E. (1978). Concepts of cerebral dominance in the split brain. In P. A. Buser & A. Rougeul-Buser (Eds.), *Cerebral correlates of conscious experience* (pp. 263-284). Amsterdam: Elsevier.

Zaidel, E. (1979). Performance on the ITPA following cerebral commissurotomy and hemispherectomy. *Neuropsychologia, 17*, 259-280.

Zaimov, K., Kitov, D., & Kolev, N. (1969). Aphasie chez un peintre. *Encephale, 58*, 377-417.

Zatorre, R. J. (2003). Absolute pitch: A model for understanding the influence of genes and development on neural and cognitive functions. *Nature Neuroscience, 6*, 692-695.

Zeki, S. (1993). *A vision of the brain.* Oxford: Blackwell Scientific.

Zeki, S. (1999). *Inner vision: An exploration of art and the brain.* London: Oxford University Press.

Zeki, S. (2004). Thirty years of a very special visual area, Area V5. *Journal of Physiology, 557*, 1-2.

Zihl, J., von Cramon, D., & Mai, N. (1983). Selective disturbance of movement vision after bilateral brain damage. *Brain, 106*, 313-340.

⊡ 찾아보기

인 명

내 용

저자 소개

Dahlia W. Zaidel

UCLA(University of California Los Angeles) 정신건강의학과학교실 겸임교수

전공 분야: 행동신경과학

관심 연구 및 강의 분야: 인지신경과학, 뇌의 기능적 국소화, 장기기억에서 개념적 조직화, 뇌
반구 특수화, 해마의 신경해부학, 예술과 뇌, 신경과학과 예술, 얼굴과 뇌, 얼굴의 매력, 아
름다움, 얼굴의 대칭과 비대칭

e-mail: dahliaz@ucla.edu

역자 소개

최은영(Choi Eun Yeong)

대구대학교 대학원 문학박사(정서행동장애아교육 전공)

전) 한국재활심리학회장

현) 대구대학교 재활심리학과 교수

　　대구대학교 미술치료연구소 소장

　　한국미술치료학회 부회장

백용운(Baek Yong Woon)

의학박사, 소아청소년과 전문의

전) 미국 브라운 대학교 의과대학 교환교수

　　고신의과대학 소아청소년과 교수

　　좋은강안병원 발달의학센터 소장

현) 백용운소아청소년과의원/Dr. Baek Follow-up Center 원장

공마리아(Kong Maria)

대구대학교 대학원 문학박사(정서행동장애아교육 전공)

전) 한국재활복지대학 재활복지학과 교수

현) 대구대학교 재활심리학과 교수

　　대구대학교 미술치료연구소 부소장

　　한국미술치료학회 학술위원장/한국재활심리사협회 회장

김자령(Kim Ja Ryeong)

미술학석사(서양화 전공)

대구대학교 대학원 박사과정 수료(재활심리 전공)

전) 좋은강안병원 발달의학센터 치료팀장

현) 백용운소아청소년과의원/Dr. Baek Follow-up Center 치료팀장

〈감 수〉

김홍근(Kim Hong Keun)

미국 시카고 대학교 신경심리학 박사

현) 대구대학교 재활심리학과 교수

　　'Rey-Kim 기억검사', 'Kims 전두엽−관리기능 신경심리검사', '노인용 인지검사' 등 검

　　사도구 제작

신경심리학과 예술
-신경, 인지, 진화론적 관점-
Neuropsychology of Art: Neurological, Cognitive and Evolutionary Perspectives

2015년 5월 15일 1판 1쇄 인쇄
2015년 5월 20일 1판 1쇄 발행

지은이 • Dahlia W. Zaidel
옮긴이 • 최은영 · 백용운 · 공마리아 · 김자령
펴낸이 • 김진환
펴낸곳 • (주) **학지사**
　　　　　121-838 서울특별시 마포구 양화로 15길 20 마인드월드빌딩
대표전화 • 02-330-5114　　팩스 • 02-324-2345
등록번호 • 제313-2006-000265호

홈페이지 • http://www.hakjisa.co.kr
커뮤니티 • http://cafe.naver.com/hakjisa

ISBN 978-89-997-0682-0 93180

Korean Translation Copyright © 2015 by Hakjisa Publisher, Inc.

정가 19,000원

인터넷 학술논문 원문 서비스 뉴논문 www.newnonmun.com

이 도서의 국립중앙도서관 출판시도서목록(CIP)은 서지정보유통지원
시스템 홈페이지(http://seoji.nl.go.kr)와 국가자료공동목록시스템
(http://www.nl.go.kr/kolisnet)에서 이용하실 수 있습니다.
(CIP 제어번호: CIP2015012006)